華文創

明代春秋著述考 下冊

A Study on the Writings of The Spring and Autumn Annals in Ming Dynasty

本書經歷數年爬梳整理，於兩岸三地各大圖書館與藏書機構間探訪，
羅列明代《春秋》著作1157部存佚實際情況統計及說明，
提供學術研究同好者詳實之資料索引。

林穎政——著

序　言

　　明代春秋學歷來為文人所輕視，學者往往以此時期為歷代經學最衰微，最觀無可觀的時代，甚至直接認定無須進行研究，使得明代三百年來所積累的龐大文獻資料，只能無聲無息地躺在各大藏書機構中，供人憑弔懷古之用。筆者曾在南京圖書館調閱明代李事道《左概》、朱泰禎《公羊穀梁春秋合編附註疏纂》二書時，因此二書並未拍攝微卷，亦沒有複印件，故只能翻閱原書，此二孤本在歷經五六百年的歲月侵蝕，每翻一頁，書屑頻頻落下，深怕動作大一點，此孤本就盡毀我手。又在臺北國家圖書館、故宮博物院圖書文獻館調閱明代《春秋》資料時，館員時常訝異地說，這批文獻自遷臺以來，你是第一個調閱的。這些筆者小小的記憶事件，或許也可以稍稍看出這一時代的經學研究在目前學術界所受到的輕蔑忽視，甚至是漠視的情形嚴重到何種地步了。故而筆者反思，這批龐大的明代《春秋》文獻，如果沒有一份目錄加以囊括整合，收到以簡馭繁的效果，殊為可惜。所以在本書研究期間，每查到一份資料，便一筆一筆的登錄，但變化往往超過計畫，沒有想到明代這一階段的文獻竟然多到超過我的預期，以致於這份目錄最後竟然編成一書有餘。當初筆者在進行《明代春秋學研究》時，本沒有規畫去處理這些散落各地的資料，但文獻探索逐漸累積到一定程度時，卻令筆者也無法置之不理，故而這部目錄耗費了大量的時間進行查訪，對於相關人物資料、書籍狀況都進行了交叉考證，其原因就在於明清許多地方志，甚至是現代的目錄，往往對其人或對其書並無進行複核，以致盡信書而偶誤。如明代以後至清代的藝文志，偶爾會參雜進宋代、元代，甚至是清代人的著作，像雍正《浙江通志》將鄭與曾

《春秋列國記》歸於明人中，但實為宋人。《經義考》將黃智《春秋三傳會要》列於明人之中，亦為宋人。而現代坊間的《十三經著述考》也有此失，如汪泩《春秋比義集解》、丁步曾《春秋會解》、胡應蟾《春秋闡義》、王修通《春秋闡易》、饒鳳書《春秋聯珠》、應霈《麟經集解》、李峻《麟經指要》、畢茂昭《麟經紺珠經撮腴》、趙恒祚《春秋同文集》皆列於明人之中，但這些人卻是實實在在，毫無疑問的清代人。又如劉敞《春秋文權》、洪皓《春秋記詠》列在明人，但卻是宋代人。由此可見，確實有必要重新檢視一番。再者，從數量上來看，《明史・藝文志》收錄有一百三十一部，朱彝尊《經義考》標明存世者一百五十七部，亡佚者四十四部，有書而未見者七十部，《四庫全書總目》收錄六十八部，但多是只存其目，真正收錄的也才二十一部。據筆者這幾年的鉤沉索隱，共輯得明代《春秋》著作一千一百五十七部，存世三百七十五部，亡佚七百八十二部，這個數量相較於《四庫全書總目》來說，館臣實際見到的文獻比例，佔不到整個明代著作的百分之六，如此其評價明代經學的可靠性似乎就有信度與效度的問題存在。

這一部《明代春秋著述考》歷經筆者數年的爬梳整理，但勞心勞力的結果，可能因這類書籍僅僅被歸類為書房案頭上隨手檢閱的工具書之流，既少有學術成就，又無甚閱讀市場，導致永遠無法提供給學界利用，故藉此撰寫之際，一同公諸同好，亦不枉撰寫初衷。最後本目錄能完成，要感謝〔臺灣〕故宮博物院圖書文獻館、國家圖書館、傅斯年圖書館、中央研究院文哲所圖書館、臺灣大學圖書館、清華大學圖書館、高雄師範大學圖書館、中央大學圖書館、成功大學圖書館。以及〔中國〕國家圖書館、北京大學圖書館、清華大學圖書館、南京市圖書館、上海市圖書館、復旦大學圖書館、廈門大學圖書館、杭州市圖書館、重慶市圖書館、甘肅天水市圖書館等等，都為本目錄提供了許多協助，在此一併致謝。

林穎政

凡例說明

　　因本目錄數量龐大，資料繁雜，故而必須設計一〈凡例〉加以規範，對其進行有系統之整合，以利閱者檢索使用，其〈凡例〉說明如下。

1. 本目錄在分期上共析為三大時期，一為前期，洪武至弘治時期（1368-1505），二為中期，正德至嘉靖時期（1506-1566），三為後期，隆慶至崇禎時期（1567-1644）。前期共一百三十八年，中期六十一年，末期七十八年，共計二百七十七年。這個分法主要依據《四庫全書總目》的意見，即正德以前是明代經學較為樸實有成的階段，隆慶、萬曆以後，明代經學步入蠹蝕朽木，弊不勝窮的衰世，這個看法自有四庫館臣的學術立場，但確實也代表了當時學者們的普遍見解，故本目錄藉此觀點粗分為三期，使用較為中性用語的前、中、後三期，而不以《四庫全書總目》所認定的經學興盛或衰微的分期評價。至於元末明初時期，以及明末清初階段，亦斟酌納入明代範圍討論。

2. 書籍後標示出現今的存佚情形，因歷史的時過境遷已久，故不再以《經義考》當時所見書籍之「存、佚、未見」的情況而論，本目錄的全部資料皆以筆者實際查訪到的情形為準。若存世者，則隨文說明書籍的館藏情況及刊刻版本為何，而亡佚者亦或許有館藏存世，筆者若不慎失察，亦乞望海內先進後學同知，不吝指正。

3. 著作書籍的排序，完全依據作者的時代先後進行排列。每一作者

皆有一個人簡歷，先簡述其生卒資料、籍貫所在、字號尊稱、父子兄弟師承關係，次則羅列作者的生平事蹟、學術旨趣，以供「知人論世」之用。亦是確認其為明代著作之實證。生卒情形有以下幾種狀況：一、生卒確定者，如張以寧（1301-1370）。二、生卒無法絕對確定者，如瞿世壽（約1631-1711）。三、僅知其登科年份，如楊時秀（1535前後）。四、僅能得知其主要活動階段者，如呂光演（嘉靖時期）、王寅（天啟–崇禎）。五、確定為明代人著作，但無法判斷時期者，另別一類，以「明代未知時期著作」區分之。

4. 本目錄所收書籍範圍於明儒所研究《春秋》、《左傳》、《公羊傳》、《穀梁傳》、胡《傳》以及歷代注疏，前儒經說之著作，下及《春秋繁露》、《東萊左氏博議》一類的典籍。至於《國語》一書，從漢代以來即有《春秋外傳》之名，明代亦有《春秋五傳》之說，然歷代學者較不視其為嚴格的《春秋》學領域，故本目錄的處理原則如下：(1)倘若明代《國語》著作若是獨自成書，不依附於《春秋》、《左傳》之列，則暫不予以收錄。(2)若是明人以「春秋內外傳」或「春秋五傳」的概念視之，則自然收錄羅致，如集合編纂為類似《左國腴詞》、《左國摘語》、《左國合編》、《左國迂評》、《左國列傳》、《左國評苑》、《左國註》、《左國鈔》、《左國精髓》、《左國類函》、《左國參由》、《左國書》、《左國類雋》、《左國史漢分國合鈔》、《春秋四家五傳平文》等等一類書籍。

5. 屬於五經總義類而亡佚者，不入本目錄之列，存世者則端看其情況斟酌之。如朱睦㮮《春秋諸傳辨疑》本有單行本行世，後被編入《五經稽疑》中，此二書一被《總目》「五經總義類著錄」收入，一被「春秋類存目」收錄，屬於單本別行的狀況，故列入本目錄。另一種為自有專名者，如曹學佺《五經困學》中有《春秋

傳刪》十卷，屬於五經總義類但卻自有「專名」，如此之類，皆收錄於本目錄之林。

6. 所錄書籍或有一書二見者，因此類著述皆有第二、第三作者，或重訂、或評點、或會講、或裁定，保留有第二，甚至第三、四貢獻者的思想與主張，如《春秋旁訓》本為李恕所撰，然鍾惺又再重訂，施以評語之類。

7. 因《四庫全書》所收諸書，往往經過刪改，故而若有明代版本或善本存世，則版本以之為據。如卓爾康《春秋辯義》，《四庫全書》就將卷首明代孔貞運、阮漢聞、張文光、石確的序文全部刪落，故本目錄以臺北國家圖書館藏明崇禎間仁和吳夢桂校刊本為依據。又如袁仁《春秋鍼胡編》（《總目》作「春秋胡傳考誤」），其〈序文〉與內容皆被四庫館臣刪節妄改，故版本以臺北傅斯年圖書館藏明萬曆《袁氏叢書》刊本為依據。

8. 著錄書籍如有四庫館臣〈提要〉，作者與他人〈序〉、〈跋〉、〈引文〉，或歷代文集有對本書的說明，如黃虞稷《千頃堂書目》、朱彝尊《經義考》、阮元《文選樓藏書記》、《續修四庫全書總目提要》，本目錄擇要選錄，另外輔以筆者閱讀後的心得案語，倘若著錄書籍、卷數篇數、別稱異名、作者佚名、生卒登科、祖籍寄籍等等文獻資料若有歧異錯誤時，亦以案語標出說明。若引用文獻如遇缺字或無法辨識時，則以□□符號表示之。

編者識語：

　　本書所引用文獻，其標點斷句皆筆者揣意為之，然因蒐集的文獻資料過於冗繁龐雜，既困於學力有所侷限，又困於識見有所不足，匆匆三四審，未即反覆查核，斟酌文義再三，內容斷句必有不盡文本之失，或語意失察之過，誤差必不可盡免，所以讀者在檢閱本資料時，倘若覺察斷句有欠穩妥完善之處，尚乞見諒，若欲引用相關文句資料，請謹慎使用之。

目　次

第三章　隆慶元年至崇禎十七年（明代後期：1567-1644）⋯⋯⋯⋯ 157

第二章　正德元年至嘉靖四十五年
（明代中葉：1506-1566）（續）

《春秋合傳》六卷　　葉崇本撰，〔佚〕

　　葉崇本，萬曆時期，江蘇高郵，字元符，號象罔，據嘉慶《高郵州志》云：「葉崇本，字元符，號象罔，先世以軍功隸籍高郵衛，兄弟四人皆博學。長兄榮，本字光宇，登神宗辛卯賢書。崇本尤穎異，鍵戶讀書，博涉經史，所著《春秋合傳》六卷、《問棘甍言》四卷、《易經講意》三卷傳於世，詩文盈篋咸手書，卒時年僅三十九，常自識曰：『比淵坐忘多七歲，似玉知非少十年』，其明死生大故如此。」（卷之十）

　　案：嘉慶《揚州府志》著錄。

《春秋書法指南》　　紀彤撰，〔佚〕

　　紀彤，萬曆時期，山東章丘，生平失考。

　　案：道光《濟南府志》著錄。

《公羊墨史》二卷　　周拱辰撰，陸時雍、張履祥評點，〔存〕

　　周拱辰，萬曆時期，浙江桐鄉，字孟侯，號東海漁逋，據光緒《嘉興府志》云：「周拱辰，字孟侯，順治間貢生。擅詩、古文，與陸時雍交好，詩文相當，而才情過之，著有《莊子影史》、《離騷草木史》、《聖雨齋詩文集》。」（卷六十一）

　　陸時雍，1633前後，浙江桐鄉，字昭仲，號澹我，據光緒《桐鄉縣志》云：「陸時雍，字昭仲，號澹我，阜林鎮人。祖明見《義行傳》。父吉見《宦蹟傳》。昭仲工詩文，尚氣節，髫年游泮，試輒冠軍。里有殺人，中人者白之縣令，聲頗慷慨，令目懼之，昭仲推案起，竟去不顧，令慙謝事得直，遠近頌義無窮，而昭仲深自韜晦，閉戶讀書自若，以父三為長吏，貧至不能爨釜，每下第輒嗷然而哭曰：『孺子雍而忘，而父之食無糜乎？』知已為之流涕。性不耐俗，人多避之，獨與周拱辰友善，各以千秋自命。崇禎間天下多故，詔舉巖穴異能之士，昭仲與焉，然終不遇，久留京邸，館順天府丞戴澳家，澳以事被劾，援昭仲為證，並逮之卒於繫所，嘗館於錢店渡沈氏，即楊園外家，故楊園從之受業，每聞講《易》，即晝夜把卷沈吟，著有《讀易筆記》，並於歿後為之傳，惜集中此篇已佚。昭仲著作甚富，見《藝文志》。」（卷十三）

　　張履祥，1611-1674，浙江桐鄉，字考夫，一字念芝，據趙爾巽云：「張履祥，字考夫，桐鄉人。明諸生。世居楊園村，學者稱為楊園先生。七歲喪父。家貧，母沈教之曰：『孔、孟亦兩家無父兒也，只因有志，便做到聖賢。』長，受業山陰劉宗周之門。時東南文社各立門戶，履祥退然如不勝，惟與同里顏統、錢寅，海鹽吳蕃昌輩以文行相砥刻。統、寅、蕃昌相繼歿，為之經紀其家。自是與海鹽何汝霖、烏程淩克貞、歸安沈磊切劘講習，益務躬行。嘗以為聖人之於天道，『庸德之行，庸言之謹』，盡之矣。來學之士，一以友道處之。謂門人當務經濟之學，著補農書。歲耕田十餘畝，草履箬笠，提筐佐饁。嘗曰：『人須有恆業。無恆業之人，始於喪其本心，終於喪其身。許魯齋有言：「學者以治生為急。」愚謂治生以稼穡為先。能稼穡則可以無求於人，無求於人，則能立廉恥；知稼穡之艱難，則不妄求於人，不妄求於人，則能興禮讓。廉恥立，禮讓興，而人心可正，世道可隆矣。』初講宗周慎獨之學，晚乃專意程朱。踐履篤實，學術純正。大要以為仁為本，以修己為務，而以中庸為歸。康熙十三年，卒，年六十四。著有《願學記》、《讀易筆記》、《讀史偶記》、《言行

見聞錄》、《經正錄》、《初學備忘》、《近古錄》、《訓子語》、《補農書》、《喪葬雜錄》、《訓門人語》，及《文集》四十五卷。同治十年，從祀文廟。」（《清史稿》列傳二百六十七）；光緒《嘉興府志》云：「張履祥，字考夫，父明俊夢金仁山來謁，而履祥生，故名幼孤，母沈諭之曰：『孔子、孟子亦是兩家無父之子，只為肯學好，便做到大聖大賢，爾勿自棄也。』稍長讀小學、《近思錄》有得，作《願學記》，遂渡江遊劉宗周之門，歸而益肆力程、朱之書，乃知陽明之學非是。海鹽吳謙牧、錢汝霖延之家塾，先後出《傳習錄》屬評論，履祥慨然曰：『東南壇坫，西北干戈，其為亂一也，生心害政，釀成大患，實由於此。』於是洞揭其陽儒陰釋之隱，以為炯鑒。甲申後棄諸生，隱居楊園村舍，著書教授，居恒雖盛暑，必衣冠端坐，若對賓客，修己教人，一以居敬、窮理、躬行、實踐為主，嘗云：『三代以上，折衷於孔、孟；三代以下，折衷於程、朱。』於朱子《文集》、《語類》析疑闡微，晨夕不釋手。謂元明以來，惟許魯齋、薛敬軒、胡敬齋諸書，可與朱子相表裏，其他不皆醇，摘師說為劉子《粹言》以詔來學，論者謂履祥篤實，宏遠軼薛、胡，而上之朱子後一人而已，著有《經正錄》、《訓子語》、《王學辨》、《備忘錄》、《言行見聞錄》、《近鑒》、《楊園文集》，共三十餘卷，學者稱楊園先生，卒後數十年，學使寧化，雷鋐表其墓。嘉慶六年，縣令合肥李廷輝修楊園村舊祠，立主崇祀。十六年，巡撫蔣攸銛檄飭立主，祀於青鎮分水書院。二十二年，縣令黎恂修墓及碑，教諭仁和宋咸熙立祠學宮之偏。道光四年，巡撫黃梅帥承瀛疏請入祀鄉賢祠奉。」（卷六十一）

吳鍾駿〈公羊墨史序〉云：「墨者何？墨守也，何邵公志也。何以史？史者，《公羊》所短也，《左氏》史學，《公羊》經學，捄所短也。五始、三科、九旨、七等，辨說蠭起，畔乎史也。《公羊》之經長，有不盡長者也。《公羊》之史短，有不盡短者也。故曰：『史也，尊聖而潛，執理而迂，尚異而鑿，逞臆而誣，揚羨而溢，實摘瑕而傷鍥，《公羊》不免也。』夫說《春秋》之失，不失在淺，而失在深。深者，忘乎其為史

也。史可信，然後經可說也。《公羊》之義，如孔父正色立朝，宋襄傳位失正，仇牧不畏彊禦，史之粹者也，經之翼也。如祭仲廢立行權，季姬遇防請己，叔術妻嫂稱賢，史之駁者也，經之蠹也，義不傳事詳於經，而義未必當，故曰：『《公羊》短於史』，蓋救短之難也。然則《墨史》有合者乎？曰：『有。』祭仲為始忠，不終也；陽處父為晉殺，不密也；路子為善而躬，亡不善也；紀叔姬婦酄為葬於叔，不失節也；宋襄非文王，戰也；沙隨執大夫非公幼，不恥也；尊屈完，賤得臣，褒受盟貶，自敗也，凡此者皆合也、救也，他或約而擇之，旁而通之，恢而奇之，旋而斡之，出入利鈍，亦說史之常也。至若張三世、存三統，錯綜條例，抉剔異同，鉤索註密，有所未逮。然亦淺之失，而非失在深也，無害乎其為史也，胡母師法亂於莊、顏，《玉杯》、《繁露》隱奧難繼，景伯緣隙，高密操戈，《公羊》家言，久焉嚮絕，苟有作者，曷可廢也！且邵公志也，作之者誰？明桐鄉明經周拱辰也，傳之者誰？其七世孫廣文桂也。」（光緒《桐鄉縣志》卷十九）

錢儀吉〈公羊墨史序〉云：「舍三《傳》以言《春秋》，後儒之失也。《春秋》，天子之事也，以孔子之聖，不得用於定、哀之世，退而託史文以垂法百王，蓋其筆削之旨微矣，而幸傳於子夏之門，公羊、穀梁是也。二家之說，同者十七八，即先師所授，閒有違異，各尊所聞，亦皆有大義存焉，非是則無以知《春秋》。而唐、宋以來，傳注多不屑師承，前人求其義例，徒掇拾《左氏》事迹，臆決是非，而曰：『經意當爾！』筆墨馳騁，好辨而已，故其詞愈煩，而義愈晦。嗟乎！自周室既衰，王者之迹熄，《春秋》作而亂賊始沮，其後諸侯爭富強、蔑道德，迄秦而六藝之文燼焉，漢興七十餘載，乃立學校之官，罷百家，推明孔氏，實自廣川董子始。建明之董子治《公羊》者也，言於武帝曰：『《春秋》謂一為元者，視大始而欲正本也。故為人君者，正心以正朝廷，正朝廷以正百官，正百官以正萬民，正萬民以正四方，四方正，遠近莫敢不壹於正，而無有邪氣奸其閒者。』孔子謂魯大夫曰：『政者，正也，子帥以正，孰敢不

正？』孟子曰：『一正君而國定矣。』董子之言，猶孔孟也。今讀孟侯周先生之書，於成公會吳於鍾離，申傳言自近者始之意，謂必魯自治而後可以治天下，故始之有貴其始也，先生之言，猶董子也。宣公初稅畝，冬蝝生，《傳》曰：『幸之也，幸之者何？猶曰受之云爾。』先生申之曰：『幸之者，非幸其不為災也，若曰微此王心，其不悟乎山崩兔舞以示天警，而夏商卒亡，桀紂之心不受也，斯義也又同於董子之言。』災異者，天心之仁愛人君，而欲止其亂也，而且推原至隱以時君之心，受不受，為治亂之本，至哉！言乎。是其明於天人相與之際，將上下勤恤，用保義民，自貽哲命，撥亂世反之正，夫孰有先於此乎？先生生丁明季，高才不仕，鼎革後邈迹邱園，抱遺經以終老，以視董生遇益窮矣，其治《公羊》，不為句解字析，有特見大義則書之，文體簡古，一同乎《傳》，凡一百四十事，為上下二卷，名曰『墨史』，殆取繩墨誠陳，不可欺以曲直也，觀其察時勢而為進退，本人情以定褒貶，義正而言厲，真若有繩墨之陳也者。閒釋文義，如《傳》言：『潦移。』以為潦水灌邾田，乃潦隨日而移也。於《解詁》言：『隨水而移者』，更推明一義，百金之魚，公張之不用罔罟舊說，而以張為射，則與臧僖伯之言合。他類此甚眾，近時治《公羊》者，孔氏《通義》、劉氏《條例》，盛行于世，惜皆未及見。先生書而參證之，蓋藏稿二百年，先生七世孫歸安學博桂始為刊行，學博從子士烱、士炳，郵書大梁，乞為序。儀吉受而讀之，不啻如韓子遺殷侍御書，所謂鄙心最急者，願與同學之士好之、樂之，聖經賢傳，張而明之有日矣。乃若『曹羈三諫其君，不聽而去』，《傳》『以為賢』，先生責其不能格君，臨敵而去之，雖曰見幾不怵乎哉；『齊人降鄣』《傳》謂『為桓公諱』。先生日紀二十八年矣，所謂頑民之義，桓悉取之，魯不能救，書曰：『齊人惡其盡也，夫子欲存鄣以存紀也。』其說皆與《傳》相違，此其故國遺民之言也，蓋雖義殊於《公羊》，而道合於《春秋》，嗚呼！是又可以見先生之志也夫。道光丙午仲冬之月。」

　　案：收錄《叢書集成三編》，第93冊，據清光緒元年補刊本影印。

《春秋左傳典略》十二卷　陳許廷撰，〔存〕

陳許廷，萬曆時期，浙江海鹽，字靈茂，號蘇菴，據雍正《浙江通志》云：「陳許廷《嘉興府志》字靈茂，海鹽人。陳際泰、楊廷樞、張采、張溥咸與定交。以薦授兵部司務，移疾歸。博物洽聞，尤悉掌故，……有《蘇菴集》、《周易注傳演林》、《左傳典略》、《漢書雋》、《洪永紀事本末》、《李義山詩箋》。」（卷一百七十九）

陳許廷〈春秋左傳典略序〉云：「先文邃著《五經疑》，《詩》與《春秋》稍已散佚，廷不及閱其全間，欲續成而未違也。今夏偶取《內》、《外傳》讀之，自晉唐以還，崇獎《左氏》，鮮復病其膏肓者，繫征南之力耳。征南於《左氏》分條同貫，比義合要，皆洞其趣，故夾漈稱之，長夏餘閒，往復其解心乎，愛之不自揆，茹私更埤益焉，於約而盡者疏其旨，於辨而裁者類其徵，於岐而不害者綴其異，目之曰『典略』，凡十有二卷。竊愧不能揚榷《左氏》，討先文邃之散佚，《晉語》云：『咫聞則多，或非謽言耳。』崇禎二年。」

案：收錄《續修四庫全書》經部，第119冊，據明崇禎刻本影印。

《公穀傳》三十二卷　張獻翼撰，〔存〕

張獻翼，萬曆時期，江蘇蘇州，字幼于，後更名敉，號可一，據同治《蘇州府志》云：「張獻翼，字幼于，一名敉年。十六以詩贄文徵明，徵明語其徒陸子傳曰：『吾與子俱弗如也。』入貲為國學生祭酒，姜寶停車造門歸，而與皇甫汸、黃姬水、徐緯刻意為詩，於是三張之名，獨獻翼籍甚。獻翼好易，十年中箋注凡三易，好游大人，狎聲妓以通隱自擬，晚年與王稚登爭名不能勝，頹然自放，與所善張生孝資，行越禮任誕之事，年七十餘，攜妓居荒圃中，盜逾垣殺之。燕翼，字叔貽，亦有文，與鳳翼同舉於鄉，早卒。」（卷八十六）

案：臺北國家圖書館藏明隆慶元年刊本。《傳是樓書目》作「春秋公

穀傳三十卷」。

《春秋正解》　　邵起元撰，〔佚〕

邵起元，萬曆時期，浙江富陽，字貞父，據光緒《富陽縣志》云：
「邵起元，字貞父，繼稷孫也。髫齡丰骨，凝秀操履端重，讀書日誦千餘
言，行文軒朗有法，以童試第一人入邑庠，試輒冠軍，鄉先生咸以國士目
之。居家孝，事祖父不緣文飾，奉繼母及諸弟妹咸敦睦無間言，積廩餼銀
葬所生母，不煩父命，女弟所適廢業，迎養於家，撫其子如己子，並為婚
配，後因祖父喪，哀毀不復進取，家居課子若弟，思以著述自見。年四十
四，以腹疾卒。著有《周易本義補》、《詩說考正》、《春秋正解》、
《四書大意》，并詩古文辭若干卷藏於家。以子貴累贈鴻臚寺少卿，祀鄉
賢。」（卷十八）

案：光緒《富陽縣志》著錄。

《春秋續義纂要發微》七卷　　鄭良弼撰，〔存〕

鄭良弼，萬曆舉人，浙江淳安，字子宗、宗說，號肖巖，據《四庫全
書總目》云：「《春秋續義發微》十二卷，兩淮馬裕家藏本。明鄭良弼
撰。良弼字子宗，號肖巖，淳安人，萬曆中舉人。此編取胡安國《傳》所
未及者，拾遺補闕，續明其義，一步一趨，皆由安國之義而推之，故其得
失亦與安國相等。朱彝尊《經義考》載良弼有《春秋或問》十四卷，《存
疑》一卷，並《續義》三卷，俱云『未見』。今此本分十二卷，與所記卷
數不符，殆彝尊以傳聞誤載歟？」（經部三十‧春秋類存目一）

王錫爵〈春秋續義序〉云：「淳安鄭子宗說甫業《春秋》有大志，少
遊武林，得江太史淵源家學，博采群議，著為《續義》、《或問》二書，
闡明《胡氏》未盡之蘊。己卯夏，謁予就正，予異焉。庚辰，予郡顧君襟
宇以進士令淳重其人，即以其書寄海虞定宇趙太史，太史輒為探討重訂，

已姜司成江主政潤色之，其友方春元輩裒次成帙，凡若干卷，迄付之梓行矣。《續義》，江君有序，而《或問》一書，方春元復為代請余言弁諸首。夫《春秋》，聖人心法也。學子經生率宗胡氏，即胡《傳》外，縱窺闖邃，得聖門之肯綮者悉置之若棄，亦惑矣。鄭子能為通方學，據經辨傳之真偽，析理別言之當否，協乎情，止乎義，而先入之見勿與焉，班班問答，確有定論，即起安國於九京，當降心而首肯者，余嘉其有羽翼經傳之功，冀與海內士公共之也。」（《經義考》卷二百四）

案：收錄《四庫全書存目叢書》經部，第122冊，據清華大學圖書館藏明鈔本影印。《明史》、《傳是樓書目》作「春秋續義二卷」，雍正《浙江通志》作「讀義二卷」。

《春秋或問》十四卷　鄭良弼撰，〔佚〕

案：《經義考》、雍正《浙江通志》著錄。

《春秋存疑》一卷　鄭良弼撰，〔佚〕

案：《經義考》、雍正《浙江通志》著錄。

《春秋心印》　吳從周撰，〔佚〕

吳從周，萬曆時期，江西婺源，字文卿，號平沙，據張夏云：「吳從周，字文卿，南直婺源人。孝友樸誠，學問淹博，自為諸生時，即潛心理學，精研語錄，繇明經司教皖城，轉國子學正，闡揚程朱，卓然師表，擢杭州通判，臥理錢塘，民無冤抑。邑人陳俊等十年沉獄，甫到郡理出之，片言昭雪，通郡有吳青天之謠，尤以講學明道為務，學者稱平沙先生，所著有《易經明訓》、《春秋心印》、《語錄會編》諸書行於世」（《雒閩源流錄》卷十一）

　　案：《千頃堂書目》、民國《重修婺源縣志》著錄。

《春秋歸正書》　張承祚撰，〔佚〕

　　張承祚，萬曆時期，河北肥鄉，生平失考，惟據《廣平府志》云：「張承祚，肥鄉人，萬曆中歲貢生，官同知。以子懋忠貴，贈錦衣衛左都督。」（《經義考》卷二百六）

　　案：此書不見他書記載，僅《經義考》著錄。

《春秋經傳類事》三十六卷　陳可言撰，〔佚〕

　　陳可言，萬曆時期，江蘇嘉定，字以忠，據陸元輔曰：「可言，字以忠，嘉定人，好《左氏傳》，謂編年紀事，或一年之內數事錯陳，或一事始終散見於數年與數十年之後，學者驟讀之，未易得其要領，乃倣建安袁氏《通鑑紀事本末》作《春秋經傳類事》，凡九十餘條，三十六卷，其釋義主杜氏，而多所損益，傳有與經戾者，則參之《公羊》、《穀梁》二傳，歷二十年而後成，竟窮困以歿。」（《經義考》卷二百六）

　　案：《經義考》著錄。《明史》作「春秋左傳類事」，同治《蘇州府志》作「春秋經傳類字」。徐學謨《歸有園稿》有「春秋經傳類事序」。

《春秋說苑》　張吾因撰，〔佚〕

　　張吾因，萬曆時期，浙江烏程，據沈演〈春秋說苑序〉云：「張子吾因也，少受經吾家，晚多自得。會諸家言胡氏《春秋》者，著精汰秕，編曰『說苑』，蓋舉業定本也。」（《經義考》卷二百九）

　　案：此書不見他書記載，僅《經義考》著錄。沈演《止止齋集》有「春秋說苑序」。

《左瘤史》二卷 朱焯撰，〔佚〕

朱焯，萬曆時期，福建邵武，字惟盛，號志庵，據光緒《重纂邵武府志》云：「朱焯，字惟盛，邑庠生，喜讀書，博通群籍，屢試有司，不得志，遂閉門謝客，著書自樂，學者稱志菴先生，其後郡守韓國藩閱其遺書，歎其發前人所未發焉。」（卷之二十一）

案：《千頃堂書目》、光緒《重纂邵武府志》著錄。

《春秋傳衡》 楊毓奇撰，〔佚〕

楊毓奇，萬曆時期，浙江瑞安，據朱鴻瞻〈甌江葉鄒合傳〉云：「順治丙戌秋，甌始歸附。瑞士有諸生，終身為庶人者楊毓奇，杜門不出，著《春秋傳衡》。康熙間，年七十餘，卒。」（《溫州經籍志》卷五）；乾隆《瑞安縣志》云：「楊毓奇，崇禎庠生。」（卷之九）

楊毓奇〈春秋傳衡序〉云：「一衡說衡者，讀四《傳》而衡之也，四《傳》尚矣，曷衡？雖然《傳》且四，曷弗衡？譬一物也，孰輕者，孰重者，匪衡也，輕重俱一，《春秋》也，此傳之彼傳之匪衡也，彼此眩雖欲弗衡，烏得弗衡諸？故夫四《傳》者，人同而衡者，予獨予之為是衡也，不知吾言之是，亦不知吾言之非，第曰衡四《傳》云爾。」「一名說杜預序曰：史之所記，必表年以首事，年有四時，故錯舉以為所記之名，此說也是名之無所取義者也。抑不聞春生秋肅者，天之道；春賞秋刑者，王之法。《春秋》，天子之事，刑賞之權衡也，是故舊史記之祇為紀事之書，孔子修之即關勸懲之大，天道、王法於是乎在矣。」「一諱說傳例有三諱，為尊者諱，為親者諱，為賢者諱。夫諱非直也，經以直教天下後世者，奚諱？雖然，諱也。諱者何？尊、親、賢三者，天下之大綱也，三者得，天下治；三者失，天下亂。臣弒君者始於不知有尊，子弒父者始於不知有親，不肖之乘賢始於不知其為賢。《春秋》為天下不知有三者而作，即烏得不為三者而諱？是故為尊者諱，為親者諱，為賢者諱，《春秋》之

始也。人由《春秋》之諱尊知有君，諱親知有父，諱賢知有賢，是《春秋》之成也。」（《溫州經籍志》卷五。乾隆《瑞安縣志》作〈弁言三則〉）

　　案：雍正《浙江通志》、乾隆《瑞安縣志》、《溫州經籍志》著錄。

《春秋解》十卷　　袁肇撰，〔佚〕

　　袁肇，萬曆時期，江蘇蘇州，生平失考。

　　案：同治《蘇州府志》、民國《吳縣志》著錄。

《春秋要旨》　　荊芸撰，〔佚〕

　　荊芸，萬曆時期，山西猗氏，據雍正《山西通志》云：「荊芸，猗氏人。詡孫，萬曆間貢。性好學，尤篤嗜性理，宗陸象山涵養之說。常終日危坐，仕陝州訓導，著《春秋要旨》。」（卷一百三十八）

　　案：雍正《山西通志》、光緒《續猗氏縣志》著錄。

《春秋輯略》　　杜氏撰，〔佚〕

　　杜氏，萬曆時期，生平失考。

　　湯顯祖〈春秋輯略序〉云：「孔子曰：『吾志在《春秋》，行在《孝經》。』吾師明德先生時提仁孝之緒可以動天，融融熙熙，令人蓄焉有以自興，《春秋》末之有詳也。桓、文之事，仲尼之門無道者，《春秋》時有褒貶，非所雅言。杜君與予同師，其於《春秋》也，有師授耶？《春秋》，一《孝經》也，《孝經》自天子、諸侯、卿大夫、庶人皆為分明，其孝曰資孝以事君而敬同，《春秋》多嚴君之義，周公以父配天，孔子以王係天，所謂其敬同。諸侯、卿大夫有事君不忠者，非孝也。五刑之屬三千，無大於不孝者，《春秋》其刑書與，蓋至孟子以幾希別人於禽獸曰：

『庶民去之，君子存之』，歷敘君子存之者，至君子之澤五世而斬，五世者有虞氏、三王、孔子也。孔子存幾希之性，全在《春秋》，故又曰：『《春秋》，盡性之書也。』君子存之，天下有孝子，忠臣、庶民去之，天下有亂臣賊子，亂賊興而小人之澤亦斬矣，得《春秋》為之懼而澤存，得孟子辯無父、無君者為禽獸，而《春秋》之義益存忠孝同。《春秋》，一孝經也，安見明德先生言《孝經》，非即言《春秋》，與乾則雲行，坤則履霜，氣一而已。杜君《春秋》，分隸五倫，終以天應，近於志氣交動之說，其於先師仁孝動天之旨不遠，吾有取焉。」（《玉茗堂全集》文集卷四）

《左抄》　　王從龍撰，〔佚〕

王從龍，萬曆時期，生平失考。

范鳳翼〈左抄序〉云：「後六經而能為創者，《左》也、《莊》也、《騷》也、司馬氏也。若夫左，則當聖人之時而能為創者也，文非聖人所尚，而亦聖人所不廢。《春秋》為經，《左史》為傳，仲尼筆削舊史，左氏亦筆削舊史，說者謂仲尼作《春秋》，游、夏不能贊一辭，愚謂左氏作《傳》，即游、夏亦未得贊一辭也。《春秋》為仲尼孤行之書，《左傳》亦丘明孤行之書也，予嘗謂質勝則野，文勝則史，又謂先進則野，用則從先，夫質莫質於《春秋》，文莫文於《左史》，仲尼每重質而願從野，乃概以文歸史焉，推其意若憾史氏之文，凋天地之樸，未始不贊史氏之文，開宇宙之華也。六經而後，經緯天地之文，左氏庶幾載焉，聖人安能廢之。莊周曰：『《春秋》，經世先王之志。』周讀《春秋》，則必讀《左氏》，屈原稱引堯、禹、湯、文，以及齊桓、管仲，而不及孔子，則亦不知有《左氏》。司馬遷曰：『左氏失明，厥有《國語》。』蓋《左傳》厄於秦火，最後出。彼《公》、《穀》氏且先立學宮矣。王弇州謂：『司馬氏止見《國語》，未及見《左傳》。』此言或信然。而三君子者無論及見

《左氏》，不及見《左氏》，皆能為創者也，若夫後之君子，無論能為創，不能為創，未有不讀《左氏》者也。《左氏》為千古必讀之書，而千古讀《左氏》之法，則人或異矣。杜氏有《釋例》，孔氏有《正義》，蘇氏有《集解》，其餘注疏訓詁，自漢迄明，指不勝屈。近代汪伯玉氏有《節文》，劉介夫氏有《列傳》，李本寧氏有《讀法》，孫文融氏有《左芝》，相與擘畫，丹鉛各存所見，皆以《左氏》之文也，而伯玉氏之自評其《節文》也，謂猶旅幣之有特達也，戎行之有選鋒也。予友王從龍氏，貫徹經傳，爰取節文廣訂之，就商于余，疑義共析，生面重開，雖染指乎，而全鼎之味具在，況實厭飫其豐腴也哉！《左氏》之文，諸家膾炙，而近日京山郝楚望氏刪之而為《新語》，謂其堂堂不足，而鼎鼎有餘，其縱橫不如《國策》，揚搉不如莊周，汪洋不如史遷，敘事紆曲，裝綴細瑣，而時或散漫，不收修飾邊幅，而踢踵傷氣，牽帥附會，而浮夸傷理，繇郝氏之言觀之，是亦昔人《左氏膏肓》、柳氏《非國語》之意。夫江河之腐胔，不可勝數，然祭者汲焉，大故厭《左氏》之脂髓，而拾其小疵，猶酌江河而疑其穢濁也，豈可乎哉！余故重梓是抄，而與學者共之，夫讀全書者，疑其無端倪，徒見光芒陸離，不可嚮邇，乍典乍諧，或詭或經，不得窺其崖岸，孰若取是編詳而讀之，以為津梁，庶可博觀千古，而并以參於《莊》也、《騷》也、《史記》也，則亦通才者所急取也，從龍氏之已試焉者也。」（《范勛卿詩文集》文集卷二）

《春秋義》　徐念孺撰，〔佚〕

徐念孺，萬曆時期，江西南昌，生平失考。

萬時華〈徐念孺春秋義序〉云：「吾黨諸兄弟率治《毛氏詩》，徐念孺獨以《春秋》有名當世。《春秋》，聖人治世之書也，朝廷懸書學官，出仲尼者獨《魯論》與《春秋》耳，或曰：『《春秋》，經近于史，是非賞罰，智者及之，會盟征伐，聘啎之詞，才者優之，治《春秋》者不必深

也。」念孺讀書為文詞，獨好深至之思，余與居十年，終日閉戶，室無咳聲，當其著述，或瞑息深坐，或遠檻步，竟夕一稿既落，人面如土，至其治《春秋》，瑰瑋鴻碩，或為鳥厲，或為鴻逸，或為渴驥，或為怒猊，望之如荼、如月、如墨、如火，丁寧動天地，昆陽、鉅鹿之旅，泚水而下，非所望也。人之譽念孺者曰：『以彼其才過庭，于季良先生受經于受之，孟長冶生諸君子，授受既殊，迺亦有家學焉。』余曰：『不然！仲尼觀理以《易》，觀世以《春秋》，彼編絕于韋，筆絕于麟，殆各有深心焉。』世徒稱以才智，此念孺所以獨詣于《春秋》者爾。張良狀貌如婦人，好女傑進坦上之履，傑鼓博浪之椎，傑奪函關之鹿，荊軻武人，史稱其沈深好書，縱軻不足與于此，乃其語不可廢矣，丈夫治天下事，瑰瑋鴻碩，固未有不深而至者哉。」（《漑園集》初集卷一）

《春秋發微》 劉辰嶽撰，〔佚〕

劉辰嶽，萬曆時期，江西安福，生平失考。

案：乾隆《吉安府志》、光緒《江西通志》著錄。

《春秋闡蘊》 劉辰嶽撰，〔佚〕

案：乾隆《吉安府志》、光緒《江西通志》著錄。

《春秋刪補胡傳》 陸基仁撰，〔佚〕

陸基仁，萬曆時期，浙江平湖，字元卿，師袁黃，據光緒《平湖縣志》云：「陸基仁，字元卿，監生。篤學不倦，嘗師事袁了凡，得其穎悟。所著《易元》、《尚書傳鉢》、《詩說纂元》、《禮記道歝》、《春秋刪補胡傳》、《史記寶鏡》諸書。」（卷十七）

案：天啟《平湖縣志》、雍正《浙江通志》、光緒《嘉興府志》著

錄。

《春秋事考》　史記事撰，〔佚〕

　　史記事，1595前後，陝西渭南，字義伯，據光緒《新續渭南縣志》
云：「史記事，字義伯，水手里人，萬曆進士。任介休、榆次二令，發姦
如神，以廉明稱，擢御史按楚，尤多異政。仕至光祿少卿，值黨人用事，
以書規輔臣，觸忌罷歸，講學里中，考訂禮樂，立義倉，作隄障，里人德
之，著書二十餘種，其章奏久隔，乞防微漸，暨畿民四極，堪憐堪憂，快
瞻聖節，怳聞天戒，三疏尤足見其直言敢諫云，子若璣鴻臚序班，能讀父
書，居敬不苟，疊辭鄉飲不至，著有《理學淵源》。」（卷八）；雍正
《陝西通志》云：「史記事，字義伯，渭南人。萬曆乙未進士，兩任邑
令，教養兼舉。及擢西臺，直言敢諫，權貴側目。按楚尤多異政，遷光祿
少卿，終以觸忌罷歸。」（卷六十）

　　案：雍正《陝西通志》、道光《重輯渭南縣志》、光緒《新續渭南縣
志》著錄。

《春秋釋意》四卷　林京撰，〔佚〕

　　林京，1595前後，福建古田，生平失考。
　　案：民國《古田縣志》著錄。

《左傳綱領》二卷　葉秉敬撰，〔佚〕

　　葉秉敬，1562-1627，浙江西安，字敬君，號寅陽，據雍正《浙江通
志》云：「葉秉敬《西安縣志》字敬君，弱冠擢省魁，萬曆辛丑成進士，
權荊關有寬政，守大梁，督學中州，士民稱之，參江藩以憂歸，起荊西，
尋移南瑞，未行卒。秉敬淹貫萬卷，著述鴻富，擁皋比講學四方，請益盈

戶外，撰書凡四十餘種，海內稱為名儒。」（卷一百七十七）

案：康熙《衢州府志》、康熙《西安縣志》、雍正《浙江通志》著錄。

《春秋孔義》十二卷　高攀龍撰，〔存〕

高攀龍，1562-1626，江蘇無錫，字存之，號景逸，據乾隆《江南通志》云：「高攀龍，字存之，無錫人，萬曆己丑進士，授行人。趙用賢等去位，攀龍上疏論救，語侵輔臣，摘揭陽典史，歸家居三十年，天啟初起光祿丞，累擢左都御史，糾御史崔呈秀罷之，時魏忠賢用事，以崔呈秀為腹心，以前憾矯詔削籍歸，繼為織監李實誣劾逮問，官旅未至曰：『大臣不可辱。』遂自沈於池，懷宗初贈太子少保，兵部尚書，諡忠憲。攀龍學本濂洛，以靜為主，涵養邃密，學者稱景逸先生，著有《周易孔義》、《春秋》、《正蒙註》、《天完錄》、《就正錄》、《家訓》諸書。」（卷一百三十八）

《四庫全書總目》云：「《春秋孔義》十二卷，浙江汪啟淑家藏本。明高攀龍撰。……是書斟酌於左氏、公羊、穀梁、胡安國四家之《傳》，無所考證，亦無所穿鑿，意主於以經解經，凡經無傳有者，不敢信，傳無經有者，不敢疑，故名曰『孔義』，明為孔子之義，而非諸儒之臆說。雖持論稍拘，較之破碎繳繞、橫生異議，猶說經之謹嚴者矣。朱彝尊《經義考》：『此書之外別有李攀龍《春秋孔義》十二卷』。注曰：『未見』。今案書名、卷數並同，攀龍之名又相同，不應如是之巧合。考李攀龍惟以詩名，不以經術見，其墓誌、本傳亦不云嘗有是書。豈諸家書目或有以攀龍之名同，因而誤高為李者，彝尊未及考核，誤分為二歟？」（經部二八・春秋類三）

高世泰〈春秋孔義序〉云：「韓起聘魯，觀書太史，見《易象》與《魯春秋》，有周禮在魯之歎，孔子起而暢厥大旨，則望義知歸，非孔子

安從哉？後世學者奉古之心，終不勝好異之心，於是意見橫生，義理雜出，大圭呂氏以為六經之不明，諸儒穿鑿害之，而《春秋》為尤甚，此我伯父忠憲公有《周易孔義》之書，不已而有《春秋孔義》之書也。伯父生平性廉節介，疾惡如仇，然宅衷寬易，不為深噭可喜之論，故權衡四傳，悉稟尼山，凡經無傳有者，不敢信也；經有傳無者，不敢疑也。其文簡，其意覈，有嚴正之義焉，有忠恕之仁焉，有闕疑之慎焉，顏以孔義者，欲誦法孔子者，不失為聖人之徒也。儆海秦先生既捐貲板《周易孔義》，復續板《春秋孔義》，伯父有志，得先生而言益章，兩義明而六經之義無不明矣。」

　　案：收錄《景印文淵閣四庫全書》經部，第170冊。

《春秋集註》　　高攀龍撰，〔佚〕

　　案：鄒鍾泉《道南淵源錄》著錄。

《廿三士春秋制義》　　孫承宗撰，〔佚〕

　　孫承宗，1563-1638，河北高陽，字稚繩，號愷陽，據乾隆《大同府志》云：「孫承宗，字稚繩，高陽人。貌奇偉，鬚髯戟張，與人言聲殷牆壁，始為縣學生，授經雲郡，往來飛狐拒馬閒，直走白登，喜從材官，老兵究問險要阨塞，後登進士第二人，授編修，累官經略大學士，崇正十一年，家居死節。」（卷之二十三）；陸應陽云：「孫承宗，字稚繩，高陽人。方嚴果毅，負慷慨悲歌之節，東事亟遂大拜，奉命督師，出鎮化海，經營布置，以恢復為己任，羣小噪而逐之，里居時，高陽失守殉節，子孫力戰死者十九人，事聞諡文正。」（《廣輿記》卷一）

　　孫承宗〈題廿三士春秋制義序〉云：「昔韓宣子聘魯，見《易象》、《春秋》，曰：『周禮在魯』，若是，《易》、《禮》與《春秋》通也。予嘗受《易》、受《禮》，受《春秋》，皆嘗操觚為舉子業，而竟不得

《易》、《禮》，安問《春秋》。南官之役，較《易》、較《春秋》缺一人，而《詩》、《禮》浮于額一人，予以主者，令釋《戴記》，從曹大諫較《春秋》，大諫以專經得盡占，所擬目而為予批三《傳》細注之，予得不蒙于經旨，然惴惴恐不懌于旨，則時時以所尺幅質之大諫，又得不蒙于經生之尺幅，乃大諫亦復不以予不解，而時出所得尺幅相商也，解闈而觀標格，發篋笥還徵闈中，所妄忖曰：『某地、某科、某少長、某癯疆乃得。』不大謬，向非大諫開誠發予、覆予，且不解于經，而安閱經生言然，他經生視《左》、《國》為綺為珍，而《春秋》家固布菽也，乍閱其語若欣然，已而數幅後或棄去不復顧，固予既藉大諫于經，更藉經生言盡經生，巧心而不大欺于拙目也。然向所咄咄于一編者，即今且十年，而間亦有所自藉故，予以不知，不敢自任，而大諫即知，亦不自任，故予得盡大諫于百全，大諫亦且盡予于一得，囚思天下事，用獨近私，用眾近公，忖于其所短，而藉于其所長，即孅寡如予，亦足集事，而況真有見者，然予兩人，即各持所錄相商，而實各守所額注，則又予兩人之拘拘也，既而諸君子出經藝來受揀擇，予笑曰：『向非大諫，幾不竟南官之役，今何得一一求解大諫也。』大諫仍以峀經精擇之，得百篇授之梓，予且藉諸君子言，竟予《易》、《禮》之學，以半窺于韓宣云。」（《高陽集》卷十一）

《春秋類考》　張觀撰，〔佚〕

張觀，1596前後，浙江開化，字時貞，號一齋，據乾隆《開化縣志》云：「張觀，字時貞，號一齋，履端行潔，幼治《春秋》，長從徐潤濱、諸理齋遊，遂精研《易》學，潛心性理。萬曆中由歲薦，司嚴州訓，轉太平諭，遷鎮海教授。所至崇實學，黜浮靡，深得士心，陞益府紀善，引年歸里，好修彌篤，品行文章，士林奉為山斗，年八十餘，猶作座右銘曰：『晚年進德，晚年薄德，二者孰是孰非？』其自警蓋如此。所著《易

闈》、《春秋類考》諸集藏於家。」（卷七）

　　案：乾隆《開化縣志》著錄。

《春秋纂注》四卷　王衡注、吳太沖輯撰，〔存〕

　　王衡，1564-1607，江蘇太倉，字辰玉，號緱山，父王錫爵，據查繼佐《罪惟錄・王錫爵・子衡》云：「衡，字辰玉，號緱山，江陵奪情，時衡年十四，和陶潛〈歸去來詞〉以諷，父咲曰：『虎乳三日氣吞牛，可乎？』及父相，而衡舉順天鄉解首，禮部即高桂斜之詔覆試，桂主巡徽，衡伸卷立就，廷臣一口嗟服，錫爵乃抗疏，桂坐罰衡曰：『大人第為國体爭，不當以兒蒙詬，急求白也。』詔許會試，謝不入。及父謝相，成辛丑進士第二，廷對亦第二，未幾請終養。三十五年，上復念錫爵，召不起，揭請疏通，選法開言路，賤貨勤政，帝嘉。可忌者改其揭語，聞人科臣叚然等，遂抗論錫爵陰導，上拒諫，上知其誣，不問。年七十有七，卒諡文肅。衡辭其同舘，有曰：『種種人間世，嚼蠟空花，了無足道。芸亭蓬室，一宿而去之耳。』會卒，或以其語近讖云。」（列傳卷之十一）

　　吳太沖，1631前後，浙江錢塘，字默真，據民國《杭州府志》云：「吳太沖，字默真，錢塘人。崇禎四年進士，選庶吉士，授檢討。以詞臣侃侃直言，如理財則請嚴加派，弭盜則請重撫綏，翦亂則請專剿滅，而尤以正人心，敦士行，破門戶，全國體為急。十四年，枚卜閣臣召對，諸臣於平臺，太沖獨以國家力疲宜安，插飢虛重，選循卓為言，帝置筆不動，顧太沖且前，太沖跪奏曰：『臣之所陳似迂，然國家至今日如病羸瘵，不特消伐元氣，迅利肝膈之劑不可，用即驟服參苓，效亦不可旦夕期也。』帝默然。量移南國子監司業，尋轉右春坊、右中允，以父憂歸。」（卷一百二十四）

　　案：收錄《五經約注》，華東師範大學圖書館藏明崇禎三年花嶼刻本。《千頃堂書目》、《明史》、乾隆《江南通志》、嘉慶《直隸太倉州

志》著錄。

《新刻名公春秋至義合併全集》十二卷　　王衡撰，〔存〕

案：日本名古屋市蓬左文庫藏萬曆三十年建邑書林余氏萃慶堂刊本。

《左略》一卷　　曾益撰，〔存〕

曾益，約1564-1662，浙江山陰，字予謙、謙受、謙六，號鶴岡，據嘉慶《山陰縣志》云：「曾益，字謙受，多著述，有《昌谷詩注》，王思任序之。工畫，筆迅掃，大率寫其胸臆，有時細密謹嚴，如出二手。又有《溫岐八叉集注》，吳郡顧氏為刻之。」（卷十四）；徐沁云：「曾益，字謙六，號鶴崗，山陰人。善詩，注李賀《昌谷集》行世。字法雙并，畫設色花鳥，幽妍可愛，兼工蘭竹。年八十，有閨秀慕其風雅，願嫁為小，星後舉一子，相傳以為韻事。」（《明畫錄》卷六）；馮金伯云：「曾益，字鶴岡，山陰人。善梅花，為人古道，壽近百齡。（圖繪寶鑑續纂）」（《國朝畫識》卷二）

《四庫全書總目》云：「《左略》一卷，浙江汪啟淑家藏本。明曾益撰。益字予謙，山陰人。其書專摘《左傳》所言兵事，凡五十六篇，每條標以名目。陳禹謨《左氏兵略》尚援引他書，疏通證解。此但摘錄傳文，益無可採矣。」（子部十·兵家類存目）；阮元云：「是書以兵法備於《左氏》，摘取事實，加以標題。」（《文選樓藏書記》卷一）

案：收錄《四庫全書存目叢書》子部，第34冊，據廣州中山大學圖書館藏明天啟元年刻本影印。今此本為殘本，觀書中所言，其所分五十六類：「潛勝」、「設覆」、「麾登」、「先犯」、「張敵」、「攻右」、「衡陳」、「宵加」、「餌取」、「乘竭」、「竊恐」、「假襲」、「懼老」、「示弱」、「寶信」、「伐救」、「文教」、「兌入」、「嫁怒」、「偽遁」、「遠備」、「託警」、「交畫」、「議討」、「六

舉」、「附勉」、「併克」、「審間」、「逆敝」、「謀息」、「權固」、「易敗」、「要擊」、「眾攝」、「疾略」、「私誘」、「啟射」、「虛嚇」、「崇卒」、「藉伏」、「縋陞」、「及勞」、「用少」、「詐羅」、「蹙禽」、「剪異」、「踵滅」、「防灌」、「亟罷」、「詭獲」、「周迫」、「截戰」、「憤逐」、「墮俟」、「眩奪」、「更進」。今僅存「潛勝」至「併克」等二十七門，「審間」以下皆亡佚。乾隆《紹興府志》、嘉慶《山陰縣志》、光緒《山陰縣志》著錄。《澹生堂藏書目》作「二卷」。

《左粹》　賈鉰撰，〔佚〕

賈鉰，1597前後，河北清苑，字太承，據光緒《保定府志》云：「賈鉰，字太承，清苑人，舉萬曆丁酉鄉試，知猗氏縣，有惠政，擢大理寺正卿，盡力平反，要人每撼以危語，屹如也，遷戶部郎中，題覆汰諸冗官議，歲省萬餘金，以病乞歸，著有《左粹》一編、《鳴鶴堂詩意》四十卷，卒祀鄉賢。鉰性孝友，疾亟時猶貽書其子鴻洙，以善待弟姪族黨相勗云。鴻洙自有傳。」（卷五十四）

案：光緒《保定府志》、民國《清苑縣志》著錄。

《新刻麟經統一編》十二卷　張杞撰，〔存〕

張杞，1597前後，浙江烏程，字成夫，據《四庫全書總目》云：「《麟經統一篇》十二卷，浙江巡撫採進本。明張杞撰。杞字成夫，湖州人。萬曆丁酉舉人，官福清縣教諭。其書不載經文，惟以經文之可作試題者，截其中二三字為目，各以一破題括其意，即注胡《傳》於下。後列合題數條，亦各擬一破題，并詮注作文之要，其體又在講章下矣。」（經部三十‧春秋類存目一）

案：收錄《四庫全書存目叢書》經部，第121冊，據北京圖書館藏明

萬曆三十三年自刻本影印。同治《湖州府志》著錄。雍正《浙江通志》作「春秋統一」，《四庫全書總目》作「麟經統一篇」。

《左國迂評》　黃國鼎撰，〔佚〕

黃國鼎，1598前後，福建晉江，字敦柱，號九石，據李清馥〈庶子黃九石先生國鼎〉一文云：「黃國鼎，字敦柱，號九石，潛之孫，萬曆二十六年進士，選庶常，授編修，使封楚藩，毫不受遺，會島夷謀互市，璫高寀受賄，國鼎移書撫軍逐之，李文節病臥荒廟中，平昔相善之人多引去，甚至有排擊，自明非黨者，國鼎間一日一視，或再，卒以此中蜚語，國鼎不致辨，上疏求去。歷右春坊、右庶子，兼侍讀，辭歸後六年，再召不起，卒。國鼎溫良雅度，外若易與，中實難犯，好人之善，不能庇人之過，喜行善事，著有《易經初進》、《四書質問》。」（《閩中理學淵源考》卷七十一）

案：乾隆《泉州府志》、道光《晉江縣志》著錄。

《春秋刪補傳註》四卷　邵可立撰，〔佚〕

邵可立，1598前後，陝西商州，據雍正《陝西通志》云：「邵可立，商州人，萬曆戊戌進士，任山海關兵部主事，廉直剛斷，加意人文，建文昌書院，購古今遺書以教俊彥，嘗三劾貂璫，四減關稅，修鎮東樓，工師苦無大木，忽海上浮若干至，及落成無贏餘者，亢陽不雨，三禱三應，士民咸歎異之。」（卷五十七）

案：雍正《陝西通志》著錄。

《春秋刪補註疏》　王紹徽撰，〔佚〕

王紹徽，1598前後，陝西咸寧，據道光《濟南府志》云：「王紹

徽，陝西三原人，進士。萬曆時知鄒平縣，性宏而密，衷恕而慈，在官之日，民不知有稱頭之羨，行戶之賠，里甲之苦，衙蠹之擾，鄒平賢尹，自薛瑞、李瑞之後，以紹徽為最焉。仕至吏部尚書。『按《鄒平新志》據《明史》斥為閹黨，茲仍舊志錄之。』」（卷三十六）；黃叔璥云：「左副都御史王紹徽，在萬曆朝素以排擊東林，為其黨所推，故忠賢首用居要地。天啟五年，紹徽倣民間《水滸傳》編東林一百八人為《點將錄》獻之，令按黜汰，以是益為忠賢所喜，既而奸黨轉盛，後進妬諸人妨己，擬次第逐之，孫杰乃謀使崔呈秀先擊去紹徽，令御史袁鯨、張文熙詆紹徽朋比，鯨再疏列其鬻官穢狀，遂落紹徽職。」（《南臺舊聞》卷十四）；丁宿章云：「萬曆進士王紹徽，陝人，為忠賢義子，嘗造《點將錄》，傾陷東林，目公為五虎將，天勇星，大刀手。〔遣愁集〕」（《湖北詩徵傳略》卷二十四）

案：雍正《陝西通志》著錄。

《左雋》　張師繹撰，〔佚〕

張師繹，1598前後，江蘇武進，字夢澤，據康熙《江西通志》云：「張師繹，字夢澤，武進人，萬曆進士。知新喻縣，以簡易寬大為治，嘗奉檄督逋賦，歎曰：『賦逋至十年，籍不可考矣，徒為老胥奸利，地何益？』竟不行。喻邑有銀監稅璫至橫甚，師繹為書一『法』字授璫前驅，璫懼遂去，後仕至按察使。」（卷六十一）

張師繹〈左雋序〉云：「天下諸書不可節，而經之《左》，子之《老》、《莊》，楚之《騷》，史之馬、班尤甚，非不可節，不能節也。彼其之子有節《綱目》、節《通鑑》者，節其字句矣，能節其事蹟乎？節其游行，點綴不相關，屬之空言矣，能節其起伏乘除，照應承接之筋脈乎？僬僥氏三尺短之至也，耳目口鼻有一不備，將得謂之人乎？不得謂之人乎？人之五官附麗於面部者，各有司存，惟眉為可省，假令生而有無眉

之人，人必爭詫以為不祥，擯且棄之矣。陽翟賈之治其《春秋》也，懸諸市，有能增損一字者予千金，今夫陽翟賈之精心計也，於千金勢必無輕舍，擅秦之強焉，奔走諸侯，王游閒士，其才具度，頡頏、呂覽者，不啻過之，而卒無有應，令能增損者，不第劫於秦之威，彼所謂一字者，非駢枝贅疣之一字，而攝其精魄，換其位置之一字也，不韋業成一家言，庖人雖雅善奏刀，當其羹定，安所復須鹽梅哉。予生平有杜武庫癖，家有許、汪、孫三司馬所治《左》，或節之，或芟之，或詳節之，嗛然不領其義。癸亥，備兵霞城，疲於津梁，舟車所至，不能多將經史，挾杜注左自隨，倦以寄夢，醉以解酲，勞以和役，夫之歌山間，濕淖夏秋，驕陽往來，登頓以當，杲杲之出，而演靈雨之濛也，信手所拈，丹鉛所受，略為起止。外甥治卿委蛇自公，退食多暇，精錄以成，題之曰『雋』，雋予賤字也，若曰此吾家之《左氏》云耳，明其本無意公以示國門，私以存家塾也者。賈逵、張昭月讀一過，則予無其通敏表微，咨問諸疑，皆有師說，則予無其稟承。李則與蔡邕一舉三反，則予無其意智劉兆作為《左氏》全綜《公》、《穀》，訓故皆納經傳，則予無其精閎，且也幼不知學，長而善忘，錄此以正義例，以志闕疑，以存故實，以便檢閱，小儒自營，活升斗之計也。彼云：劉瓛講盡隱公，便云：『義例已了，如其見此，不喟然太息。』又多乎哉！」（《月鹿堂文集》卷一）

案：光緒《武進陽湖縣志》作「左傳雋」。

《新刻顧會元精選左傳奇珍纂註評苑》二十四卷　顧起元評註、葉向高參註、李廷機校閱，〔存〕

顧起元，1565-1628，江蘇江寧，字鄰初，號遁園，據同治《蘇州府志》云：「顧起元，字鄰初……舉萬曆丁酉鄉薦，明年會試第一，殿試及第第三人。歷官國子監祭酒，擢吏部左侍郎。當軸欲引入政府，起元避居遯園，七徵不起，友人題其居曰『七召亭』。起元學問賅博，凡古今成

敗，人物賢否，諸曹掌故，無不通曉，居家絕迹公府，惟地方利弊不恤，身任而力爭之，卒謐文莊。」（卷九十四）

葉向高，1559-1627，福建福清，字進卿，號臺山，據嘉慶《大清一統志》云：「葉向高，字進卿，福清人，萬曆進士。選庶吉士，累官吏部尚書，建極殿大學士。時神宗倦勤，庶政不理，朝署空虛，群黨角立，向高深憂之，在位務以調劑群情，輯和異同為事，數言時政得失，帝不能納，遂因病歸。光宗立，召還。天啟改元，魏忠賢擅政，欲興大獄，憚向高未敢逞，一時善類賴以保全，已知時事不可為，力求去位，忠賢遂無所顧忌，大肆羅緝，善類為之一空，年六十九，卒於家。崇禎初，贈太師，謐文忠。」（卷四百二十六）

李廷機，1542-1616，福建晉江，字爾張，號九我，詳上文李清馥〈文節李九我先生廷機〉（《閩中理學淵源考》卷七十一）

《春秋胡傳翼》三十卷　錢時俊撰，〔存〕

錢時俊，1565-1634，江蘇常熟，字用章，號仍峯，生平失考。

錢謙益〈春秋胡傳翼序〉云：「經學之不明，未有甚於《春秋》者也。他經以經為經，而《春秋》以傳為經，他經之傳，傳經為傳，而《春秋》則人自為傳，自漢洎元，未有底也，明興乃始布侯於文定，海內靡然從之，無敢操戈者，於《左氏》則核者誣之，於二氏則誣者核之，此則胡之失也。仲尼之所削者不可見矣，其所筆者具在，據事直書，內不敢易史書，外不敢革赴告，而一字褒貶，口銜天憲，亦可以令吳楚之僭王者乎，此又胡之失也。元年之元也，鼎銘先之矣，五等諸侯之稱公也，《儀禮》先之矣，由此推之，凡所謂一字一句，傳義比例者，非棄灰之刑，則畫蛇之足也，此又胡之失也。昔之《春秋》以三《傳》為《經》，今之《春秋》以《胡氏》一家言為《經》，雖然胡氏之書大義備焉，況功令在是，童而習之，用以郭眾說、斷國論，不猶賢於說鈴書肆乎哉？……近世趙恒

先生著《錄疑》以續塞耳，三年而發之，聾矣。余少不自量，欲網羅百家，推明孔氏筆削之旨，未三載而以懶廢，令余得深湛如用章，豈遂遜古人哉，姑書之以志余愧而已。辛亥夏四月，錢謙益受之父書于婁江舟中。」

案：臺北傅斯年圖書館藏明萬曆三十九年刊本。《千頃堂書目》、《明史》、《經義考》、《傳是樓書目》、同治《蘇州府志》著錄。

《春秋年考》一卷　何啟撰，〔存〕

何啟，約1565-1641，安徽廬江，字仲先，號天畸子、天畸人，生平不祥，據《四庫全書總目》云：「《春秋年考》一卷，浙江巡撫採進本。不著撰人名氏。後有自跋，稱初成於天啟甲子，重訂崇禎辛未，自署曰天畸人。有三小印，一曰三峨，一曰仲先，一曰且止庵居，不知為何許人也。其書仿《史記・十二諸侯年表》之例，以年為經，以國為緯，各書大事於年下。然體例頗為叢雜。如周為第一格，平王四十九年稱『宰咺來賵仲子』，此內魯之詞，當繫之魯，不當繫之周也。至五十九年，稱『武氏子來魯求賻』，則稱『來』似內魯，稱『魯』又似外魯，更無體例矣。又瓦屋之盟列之於晉，則排纂有舛。晉獲秦諜增晉伐秦字，則事實或誤，均不足以為據。」（經部三十・春秋類存目一）

案：收錄《四庫全書存目叢書》經部，第130冊，據遼寧省圖書館藏明末鈔本影印。《四庫全書總目》云：「不著撰人名氏」，又「自署曰天畸人」，經查臺北傅斯年圖書館，藏有明末何啟撰著的《春秋隅問》手稿孤本，序跋文自稱「天畸子」，亦言著有《春秋年考》一書，可以證明此書是何啟本人所著無疑。

《春秋隅問》不分卷　何啟撰，〔存〕

案：臺北傅斯年圖書館藏手稿本。附錄《春秋隅問補目》十七則。

《春秋愚謂》四卷　徐允祿撰，〔佚〕

徐允祿，1566-崇禎，江蘇嘉定，字汝廉，據嘉慶《直隸太倉州志》云：「徐允祿，字女廉，瓛五世孫。年十五，就童子試，郡守賞其文，謂與奇童李名芳、沈紹侃並驅，三人皆嘉定人也，補郡庠生，每一文出，遠近爭傳誦之。平生邃於經學，初為《易》說，旁治《毛詩》、《尚書》，又理《春秋》三《傳》，作《史論》，自周威烈王起，至元順帝止。嘗試京兆被黜，時王錫爵父子謂目前無此人，而允祿自安時命，終無一言，借其推挽，老困諸生，家甚貧，一介不苟取，所善友曰張表、朱稚美、劉維藩，皆獨行之士。表字君日，為文溫淳典雅，而志節皭然，或冬月不能著絮，家唯一婢，所親負豪家錢，即鬻以代價。維藩字价伯，好古執禮，丹鉛不倦，兼通歷律、堪輿、陰陽、述數，別纂歷代事，成書至數百卷，稚美自有傳。」（卷三十七）；

案：陸元輔曰：「徐允祿，字汝廉，嘉靖諸生。取《春秋》三《傳》及胡氏《傳》，撮其大旨於前，而折衷以己意，四家都無當者，更出獨見斷之，如『尹氏卒』，以為鄭之尹氏即隱公與之同歸而立，鍾巫之主者也，其他大抵類此。」（《經義考》卷二百六）。《千頃堂書目》、《明史》、《經義考》、嘉慶《直隸太倉州志》著錄。此書雖亡佚，今徐允祿《思勉齋文集》卷五尚存〈解春秋四條〉，如下：

一、或曰：「《春秋》賤夷狄，何也？」徐子曰：「《春秋》，天道也，而曷嘗賤夷狄哉？楚為亂而荊之善而子之即其待齊、衛者耳。公會戎於潛，戎亦猶中國哉，而曷嘗賤之也？《春秋》賤夷狄也，則天不開魏元矣。」

二、或曰：「《公羊》以為《春秋》通濫，而胡氏又謂名而賤之何也？」徐子曰：「賤之是也，謂名而賤之，非也。夫黑肱何以不當名乎，直曰『來奔』，則盜賊之耳。」

三、或曰：「楚宋平，而稱人何也？」徐子曰：「誌華元子反之功

也，稱人而兩國悉舉之矣，如其仁！如其仁！」

四、或曰：「桓公書大有年何也？」徐子曰：「史之體也，非刺也。程叔子以為誌怪耳。《春秋》顧能加刑於天乎？滕子來朝，而《傳》謂惡其黨，惡其論，亦苛矣哉。」

《春秋圖》一卷　吳繼仕撰，〔存〕

吳繼仕，約1566-1636，安徽休寧，字公信，號蒼舒，據《四庫全書總目》云：「《七經圖》七卷，副都御史黃登賢家藏本。明吳繼仕編。繼仕字公信，徽州人。案宋《館閣書目》載《六經圖》六卷，楊甲撰，毛邦翰增補之，為圖三百有九。又《宋史‧藝文志》有葉仲堪《六經圖》七卷，陳振孫《書錄解題》謂仲堪即以邦翰舊本增損改定。」是書刊於萬曆己卯，前有繼仕自序，云「得舊本摹校，舊圖三百有九，今加校正為三百二十有一。」（經部三四‧五經總義類存目）

案：收錄《七經圖》，《四庫全書存目叢書》經部，第150冊，據東北師範大學圖書館上海圖書館藏明萬曆刻本影印。

《麟經原流》不分卷　吳繼仕撰，〔存〕

案：收錄《六經始末原流》，中央研究院中國文哲研究所古籍整理叢刊，第13冊，據西德華裔學志社抄本及日本內閣文庫刻本影印排版。

《新刻楊會元精選左傳彙奇》十六卷　楊守勤撰，〔存〕

楊守勤，1566-1620，浙江慈溪，字克之，號昆阜，據過庭訓云：「楊守勤，號崑阜，慈谿縣人，中浙丁酉第三，甲辰會試第一，廷對復賜一甲一名，授翰林院修撰。丙午丁憂。甲寅補原職起居注。乙卯陞左中允，順天主考。丙辰陞右諭德講讀，管理誥命。己未房考本年，陞右庶

子，旋以冊封歸。庚申欲赴京報命，得疾卒于家。守勤之文不加雕琢，而大雅不群，有成弘先輩風，其人之博大溫潤，酷似其文，又矜氣節重名，行辭受取，予間凜然不少假借，與人交則推誠吐赤，不覺鄙吝，潛消汪汪，千頃波也，惜未及柄用耳。」（《本朝分省人物考》卷四十九）

案：日本國立公文書館藏明刊本。

《左國精髓》　鄭思恭撰，〔佚〕

鄭思恭，1566-1646，浙江平陽，字允之，號太和，據隆慶《平陽縣志》云：「鄭思恭，字允之，萬曆壬子歲貢，以父老九旬，欲終養不仕，父強之至。己未始謁選，授永康訓導，歲數假省不忍去，陞湖廣藍山諭，辭乞終養，藩司姚永濟、兵憲米萬鍾，以師儒侍養，建坊旌之，歸休二十餘年，閉戶著書，益勵聖賢之學，有《易學金針》、《性鑒摘題》、《左國精髓》、《仰止錄》、《鄉居瑣語》諸集，三十六種，皆足經世垂訓，會甲申之變，悲泣求死，不能自釋，既為所親留，至家苦慰，又作《客竆論世》、《見危長嘯》二書，憤欝成疾卒，有自祭文，遠近士夫皆哭以詩。」

案：《溫州經籍志》、康熙《平陽縣志》、乾隆《溫州府志》著錄。

《春秋通議略》二卷　邵弁撰，〔存〕

邵弁，1567-1582後，江蘇太倉，字偉元，據嘉慶《直隸太倉州志》云：「邵弁者，字緯元，窮經學，有師法，學者多從問疑義，兼精醫術，亦以歲貢終。」（卷三十五）

邵弁〈春秋通議略序〉云：「昔仲尼因魯史修《春秋》，傳其學者三家，師說相承，褒貶為義，愚竊以為不然，《春秋》有是非而無褒貶。褒貶，一人之私也；是非，天下之公也，因天下之公是公非，而無所毀譽，此《春秋》之志也。要之《春秋》之教，不越二端而已，故或同辭而同

事，或異辭而同事，或異事而同辭。同辭同事者，正例也；異事異辭者，變例也。例以通其凡，辭以體其變，而經教立矣，奚取於褒貶哉！故正例之是非統於事，比事而天下之大勢可明也，變例之是非顯於辭，循辭而每事之得失可考也，不通乎例者，不可以語常，不達乎辭者，不可以盡變。說者繫日月於褒貶，析予奪於名稱，謂夷夏皆由聖人之進退，亂臣賊子皆由仲尼之誅討，夫日月本乎天運，何心於褒貶？名爵定於王朝，何柄而予奪？夷夏盛衰，天下大勢也，豈空言所能進退。亂賊誅討，列國政刑也，豈後世可以虛加。若進退由於仲尼，則進吳楚而退齊晉，聖人乃無意於安攘，誅討可以虛加，則刺公子買而奔慶父，孔子為失刑矣，又其甚者，魯桓有弒君之惡，反歸罪於天王，至於桓無貶焉，則是罪坐於鄰之人，而庇匿其主也，季氏有逐君之惡，而先正乎定昭，季氏乃無譏焉，則是畏彊禦而弱其君也，故以褒貶為例，其例不可通也，以褒貶命辭，其辭不可訓也。《膏肓》、《廢疾》，深痼學者之見聞，邪說詖辭，汨沒聖經之宗旨，使《春秋》之大義不明，而體統不立，何由定天下之邪正哉？殊不知分之通於天下者，周為主；事之通於列國者，魯為主，《春秋》書王，所以通其分於天下也，故列五等，序王爵也，不列於五等，吳楚之君非王爵也。凡登名於策書，有王命者也，不登名於策書，無王命者也，禮樂征伐以達王事於天下，故曰分之通於天下者，周為主，《春秋》書公，所以統其事於國內也，故本國之君大夫出入必書，本國之政事廢舉必書，他國之事接我則書，來告則書，詳內事略外事也，故曰：事之通於列國者，魯為主，主周則周之名分，仲尼何敢紊焉，主魯則魯之典禮，仲尼何敢變焉。故策書所載有其事，不敢隱也，無其事，不敢加也。事與詞皆從實錄而已，事之所比為正例，正例者，通論之勢也；詞之所之為變例，變例者，即事之教也。為例之體二，謂大事必書之體，謂常事特書之體，大事必書，或書而變常者，變例也；常事不書，以非常故書者，正例也。比事而成例，循事而命辭，事辭皆從實錄，所以傳信也。舊史有闕文，存而不削，所以傳疑也。傳疑、傳信，史家之法也；因是、因非，大道之公也。

史以正王法，經以明王道，史法立而大道行矣，何以褒貶為？昔韓退之有言：『《春秋》三傳束高閣，獨抱遺經究終始。』旨哉斯言，惜無成書以示後世。唐之陸淳、啖助、趙匡，此三家者與韓公同時，議論相若，予故有取焉。嘉靖癸丑，避寇幽居，文籍罕接於目，坐臥以經自隨，久之，日有所記札，輒疏為《或問》一卷、《凡例輯略》一卷、《屬辭比事》八卷，總名之曰《春秋通義略》，非敢傳之人，人以俟後世之揚子雲焉爾。」

　　吳騫〈明婁江邵氏經學二書跋〉云：「《詩序解頤》一卷、《春秋通議略》二卷，皆明邵氏弁著。弁字偉元，太倉州人，歲貢生，《詩序解頤》見於黃氏《千頃堂書目》，而秀水《經義考》不載。予細觀之，其書多直取考亭《詩序辨說》之文，自下己意間有之，竹垞不著於錄，豈有見而然與？《春秋通議略》，《經義考》作《通義略》二卷，并錄其自序云：『幽居文籍，早接坐臥，以經籍自隨，日有記札，輒疏為《或問》一卷、《凡例》一卷、《微旨辨疑》八卷，總名之曰「春秋通議略」。』騫按：《微旨》、《辨疑》八卷六字，竹垞蓋亦承黃氏《書目》之譌說，若如所列，則當云十卷，而非二卷矣。此舊鈔本，序中無此句，故知二家皆不免訛以傳訛也。」（《愚谷文存》卷四）

　　案：收錄《明婁江邵氏經學二書》，臺北傅斯年圖書館藏明萬曆刊本。乾隆《江南通志》作「春秋通義」。臺北傅斯年圖書館藏明萬曆刊本《明婁江邵氏經學二書》，此書上卷題為「春秋或問」，下卷題為「春秋凡例輯略」，合邵弁〈春秋通義略序〉中所言，唯獨《春秋屬辭比事》八卷亡佚不存。

《春秋屬辭比事》八卷　　邵弁撰，〔佚〕

　　案：《經義考》引邵弁自序，今觀其序文無「屬辭比事八卷」之文，而邵弁今存《春秋通議略》二卷，《明史》、乾隆《江南通志》作《春秋

尊王發微》十卷，正合《明史》十卷之數，姑存待考。

《左概》六卷　李事道撰評，〔存〕

李事道，1600前後，浙江仁和，字行可，據丁丙云：「《左概》六卷，明刊本。仁和李事道行可甫輯。前有瑯琊王世貞序云：《左概》者，李生所葺《左氏》之略也。夫『概』者，概也，《左氏》一書，總數萬言，茲以八十五章盡概《左氏》之篇，不已約乎。次為萬曆丁亥春，事道自序云：『《左氏》未易讀，讀未易解，自乙酉寓宗陽，與友人解釋筌次，拔其尤者若干首以視鄭生，鄭生者，虎林之惠元仁甫也。』又凡例稱：『《左傳》編年，原無題識，題識自真西山始，茲集一仍真氏舊題，又章法、句法、字法佳者，仍汪南明《節文》標出。』殆為科舉而作歟。」（《善本書室藏書志》卷三）

案：南京圖書館藏明萬曆十五年刻本。《八千卷樓書目》著錄，一名「左概彙編」。

《左氏兵法》二卷　來斯行撰，〔存〕

來斯行，1567-1634，浙江蕭山，字道之，號馬湖，一號槎庵，師周汝登。雍正《浙江通志》云：「來斯行，《蕭山縣志》：字道之，萬曆進士，授刑曹，歷陞登萊道。白蓮賊徐鴻儒倡亂，斯行提兵協勦，次廣川，與賊黨遇，進克滕鄒，生擒鴻儒，獻俘闕下，陞少參，移貴陽按察使。水西安酋煽亂，恃苗長田阿秋為援，斯行購素習阿秋者，偽奔入巢，斬阿秋首以獻，諸酋震懾。晉福建右布政使，引年乞歸。」（卷一百七十三）；《明史》云：「兵部主事來斯行有武略，自嚴請為監軍。山東白蓮妖賊起，令斯行率五千人往，功多。」（卷二百五十六）；陶元藻《全浙詩話》云：「斯行，字道之，號馬湖，蕭山人，萬曆丁未進士，累官福建布政司。」（卷三十四）

劉宗周〈福建布政使司右布政馬湖來公墓誌銘〉云：「予髮未燥，即聞西陵有來公道之，其於書無所不讀，顧落落狂簡類晉人，人多異之，以是不及交公。晚一見公於司馬郎署，聆其議論，破囊而出，大驚，以為經濟才。既別去又十年，公懸車在里。間一顧，予里中適大會羣士，公欣然臨講席，神情散朗，謦欬間風生四座，未嘗不爽然自失，恨知公之晚也。無何而公捐館。比葬有日，伯子彭禧來請誌於予，予恨知公晚，即晚知公，有不盡知者，其何以為公役，謝至再，而彭禧頻申前命，不獲已，為按其族銓部君之狀而節略焉。公來氏，諱斯行，字道之，馬湖其別號也，系出微宋之後，傳至宋直龍圖閣學士屏山公，始自鄮陵扈駕臨安，因家於蕭山。歷五傳為潭居公，始卜居長河。其後代有顯人，為於越望族。潭居凡七傳而至公，厥祖畏齋公某，考靜觀公某，皆以公貴贈廣西按察使。而靜觀公博綜羣籍，稱通儒，娶贈淑人沈氏，生四子。仲即公，公負異姿，讀書不再過成誦，自少即淹貫經史百家言，倚馬成文千言，不加點。總角補邑弟子員，遇試輒冠軍，顧獨阨於棘闈，凡七舉，始以萬曆丙午得雋，明年丁未成進士。丁靜觀公憂，服闋謁選，授主事刑部，著《獄志》四十卷。代王子爭立，朝議將立長鼎渭，獨公申濫生之例，謂庶生者鼎沙，有成命不可輕廢，仍請治渭訐父罪。當是時，貞皇帝在東宮，處嫌疑之會，外廷恒切隱憂，故公及之，而實與立長之議相成，其後卒從公議。壬子，典試廣西。事竣，聞沈淑人訃，歸。服闋，補工部，管理器皿盔甲，兼督山陵。竟以不行請託，忤津要，坐察典論，調補永平府推官。時邊事日亟，備邊將帥多聚天下勁兵，而苦於轉餉。公駐天津，管南北二餉。南北餉者，海運也，由山海而進為北道，登萊而進為南道。公拮据其間，皆有良策，然猶謂是未可以收海運之全也。請復元人膠河故道，輓江淮之粟，直達天津，在今日為救邊之急務。即一旦中原有事，漕渠為梗，可恃以無困，尤萬世定鼎之訏謨。因繪圖，自南海芝蔴灣，至北海海倉，凡二百四十里，其間地形高下，挑濬淺深，與夫沿革便宜，皆種種如列眉，而系之以說，且課費不過十萬。當事者心韙之，而卒不能決也。漕舟守凍卒數

千，預索來春口糧不得，輒鼓譟赴軍門為亂。公馳檄諭之，即定，隨縛首事者正法。秩滿，擢兵部主事，即陳備邊機要，請屯兵海外，若月坨島、馬頭營並居要害，宜分宿水陸重兵以資應援。當事者頗欲用其說，乃擢公監軍僉事，整飭天津。公申前請，期得當一面自效，然亦終無用公者。久之，卒報罷。會山東蓮妖倡亂，撫臣告急，津撫檄公提兵五千往援，道過景州，妖黨于宏志聚眾數千人，將攻州城，城中人出，遮留公殺賊。公陽謝之，而密署所部援兵，一鼓而進，殲之白家屯，遠近歡聲如雷，諸士紳疏留公鎮餘孽，公不顧，疾趨山東，時賊首張東白據鄒縣，徐鴻儒據滕縣，相與犄角，禦官兵，殺傷無算，而鴻儒尤點桀。公請趨滕以孤賊勢，會總兵官連戰克之，鴻儒棄城走至弋里，兩伏山據險立營，眾尚十萬，我師躡之。先是，公遣子燕禧焚其輜重於他所，賊勢益蹙，至是復迎戰弋里，再戰再捷，擒其掃地王、偽太師等。鄒城聞之，欲乞降。鴻儒憤甚，乃自弋里入鄒城，斬欲降者三百餘人，為死守計。我師驟薄城下失利，築長圍以困之穴城，城破，鴻儒潰圍逃，間道為燕禧所執，械送東撫，獻俘闕下，山東平。公遜讓不尸其功，循例陞參議，仍備兵津門。久之，貴陽有安酋之亂，水西遠近諸苗長爭附之，而長田阿秧其魁也。所居田當偏頭辰沉上下，扼我餉道，當事議調兵十萬駐平越，即擢公平越道，乃稍錄平妖功，進級按察使，而以兵事聽公贊畫。公曰：『是未可以兵威勝也。』適黃平州吏楊政啟訴冤行間，問之，舊嘗習秧者，公喜曰：『吾得間矣。』密授以計，令其叛而投秧。不五日，函秧首以還。諸苗震懾。其後，安酋卒就擒，黔蜀間次第底定，則秧之敗，有以啟之。而楊政啟者，公許事成賞以五百金，官都司。當事者靳之，公頗不平。屬有微疾，遂得請而還。今上戊辰，起補鬱林兵巡，仍用公靖土司，公至，而反側者以安，止用恩信招撫而已。尋擢福建右布政，可一載，舊疾復作，公曰：『知止不殆，此其時矣。』遂乞骸家居，築梧柳園，徜徉其間，編經摹史無虛日，或與二三衲子深話無生，或從子弟論文講道，又申宗法以訓族人。遇月夕花晨一咏一觴，陶然自適，終不聞有戶外事。越癸酉之某月

日，以疾卒於家，距其生為隆慶丁卯，享年六十有九。公英爽開霽，率性自可，居恒不修小節，而識略偉然，風馳電掣，故所至以功名顯。其論道則出入二氏，從宗門之旨以達於儒者。家居師事海門先生，講良知之學，曩時所見，漸臻實際。惜予性椎魯，一席請事，未足以盡之，嘗讀公書曰：『見太虛以內無一非知，是為致知；見太虛以內無一是物，是為格物。』又曰：『為善去惡，善惡之念未除；無善無惡，有無之見猶在。』其發明新建，大略如此。燕禧者，公仲子也，為諸生，不欲以文自見，自少喜韜鈐之略，膂力過人，年二十餘從公征廣川，征鄒、滕，征水西，皆橫槊躍馬，摧鋒貫陣，積以功次，擢至遊擊將軍，世襲外衛鎮撫，其生擒徐鴻儒，尤稱壯烈。當是時，山東兩撫並以平妖功晉司馬，世爵錦衣，實攘之公父子。其後，燕禧鬱鬱不得志以死，而公處之坦如也。識者遂以窺公所自信云。公所著有《經史典奧》、《四書問答》、《五經音詁》、《經史淵珠》、《槎庵集》、《燕語》、《家乘》等各若干卷行於世。其小品曰《宗談》六種，皆以證學者。在官中外封事若干首，行間始末，皆有成帙。配沈氏，累贈淑人，其他家庭懿節及子女婚嫁，皆詳狀中。兆在某之陽，而葬也以某年月日是為銘。銘曰：『神廟以來天步嵬，東西羽檄紛如埃。禁中頗牧人爭推，高旗大纛幕府開。矯矯我公騰龍媒，倏忽九天風雲回。提戈所至殲其魁，金印斗大懸者誰。儒子負戟英憤摧，我公掉頭云何為？（叶）滄江把釣白雲陪，手編竹素天人詼。力絕千古跨九垓，出聖入禪雄辯才。公今一笑遊蓬萊，無生之旨安在哉？盍歸乎來姚江隈，春風動地轟如雷。題此貞珉光夜臺，其不朽者惇史裁。』」（《劉蕺山集》卷十二）

　　案：收錄《槎庵小乘》，《四庫禁燬書叢刊》子部，第10冊，據明崇禎四年刻本影印。

《春秋讀》一卷　陳際泰撰，〔存〕

陳際泰，1567-1641，江西臨川，字大士，號方城，子陳孝逸，據康熙《江西通志》云：「陳際泰，字大士，臨川人，家貧不能從師，又無書，時取旁舍兒書，屏人竊誦，從外兄所獲書，四角已漫滅，且無句讀，自以意識別之，遂通其義。十歲於外家藥籠中見《詩經》，取而疾走，父見之怒，督往田則攜至田所，踞高阜而哦，遂畢身不忘，與艾南英輩以文名天下，其為文敏甚，一日可二三十首，先後所作至萬首，經生舉業之富，無若際泰者，崇禎三年舉於鄉，又四年成進士，年六十有八矣，除行人，居四年，獲故相蔡國用喪，南行卒於道。」（卷八十二）

《四庫全書總目》云：「《五經讀》五卷，浙江巡撫採進本，明陳際泰撰。……其平生以制藝傳，經術非所專門。故是編詮釋五經，亦皆似時文之語，所謂習慣成自然也。」（經部三四　五經總義類存目）又曰：「際泰本以時文名，故其說經亦即用時文之法。」（經部八·易類存目二）

案：收錄《五經讀》，《四庫全書存目叢書》經部，第151冊，據湖北省圖書館藏明崇禎六年刻本影印。

《麟經約言》　康元積撰，〔佚〕

康元積，1601前後，江西安福，字日空、函三，據光緒《江西通志》云：「康元積，衡山人，與兄元和同舉萬曆甲午鄉試，元積辛丑進士，授太常博士，上保泰疏，侃侃數千言，尚書趙煥稱為當代一人，擢吏漕固辭，旋奉欽取擬注吏科，遽卒，嘗以黃堡驛馬病民，條議改罷，又倣條鞭例，調停邑賦，歲減若干緡，鄉里賴之。」（卷一百六十七）

案：乾隆《吉安府志》、光緒《江西通志》著錄。

《新刻大魁堂詳注春秋左傳選玉狐白評林精要錄》四卷　張以誠撰，〔存〕

張以誠，1568-1615，江蘇華亭，字君一，號瀛海，據乾隆《江南通志》云：「張以誠，字君一，弼玄孫，肆力於經史百家，朝章典故，莫不該洽。萬曆辛丑廷試第一人，授修撰，遷左中允，疏請東宮，出御講筵，以重國本，慰人心，詞旨愷切，尋轉右諭德，丁外艱歸，以哀毀卒。以誠舉止安雅，敦尚名節，士論推重。」（卷一百四十一）

案：日本龍谷大學大宮圖書館藏明萬曆年間建興書軒刊本。

《新刻王翰林精採左聞人玉珩編》四卷　王氏（不詳）撰，〔存〕

韓孫愛，1601前後，浙江慈谿，字君博，據雍正《寧波府志》云：「韓孫愛，字君博，萬曆二十九年進士，改庶吉士，充福王講官。王為神宗愛子，舉動多不遵禮制，孫愛每陳古今成敗廢興以諷，王為感動，賜賚有加，晉檢討，陞蘄州兵備副使，釐剔奸弊，案牘一清，嚴飭武備，屹然為一方保障。」（卷之二十一）

案：日本國立公文書館藏明刊本。明韓孫愛明刊陳德宗4冊。日本公文書館高野山釋迦文院本（內閣文庫 274-173）。

《春秋傳注彙約》二十三卷　吳一杕撰，〔存〕

吳一杕，1601前後，浙江淳安，字德興，號續敬，據光緒《淳安縣志》云：「吳一杕，字德興，號續敬，萬曆辛丑進士，授揚州推官，屢雪冤，抑攝府篆，修葺書院，集諸生講課其中，士風不振，歷署儀徵、寶應時，各邑旱疫相仍，一杕賑恤之暇，并設局具醫藥治之，賴以生活者，不可勝紀。擢工部主事，晉員外郎，司荊南榷政，免竹筏之征，船稅之鈔，通商惠民，稱福星焉。陞濟南知府，濟南旱蝗為災，道殣相望，一杕親歷

州縣，多方營救，時邊方告警，軍需孔亟，凋瘵之餘，遂多逋賦，大司農
疏劾之，郡民皆爭先輸納，如倪寬故事考成乃更奏最，擢廣東海防道，先
是海寇猖獗，全粵震驚，杖指授方略，擒賊首一十三人，而俘其餘，海患
頓熄。」（卷之九）

　　案：天津市人民圖書館藏明萬曆三十年吳有志刻本。雍正《浙江通
志》作「左傳彙約」。

《左氏兵法纂》一百十則　王世德撰，〔佚〕

　　王世德，1569-1640，浙江永康，字長民，據王崇炳云：「王世德，
字長民，永康人，萬曆辛丑進士。初任同安閩縣，陞工部主事，轉郎中。
典試山西，出知黃州府。民有以病魔告者，世德禱於城隍，忽一童子斬泥
神頭以獻曰：『魔已伏誅』，病者痊。未幾，擢湖廣副使，備兵下江，屢
擒大盜，遷右參政，尋監軍貴州。苗帥安邦彥謀犯省城，世德請駐節威清
待之，邦彥圍威清，世德募敢死士禦之，會大風，遂破賊營，賊皆驚散。
陞貴州按察使，仍監軍平苗寇，陞廣東左布政，以弭鍾凌秀之亂，朝廷嘉
其功，賜帑金。時海寇劉香老謀犯省城，總督熊文燦統兵討賊，世德調閩
將鄭芝龍夾擊香老於洋，香老溺死，事平敘功，會雲南巡撫缺，銓部擬
上，帝曰：『豈有知兵恤民，如王世德者乎？』即日擢左副都御史，巡撫
雲南。去廣時，庫中羨金數萬，世德悉籍以充軍需。抵雲南，牝妖萬氏聚
黨為亂，世德築堡建屯，諸逆斂迹，方謀進討，以疾卒於官。贈兵部右侍
郎，賜祭葬。世德歷宦四十年，廉謹謙恕，家僅申產，割膏腴以奉公祠，
所著有《左氏兵法》若干卷。論曰：『長民筮仕，適魏璫柄政，而陞轉外
僚，得以始終一節，建其勳伐。垂歿，遺書篋藏兵詮，夫國事倥傯，正臣
子枕戈之秋，魚麗、鸛鵝之陣，詳於《左氏》，觀其著撰，其有伏波馬革
之志乎！』」（《金華徵獻略》卷九）；雍正《雲南通志》云：「王世
德，浙江永康人，崇禎間任巡撫，清慎自矢，除弊懲奸，一切政務，必親

為理，以勞瘁卒於官。」（卷十九）

　　王世德〈左氏兵法纂序〉云：「余幼治《尚書》，十七始讀《春秋》，若《左氏傳》則手錄一過，然特取便於舉業耳，於大義則茫如也。通籍後役，役閩楚閒二十載，必備是書，於行李中，蓋未敢忘，筌蹄意耳。歲甲子，有召募浙兵援黔之役，因嘆安酋吾故屬其崛強不能敵一大郡，乃全黔不足以禦，試思國家平日屯養於衛所，廩食於州縣者幾千萬，而盡歸無用，何哉？蓋今天天下病全在狃於治平無事，祖宗所為防禦良法率蕩焉。若掃即以武，世官以武取士，徒供文具故，一旦患生，而失措然。余謂小醜竊發，乃天所以眷顧我國家，而與以修政立事之時，此時一失，弗可追冀。《左氏》不云乎，『勇夫重閉，況國乎』。又曰：『春蒐、夏苗、秋獮、冬狩，皆於農隙以講事也，三年治兵，入而振旅，歸而飲至，以數軍實。』古者四時講武，猶三年大習，故管氏作內政，寄軍令而齊桓以霸。子犯蒐被盧，一民聽而晉文以興。莒恃陋而三都傾，楚易吳而藩籬撤。一展卷閒而善、敗燦如，其陣法、軍志雖之全篇，而可以錯綜互見，至出奇料敵，挫銳乘衰，雖後之知兵者，舉莫越其範圍，故古之為將者，多好《左氏春秋》。杜元凱有《集解》，世稱『武庫』，卒成平吳之功。范希文以《左氏春秋》授狄青，曰：『將不知古今，匹夫勇耳。』青自是折節讀書，其討儂智高也，交趾願出兵助陣，青上奏曰：『以一智高橫噪二廣，力不能討，乃假兵交趾，倘彼貪得忘義，因而起亂，何以禦之？』事平，人服其遠略。若公者，真能讀《春秋》者也。余暇固取其有合兵法者，手自錄之，凡一百十則，題曰『左氏兵法纂』，將以公之同志，使得有如狄武襄者出，吾知其必有以辦賊，而無事求助於外庶，不負經學取士之意，不徒為取功名之筌蹄也。尚有志取秦漢以來諸將帥用兵有與《左氏》合者，以類相收，使有經有緯，尤稱明備，而才愧行祕，書姑以俟之異日。」（光緒《永康縣志》卷之十四）

　　案：《千頃堂書目》、《明史》、《經義考》、光緒《江西通志》均作「左氏兵法」，而光緒《永康縣志》作「左氏兵法纂」，且收錄有王世

德〈左氏兵法纂序〉，今據此正名之。

《增補湯會元遴輯百家評林左傳狐白》四卷　湯賓尹撰、林世選增補，〔存〕

湯賓尹，1569-1595後，安徽宣城，字嘉賓，號睡庵、霍林，據光緒《宣城縣志》云：「湯賓尹，字嘉賓，萬曆甲午舉於鄉。乙未冠南宮，廷對第二，授翰林編修，內外制、書、詔令多出其手，號稱得體。神宗每加獎賞，尋晉中允，署司業諭德庶子，遷南京祭酒，雍中考課及分闈者三，所得皆當世名士，好獎勵人才，士子質疑問難，殆無虛日，詞林舊例，每優游文史，需次公卿。賓尹獨慷慨負氣，縱談天下安危大計，好刺譏人，由是與人不合，又以闈中爭韓敬舉首，忤執政罷歸。崇正初，廷臣喬若雯等疏薦，未及用，卒。居家孝友，父嚴峻少拂意，輒長跪終日，色霽乃退，待諸弟友愛倍常，有俸餘輒為親故持去，見負才軒輊者，推轂不容口。初以制舉業名天下，至今無不稱湯宣城云，所著有《睡庵詩文集》，其條議防邊備倭諸策，詳文集中。」（卷之十八）；乾隆《江南通志》云：「湯賓尹，字嘉賓，宣城人，萬曆乙未冠南宮，廷對第二。授翰林編修，仕至南祭酒，以制舉業名天下。」（卷一百六十七）；朱彝尊云：「嘉賓以黨論受攢譏，終以不振，詩派近俚，罕足錄者，弔同年友於鼎季云：『落木淒淒江水渾，行吟澤畔已聲吞。三年地下君安否？人世風波不可言。』蓋弔懷寧於國重也。」（《靜志居詩話》卷十六）

林世選，嘉靖–萬曆，安徽鳳陽，號觀音山主人，生平失考。

案：華東師範大學圖書館藏明萬曆三十八年余泰垣自新齋刻本。

《新鍥湯會元遴輯百家評林左傳藝型》四卷　湯賓尹撰、林世選增補，〔存〕

案：日本內閣文庫藏明萬曆二十四年余良木自新齋刊本。

《春秋辯義》四十卷　卓爾康撰，〔存〕

卓爾康，1570-1644，浙江仁和，字去病，號農山，師許孚遠，據嘉慶《大清一統志》云：「卓爾康，字去病，仁和人，萬曆舉人，為大司推官，遷兩淮分司罷歸。賊陷京師，悲憤卒。爾康究心經濟，作〈河渠議〉十篇，他若禮樂、郊廟、財賦、轉運、錢法、官制各有成書，其於兵事尤善，官大同時，盧象昇方為總督，延之上坐，咨兵事，爾康抗談漏下乃已，象昇用其策多效，所著有《易說》、《詩學》、《春秋辨義》諸書。」（卷二百八十五）；吳騫云：「仁和卓去病先生，少負經濟才，常以天下事為己任，平生師事許孚遠，友事高攀龍，與胡同嘉同學，相契舉萬曆壬子鄉薦，歷工部員外郎，左遷大同府推官，時盧公象昇方為總督，兵戈倥傯，去病頗贊碩畫，哈卜二酋請開馬市，時議將不許之，去病奏記象昇，方今邊隅多故，宜寧戢二酋，且諭西哈保全，殘卜以存中國大體，而安邊境，牽制敵國，象昇深以為然，即請行之，量移兩淮運判，歲大枑，為淮人請賑，語直切，多忌諱，坐是罷歸，年七十餘卒。去病湛深經術，有《易學》、《詩經》、《春秋辨義》，文震孟進講《春秋》，將錄以獻，會去不果，予嘗購得《易學》凡五十卷，蓋其精究《易》旨，而尤詳于象數之學。《靜志居詩話》謂去病著述等身，惜不甚傳，斯其一斑與。」（《桃溪客語》卷四）

《四庫全書總目》云：「《春秋辨義》三十九卷，浙江巡撫採進本。明卓爾康撰。……是書大旨分為六義：曰經義，曰傳義，曰書義，曰不書義，曰時義，曰地義，持論皆為醇正。其經文每條之下，皆雜取舊說，排比詮次，而斷以己意。每公之末，又各附以列國本末一篇，舉繫於盛衰興亡之大者，別為類敘，亦頗有體要。中間如『甲戌己丑，陳侯鮑卒』，以為是甲戌年正月己丑，史官偶倒其文。不知古人紀歲，自有閼逢攝提格等歲陰歲陽二十二名。其六十甲子，古人但用以紀日，不以紀歲。又如『五石六鷁為外災，何以書？』為其三恪，且在中國。不知晉之梁山崩，宋、

衛、陳、鄭災，豈皆三恪乎？又『天王狩于河陽』，謂『晉欲率諸侯朝王，恐有畔去者，故使人言「王狩」以邀之。』其心甚盛，無可訾議，尤為有意翻新，反於理有礙，此類皆不可為訓。然如謂『鄭人來渝平。』當依《左氏》訓更成，其以為墮成不果成者，文義皆誤；又解『戎伐凡伯于楚丘』，謂『一國言伐，一邑亦言伐，一家言伐，一人亦言伐。《公羊》以伐為大，乃不知侵伐之義，強為之辭』，則皆明白正大，足破諸說之拘牽，在明季說《春秋》家，猶為有所闡發焉。」（經部二八·春秋類三）

　　錢謙益〈與卓去病論經學書〉云：「……六經之學，淵源於兩漢，大備於唐、宋之初，其固而失通，繁而寡要，誠亦有之，然其訓故皆原本先民，而微言大義，去聖賢之門猶未遠也。學者之治經也必，以漢人為宗主，如杜預所謂原始要終。尋其枝葉，究其所窮，優而柔之，饜而飫之，渙然冰釋，怡然理順，然後抉摘異同，疏通疑滯。漢不足求之於唐，唐不足求之於宋，唐宋皆不足，然後求之近代，庶幾聖賢之門仍可窺，儒先之鈐鍵可得也。今之學者不然，汨沒於舉業，眩暈於流俗，八識田中，結轖晦蒙，自有一種不經不史之學問，不今不古之見解，執此以裁斷經學，秤量古人，其視文、周、孔、孟，皆若以為堂下之人，門外之漢，上下揮斥，一無顧忌。於兩漢諸儒何有？及其耳目回易，心志變眩，疑難橫生，五色無主，則一切街談巷說，小兒豎儒所不道者，往往奉為元龜，取為指南。此無他，學問之發因不正，窮老盡氣而不得其所指歸，則終於無成而已矣。嗚呼！有歐陽公之才，然後可以黜《繫辭》，有朱子之學，然後可以補《大學》，然而君子猶疑之，以為如是則不足以闢王充之問孔，誅楊雄之僭經也。若近代之儒，膚淺沿習，繆種流傳，嘗見世所推重經學，遠若季本，近則郝敬，踳駁支蔓，不足以點兔園之冊，而當世師述之，今與漢唐諸儒分壇立堁，則其聽熒《詩傳》，認為典記也，又曷怪乎？孔子曰：『述而不作，信而好古。』吾以為今人反之曰：『作而不述，疑而好今。』何也？以其疑於古，不疑於今，知援今而證古，不知援古而證今也。又曰：『學而不思則罔，思而不學則殆。』吾以為今人又反之曰：

『學而不學則罔，思而不思則殆。』非不學、不思也，學非其所學，而思非其所思也。僕少不通經，長而失學，今老矣，親見去病專勤憤悱，從事於經學，白首紛如，不知老之將至，以為今之經神儒宗，非吾所逮及也，又不自滿假，虛心下問，故因論《詩傳》而放言之，以求正焉。身雖憒於經學，不知一二，猶冀百世之下，得吾言而存之，可以箴俗學之膏肓，而起其廢疾也。去病其終有以教之，無以為狂瞽而舍我焉，幸甚！幸甚！謙益再拜。」（《牧齋初學集》卷七十九啟帳詞書）

案：臺北國家圖書館藏明崇禎間仁和吳夢桂校刊本。《四庫全書》將卷首孔貞運、阮漢聞、張文光、石碏的序文刪落，臺北國家圖書館藏明崇禎間仁和吳夢桂校刊本皆有保留下來。雍正《浙江通志》作「春秋辨疑」。

《麟經題要》　劉原炌撰，〔佚〕

劉原炌，1603前後，江西萬安，號淳庵，據同治《萬安縣志》云：「劉原炌，號淳庵，城西橫街人，萬曆癸卯鄉舉，資才敏達，喜購天下遺書，凡委宛雲封，無不習讀，尤工於詩賦，士大夫賢者，以為劉子家學在兩峰、石峰之閒。」（卷十三）

案：乾隆《吉安府志》、同治《萬安縣志》著錄。

《麟經祕旨》　李之達撰，〔佚〕

李之達，1603前後，江蘇海門，字武東，據乾隆《江南通志》云：「李之達，字武東，海門人。由舉人選巨津知縣，上官奇其才，令攝五篆，時巡撫開福龍鹽井，達爭之曰：『增一時之課，商必虧額』，乃寢。陞興化府丞，有奸弁利嫂姪貲巨萬，上官授之意，令以貲歸弁，達不聽，尋去官。」（卷一百四十五）

案：康熙《揚州府志》著錄。

《春秋經世緒言》十七卷　曾拱立撰，〔佚〕

　　曾拱立，1603前後，江西廬陵，號玉岡，據民國《廬陵縣志》云：「拱立，號玉岡，由選拔中萬曆癸卯副貢，授湖廣茶陵州學正，每以守道課諸生，王時槐亦雅重之，著有《春秋經世緒言》十七卷。」（卷二十上）

　　案：民國《廬陵縣志》著錄。

《春秋補傳》十二卷　張銓撰，〔佚〕

　　張銓，前1604-1621，山西沁州，字宇衡、見平、文衡，諡忠烈，據乾隆《甘肅通志》云：「張銓，字宇衡，山西沁水人。萬曆中巡視陝西茶馬，會屬番肆掠，銓立參起釁邊將，整肅金牌納馬之法，又條奏馬政四議，為通變苑馬之計，籌邊造士，卓有善政，繩奸斥佞，直聲振天下，後殉難，諡忠烈。」（卷三十）；鄒漪〈張忠烈傳〉云：「公諱銓，字見平，山西沁水人。……論曰：公始按江右，李仲達先生時司理南康，驩相得也，嘗言：『張公，男子，美鬚髯，好議論，喜讀書，嘗著《春秋補傳》一部，世多惜其書不傳。』公之凜然忠義，足以動天地，泣鬼神，是即公之齊太史簡，晉董狐筆矣，孰謂此書不煌煌金石哉。」（《啟禎野乘一集》卷八）；李之遜曰：「張忠烈公方任江西巡按，時先忠毅公應昇為南康司李，在官著《春秋補傳》，先公為之校正，及按遼東，及於難，幸書猶存。」（《經義考》卷二百六）

　　案：《經義考》著錄。《明史》作「張詮」，張銓《張忠烈公存集》尚存「昭、定、哀」三公。

《春秋集傳》　張銓撰，〔佚〕

　　案：雍正《澤州府志》著錄。張銓《張忠烈公存集》有「春秋集傳

序」。

《左國合編》　張銓撰，〔佚〕

案：張銓《張忠烈公存集》有「左國合編序」。

《麟經日錄》二卷　吳宗達撰，〔存〕

吳宗達，前1604-1636，江蘇武進，字上宇，號青門，諡文端，據乾隆《江南通志》云：「吳宗達，字上于，武進人，萬曆甲辰廷對第三人，授編修，歷東閣大學士。時政尚操切，宗達劑量於寬嚴之間，裨益殊多，有言官得罪，特旨立決，宗達揭救得免，又疏爭分遣中官，監邊鎮軍，卒諡文端。」（卷一百四十二）

案：收錄《吳文端公漁亭存稿》，臺北國家圖書館藏明崇禎間延陵吳氏清畏堂刊本。光緒《武進陽湖縣志》著錄。

《春秋手抄》不分卷　毛一鷺撰，〔存〕

毛一鷺，1604前後，浙江遂安，字序卿，號孺初，據何三畏〈郡司理孺初毛公傳〉云：「毛一鷺，字序卿，號孺初，浙之遂安人也。由萬曆甲辰榜進士，初授松郡司理。公本世家，於經術世務，靡弗該通，外貌恂恂若書生處子，而綜覈詳比則卓然如老吏凝重，簡要則儼然如宗公鉅卿，嘗讀公所著《雲間讞略》，似千金科玉律之文，素所嫻習，一人不輕縱，亦一人不輕枉，後先平反凡數百條，無不言爻象，而事準繩也者，而公尤虛心延訪，每進鄉薦紳及諸父老衿秀。而辨色審聲，徵愉問苦，以故士曰我師，民曰我父，而士大夫亦無不在春風披拂中。嘗視華邑，篆吏進羨金六百鐶，公叱曰：『若欲以此餌我耶？』吏股栗而退，自是無敢以苞苴溷者，而公於民事則殫心竭慮，如切恫瘝。」（《雲間志略》卷六）

案：安徽省圖書館藏明刻本。

《鐫侗初張先生評選左傳雋》四卷　張鼐撰，〔存〕

張鼐，前1604-1629，江蘇華亭，字世調，號侗初，據乾隆《江南通志》云：「張鼐，字世調，華亭人，萬曆甲辰進士。由庶吉士曆遷少詹事，上疏言事，語斥近倖，魏忠賢惡之，擢南京禮部侍郎，引疾去，忠賢削其籍，鼐砥礪名節，為文章通達國體。崇禎初，起原官。」（卷一百四十一）

案：上海圖書館藏明末書林蕭少衢師儉堂刻本。

《鐫彙附百名公叢譚春秋講義會編》三十卷　張鼐撰，〔存〕

案：日本前田育德會尊經閣文庫藏明刊本。

《左傳文苑》八卷　張鼐評選、陳繼儒註釋，〔存〕

陳繼儒，1558-1639，江蘇華亭，字仲醇，號眉公，據同治《蘇州府志》云：「陳繼儒，字仲醇，松江華亭人。幼穎異能文章，同郡徐階特器重之。長為諸生，與董其昌齊名，太倉王錫爵招與子衡讀書支硎山，王世貞亦雅重繼儒，三吳名下士爭欲得為師友。繼儒通明高邁，年甫二十九取儒衣冠焚棄之，隱居崑山之陽，搆廟祀二陸，草堂數椽，焚香晏坐，意豁如也。時錫山顧憲成講學東林，招之，謝弗往。親亡，葬神山麓，遂築室東余山，杜門著述，有終焉之志。工詩善文，短翰小詞，皆極風致，又博聞強識，經史諸子，靡不較覈，或刺取瑣言僻事，詮次成書，遠近競相購寫，徵請詩文者無虛日，暇則與黃冠老衲，窮峰泖之勝，吟嘯忘返，足迹罕入城市。黃道周疏稱：『志尚高雅，博學多通，不如繼儒。』其推重如此。侍郎沈演，及御史給事中，諸朝貴先後論薦，屢奉詔徵用，皆以疾

辭，卒年八十二，自為遺令，纖悉畢具。」（卷一百十二）

　　案：美國國會圖書館藏明慶雲館藏板朱墨套印本。臺北國家圖書館「古籍影像檢索系統」收錄美國國會圖書館藏影像檔副本。美國國會圖書館附註云：「此慶雲居主人擷輯漢魏六朝唐宋名賢文章之第一種，而託之張鼐者也」。

《左腴》二卷　王納諫撰，〔存〕

　　王納諫，1607前後，江蘇江都，字聖俞，一字觀濤，據乾隆《江都縣志》云：「王納諫，字聖俞，一字觀濤，萬曆癸卯鄉試第一，時陶望齡主試，王思任分校，得人稱最盛，丁未成進士，授行人，出使榮藩辭，樂郃饒榮世子敬禮之，以疾假歸，家居二載，吏部司官缺，人爭營之，尚書某曰：『吾知有下帷，著書不干進者，王君可任也。』起為吏部主事，力疾赴召，五閱月，歷四司，疾益甚，復請告歸田里，匝月而逝，所註《四書翼註》，學者皆宗之。」（卷之十五）；乾隆《江南通志》云：「王納諫，字聖俞，江都人，萬曆丁未進士，授行人，使榮藩却饒贈，甚見敬禮，疾假家居二載，起為吏部主事，歷四司，尋復告歸，著有《會心言》、《初日齋集》。」（卷一百四十四）

　　案：收錄《左國腴》，北京首都圖書館藏明萬曆三十九年刻本。

《鍾評左傳》三十卷　鍾惺撰，〔存〕

　　鍾惺，1574-1625，湖北竟陵，字伯敬，號退谷，據《明史》云：「惺，字伯敬，竟陵人。萬曆三十八年進士。授行人，稍遷工部主事，尋改南京禮部，進郎中。擢福建提學僉事，以父憂歸，卒於家。惺貌寢，羸不勝衣，為人嚴冷，不喜接俗客，由此得謝人事。官南都，僦秦淮水閣讀史，恒至丙夜，有所見即筆之，名曰史懷。晚逃於禪以卒。自宏道矯王、李詩之弊，倡以清真，惺復矯其弊，變而為幽深孤峭。與同里譚元春評選

唐人之詩為《唐詩歸》，又評選隋以前詩為《古詩歸》。鍾、譚之名滿天下，謂之竟陵體。然兩人學不甚富，其識解多僻，大為通人所譏。」（卷二百八十八）；顧炎武云：「鍾惺，字伯敬，景陵人。萬曆庚戌進士。天啟初，任福建提學副使，大通關節。丁父憂去職，尚挾姬妾游武夷山，而後即路。巡撫南居益疏劾有云，百度踰閑，五經掃地。化子衿為錢樹，桃李堪羞；登駔儈於皋比，門牆成市。公然棄名教而不顧，甚至承親諱而冶游，疑為病狂喪心，詎止文人無行？坐是沈廢于家。乃選歷代之詩，名曰『詩歸』，其書盛行於世，已而評《左傳》，評《史記》，評《毛詩》，好行小慧，自立新說，天下之士，靡然從之，而論者遂忘其不孝、貪污之罪，且列之為文人矣。余聞閩人言，學臣之鬻諸生，自伯敬始。當時之學臣，其于伯敬固當如茶肆之陸鴻漸，奉為利市之神，又何怪讀其所選之詩，以為《風》、《騷》再作者耶？其罪雖不及李贄，然亦敗壞天下之一人，舉業至于抄佛書，講學至于會男女，考試至于鬻生員，此皆一代之大變，不在王莽、安祿山、劉豫之下，故書其事于五經諸書之後，嗚呼！四維不張，國乃滅亡。管子已先言之矣。」（《日知錄》）

《四庫全書總目》云：「《鍾評左傳》三十卷，內府藏本。是編為毛晉汲古閣所刻。惟錄杜預《左傳集解》。較坊本兼刻林堯叟注者，特為近古。然綴以鍾惺評點，改其名為《鍾評左傳》，殊為蛇足。惺撰《詩歸》，別開蹊徑，尚能成一家之言，至於詁經則非其所長也。」（經部三十‧春秋類存目一）

案：收錄《四庫全書存目叢書》經部，第126冊，據浙江圖書館藏明崇禎毛氏汲古閣刻四經六書讀本影印。

《鍾伯敬評公羊穀梁二傳》二十四卷　鍾惺撰，〔存〕

案：臺北傅斯年圖書館藏明崇禎間刊本。《傳是樓書目》作「鍾評公穀傳」。

《春秋繁露》十七卷　　鍾惺評點，〔存〕

案：收錄《秘書十八種》，日本九州大學碩水文庫藏金閶擁萬堂刊本。

《春秋左傳杜林合註》五十卷　　鍾惺、孫鑛、韓范評點，〔存〕

韓范，崇禎時期，江蘇華亭，字友一，據光緒《重修奉賢縣志》云：「韓范，字友一，韓村人，明諸生，與吳騏、金是瀛、吳懋謙、何安世、王光承兄弟相倡和，稱『雲間七子』，著《雲頌堂詩集》，光承序稱其『性情、學問、意氣，為制行立身之本末，而詩之工以此』，又著《左傳測要集評》，不沾沾於字義、文法，而兼論事理，頗能識其大。」（卷十一）

案：臺北學海出版社據學源堂春秋左傳杜林合註本影印。

《春秋四傳》三十八卷　　鍾惺評、鄧名揚評、鍾天墀註、鍾越註，〔存〕

鄧名揚，浙江錢塘，字左名，據康熙《錢塘縣志》云：「鄧名揚，字左名，性至孝，年十五與其父同游於庠，讀書目數行，下手自寫書至數尺，《周禮》、《考工》自有注。」（卷之二十二）

鍾天墀，浙江錢塘，字九瞻，生平失考。

鍾越，浙江錢塘，字異度，據康熙《錢塘縣志》云：「鍾越，字異度，少負異才，游太學，於書無所不綜□，購書畫至礙行路，著《史評》，與古人相出入，所交盡名士，而與許璇、鄧名揚、俞龍友為尤善。」（卷之二十二）

案：臺北國家圖書館藏明末刊本。

《春秋公羊穀梁傳合纂》二卷　張榜纂評，〔存〕

　　張榜，1603前後，江蘇勾容，字賓王，據乾隆《江南通志》云：
「張榜，字賓王，句容人，萬曆癸卯舉鄉試。聰穎絕人，書史過目成誦，
落筆如風，雄談雅謔，沁人心腑。在南雍舉幡留，大司成馮夢貞上疏，請
伏斧鑕，以直先生，人皆義之。」（卷一百六十五）

　　案：收錄《故宮珍本叢刊》第15冊，據明刻本影印。張榜〈春秋公羊
穀梁傳合纂序〉。

《春秋左氏傳纂》　　張榜撰，〔佚〕

　　案：《春秋公羊穀梁傳合纂》序文提及此書。

《新刻張賓王刪補左傳神駒》六卷　張榜刪補、錢謙益評注，〔存〕

　　錢謙益，1582-1664，江蘇常熟，字受之，號牧齋、蒙叟，父錢世
揚，據趙爾巽《清史稿》云：「錢謙益，字受之，常熟人，明萬曆中進
士，授編修，博學工詞章，名隸東林黨。天啟中，御史陳以瑞劾罷之，崇
禎元年起官，不數月，至禮部侍郎會推閣臣，謙益慮尚書溫體仁，侍郎周
延儒並推，則名出己上，謀沮之，體仁追論謙益典試浙江，取錢千秋關節
事，予杖論贖體仁復賄常熟人張漢儒，訐謙益貪肆不法，謙益求救於司禮
太監曹化淳，刑斃漢儒，體仁引疾去，謙益亦削籍歸。流賊陷京師，明臣
議立君江寧，謙益陰推戴潞王，與馬士英議，不合已而福王立，懼得罪，
上書誦士英功，士英引為禮部尚書，復力薦閹黨阮大鋮等，大鋮遂為兵部
侍郎。順治三年，豫親王多鐸定江南，謙益迎降，命以禮部侍郎，管秘書
院事，馮銓充明史館正總裁，而謙益副之，俄乞歸。五年，鳳陽巡撫陳之
龍獲，黃毓祺、謙益坐與交通，詔總督馬國柱逮訊，謙益訴辨，國柱遂以
謙益、毓祺素非相識，定讞得放還，以箸述自娛，越十年卒。謙益為文博

贍，諳悉朝典，詩尤擅其勝。明季王、李號稱復古，文體日下，謙益起而力振之，家富藏書，晚歲絳雲樓火，惟一佛像不爇，遂歸心釋教，著《楞嚴經蒙鈔》，其自為詩文曰《牧齋集》、曰《初學集》、《有學集》。乾隆三十四年，詔燬板，然傳本至今不絕。」（列傳二百七十一）

　　案：日本前田育德會尊經閣文庫藏明刻本。

《春秋汪氏傳》十三卷　　汪應召撰，〔佚〕

　　汪應召，1605前後，安徽徽州，據俞汝言曰：「應召，徽州人，撰《春秋汪氏傳》十三卷，萬曆乙巳自為之序。」（《經義考》卷二百六）

　　案：《經義考》、民國《歙縣志》著錄。

《春秋心印》十四卷　　鄭銇撰，〔佚〕

　　鄭銇，1573-1620後，江蘇松江，字鳴盛，號紅蘭，據光緒《青田縣志》云：「鄭銇，號紅蘭，上海人。萬曆間訓導，充養完粹，淹貫古今，每月課文，捐俸供給，品題不爽，士風丕變，所著有《春秋心印》、《詩經講義》、《禮記約言》，皆足羽翼經傳，陞會稽教諭。」（卷八）

　　《四庫全書總目》云：「《春秋心印》十四卷，兩江總督採進本。明鄭銇撰。銇，上海人，萬曆中由貢生官青田縣訓導。是編取林堯叟《春秋句解》中所為提要，而推廣其門目，依類摘取經、傳、疏列其下，雜引諸儒之說，而附以己意。前列《春秋總論》十二篇，語多凡陋，率以私意窺測聖人，其體例尤為複杳。如莊元年『王使榮叔來錫桓公命』，列於『錫命類』，定十四年『天王使石尚來歸脤』，列『周歸脤類』，而『五始類』中皆載之；桓十一年『柔會宋公、陳侯、蔡叔盟於折』，既列『盟類』，又入『會類』；僖九年『九月戊辰，盟於葵丘』，亦列『盟類』，又入『殊盟類』。舛互殆不勝舉。其《凡例》末一條云：『書成之時，夢齊桓公、晉文公各持一單，單開七事，相揖贈予，若謝而辭之意。覺而思

之，各開單七事者，二七十四也。卷完十四，其義已盡，以示不必再錄。又隆慶初輯《通史聚精》八十卷，夢文公朱先生慰余曰：「余《綱目》甚覺煩宦冗，子能為我刪葺，深愜我意，故茲致謝」。』語殊怪妄，是又吳與弼《日錄》之故智矣。」（經部三十・春秋類存目一）

案：同治《上海縣志》著錄。嘉慶《松江府志》作「鄭球」。

《春秋闡義》十二卷　曹學佺撰，〔佚〕

曹學佺，1574-1646，福建侯官，字能始，號雁澤、石倉，據乾隆《福州府志》云：「曹學佺，字能始，侯官人。弱冠，舉萬曆二十三年進士，授戶部主事，中察典調南京，添注大理左寺，正居冗散。七年，肆力于學，累遷南京戶部郎中，四川右參政，按察使蜀，府燬于火，估修資七十萬金，學佺以宗藩條例却之，又中察典議調，天啟二年起廣西右參議，初梃擊獄興，劉廷元輩主瘋顛，學佺著《野史紀略》，直書事本末，至六年秋，學佺選陝西副使，未行，而廷元附魏忠賢，大幸乃劾學佺私撰《野史》，淆亂國章，遂削籍，燬所鏤板。巡按御史王政新以嘗薦學佺，亦勒閑住。廣西大吏揣學佺必得重禍，覊留以待，已知忠賢無意殺之，乃得釋還。崇禎初，起廣西副使，力辭不就，家居二十年著書，所居石倉，園地稱勝，輯《十二代詩選》，盛行于世。嘗謂：『二氏有藏，吾儒何獨無？』欲修《儒藏》與鼎立，采擷四庫書，因類分輯，十有餘年，功未及竣，兩京繼覆，唐王立于閩中，起授太常卿，尋遷禮部右侍郎，兼侍講學士，進尚書，加太子太保，及事敗走入山中，投繯而死，年七十有四，詩文甚富，總名《石倉集》。萬曆中，閩中文風頗盛日，學佺備之，晚年更以殉節著云，是日東城民趙宗仁亦自經。」（卷六十一）

《四庫全書總目》云：「《春秋闡義》十二卷，浙江汪啟淑家藏本。明曹學佺撰……是書朱彝尊《經義考》注曰『未見』，蓋不甚傳。大抵捃摭舊文，無所闡發。」（經部三十・春秋類存目一）

案：《明史》、《千頃堂書目》、《經義考》、乾隆《福州府志》著
錄。

《春秋總論》一卷　曹學佺撰，〔存〕

案：日本國立公文書館藏明刊本。

《春秋例義大略》一卷　曹學佺撰，〔存〕

案：日本國立公文書館藏明刊本。

《春秋傳刪》十卷　曹學佺撰，〔存〕

案：收錄《五經困學》，日本前田育德會尊經閣文庫藏明崇禎刻本。
此書和下列《春秋義略》皆收錄於《五經困學》中，曹學佺〈五經困學
序〉云：「或問於予曰：子之注釋五經也，何故？曰：予蓋欲修《儒藏》
焉，以經先之也，擷四庫之精華，與二氏為鼎峙，予之志願畢矣。問子之
釋五經也，與漢、宋諸儒異乎？同乎？曰：予固不敢立異於諸儒，而亦不
能以盡同也。曰：子之名《困學》也，何故？曰：昔者夫子發憤忘食，樂
以忘憂，而又曰：學而不思則罔，思而不學則殆。罔與殆皆其所不容、不
憤也，夫子有樂以通之，予惟知有憤而不知有樂也，夫是之謂學，夫是之
謂困。」

《春秋義略》三卷　曹學佺撰，〔存〕

案：收錄《五經困學》，日本前田育德會尊經閣文庫藏明崇禎刻本。

《春秋四傳通辭》十二卷　陳士芳撰，〔存〕

陳士芳，1574-1620後，浙江海寧，字清佩，號奏星堂主人，據《四庫全書總目》云：「《春秋四傳通辭》十二卷，浙江巡撫採進本。明陳士芳撰。士芳字清佩，海寧人。是書采輯《左氏》、《公羊》、《穀梁》、《胡氏》四傳，削其繁冗。其《左氏傳》之不附經文者，咸刪汰無遺。亦閒附己意於其下。因董仲舒有『《春秋》無通辭，隨變而移之』語，遂題曰『通辭』，以明義例之有定。然名曰『四傳』，實則依附胡氏，無所異同。名曰『考校經文，去取三《傳》』，實則合胡氏者留，不合胡氏者去，未嘗以經正傳也。」（經部三十・春秋類存目一）；阮元云：「是書所考四家異同，詳為折衷，間有辨證。」（《文選樓藏書記》卷二）

案：收錄《四庫全書存目叢書》經部，第123冊，據湖北省圖書館藏明奏星堂刻本影印。《經義考》著錄。《續通志》、乾隆《杭州府志》作「春秋四傳通解」。

《春秋書法》　薛士珩撰，〔佚〕

薛士珩，1574-1656，浙江鎮海，字長瑜、長瓊、白瑜、白於，叔薛三省，私諡孝定，據阮元云：「薛士珩，字長瑜，鎮海人……為前明恭敏公長子，家居絕請謁，郡縣仰慕丰采，不敢以貴公子目之，卒後里中同志私諡孝定先生，祀鄉賢。」（《兩浙輶軒錄》卷二）

案：光緒《鎮海縣志》著錄。

《左鈔》　薛士珩撰，〔佚〕

案：光緒《鎮海縣志》著錄。

《別本春秋大全》三十卷　　馮夢龍撰，〔存〕

馮夢龍，1574-1646，江蘇長洲，字猶龍、子猶，號姑蘇詞奴、顧曲散人、墨憨子、龍子猶、墨憨齋主人，私淑李贄，據乾隆《江南通志》云：「馮夢龍，字猶龍，吳縣人。才情跌蕩，詩文麗藻，尤工經學，所著《春秋指月》、《衡庫》二書，為舉業家所宗。崇禎時貢選壽寧知縣。」（卷一百六十五）

《四庫全書總目》云：「《別本春秋大全》三十卷，內府藏本。明馮夢龍撰。是書雖以《春秋大全》為名，而非永樂中官修之原本。其體例惟胡安國《傳》全錄，亦閒附《左傳》事蹟，以備時文捃摭之用。諸家之說，則僅略存數條。其《凡例》有云：『《大全》中諸儒議論，儘有勝胡氏者，然業已宗胡，自難並收以亂耳目。』是不亦明知其謬而為之歟？」（經部三十·春秋類存目一）

案：收藏於美國哈佛大學燕京圖書館，其「善本特藏資源庫」掃描全文影像可供利用。此書《四庫全書總目》雖名為「別本春秋大全」，但實際書名應為「春秋大全」而已，四庫館臣之所以加入「別本」之名，乃是為了與胡廣等纂《春秋大全》作出區分。而此書經本人與《春秋衡庫》作比較，序文、凡例、內容、編排完全一致，惟《春秋衡庫》附錄有大量批語，此為《別本春秋大全》所無，故而雖可視為同書而異名，但亦兩存之以見其異耳。

《春秋衡庫》三十卷　　馮夢龍撰，〔存〕

李長庚〈春秋衡庫序〉云：「余邑《春秋》其世業也，習是經者十人而九……國家明經初指，非以隱癖傲士，欲輯一書，備載近代各家之題，採加評定，而馮猶龍氏《指月》一刻先余同然，又《大全》中諸儒所說有與胡相發明者，有愈於胡氏者，其他蕪雜可少刪芟，而諸書有與《春秋》相關者，合增刻為一書。猶龍氏近復以《衡庫》出矣。猶龍氏才十倍於

余，是二書出為習《春秋》者百世之利也。余嘗謂習《春秋》有三難，亦有三快：《易》、《詩》、《書》、《禮》同出聖經，義理顯著，有《爾雅》及漢《詁》諸書，宋儒循而注之，雖微義不存，而詞旨曉然，惟《春秋》褒貶刑賞在一字中，或在言外，而變例雜出，異同不嫌，令學者以臆相推測，其難一。國初功令，《春秋左氏》、《公羊》、《穀梁》、《程氏》、《胡氏》并用，而後專用《胡氏》，有明知其過刻者，有意於宋南渡後事故相形，斷者未必一一盡合，而功令所在，不得不抑心意以從之，其難二。國初經題仍宋經義，或出數題之大意中相近者或相反者，聽各為條答，而後乃以某《傳》、某句搭題，或《傳》意影搭，或脫母搭，或取《左氏》搭，或取各注疏搭，若射覆臆鈎，他經入闈止慮文之不佳，《春秋》入闈，先慮題之不習，其難三。……斯以一經全五經之用也，其快三，《衡庫》一出而通《春秋》之三難，益《春秋》之三快，猶龍氏自言有此書可無觀他書，誠確論也……天啟五年九月，楚黃友人李長庚撰。」

《四庫全書總目》云：「《春秋衡庫》三十卷，浙江吳玉墀家藏本。明馮夢龍撰。夢龍字猶龍，吳縣人。崇禎中由貢生官壽寧縣知縣。其書為科舉而作，故惟以胡《傳》為主，雜引諸說發明之。所列『春秋前事』、『後事』，欲於經所未書，傳所未盡者，原其始末，亦殊杳雜。」（經部三十·春秋類存目一）；《千頃堂書目》云：「《春秋衡庫》三十卷，前後《附錄》二卷。前後《附錄》者，紀春秋以前《國語》所載，及獲麟以後續傳也。」（卷二）

案：收錄《四庫全書存目叢書》經部，第123冊，據北京大學圖書館藏明天啟五年刻本影印。書中另有附錄三卷，備錄一卷。《明史》作「二十卷」。

《增定春秋衡庫》三十卷　馮夢龍撰、余璟參，〔存〕

余璟，字景玉，天啟時期，生平失考。

　　案：美國哈佛大學燕京圖書館藏明己任堂刻本，其「善本特藏資源庫」掃描全文影像可供利用，另山東師範學院圖書館亦藏有該本。書內有「如有翻刻，千里必究」之語，版面如高頭講章之式，乃當時書坊以馮夢龍之書為底本，再經余璟參訂，蓋專為科舉而發行也。

《麟經指月》十二卷　　馮夢龍撰，〔存〕

　　梅之煥〈麟經指月序〉云：「敝邑麻萬山中，手掌地耳，而明興獨為《麟經》藪，未暇遐溯即數十年內，如周、如劉、如耿、如田、如李、如吾宗科第相望途，皆由此，故四方治《春秋》者，往往問渡於敝邑，而敝邑亦居然以老馬智自任，乃吾友陳無異令吳，獨津津推轂馮生猶龍也，王大可自吳歸，亦為余言，吳下三馮，仲其最著云，余拊髀者久之，無何而馮生赴田公子約，惠來敝邑，敝邑之治《春秋》者，往往問渡於馮生《指月》一編，發傳得未曾有，余于是益重馮生，而信二君子為知言、知人也。夫《經》，日也：《傳》，月也，月非日，指非月也，雖然尼父不載生，而小儒學問不加康侯，二百餘年功令在是，將欲何為？古噬信傳遺經，今并傳遺之，雖吾麻亦季世耳，本根不足，而蔓其指亂，揣摩不足，而剿竊其指游，睹記不足，而影響其指亡，非月之指繁而指月者，即月因經信傳，借傳尊經，不亦可乎？不寧惟是，凡治《春秋》者，強半天下聰明才智人也。方今新天子，勵精更化，思得經術鴻儒之用，而尤諄諄焉，不愆忘於祖訓。是編也，馮生行且率天下聰明才知士，兢兢一稟於功令，為聖天子不倍之臣，中興太平之業，端有助焉，夫豈惟科第，夫豈惟敝邑，耿生克勵深于《春秋》，亦喜是編，相與慫臾付梓，余為敘而行之。」

　　案：收錄《四庫未收書輯刊》第2輯，第10冊，據明刻本影印。版心題「麟經新旨」。同治《蘇州府志》作「春秋指月」。

《春秋定旨參新》三十卷　馮夢龍撰，〔存〕

　　案：收錄《馮夢龍全集》，江蘇古籍出版社據明刻本影印。

《新列國志》一百八回　馮夢龍撰，〔存〕

　　案：臺灣聯經出版事業有限公司據明金閶葉敬池刊本影印排版。《新列國志》雖屬小說，但它本質上是根源於《左傳》，在明代末期，經學不只是專在經學的領域發展，它更大的變動是跨越了鴻溝，進入到通俗的領域。本書所列歷史事件，五分之四的篇幅都是《左傳》中的史事，在當時這類歷史小說雖不被衛道者所認可，但它所發揮的效用卻是不容忽視的，就算不是《春秋》經學家，也能藉由《新列國志》的故事，了解《左傳》的史事。再者，一般人只知道馮氏是明末鼎鼎有名的通俗作家，其實他本身根本是一位徹頭徹尾的《春秋》經學者，從他撰《春秋衡庫》、《麟經指月》、《春秋定旨參新》，就可以知道他學術本質的所在為何，所以我認為《新列國志》從嚴格或寬鬆的標準來看，當然都不能算是經學著作，但無法否認的，它卻是從《左傳》，甚至是《公羊傳》、《穀梁傳》轉化而來的經典通俗白話講史小說。

　　馮夢龍〈新列國志敘〉云：「小說多瑣事，故其節短。自羅貫中氏《三國志》一書，以國史演為通俗，汪洋百餘回，為世所尚。嗣是笑轟日眾，因而有《夏書》、《商書》、《列國》、《兩漢》、《唐書》、《殘唐》、《南北宋》諸刻，其浩瀚幾與正史分簽並架。然悉出村學究杜撰，麼儸磈碌，識者欲嘔。姑舉《列國志》言之，如秦哀公臨潼鬥寶一事，久已為閭閻恒譚，而其紕繆乃更甚……至伍員為明輔，尤屬鄙俚，此等囈語，但可坐三家村田塍上，指手畫腳，醒鋤犁瞌睡，未可為稍通文理者道也。顧此猶摘其一席話成片段者言之，其他鋪敘之疏漏，人物之顛倒，制度之失考，詞句之惡劣，口不可勝言者矣。墨憨氏重加輯演，為一百八回，始乎東遷，迄於秦帝。東遷者列國所以始，秦帝者列國所以終。本諸

《左》、《史》，旁及諸書，考核甚詳，搜羅極富，雖敷衍不無增添，形容不無潤色，而大要不敢盡違其實，凡國家之廢興存亡，行事之是非成毀，人品之好醜貞淫，一一臚列，如指諸掌。是故，鑒於褒姒、驪姬，而知嬖不可以篡嫡；鑒於子頹、陽生，而知庶不可以奸長；鑒於無疾、宰嚭，而知佞不可以參賢；鑒於囊瓦、郭開，而知貪夫之不可以與共國；鑒於楚平、屠岸賈、魏顆、豫讓，而知德怨之必反；鑒於秦野人、楚唐狡、晉里鳧須，而知襟量之不可以隘；鑒於二姜、崔慶，而知淫風之足以亡身而覆國；鑒於王僚、熊比，而知非據之不可幸處；鑒於商鞅、武安君，而知慘刻好殺之還以自中；鑒於晉厲、楚靈、欒黶、智伯，而知驕盈之無不覆；鑒於秦武王、南宮萬、養叔、慶忌，而知勇藝之無全恃；鑒於燭武、甘羅，而知老幼之未可量；鑒於越句踐、燕昭、孟明、蘇季子，而知困衡之玉汝於成；鑒於宋閔公、蕭同叔子，而知凡戲之無益；鑒於里克、茅焦，而知死生之不關於趨避。至於西門豹、尹鐸之吏治；鄭莊、先軫、二孫、二起、田單、信陵君、尉繚子之將略；孔父、仇牧、荀息、王蠋、肥義、屈原之忠義；專諸、要離、聶政、夷門侯生之勇俠；介子推、魯仲連之高尚；管夷吾、公孫僑之博洽；共姜、叔姬、杞梁妻、昭王夫人之志節。往蹟種種，開卷瞭然，披而覽之，能令村夫俗子，與縉紳學問相參，若引為法誡，其利益亦與六經諸史相埒，寧為區區稗官野史，資人口吻而已哉？……茲編更有功於學者，浸假兩漢以下，以次成編，與《三國志》彙成一家言，稱歷代之全書，為雅俗之巨覽，即與二十一史並列鄴架，亦復何媿？」

《麟經帅》　虞大復撰，〔佚〕

虞大復，1607前後，江蘇金壇，字元見、元建、來初，據董天工云：「虞大復，字來初，金壇人。成進士，為崇安令，為民興利。」（《武夷山志》卷十六）；馬麟云：「虞大復，字元建，金壇人，丁未進

士。」（《續纂淮關統志》卷八）

孔貞時〈元見麟經艸序〉云：「余友虞元見以《麟經》為天下第一人，年最少，才名最著，天下引領懸書。元見居常又喜為麟經藝意，必有道德五千，望天下人腹，而何以少許勝曰：元見之喜為麟藝，非誇多也，其天才綺，練古范今于吾孔氏刑書，博極諸名家，主會以自心栩，然獨得于經傳，聊以是遊戲三昧，興之所到，掣一題捉筆起舞，不移晷已，滿楮雲烟，出以相示，讀之如百練金、千幅錦、萬頃波，麗語天成，藻思霞絢，無不供其筆端，而取之左右，迺其較勘傳意，婉轉肖象，梦褓自理，涓滴不漏，一一稱量，不爽錙銖尺寸，蓋得其神理，緣實敷華，而種種諸妙，行乎其所不得不行，非劬勞憔倅於黼黻者也。余共事元見久甚，每當元見惟有伸舌汗背而已，今日袞然聯第，稱麟家宗匠，豈偶然哉！《春秋》二百四十二年之行事，不能逃衰一字，世有領略元見者，即此十二題，其于十二公中，虛虛實實，微微顯顯，投刃然而出以鬥勝，天下無不反則會心處，政不在多矣。元見手錄有《麟經秘旨》，參諸前輩名家，而折衷己意出之，羽翌文定，與諸名家三二，都二三京，亦當在今日。《春秋》公天下為心，元見以《春秋》見于口，而用以相私，或不其然，因敘而及之。」（《在魯齋文集》卷三）

《麟經祕旨》　虞大復撰，〔佚〕

案：據前文孔貞時〈元見麟經艸序〉文著錄。

《春秋疑義》不分卷　鄒維璉撰，〔存〕

鄒維璉，前1607-1635，江西新昌，字德輝、德耀，號匪石，據同治《瑞州府志》云：「鄒維璉，字德輝，新昌人，萬曆丁未進士，授延平推官。耿介有大節，陞南京兵部主事，進員外郎，以憂去。天啟三年起官職方郎中，上疏請去，償帥之弊，又極言宋明時妖妄，吏部尚書趙南星知其

賢，調為稽勳郎中給事，傅櫆潛通魏忠賢，羅織東林，以調部非法，力攻維璉，以撼南星，維璉求去不得，會楊漣劾忠賢二十四罪，被旨切責，維璉抗疏曰：忠賢大奸大惡，罄竹難書，陛下憐其小信，不忍割棄，天怒人怨，天下倘有代為割棄者，忠賢不足惜，其如國事何？疏入忠賢，復矯旨切責，及趙南星去國，維璉願與俱去，張訥希忠賢旨，遂劾維璉，削籍下吏，戍貴州。崇正初起南京太僕少卿疏陳五事，擢僉都御史，巡撫福建，在任二年，禦倭弭盜，勞績甚著，會政府雅忌維璉，罷官。八年，敘卻賊功召科兵部侍郎，遘疾不赴，卒於家。」（卷之十三）

　　《四庫全書總目》云：「明鄒維璉撰。維璉字德輝，號匪石，新昌人。萬曆丁未進士，官吏部郎中時，以疏劾魏忠賢謫戍貴州。崇禎初，召為南京太僕寺卿，洊擢右僉都御史，巡撫福建，勦海寇有功，終為溫體仁所忌罷。崇禎八年起為兵部右侍郎，未上而卒。」（集部三二‧別集類存目六）

　　案：收錄《達觀樓集》，《四庫全書存目叢書》集部，第183冊，據吉林省圖書館藏清乾隆三十一年重刻本影印。

《春秋正解》　王佐才撰，〔佚〕

　　王佐才，1607前後，山東臨朐，字志伊、鑒衡，據光緒《臨朐縣志》云：「王佐才，字志伊，一字鑒衡，邑東崔飛里人。祖詔，字鳳銜，仕長淮關巡檢。父應元，字東川，累贈通奉大夫，正治卿，陝西右布政。佐才讀書，日誦萬言，為文雄麗閎肆。萬曆三十一年，領鄉薦第三。丁未成進士，授戶部。雲南司主事為倉庾條議，剔除夙弊，監大通橋，及出督蘇州，滸墅關稅，綜覈精宿，羨餘悉充正額，秋毫無所染，陞西寧道右參政。西寧，胡湟中地，苗狃逼處，動即不請，佐才以羸卒數千，控制一方，苗狃無敢犯者，西寧遂為□□。值蜀來告急，朝議以佐才能靖亂，擢四川按察使，已議家度劍閣，而大落赤何隙□南川大臣疏以佐才□□□□

卻回，星夜馳輕騎，□□□其渠帥賊不意佐才復□□相□□王家軍飛□□遂□卒乞降，捷聞嚮用頗殷時。逆瑺擅政，惡佐才，素不為下，而御馬監挾抑制怨，亦數數短佐才，銓曹推佐才績當遷延綏巡撫，僅得加秩為陝西右布政使，旋以勞瘁，卒於西寧，湟中男女行哭，為之罷市，妾薛氏視棺斂畢，自刎以殉□在列女傳。靈轝東歸，攀送充途，泣聲千里不絕，論者比之鄧忠宣、羊叔子云，著有《春秋正解》、《湟中記》，里人奉其主，祀鄉賢。」（卷十四之上）

案：光緒《臨朐縣志》著錄。

《麟經要旨》　郭增光撰，〔佚〕

郭增光，1607前後，河北大名，號旭陽，據雍正《畿輔通志》云：「郭增光，大名人，萬曆進士，知金鄉、萊陽、濰縣，多有惠政，累官都御史，巡撫山西、河南，修軍政、覈芻餉、練兵卒，威望遠著，詔賜錦衣，尋遷工部侍郎，疾作致仕。」（卷七十五）

案：民國《大名縣志》著錄。

《梅太史訂選左傳神駒》八卷　梅之煥訂選，〔存〕

梅之煥，1575-1641，湖北麻城，字松文、彬父，號長公、信天，據丁宿章云：「梅之煥，字彬父，號長公。萬曆進士，官巡撫。之煥少孤從母，日課書盈寸，倜儻雄俊異凡兒，與楊漣同舉于鄉，以功名節義相期許，官翰林，同館孫承宗獨推重之，改御史，扼腕旨政，上疏極論。天啟初巡撫南贛，魏瑺指為楊漣黨，誣以贓私，削籍遣戍，懷宗召復原官，巡撫甘肅，威服邊疆，其功最著，復為溫體仁劾歸。流賊已起，之煥以軍法部勒鄉人，賊不敢犯麻城者八秋。性和平，喜獎掖後進，少值御史行部閱武，騎馬突教場，御史怒命與材官角射，九發九中，長揖上馬，公故雖文士，尤負材武云。」（《湖北詩徵傳略》卷十九）；道光《廣東通志》

云：「梅之煥，字彬父，麻城人。萬曆二十三年舉進士，七年授吏科給事中，未幾出為廣東副使，禽誅豪民沈殺烈女者，民服其神，海寇袁進掠潮州，之煥扼海道，招散其黨，卒降，改視山東學政。」（卷二百四十五）

案：日本龍谷大學大宮圖書館藏明萬曆三十五年劉龍田刊本。

《春秋公羊傳》十二卷　閔齊伋撰，〔存〕

閔齊伋，1575-1661後，浙江烏程，字及武、寓五、遇五，號三山伋客。

案：閔齊伋在萬曆四十四年首度使用朱墨兩色套印《左傳》，之後又進一步用五色套印，風靡當時的江南書肆，與當時的著名刻書家凌蒙初分庭抗禮。據閔爾昌〈閔齊伋傳〉云：「閔齊伋，字及武，號寓五，烏程人。明諸生，不求進取，耽著述，批校《國語》、《國策》、《檀弓》、《孟子》等書，匯刻十種，士人能讎一字之訛者，即贈書全帙，輾轉傳較，悉成善本。著有《六書通》，盛行於世。」（《碑傳集補》）

案：臺北國家圖書館藏明天啟元年烏程閔氏刊三色套印本。

《春秋穀梁傳》十二卷　閔齊伋撰，〔存〕

葉德輝〈顏色套印書始於明季盛於清道咸以後〉云：「朱墨套印，明啟、禎間有閔齊伋、閔昭明、凌汝亨、凌濛初、凌瀛初，皆一家父子兄弟，刻書最多者也。閔昭明刻《新鐫朱批武經七書》，閔齊伋刻《東坡易傳》、《左傳》、《老》、《莊》、《列》三子，《楚辭》、《陶靖節》、《韋蘇州》、《王右丞》、《孟浩然》、《韓昌黎》、《柳宗元》諸家詩集，蜀趙崇祚《花間詞》。凌汝亨刻《管子》凌濛初、瀛初刻《韓非子》、《呂氏春秋》、《淮南子》，皆墨印朱批，字頗流動，其一色藍印者如黃記《墨子》十五卷，陸志《李文饒集》二十卷，《別集》十卷，《外集》四卷，邵注《四庫簡明目》。張登雲刻《呂氏春秋》二十六卷，

明萬曆丁亥刻張佳胤《崌崍集》二十七卷，此疑初印樣本，取便校正，非以藍印為通行本也。他如三色套印，則有《古詩歸》十五卷、《唐詩歸》三十六卷，其間用朱筆者鍾惺，用藍筆者譚元春也。四色套印則有萬曆辛巳九年淩瀛初刻《世說新語》八卷，其間用藍筆者劉辰翁，用朱筆者王世貞，用黃筆者劉應登也。五色套印明人無之，道光甲午涿州盧坤刻《杜工部集》二十五卷，其間用紫筆者明王世貞，用藍筆者明王慎中，用朱筆者王士禎，用綠筆者邵長蘅，用黃筆者宋犖也，是并墨印而六色矣，斑斕彩色，娛目怡情，能使讀者精神為之一振，然刻一書而用數書之費，非有巨貲大力，不克成功，故虞山二馮評點《才調集》，其從子武刻之，以重圈、細圈分別，又以三角、尖點劃明，是亦節省工貲之道，但一經翻刻，則易混淆，固不如套印之易於區別也。」（《書林清話》卷八）

案：臺北國家圖書館藏明天啟元年烏程閔氏刊三色套印本。

《麟經要旨》　俞一經撰，〔佚〕

俞一經，約1575-1645，江西南城，字子常，據湯來賀〈俞子常傳略〉云：「俞一經，字子常，南城人。平生言笑不苟，動履必端。萬曆戊午，黃貞甫先生取冠多士，閉戶古耕，足不履公庭，數十年如一日。甲申，應歲薦，痛烈皇慘變，遂棄焉。踰年以憂思而歿，有二子，皆能文，嘗戒之曰：『能以布衣終汝身，則孝矣。』其子從之，士論咸高其行。」（《內省齋文集》卷十二）

案：光緒《江西通志》著錄。

《春秋直解》一卷　孔貞運撰，〔存〕

孔貞運，1576-1644，安徽建德，字開仲，號玉橫，據光緒《重修安徽通志》云：「孔貞運，字開仲，建德人，至聖六十三代孫，萬曆己未進士，殿試第二人及第，授編修，充經筵展書官，纂修兩朝實錄。崇禎初，

進講述祖宗，勤政講學，帝嘉納之，擢祭酒，進少詹，仍管監事。帝臨雍以聖裔故，賜一品服，畿輔被兵，上禦敵，城守應援，數策以艱歸，起南禮部侍郎，遷吏部，入內閣，溫體仁欲窮治復社，值其在告，貞運從寬結之，又揭救鄭三俊、錢謙益，以事引歸。莊烈帝哀詔至，貞運慟絕不能起，遂卒。」（卷一百九十二）

案：收錄《敬事草》，臺北國家圖書館藏明崇禎間原刊本。

《春秋纂註》　賈必選撰，〔佚〕

賈必選，1609前後，江蘇上元，字徙南、直生，據乾隆《江南通志》云：「賈必選，字徙南，上元人，萬曆己酉舉人，戶部主事，筦西新倉時，巨璫總部務其黨，分伺六倉，必選清正，盡黜陋規，璫不得逞，疏辨倪嘉慶之冤，謫外，陞南工部虞衡司，以外艱歸，即不出。」（卷一百三十九）

案：乾隆《江南通志》著錄。

《春秋胡諍》一卷　何其偉撰，〔佚〕

何其偉，1609前後，福建連江，字梧子，號鼎石山人，據乾隆《福州府志》云：「何其偉，字梧子，福清人，丙戌舉人。流寓連江，明亡，僧帽道帔，隱居教授，自稱逋民。暇則抱甕灌園，足跡不入城市，所種蔬菜，鬻金自給。外閒以餉人，不自知其貧也，著有《濤園別集》。」（卷六十三）；杭世駿云：「何其偉，字梧子，號鼎石山人，著《濤園別集》，同年陳元登龍准為序，有七絕云：黃文森內人吳氏死烈，亂中余內為存其鏡，貽詩一首歸之云，『尚有菱花不減輝，新妝幾度拭羅衣。雖然無復嫦娥影，不似他家破月歸。』其偉又著《春秋胡諍》。」（《榕城詩話》卷中）

何其偉〈春秋胡諍序〉云：「呂氏大圭云：《春秋》穿鑿之患，其原

起於三《傳》，而後之諸儒又從而羽翼之，彼此矛盾，前後牴牾，紛紛聚訟，而聖人之意，益以不明，不知聖人之意，聖人之經自明也，夫諸儒之為穿鑿無論，已至於胡氏之說行，而明興專用為功令，及觀制義發題，則居然孔氏無經，而經在胡氏焉。世之尊胡氏者，方過於孔氏，是固胡氏之《春秋》矣，乃以為孔氏之《春秋》，孔氏焉可誣已。夫孔氏之於《春秋》也，修焉而非作也，修則舊史參半焉，諸凡名稱、爵號之異同，與夫日月之詳略，皆呂氏所謂贍史之舊，而褒貶不與者也。褒貶不與於名稱、爵號與日月，則是非善惡之繫乎其文，較然已而必欲穿鑿於一人一字之間，而係二百四十二年之諸侯大夫，盡入孔氏之深文為刻、為薄、為專，其誣聖何如，而況彼此之矛盾，前後之牴牾者，又比諸儒甚焉久矣。世第習焉而不察，是焉而不疑，且翕然於功令之中而不敢也。予故諍其尤悖者，竊以附呂論云。」（《經義考》卷二百八）

《彙輯諸名家呂東萊先生左氏博議》六卷　陶珽評纂，〔存〕

陶珽，1610前後，浙江黃巖，字稚圭，號不退，師李贄，據雍正《雲南通志》云：「陶珽，姚安所人，萬曆庚戌進士，累官武昌兵備道。正直端方，歷任有聲，里居賑恤，族黨講學論文，士類重之。」（卷二十一）；錢謙益〈陶不退閬園集序〉云：「姚安陶珽，字不退，少有志於問學，游卓吾之門而有得焉者也。不退之為人恂恂己爾，穆穆己爾，與之語，泛濫於物情，吏事刺刺不少休，未嘗以問學自表異……不退居官似之卓吾，晚年憤世兀傲，自放而不退，規言矩行，老而彌謹，此則不退之善學卓吾者也。」（《牧齋初學集》卷三十一）

案：臺北國家圖書館藏明崇禎五年刊本。《傳是樓書目》作「左氏博議彙輯六卷」。

《拜山齋春秋手抄》十二卷　　朱國盛撰，〔佚〕

朱國盛，1610前後，江蘇華亭，字雲來、敬韜，據劉芳喆曰：「朱國盛，字雲來，華亭人。萬曆庚戌進士，除工部主事，累官至工部尚書。以太常寺卿回籍坐黨案閒住。」（《經義考》卷二百六）

案：此書不見他書收錄，惟《經義考》著錄。

《春秋集傳》十二卷　　劉宗周撰，劉汋編，〔佚〕

劉宗周，1578-1645，浙江紹興，字起東，號念臺，學者稱蕺山先生，據陳鼎〈劉宗周傳〉云：「劉宗周，字起東，紹興山陰人，生而端嚴，言動有倫，雖年少，時已巋然負儒宗望。萬曆辛丑成進士，丁內艱。時許公孚遠學宗紫陽，宗周叩為學之要，告以存天理、遏人欲，遂謹識之勿敢忘。甲辰授行人，歸養，丁外艱。讀禮之暇，惟以明理見性為事。一日劉永澄至武林，互正所學，迺與決求仁之旨，析主靜之說，辯修悟之異同，永澄爽然如有失而去。壬子起官，道謁高攀龍，相與講論，復有問學三書，皆儒宗要言。時顧、高諸公，興復東林，大會四方同人，講學不輟，京中人目為鉤黨，將搆大獄，宗周上書言顧憲成之學歸於自反，請各思自反何如，時論韙之，旋告病。至天啟辛酉，起禮部儀制司主事，時魏璫初用，外廷未有言者，乃首發其奸。未幾，果竊柄亂政如所言，遷光祿寺丞，累遷太僕少卿，以病歸。甲子，起右通政，未赴，而冢宰趙南星等斥逐，朝局盡變，乃疏辭陳人臣進退之義，有旨削籍。居家潛心理學，嘗與攀龍質疑罔間，而以半日靜坐，半日讀書，奉為準的。崇禎初復官，起順天府尹，策蹇就道，其子徒步隨之，甫莅任即以直諫被斥歸，閉門靜坐，不見一客，其門人羣請設教，不得已，過陶石簣祠，集紳儒會講，以伊洛主敬之學，宣明於眾，而於慎獨之要，尤加謹焉。丙子起工部侍郎，屢進昌言，疏論內閣溫體仁狀，且極言任用中官，體統太重之弊，上怒斥為民。歸家啟蕺山書院，從游累千人，梓所述《人譜》，以授學者，有朱

子致知與陽明致知之辯。壬午起改吏部左侍郎，陳〈聖學〉三篇，晉左都御史，上言建道揆、貞法守、崇治體、清伏奸、懲官邪、飭吏治六事，請復首善書院及社學，罷廠衛，上意頗嚮之。甲申，救諫官熊開元、姜埰，忤旨罷歸。甲申國變，聞信即赴杭省，跣足、衣麻、被髮，請即舉哀，或欲俟哀詔至，宗周曰：豈有子聞父喪，不躃踊之理。詔至再奉行，未為不可也。弘光立，起原官，至南都，疏請誅誤國諸臣，又表勸親征，併劾四鎮淮撫，戰守失宜之罪，有違時宰意，遂見逐。乙酉六月，山居聞變，不食而卒，學者稱念臺先生。」（《東林列傳》卷十一）

案：乾隆《紹興府志》著錄。

《春秋大義》一卷　呂恂撰，〔佚〕

呂恂，1612前後，山東德州，字信吾，據道光《濟南府志》云：「呂恂，字信吾，德州衛人，萬曆壬子舉人，好學期於明理，所著有《春秋大義》、《四書蒙引》諸書。平生交友，以道義相規，與李泰雲稱莫逆，四上公車，因策論多憂時憤世語，未得一第，士林惜之。」（卷五十二）

案：雍正《山東通志》著錄。

《麟旨》　劉有綸撰，〔佚〕

劉有綸，1612前後，山西河津，字代予，據雍正《山西通志》云：「劉有綸，字代予，河津人，萬曆壬子舉人。事父光祿至孝，讓產兄弟，始終無間言。常從毘陵王翼菴究理學淵源，讀書晉陽書院，問字屨滿，寄籍廣陵，置講院，興教寺，當事每造廬請，終歲無私謁。丙子佐邑令鼇城，淮撫朱大典擬薦修實錄，因官之堅辭，授桐鄉知縣，未任卒，著《四書自言》、《明誠續言》、《三忠詩文》、《保甲議》、《鹽法條議》、《麟旨》諸書。」（卷一百四十）

　　案：乾隆《江都縣志》、雍正《山西通志》、嘉慶《揚州府志》、光緒《增修甘泉縣志》著錄。

《春秋經解》　吳世濟撰，〔佚〕

　　吳世濟，1612前後，浙江歸安，字楫侯，號生拙，據乾隆《江南通志》云：「吳世濟，字楫侯，歸安人。崇禎時知太和縣，甫至寇賊交訌，閭井驚怖，世濟不請兵，謂兵甚於賊，率丁壯晝夜登陴，守禦有方，危城獲全，著有《禦寇始末》傳世。」（卷一百十八）

　　案：同治《湖州府志》、光緒《歸安縣志》著錄。

《松麟軒新鍥春秋愍渡》十五卷　耿汝忞撰，〔存〕

　　耿汝忞，1612前後，湖北黃安，字克勵，據《明史》云：「耿汝忞……字克勵，黃安人。耿定向子，萬曆中舉人。」（卷一百三十五）

　　案：臺北國家圖書館藏明末曼山館刊本。《明史》、《千頃堂書目》作「春秋愍渡」。

《麟經古亭世業》　耿汝忞撰，〔佚〕

　　梅之煥〈麟經古亭世業序〉云：「安國胡氏之傳《春秋》，非經也，安國之奏議也。明興以胡為功令，治《春秋》者，隳括胡氏之說，以成疏義，甚有丘明、公、穀、鄭氏、夾氏未嘗一嚌，而以《春秋》起家者矣，非明經也，胡安國之借經者也，又從而引蔓之，以傳題從而駢拇之，以比合株連膚割，填腔射覆，主司者以意命，而舉者以意揣，則又非安國意中所及也，明經之敝，莫甚乎是。古亭以治《春秋》特聞，詢之學宮，其經以《春秋》者十而九閱，楚錄其《春秋》魁，以亭州者十而九，讀〈題名記〉，其亭州第以《春秋》者十而九，顧其於《春秋》也，猶筌魚蹄狗

耳，過則舍之矣，獨叔臺耿先生閔然上釐定經學之疏，惜當時專門名家於諸當道者不合，疏寢未行，惟煥待罪諫垣，竊志先生之未竟，乃性不時宜，為眾所擠，弗自為地，無暇及紙上陽秋也。坐念煥為諸生，日痛鏖傳荒經之習，蓋嘗廢卷而嘆，以此愧其平生。今年耿克勵梓《麟經古亭世業》成，弁其尊公叔臺先生之疏於首，而問序於煥，視《春秋》若負逋何，克勵之發吾愧也，抑克勵便便經笥行，則為朝士冠冕，青箱可念，土音不忘，克勵有心人也，願毋分吾愧。」（雍正《湖廣通志》卷一百二）

《春秋說約》　熊明遇撰，〔佚〕

熊明遇，1579-1649，江西進賢，字良孺，號壇石，據康熙《江西通志》云：「熊明遇，字良孺，進賢人，萬曆進士，授長興知縣，擢兵科給事。……明遇與東林通，出為福建僉事，遷寧夏參議。天啟初進太僕少卿，尋提督操江。魏忠賢黨謀盡逐東林，以明遇嘗救御史游士任、給事中薛國觀，遂劾其黨庇徇私，忠賢矯旨革職，坐汪文言獄，追贓千二百金，謫戍貴州平溪衛。崇禎初釋還，起兵部右侍郎，南京刑部尚書，改兵部，疏陳四司宿弊，悉見採納。山東叛將李九成等陷登州，明遇信巡撫余大成言，力主撫議，久不就撫，乃調關外軍討定之，是時宣府兵警甚急，巡撫沈棨與中官王坤等遣使議和，餽金帛酒牢諸物，邊警即解，事聞，帝惡棨專擅，召對明遇等於平臺，明遇力為棨解，帝不悅，逮棨下吏，於是給事中力詆明遇、棨，交關誤國，明遇再疏乞罷，命解任候勘，尋以故官致仕，用薦起南京兵部尚書，改工部，引疾歸卒，所著有《綠雲樓集》、《中樞集》。」（卷七十）

熊明遇〈五經說約敘〉云：「《周禮》，天子有史官，諸侯亦各有國史，大事書之於冊，小事以簡牘而已。魯之《春秋》，其事則齊桓、晉文，其文則史，孔子曰：『其義則丘竊取之矣。』左氏曰：『其善志，非聖人孰能修之？』莊周曰：『《春秋》，經世先王之志也。』董仲舒曰：

『《春秋》，禮義之大宗也。』胡安國曰：『五經之有《春秋》，猶法度之有斷例也。』今時列於學官，為士子制舉，先資獨宗胡《傳》，《左氏》、《公羊》、《穀梁》亦參觀焉，乃說者有祖晉范寧之論者，而曰：『《左氏》失也誣，《穀梁》失也短，《公羊》失也俗，漢劉向父子獨宗《左氏》，欲興左學，賈逵緣隙奮筆，以為《公羊》可奪，《左氏》可興。』持論雖不一，然皆經之翼也。愚不自揆，約《易》、《書》、《詩》三經，已取四《傳》互相證嚮，間發以管見，曰《春秋說約》。或曰：『《春秋》一字褒貶，既已約言示制矣，又何約焉？』曰：『愚安敢約經，約說經者也，蓋說經者以智舛馳一切，穿鑿附會，恐未必盡得聖人之意，遂有以刑書目之者。嗚呼！聖心與天合，讕豈苛刻繳繞，如諸說之紛紛異同哉！君子惟依經以辨理，錯經以合義，可也。』」（《文直行書詩文》文選卷三）

《麟旨》十二卷　方尚恂撰，〔佚〕

方尚恂，1613前後，浙江淳安，字威侯，號篆阿，據光緒《嚴州府志》云：「方尚恂，字威侯，淳安人，萬曆癸丑進士，授刑部主事，歷員外郎中，出知建寧府郡。當潘樞、吳建之亂，餘黨未靖，滯案山積，尚恂抵任，嚴鎖鑰、戢胥役、均戍守、減徭賦，取諸滯案，一日決之，老吏吐舌，陞湖廣副使，備兵辰陽。辰界連諸土司苗蠻，剽掠無虛日，而辰城頹圮，尚恂計丈尺增雄之衛，以鐵菱、石弩嚴督營哨，不踰月，擒斬苗寇數人，遂攝伏不敢動。天啟四年，黔撫為降賊所紿，中伏死黔，事急，黔督題尚恂司餉移鎮沅州，沅州運米斗八萬，山欹仄如削，尚恂檄使人負四斗行十五里，更番往來，米相屬如緶縻，而人不頓，又躬護帑金二十萬至師，士卒歡動。崇貞十年，水西平題敘黔功，詔賜銀幣。」（卷之十八）

案：雍正《浙江通志》著錄。

《新刻春秋談虎講意》十二卷　周希令、方尚恂會講、徐有成裁定，〔存〕

周希令，1613前後，江西豫章，字子儀，號澝西，師徐光啟，據同治《義寧州志》云：「周希令，字子儀，號澝西，期亮之長子，賁之元孫，生有異夢，賁心奇之。弱冠補弟子員，以《春秋》應己亥選貢，中萬曆庚子順天鄉試，以文奇在摘，例不與會闈，至癸丑成進士，選翰林院庶吉士。乙卯授兵科給事，揣略邊形，如聚沙在目，以經撫兩臣，不勝牴扼，亟願和衷濟艱，疏奏未下，而事坐敗，識者服其明遠，尋冊封益藩，命公行焉，櫛被蕭然，謝絕饋遺。庚申轉禮科左右給事，神宗晏駕，光宗御極，銳意圖治，上〈中興十二要疏〉，如賈山至言，令職諫垣，為禁掖臣，其論李可灼進紅丸事甚詳且悉。至熹宗立，而逆璫起，令與楊公璉之疏，忠可貫日。壬戌春，會天下士，有分房之任，公素以麟經名，一時業麟經者皆願出其門，闈中所拔，果得及第第一人文公震孟馬，是年八月天子嘉勞，晉太常少卿，甫九日而卒於仕，自筮仕以逮捐館，受白金、文綺、金花之賞者五荷，譽命者再俎豆州庠，升祀省宮。」（卷第二十二）

徐有成，萬曆–天啟，江蘇淳溪，字二孺，生平失考。

案：臺北國家圖書館藏明天啟四年刊本。《經義考》、同治《南昌府志》、光緒《江西通志》皆作「春秋談虎」。

《麟經家言》　張昌辰撰，〔佚〕

張昌辰，1613前後，浙江臨海，字漢明，號對文，據民國《台州府志》云：「張昌辰，字漢明，號對文，臨海人。萬曆四十一年進士，授豐城知縣，有尚書熊某侵民地，僉憲范某斂債入民子女，昌辰詣撫按，白其事，令勘問，悉置之法，豪右為之斂迹（《康熙志》）。燔淫祠，以其地廣學宮（《家傳》）。邑大治，兩臺交薦，而昌辰已卒，卒之日，囊篋蕭然，無以為殮，豐人為立祠祀之，著有《麟經家言》（《康熙縣志》）」（卷一百零九）

案：康熙《臨海縣志》、民國《台州府志》著錄。

《春秋是正》　羅喻義撰，〔佚〕

羅喻義，1613前後，湖南益陽，字湘中，號蕛江，諡文介，據光緒《湖南通志》云：「羅喻義，字湘中，號蕛江，益陽人。父敦仁，字伯榮，孝事繼母，讓產於弟，有賢名。喻義舉萬曆癸丑進士，選庶吉士，授檢討。天啟初，歷官諭德，直經筵六年，擢南京國子祭酒。諸生陸萬齡欲於太學立魏忠賢祠，喻義嚴懲之。乃已忠賢黨輯東林籍貫，湖廣二十人，喻義居首，遂削籍。莊烈帝嗣位，召拜禮部右侍郎，協理詹事府，尋充日講官，教習庶吉士。喻義性嚴冷，閉戶讀書，不輕接一客，後見中外多故，將吏不習兵，銳意講武事，推演陳圖獻之，帝為褒納，明年進講《尚書》，撰《布昭聖武講義》，中及時事語，頗傷執政，溫體仁不懌，互相奏辨，吏部希體仁指議，革職閒住可之，喻義雅負時望，為體仁所傾，瀕行仍許乘傳，家居十年卒，贈尚書。福王時補諡文介」（卷一百六十六）

案：《千頃堂書目》、《明史》著錄。

《春秋野篇》十二卷　羅喻義撰，〔佚〕

羅喻義〈春秋野篇序〉云：「《春秋》有義無例，例繁而義隱矣，焉用例。然究未有能破除之者，《野篇》所為作也。或問三《傳》，曰：『後進之禮樂也，其辭文。予於《春秋》，行古本而已矣，崇禎丁丑。』」（《經義考》卷二百六）

案：《經義考》、康熙《長沙府志》、同治《義陽縣志》著錄。其書雖佚，《欽定春秋傳說彙纂》有引錄，可參看。

《春秋衷》　鄒忠允撰，〔佚〕

　　鄒忠允，1613前後，江蘇武進，字肇敏，據乾隆《武進縣志》云：「鄒忠允，字肇敏，萬曆癸丑進士，初知錢塘縣，有惠政，遷兵曹，丁母憂，哀毀骨立，素食三年，服闋擢福建參議，平劇寇劉香，會有攘功者，忠允曰：『人臣奉職，何事言功，方憂追罪不暇耳。』轉九江副使，當事欲侈城鑿功，忠允曰：『守在人不崇在地，徒妨農事無益。』因忤當事，投劾歸。窮研經學，所著有《周易揆》、《尚書稽》、《詩傳闡》、《春秋衷》等書。」（卷之九）

　　案：光緒《武進陽湖縣志》著錄。

《春秋傳語編註》　蘇琰撰，〔佚〕

　　蘇琰，1613前後，福建晉江，據道光《晉江縣志》云：「蘇琰，萬曆癸丑進士，授行人，擢御史罷歸，復起巡按貴州，會安酋逆命，特勒為監軍，累敗賊陣，擒斬巨魁，黔中以寧，未幾謝病歸卒。」（卷之四十四）

　　案：乾隆《泉州府志》、道光《晉江縣志》著錄。

《春秋史駁》二十卷　傅國撰，〔佚〕

　　傅國，1613前後，山東臨朐，字鼎卿，號雲黃山人，據咸豐《青州府志》云：「傅國，字鼎卿，應兆子。生有宿慧，七歲作〈霜林賦〉，纍纍千百言。十四補諸生。萬曆四十一年進士，授河南通許知縣，善決疑獄，務為清靜廉平，一時有青天之目。遷戶部主事，升員外，會軍興戶部尚書郭允厚以餉不時給，請加派州縣，國曰：『熙豐、青苗諸法，尚不肯加賦民間，謂民心一失，天下事不可為也。今正供之外，復有添餉，添餉之外，復有雜項，恐兵未足，而民先困，將遺害天下後世矣。』郭不懌，

令督餉遼東，削籍歸。置一樓亂山中，貯書萬卷，顏曰：『凝遠』，著述不輟，自號雲黃山人。甲申聞京師陷，具冠服登樓，北望再拜痛哭，忽有土寇百餘騎突至，積薪焚其樓，僕婢輩皆逸去，國整衣冠端坐，與圖書俱燼，著有《雲黃集》、《雲黃別集》、《四書中注》、《五經中注》、《昌國餘艎》、《咸平陽秋》、《咸平刑書》若干卷。」（卷四十五）

案：光緒《臨朐縣志》著錄。

《春秋藝》　黃元會撰，〔佚〕

黃元會，1613前後，江蘇太倉，字經甫，據嘉慶《直隸太倉州志》云：「黃元會，字經甫。幼孤感奮為學，與同郡姚希孟齊名。萬曆四十一年進士，授工部都水司主事，管窯器廠。光宗在儲位，宮監傳諭索器皿折價，元會抗言曰：『非所以光潛德也，不與。』攝大木廠，因殿工立註銷積高法，中人不能私，往督夏陽閘工，咸有次第，省帑數千兩，事竣，擢南昌知府廉佐，令之貪橫者黜之，宗室驕恣，一裁以法，削其冒封二人，省廚傳之擾，庇死難武臣之子，卓異入覲，賜宴禮部，如一品大臣，儀稱異數，陞按察司副使，主驛傳視卒，麗皋重輕，定為三等供役法，尋轉提學副使，益藩以清道撻士，士譁，王疏聞元會調護，得薄罰會，鄉試迫以百餘日畢，十三郡試，勞勦成疾，轉山東布政司參政，按撫議留，仍改江西按察使，疾作乞歸，卒年五十一。元會喜黃老家言，神識清遠，不屑詭隨，亦不屑皎皎異故，終身不受牽於門戶焉。」（卷二十七）

宋懋澄〈敘黃經甫春秋藝〉云：「自子輿氏言：《春秋》成，而亂臣賊子懼。後世遂以為孔氏刑書，于是治《春秋》者皆擊刺為政，至宋氏諸儒，則刀鋸之末，不勝濫矣。疑夫子以《春秋》名書，若曰春以煦之，秋以肅之，且紀事之書如歲工。然和風晴日之時多，而肅雨嚴霆乃其偶也，假令每事必貶，是四時無不雷之日，而天威褻矣。彼夫聖明之主，方且泣罪人、矜不辜，顧忍搜人之隱，而筆鋒所刺，慘于戈予，是肅殺之氣，第

可名秋。而何又以春命也？常欲取三《傳》註疏，暨康侯及諸子所議，折衷其辭，若紀常之書，風日晴美，不必滓穢太清，如滕子來朝，及大有年，缺而不論，世豈有身朝亂賊，并奪其子孫之爵，其君是惡，而遷戮于民，即質于罰弗及，嗣罪人不孥之例，孔子必報焉，生愧而謂聖人在天之安乎？且聖書而諸賢測之，豈盡肖合而必欲附會其辭，亦非夫子闕疑之意，顧困於公車，志未逮也，因思習是經者，不無漸靡于刻薄寡恩，恐申韓之毒，未必至此，若朝夕法而不染膮削，非仁人君子不能，而吾得其人曰經甫，經甫文如和風甘雨，入于耳，可代金石，入于人口，不羨醍醐，時迎五色之雲于筆驛，產七彩之芝于硯郵，使康侯發揚蹈厲之容，轉而為息于之舞，雖婆江兩世，擅排江倒海之氣，以雄絕一時，遇經甫而心夷氣折，況其他乎，而行不爽其文，以故人人欲親經甫，經甫持經術以事君，舒春日之溫以養和，振秋霜之肅以作氣，使聖人命名，迄千秋而遇一知已，吾于經甫深有味乎，春也既體命名之意而春之，復挽世之已秋者春之，夫然後謂習《春秋》。」（《九篇集》續集卷一）

《春秋歸義》十二卷　賀仲軾撰，〔存〕

賀仲軾，1580-1644，河南獲嘉，字景瞻、養敬，據湯斌〈賀景瞻先生〉云：「先生名仲軾，字養敬，一字景瞻，獲嘉人。少近癡，嗜讀書，無他好，遠色茹淡。萬曆癸卯舉於鄉，庚戌成進士，知禮泉，縣俗刁悍，里胥作奸，先生力清諸弊，以外艱歸，服闋補青浦，青浦冠紳之藪，書牘無虛日，先生誓不以法假人，監司臺使者至，不浚民膏，以飭廚傳士子，季有考，月有課。漕粟，官民屯悉貯于倉，粟雜糅責在民，加耗抑勒責在軍，軍民兩得其平，修海忠介祠，為文以見志，陞刑部主事，具疏奏父鳳山先生之冤，先是鳳山先生為繕部郎，經營乾清、坤寧兩宮，力塞漏卮，杜絕請託，為忌者中，以考功法，先生奏辨得旨，公論以明，陞本部郎中。湯道衡以誣逮訊，先生具疏申救，道衡得釋，出為鎮江知府。丹陽姜

志禮以忤璫罷歸，一日部箚下郡，為冢宰趙南星獄辭箚尾，書姜志禮三字，巡撫行提勘，先生曰：『志禮為四品，京卿不奉旨，誰敢擅提。』巡撫厲色曰：『不行提，必得罪。』先生曰：『固知得罪，然不敢辭。若今日奉時局，異日以擅提京卿責，狀將何辭對，擇禍莫若正。』巡撫無以難也。丁卯陞陝西西寧道副使，因璫私人劾奏鐫級，遂拂衣歸。癸酉起補武德兵備，杜饒遺絕，竿牘所屬，嚴衛勵、精操練，嚴沙汰、利器械、信賞罰、清占役，以其清汰餘糧銀為買馬，置火藥，後敵薄城，所賴以制禦者，即先生所備也。御史袁化中與楊、左諸公同死璫禍，先生捐俸葬之，丁繼母憂，歸。甲申二月，寇氛橫逼，所在納款，先生撫心太息曰：『人臣大節難虧，讀書貴有實用。』偽官到縣，先生欲詈賊死，姪行素曰：『伯父無官守，可不死，不如詣闕直陳，死君父前。』先生恐路梗不能達，死小盜手無益。偽官要先生入城，先生大怒曰：『賊敢見我乎？』謂弟姪曰：『道二：仁與不仁而已矣，出此入彼，再無中立，一生功力，視此一日。吾家自先典膳公以來，世受國恩，國家一旦有急，不以死報，何以對吾皇？何以見吾祖考？況河北千里名區，豈可無一殉義之臣乎？妻恭人王氏、妾李氏、張氏、王氏，余不忍手刃，有願從死者，隨吾入墓，不願者，吾亦不強也。』即登樓取酒，與弟姪輩飲，弟姪出即扃戶自盡，妻王氏，妾三人俱相隨，以次縊於梁間，是日天忽晝晦，烈風折木發屋，人以為忠憤所感云。先生孝友忠義，本于天性，生平學問，於《春秋》為多，作《春秋歸義》，悉破諸儒牽強遷就之例，以求合先聖筆削之心，首嚴『春王正月』之辨，而於弒君、篡國，中外名分，考據詳核，辨駁明切，後之君子有志《春秋》者，不能不取衷也，又有《柏園》、《初草》、《冬官》、《紀事》、《八卦》等集，共八十餘卷，議論多出獨見，不依傍前人，亦不存道學名目，真近代豪傑之士云。」（《洛學編》卷四正編）

　　民國《獲嘉縣志》云：「考此書初由華亭陳繼儒序以行世，繼由丹陽湯平子校刻，由仲軾手自改定，皆原本也。其經范驤刪節為十二卷，在仲

軾沒後是第三次錄版，為清順治之十五年，今所存之版，則道光八年重錄者。其書大意在破後世以例解經，夏時冠周月，黜周王魯及以天自處素王、素臣諸謬說，薈萃《公》、《穀》、《左》、《胡》諸傳，而酌以己意，故曰『歸義。』」（卷之十五）；《千頃堂書目》云：「其書有駁夏時冠周月之失，博辨拘例，說經者之非。」（卷二）；何豸〈賀副史傳〉云：「余嘗讀所著《春秋歸義》，能駁古今成說，求合孔子筆削之意，士習胡氏《傳》者，往往多未信從之，景瞻獨詆胡氏為多，言孔子人臣也，無進退天子諸侯事，及後果徇節死，讀其書，固無不歎服其人云。」（《晴江閣集》卷二十三）

張縉彥〈春秋歸義序〉云：「《春秋》，聖人經世之書也，孔子傷道之不行，天下之不復治，故以其志托之《春秋》以達王事，正名分、差功罪、存勸戒、明治亂得失之故，以定百世之是非，其義深切著明，猶日月之懸象也。日月有陰霾，則其光有時而晦，《春秋》有疏釋，則其義有時而隱。語曰：『仲尼沒而微言絕，七十子沒而大義乖。』自古慨焉。蓋《春秋》文成數萬，其旨數千，顯於世者，惟《公羊》、《穀梁》、《左氏》三家，《左氏》博綜羣籍，反復揚厲，述古則委曲如存徵，近則端委可見文典，事核本末宣備，百世之下得據事以窺其心，其功不可誣也。然敘事雖多，釋意殊少，是非交錯，渾然難證矣，若《穀梁》意深，《公羊》辭辯，隨文解釋，往往鉤深，但以守文堅滯，疑難不通比附，條例亦復牽合，乃其蔽也，故有《公》、《穀》然後知筆削之嚴，有《左氏》然後知本末之備。先儒不求兼通，各尊師說，交相詆訾。至胡氏，事按《左氏》，義採《公》、《穀》，衰諸家而集其成、補其闕，豈不昭明大義，得正經之義哉。然而過為附會義理穿鑿，是以見訾，紫陽亦非不刊之書矣。嗟乎！先儒傳經而經學晦，士人治經而經學絕，譬諸陰霾之蔽，日月晦蝕，非待其人而後行，待其人而後明乎？獲嘉賀景瞻先生，潛心理學，垂二十載，著《歸義》數十萬言，破條例之乖謬，通舊說之羣疑，其言曰：『《春秋》與國史不同，國史主記載，《春秋》主尊周，其要在存大

經、明大法，歸於尊王之義而已。是故舉二百四十二年之行事，一準此義
為斷，夫唯義顯而功罪分，功罪分而是非定，是非定而邪說息，此聖人撥
亂之功所由，與禹、周公並稱也。』故首辨夏時冠周月之疎謬，次正創例
說經之乖舛，若聖人竊南面之權，進退天子、諸侯、大夫，以天子之權予
魯，與夫素王、素臣，以天自處之說，悉矯其非而辨其惑，猶如氛祲潛
消，日月復光，於是含《左》，超《胡》，度越《公》、《穀》，非直鼓
吹羽翼而已。書既成，會遭國變，先生闔門殉之，原本幾失，越數年，其
侄行素搜其遺稿，付范公正商，所以不死公者，余曰：『以贈、以謚、以
祀國之權也，以文章著述，都人士之權也。』乃懇范君文白，節略其書，
務出先生之生面，以要其旨歸，凡十二卷，約三十萬餘言，授梓行世，余
因是而有感焉。《春秋歸義》，先生之文也；從容死義，先生之行也，能
行《春秋》之行，何以文為？胡文定當世所宗，當南宋時發憤著書，詞過
激揚，然當時時相賢之，謂其人材，比荀文若，即其論義，已讓先生多
矣。余舉義殲賊，道經獲嘉，奉先生祀之鄉祠，與諸生羅拜，亦曰：『殺
賊有成，以見先生於地下。』今乃刻其書，以期所以久先生者，撫今追
昔，不禁汍然而泣血也，遂書之簡端，以明先生之大義，暨范公正表章之
功，范公文白節訂之力云覃懷。」（民國《獲嘉縣志》卷之十五）

　　谷應泰〈春秋歸義序〉云：「《春秋歸義》□□嘉賀氏作也，傳之者
□□范公王氏也，□而□之□□薄文白范子也。范□□□□當與河
□□□□□□□賀氏□□□□□□□之范子而壽諸剞劂，既成編，來語余
曰：『子知《歸義》之□乎？』育左浮誇流於蕪，高、赤俶詭傷於隱，胡
氏說鈴鄰於鑿，夫夫子則竊取其義耳，奚暇辭費。自四家並峙，啖、趙佐
之，寓言十九，卮言十七，聖人之義，有時而蝕矣。且《春秋》經之終，
史之始也，夫子存〈魯頌〉，仍〈奚斯〉之舊云爾，說者以為猶尊魯之意
云爾；錄〈秦誓〉，善其得誓、誥之遺也，《書》體也，繼周之驗也，則
夫子其慎竈哉。春王謂文王，正月謂此月，疑《春秋》即可，疑《詩》、
《書》奚怪乎？攤元之僭〈十翼〉，曲臺之躋《周官》乎？雖然屬辭比事

固其未焉者也，趙盾、許世子之書弒，歐陽子嘗辨之，將以趙盾、許世子之弒，從其實乎？伸歐子之說，則無以解趙盾、許世子從其名乎；可以為趙盾、許世子解，則無以為聖經解，兩者於大義孰正？夫夫子則竊取其義耳。郭公、夏五無其義，義之所歸也，而凡會盟、征伐、朝聘、薨葬、取滅、弒逆之類，必有折衷之者，然二百四十年間，見異詞、聞異詞、傳聞異詞，後之人乃欲上代董狐、南史之庖，而執其咎，愚孰甚，然則名從異，實從周，賀氏之所為義，其在斯乎？雖然未盡，太史公曰：『為人臣者，不可以不知《春秋》；為人子者，不可以不知《春秋》。為人臣子而知《春秋》之文，不能行《春秋》之義，猶不知《春秋》。』賀氏殉甲申之難，赴義如飴，人知賀氏之義，不知賀氏之為《春秋》義也。然則賀氏以其□□□何必書？吾懼書之不傳，《春秋》之義蝕，則賀氏之義□□以質之吾子。余既聞范公言，退讀其書，爵然興瞿然感，掩卷而嘆曰：『大哉！義乎！彼浸淫乎《公羊》、《胡》、《左》者，若薦三釁，以味薦而已矣。』賀氏諱仲軾，號景瞻，順治戊戌。」（乾隆《獲嘉縣志》卷之十四）

　　范印心〈春秋歸義序〉云：「有魯史之《春秋》，則伯禽至於頃公是已；有孔子之《春秋》，則起隱公元年，至於哀公十四年是已。是必先考史法，然後聖人之筆削可得而求矣。為左史之學者，魯史遺法大略可見，而惜其不知經為《公》、《穀》，啖、趙之學者，猶得屬辭遺意，而惜其不知史，夫魯公分物黃策，必有故事，修辭必有成法，自夏時冠周月之說起，而黜周王魯，素王素臣之說，謬亂而不可止，趙汸有云：『四時，始春終冬，所以成歲，三代雖正朔不同，而正月之必為歲首，歲首之必為孟春，其序皆一定而不可易。』今既曰周月，則建子之月矣，謂建子之月為春，何夏時之云，孟子曰：『其事則齊桓、晉文，其文則史。』孔子非史官，亦非見大人也請修國史，而時君時相不以為嫌者，其事與文，皆史官之舊，雖有筆削，而無增加也。文定公《傳》，功令所尊，制舉家人自為書，穿穴支離，傅會膠固，若法吏深文，巧詆其病，皆以為孔子之書，而

不知三代正史之遺法也。獲嘉賀景瞻先生著《春秋歸義》三十二卷、《總序雜說》一卷、《便考》十卷，首駁夏時冠周月之失，博辨拘例說經之非，至於君臣父子，生死患難之際，未嘗不慷慨唏噓，裂眥奮褎，聲淚並發者。甲申之變，以家居故，兵備衣冠，北嚮投繯自靖，顏色不亂，陽陽如平常，至感動妻妾，四五人闔門自縊，知平時講求大義，生死存亡之故，兒女子皆能明之，相與奮身殉難，九死不迴。嗚呼！公臨死書几上語：『讀書貴有實用。』今果然耶？讀史至〈前〉、〈後出師〉二表，知諸葛丞相之忠，閱天門掉臂一詩，知丁謂之不忠，言為心聲，判若蒼素，《歸義》數十卷，讀其書可以知其人矣。是書凡一再剞劂，初則華亭陳徵君序行之，繼則丹陽湯平子校刻，先生復手自改定，予家藏其副。今年備兵武林，與方伯張大隱先生謀，所以不朽是書者，家文白讀而愛慕其人，病其序事重複，為芟其冗長，撮其旨要，存十二卷，中間有筆有削，以寓撥亂之權；有筆無削，以存策書之體，或變文特筆而經世之義明，或議而不辨、辭從主人，而國史之法正，屬辭比事而不亂，斯深於《春秋》者矣。或疑景瞻尊文定，而平反過多，文白愛慕景瞻，而刪存無幾，是何異愛身者？吝彈座之痛，長髮者愛棄髮之費，是不知權者也。」（民國《獲嘉縣志》卷之十五）

　　案：收錄《續修四庫全書》經部，第136冊，據清道光八年見山堂刻本影印。廣州中山大學圖書館藏清康熙二十七年刻本二十三卷。《經義考》卷二百六云：「《春秋歸義》三十二卷，總序雜說一卷。」《明史》作「三十二卷」，光緒《丹徒縣志》作「二十二卷」，乾隆《獲嘉縣志》作「四十二卷」，今道光八年見山堂十二卷本，首尾俱足，蓋為完書。

《春秋提要》十卷　賀仲軾撰，〔存〕

　　賀仲軾〈春秋提要序〉云：「仲軾自序曰：《春秋》舊有提要，然事不盡載，稽考無當焉，今特總經文而悉志之，詳事情之同異，味聖經之折

衷，可得其梗概，則執一事而不會其全，守單辭而不窺其異，將自知其不可通矣。但分類太繁，近於瑣屑，殊非聖經本意。今第求其易考耳，非分門立例之說也。改削數易，迄半年乃始就緒，而猶有未盡合者焉，姑存其大凡可也。」

案：廣州中山大學圖書館藏清康熙二十七年刻本。

《春秋便考》十卷　賀仲軾撰，〔存〕

賀仲軾〈春秋便考序〉云：「《春秋》，文、武之法也，修其法以明文、武之道，以其朝聘、會盟、崩薨、卒葬、侵伐、取滅、弒殺、奔逃者，以綱紀天下之君、公卿、大夫、士，以治天下之君臣父子，君臣父子之道得而人心斯正，人心正而天子始尊，天子尊而君、公卿、大夫、士乃各得其所，然後斯民始可得而理也，故曰：『《春秋》，聖人之所以治亂世也，以心法為刑書也。』不然亂臣賊子豈刀鋸可以懾服，詞令可以告戒，乃經成而知懼者，何耶？吾以此知《春秋》之聖功神化，不專在片言隻字之末，故曰：『一字之褒，榮於華袞；一字之貶，辱於斧鉞。』一字之義未明，而執之太嚴，求之太深，遂使義例曲生，遷就牽合，引證辨難，聖經為之猥碎，則直以斷爛朝報棄之無惑也。故經之敝也，是創例說經者之罪也，及其例之不可概施，則又為正例、變例之說，曰：『正例，非聖人不能修；變例，非聖人不能裁。極而至於正變之所不能通。』則又曰：『美惡不嫌同詞。』以聖人經世之深心，必欲引繩於諸家之例解，使例而可以盡《春秋》也。例至今在也，倣例擬經，人人可為《春秋》矣！夫史臣之法莫嚴於董狐、南史氏，其所以書趙盾、崔杼弒其君者，何嘗有一字減於《春秋》，曾不能懼二賊臣於靦面？《春秋》所以書趙盾、崔杼弒其君者，亦何嘗有一字加於二史？顧以隔世之追書，乃能令二賊臣骨寒於既朽耶？蓋聖人所以正人心以正萬世者，不在修詞之末亦明矣。吾故云：『《春秋》原無例，而後人專以例論《春秋》，失《春秋》之旨

也。」故《春秋》有裁斷而無比附，有是非而無命討，有功罪而無賞罰，有時書爵、書字，而不必皆無罪；有時書名、書人，而不必皆有罪。臨之以天子之尊，質之以文武之法，事如其事而止，人如其人而止。事如其事、人如其人，而義行於其間矣。義顯而功罪分，功罪分而是非定，辭達而已，何者是例？何者是書法？凡言例、言書法，於是乎有進退諸侯、大夫之說，於是乎有竊二百四十二年南面之權之說，於是乎有素王、素臣之說，於是乎有以天自處之說，置聖人於壞法亂紀而莫敢矯其非。嗟乎！天子之刑賞可要，強侯之生殺可擅，權臣之威命可移，士庶之耳目可欺，惟聖人之是非不可假，故亂臣賊子所不屑得之於天子與夫君卿大夫士庶者，而獨不能乞之於泗水匹夫之筆，此《春秋》之所以重也。每伏而讀之，疑夫傳之所說不類經意，而例更甚，斷以為聖人之所以為經，決不在此，乃取《公》、《穀》、《左氏》、胡《傳》參會之，酌以己意，名之曰『春秋歸義。』歸義云者，歸於尊王之義而已。是書也，始於萬曆戊午，成於崇禎甲戌云。」

　　案：廣州中山大學圖書館藏清康熙二十七年刻本。

《春秋左傳合鯖》　凌濛初撰，〔佚〕

　　凌濛初，1580-1644，浙江烏程，字玄房，號初成，父凌迪知，叔凌稚隆，據同治《湖州府志》云：「凌濛初，字元房，號初成，烏程人，迪知子。（案舊志誤作稚隆子）崇禎中以副貢選授上海丞，署海防事，清鹽場積弊，擢徐州判，居房村治河時，會何騰蛟備兵淮徐禦流寇，慕其才名，徵入幕，獻剿寇十策，竟單騎詣賊營，諭以禍福，賊率眾來降，騰蛟曰：『此凌別駕之力也。』上其功於朝，授楚中監軍僉事，不赴，仍留房村。甲申正月，李自成薄徐境，誓與百姓死守曰：『生不能保障，死當為厲鬼殺賊。』言與血俱，大呼：『無傷百姓者三而卒。』眾皆慟哭，自死以殉者十餘人，房村建祠祀之。」（鄭龍采凌君墓志）。」（卷七十八）

案：同治《湖州府志》、乾隆《烏程縣志》作「左傳合鯖」。李維楨《大泌山房集》有「春秋左傳合鯖序」。

《春秋疏義統宗》二卷　陳仁錫撰，〔存〕

陳仁錫，1581-1636，江蘇長洲，字明卿，號芝臺，諡文莊，據張岱云：「陳仁錫，字明卿，南直長洲人，年十九舉於鄉，明年下第歸，乃肆力古人之學，聞毘陵錢啟新倡學東南，往從之游，學益進。天啟壬戌，廷試第三人，授編修。辛未，晉經筵日講官，會逆璫魏忠賢專國，以事功冒伯爵，乞世券，仁錫當視草辭，或怵以禍，仁錫曰：『死何足惜，吾為奸邪草世券，何顏對天下後世乎？』終不可。璫以黨錮坐之，遂削藉，璫敗，名仁錫為南京國子監祭酒，甫拜命，以疾卒，所著有《四書語錄》、《淵天縱易》、《羲經易簡錄》、《賦役書》、《通鑑論較》、《綱目會紀》、《經濟八編衍義》、《會刻皇明衍義》、《皇明世語錄》、《無夢園集》等書行世。」《《石匱書》卷五十八》

案：收錄《五經疏義統宗》，復旦大學圖書館藏明吳門大觀堂刻本。

《春秋三傳纂註》　崔德新撰，〔佚〕

崔德新，1581-1644，江西南豐，本名德懋，字貞伯，據同治《建昌府志》云：「崔德新，字貞伯，南豐人。為人孝友廉介，言笑不苟，游其門者，皆凜然有法度。崇正乙亥，貢成均，授弋陽訓導。弋習尚淫麗，雜劇幻蠱無虛日，德新為訓千百言，責端風俗之本於庠士，士風為之一變。甲申里居，聞闖賊陷北都，哀泣不已，遂痛憤以卒。子敦仁，字樸臣，讀書砥行如其父，著《中庸衍義》。」（人物志卷八）；湯來賀〈業師崔貞伯先生傳略〉云：「吾師貞伯先生與賀同邑先生，孝友廉儉，精岐黃術，嘗以活人無不驗。平生不窺觀，跬步必謹，深于《春秋》，為文蒼勁，試輒冠軍，郡邑從學者眾，先生設教，寬而捍，外誘則嚴，門人有宦遊者，

勗以治行，語不及私。歲薦為弋陽訓導，首正風俗，士愛戴之。甲申里居，聞北都變，哀泣不已，有頃遘疾，誓不服藥，竟痛憤而卒，時年六十有四。先生性嚴毅，恥干謁，足不履公庭，遊其門者數十年後，咸思慕敬服之。先生姓崔氏，諱德懋，改諱德新，所著有《四書指要》、《書參補》、《易臆說》、《春秋三傳纂註》、《方輿備考》、《離騷節解》、《傷寒纂要》。」（《內省齋文集》卷十一）

《春秋論》一卷　錢謙益撰，〔存〕

錢謙益，1582-1664，江蘇常熟，字受之，號牧齋、蒙叟、東澗老人，父錢世揚，據章炳麟《訄書》云：「錢謙益，字受之，常熟人也，仕明及清，再至尚書。初明中世，自李夢陽、王世貞，務為詰詘瑰異之辭以相高，其失模效秦漢而無情實。謙益與艾南英訟言排拒，學者風靡，然其體最拓弛。謙益為人，徇名而死權，利江南故黨，人所萃己，以貴官擅文學，為其渠率自喜也。鄭成功嘗從受學，既而舉舟，師入南京、皖南諸府，皆反正，謙益則和杜甫〈秋興詩〉為凱歌，且言：『新天子中興，己當席稿待罪。』當是時，謂留都光復在俾倪間，方偃臥待歸命，而成功敗後二年，吳三桂弒末帝于雲南，謙益復和〈秋興詩〉以告哀，凡前後所和幾百章，編次為《投筆集》，其悲中夏之沈淪，與犬羊之俶擾，未嘗不有餘哀也，康熙三年卒。初明之亡，有合肥龔鼎孳、吳吳偉業，皆以降臣善歌詩，時見憤激，而偉業辭特深隱，其言近誠，世多謂謙益所賦，特以文墨自刻飾，非其本懷，以人情恩宗國，言降臣陳名夏至大學士，猶拊頂言不當去發，以此知謙益不盡詭偽矣。」

錢謙益〈春秋論〉後記云：「天啟進藥之獄，蒙有猜焉，進藥決之禁中閣臣，不為藥主，一也；光宗寢疾彌留，非以紅丸故，奄棄萬國，二也；舍崔文昇，而問李可灼，三也。穀梁子曰：『於趙盾見忠臣之至，於許世子止見孝子之至。』儒者相沿，服習以為精義，執此以斷斯獄，則過

也。高新鄭非小人也，假經義以訟王金，比於佞矣。異議者奉其言為聖書則舛也，既而曰：三朝要典允稱信史，光廟實錄亟須刊定，闡累朝之慈孝，洗君父之惡名，莫不援據經誼，依附忠厚。莊生有言：『儒以《詩》、《禮》發冢。』其是之謂乎。余故作〈春秋論〉五篇以證明之，知我、罪我，亦以俟後之君子。崇禎元年四月甲子記。」

案：收錄《牧齋初學集》，《四部叢刊正編》，第78冊，據上海涵芬樓影印崇禎癸未刊本影印。此〈春秋論〉一卷，共為五篇。

《讀左傳札記》不分卷　錢謙益撰，〔存〕

案：北京故宮博物院圖書館藏稿本，《牧齋初學集》收錄「讀左傳隨筆」，共計六篇，不分卷，不知同此書否，待考。

一、公入而賦句：大隧之中，其樂也融融。姜出而賦句：大隧之外，其樂也洩洩。杜注曰：賦，賦詩也，以賦字為句，則大隧四句，其所賦之詩也。鍾伯敬不詳句讀，誤認為《左傳》敘事之辭，加抹而評之曰：『俗筆』，今人學問窺淺，敢於訾議古人，特書之以戒後學。

二、僖二十四年傳：鄭公子士、洩堵俞彌。建安本公子士洩。讀岳珂本公子士。讀按二十年注：公子士，鄭文公子。洩堵寇，鄭大夫。此注云堵俞彌鄭大夫者，洩姓見前，不須更舉也。今人皆以洩屬上讀，宜從岳本。二十五年：楚子伏已而鹽其腦。建安本伏字絕句，則已當音以。岳本及淳熙本皆伏已絕句，則已當音紀。陸德明《音義》不云音紀，則知當以楚子伏為絕句，而已作以音，不音已也。讀書句讀宜詳，勿以小學而忽之。

三、少讀宣十二年戰於邲，《傳》云：屈蕩尸之。殊不覺其誤讀。《前漢·王嘉傳》：坐戶殿門失闌免。師古曰：戶，止也。嘉掌守殿門，止不當入者，而失闌入之故坐免也。《春秋左氏傳》曰：屈蕩戶之。乃知流俗本尸字，乃戶字之譌也。本《傳》云：巟子尸之。又云：以表尸之。

遂譌戶為尸耳。淳熙九經本、長平游御史本、相臺岳氏本、巾箱小本並作戶，而建安本却作尸。知此字承譌久矣，宜亟正之。

四、襄二十四年，《傳》：寡君是以請罪焉。陸德明本是以請請罪焉，並七井反。徐上請字音情。請請罪焉句法，當拈出。

五、昭十九年，《傳》：以度而去之。杜注：連所紡以度城而藏之。《音義》云：去之，起呂反，藏也。裴松之注《魏志》云：古人謂藏為去。今關中猶有此音。《正義》云：字書去作弆，羌莒反，謂掌物也。今關西仍為弆。東人輕言為去，音莒。《前漢·陳遵傳》：皆臧去以為榮。師古曰：去亦臧也，音丘呂反。又音舉。《字書》、〈陳遵傳〉作弆。宋景濂文屢用藏弆字。

六、子服景伯既言伐邾之不可，而孟孫曰：二三子以為何如？惡賢而逆之言。季孫自賢其伐邾之謀，而諸大夫不敢逆也。對曰以下，皆景伯之言也。知必危，何故不言魯德如邾，而以眾加之可乎？知魯不當以不德加邾，已知其危而不得不言也。杜注云：何故不言，以上大夫阿附季孫之言魯德如邾云云。則孟孫忿答大夫也，文義違背，似為未允。景伯不與伐邾之謀，而城下之盟則深恥之。負載造於萊門，請釋子服何於吳。釋，舍也。釋我，猶言舍我。請不與盟也。吳人許之，以王子姑曹當之而後止。《傳》曰：次國之上卿，當大國之中，中當其下，下當其上大夫。以王子當景伯，重之也。注言魯人欲留景伯質吳，復求王子交質，而後兩止，皆非也。

《春秋程墨存雅錄》　錢謙益撰，〔佚〕

姚希孟〈春秋程墨存雅錄序〉云：「海虞錢受之以《春秋》先幾士，次年從春官罷歸，蒐獵制科程墨，次第遴集之，顏曰『存雅錄』，而問序於余。余才劣識闇，不能如受之奮拔，然婆娑日久，於此道中亦自苦心，嘗謂嘉隆以前，高文大篇，多出於才人學士之筆，搏搣金石，纂組玄黃，

苞六代之風華，攝漢秦之神骨，不朽大業，他經罕儷矣。間有以文行文，不以傳行文者，雖宗風盛暢，而針芥少乖。迨安成鄒氏出，蒙氣為之一掃，劉任之太史，紹述而劑益之，按其起伏，嘗其肯綮，每於言前句後，悠揚點綴之外，尋意義之所歸，此則康侯開創之勳，經學昌明之運哉！然一二十年自溫陵婺江諸君子外，作者何寥寥也，其捉衿露肘，左枝右梧者，卑哉無足論，亦有武士登場，伉儉莫掩，屠酤設食，腥膻雜陳，風簷寸晷之餘，燭短宵深之際，但取淋漓，罔存好醜，而一切為政几席者，五色迷離，蒼黃莫辨，不曰盲史。雲孫則曰：『腐令高足耳，崇安翼經之勞，與安成疏傳之苦，作者不知覽者，不問雅道淪亡，於斯為極。』此受之是《集》之所以選，而必以雅名也。雖然受之猶高於持世，而深於論經者也，蓋余記童子時，鄉之薦紳先生與其諸生祭酒猶曰：『討經學而勸課之，父兄之所教，弟子之所斆，嘗與《四子之書》相輔而行。』至於今日，漸有束經不談者，棘闈將開，腹笥無備，迺辨於標題之講章，與陳陳腐敗之芻狗。主司重書義，遂不復論經義，惟大旨不謬，則施以丹青，弁以駢語，用之斯為墨，芟而潤之，斯為程試，就受之蒐獵所及，自灼灼數君子外，以雅存者幾何？其獨以不雅而廢者又幾何？叫嚻跌宕，狂魔自喜，已為傭中之佼佼，而嚮所謂捉衿露肘，左枝右梧者，且倖書義之見投，以承蜩得之，作者亦不知覽者，亦不問循是以往，雖顓門一經，其不為文具之二三場否也。故曰：『受之此選，猶高於持世，而深於論經者也。』若為遠近諸同志，苦心此道者，以澄其源，而導揚其末流，用以為前茅，用以為榖率，振振繩繩，而武其後，則庶乎其可哉！」（《響玉集》卷九集序）

《左傳特刪》　陳運撰，〔佚〕

陳運，1615前後，廣東歸善，字亨昌、于昌、子昌，據道光《廣東通志》云：「陳運，字于昌，歸善人，性孝友，博學能文，萬曆乙卯舉孝

廉，授湖廣瀏陽令，會桂藩，例征廬夫，出迎洞庭，時魏璫肆焰，中官虐
民，運為卵翼，悉脫箠楚，邑大司馬稱其豈弟君子，禁火耗、止爭訟，狴
犴鞠、為茂草，公餘進髦士講析書義，捐俸修文廟，置學田，多士頌德，
母艱歸，日依椿帷，不復仕，著有《左傳特刪》、《皇明文正》、《惠西
湖志》、《瀟湘草》、《披雲草》行世。」（卷二百九十一）

　　案：光緒《惠州府志》著錄。

《麟經頷珠》　　鄭融撰，〔佚〕

　　鄭融，1615前後，廣東南海，據光緒《廣州府志》云：「〔舉人〕
萬曆四十三年乙卯：鄭融，南海人。」（卷四十選舉表九）

　　案：宣統《南海縣志》著錄。

《春秋旨》　　朱國楹撰，〔佚〕

　　朱國楹，1615前後，江西安福，字季銘，據光緒《江西通志》云：
「萬曆四十三年乙卯鄉試：朱國楹，安福人。」（卷三十一）

　　案：光緒《江西通志》著錄。

《麟寶》六十三卷　　余敷中撰，〔存〕

　　余敷中，1615前後，浙江西安，字定陽，號太末，據雍正《浙江通
志》云：「余敷中《衢州府志》字定陽，西安人。少勤學，沉酣子史，工
古文詞詩賦，輯《春秋》五《傳》，名曰『麟寶』，以鄉薦秉鐸淳安，與
諸生闡析理奧，所著有《太末先生集》、《南園北游》、《青溪諸
詩》。」（卷一百八十一）

　　《四書全書總目》云：「《春秋麟寶》六十三卷。明余敷中撰。敷中
不知何許人。是書成於萬曆乙卯。全錄《左》、《國》、《公》、《穀》

之文於經文之下。《左》、《國》則錄其全。《公》、《穀》則除其複，《國語》事有在《春秋》前者，別為首卷於前。無所訓釋，亦無所論斷。前有萬曆乙卯自序，言「夫子獲百二十國寶書作《春秋》，而絕筆於獲麟，故曰『麟寶』」。其命名取義，殆於札闥鴻休矣。」（經部三十春秋類存目一）

案：收錄《四庫全書存目叢書》經部，第121-122冊，據北京大學圖書館藏明萬曆刻本影印。康熙《衢州府志》云：「《春秋麟寶》。《西安縣志》曰：集《春秋》五《傳》為之，以便舉業。」

《春秋碻》　潘曾紘撰，〔佚〕

潘曾紘，前1616-1644，浙江烏程，字昭度，據雍正《河南通志》云：「潘曾紘，浙江烏程人，進士，萬曆四十七年先任新蔡，能燭積弊，雖奸吏陰謀，一見即決。蔡邑小而鹽法難理，限引五千有奇，涖此土者，官民坐困，紘申請再四，準以戶口減去十之三，建書院、增學田，養士課文無虛日，以廉能調商城，蔡人立祠祀之，後督學中州，士風大振，歷官至江西巡撫。」（卷五十四）

案：《千頃堂書目》、《明史》、雍正《浙江通志》著錄。

《左記》十二卷　章大吉纂，章貞之、章達之訂，章為之註，〔存〕

章大吉，1616前後，浙江山陰，字惠伯，據嘉慶《山陰縣志》云：「章大吉，字惠伯，以貢任興化府通判，有《秦漢文解》，又以《左氏》文就《史記》體，名曰『左記』。」（卷十四）

章貞之，崇禎時期，浙江山陰，字發甫，生平失考。

章達之，崇禎時期，浙江山陰，字成甫，生平失考。

章為之，崇禎時期，浙江山陰，字倬甫，生平失考。

章大吉〈左記序〉云：「《左氏》編年，太史公紀傳，此千古史之

準。予媿元凱而亦有《左氏》癖，自少至老不倦，第列國雜敘，經傳互刊，觀覽不便，僭截《左氏》文就《史記》體，合而名之曰『左記』，事以國麗，文以事聯，雖割裂之罪無所逃，而實不敢筆削一字，燦然成文，便覽觀焉。雖然，列世系則一姓梗概備矣，要始終則當局吉凶辨矣，前兆或同後驗，古算或勝今籌，災祥可按，狐鼠足懲，余三復之，不容緘口，漫憑臆見，論列於簡末，幸同志者鑒之。」（《經義考》卷二百六）

案：臺北國家圖書館藏明末刊本。《八千卷樓書目》、《續通志》、《傳是樓書目》、《經義考》著錄。章大吉〈小引〉，黃汝亨〈序〉。

《註釋春秋大全》　吳桂森撰，〔佚〕

吳桂森，1616前後，江蘇無錫，字叔美、觀華，號素衣，師錢一本，據嚴毅〈吳觀華先生傳〉云：「吳桂森，字叔美，幼有至性，父喪哀毀如成人。早歲廩於庠，試輒冠曹偶，人謂厚儲遠發，一第不難，而桂森不屑也。時從顧憲成、高攀龍輩，講學不倦，序貢廷試畢，遂絕意仕進，浩然而歸。因學《易》于毘陵錢一木，日夜探索，幾忘寢食。一本歿，每歲偕同志往其廬，論學靜坐，志築室三年之意。天啟初，攀龍出山，屬桂森主盟東林，會逆璫難作，矯詔拆毀書院，逮吳下諸忠良，攀龍殉節，桂森哭之慟，捐白鏹以佐，官旗需索之費，時書院已成荒墟，集同志鄒期楨輩於道南祠，班荊論學相喭也，已而相慰。逆璫敗，繼有表章書院之旨，桂森亟謀興復，而摧殘之餘，羣力不辦，遂獨力建麗澤堂，又搆小齋，名曰『來復』。講《易》於中，諸士雲集，其說《易》也，謂第一要：明陰陽大分，蓋陰陽非一，亦非兩，其質則大小、貴賤、剛柔、動靜之殊；其用則剛大所以主柔小，而非柔小亦不成剛大，柔小所以承剛大，而離剛大便不成柔小。故用九、用六，總之一用，所以〈繫辭〉曰：陰陽合德，明得陰陽大分，然後看八卦。八卦性情得，然後六十四卦，三百八十四爻，從源察流，條理脈絡，一一分明。而又有《易》中真血脈，如程子『體用

一原，顯微無間』，邵子『天根月窟』，張子『一神兩化』，錢子『卦者，掛也。掛出一太極，掛出一箇天地，儀象于人身』等語，皆羲、文、周、孔之真傳也。時剖析《易》義無餘蘊，學者莫不虛往實歸，晚年充養益粹，睟盎可挹，鼓舞來學，如有一言可採，必筆而藏之，申戒子弟曰：『凡子弟有過，父兄必任為己之責。即父兄有過，子弟亦任為己之責。』如此相勸戒，家聲庶能不墮。又倣義門鄭氏家會，及五經會，聯屬子姓，以為常云，所著有《像象》、《述像象》、《金針易說》、《譚易隨問》、《真儒一脈》、《一班錄》、《書經說》、《曲禮說》、《註釋春秋大全》、《皇明開泰錄》、《息齋筆記》，晚自號素衣，學者稱為素衣先生，祠崇正書院。」（鄒鍾泉《道南淵源錄》卷五）

案：乾隆《江南通志》、《道南淵源錄》著錄。光緒《無錫金匱縣志》作「注釋春秋」。

《春秋合纂》　謝顏教撰，〔佚〕

謝顏教，1616前後，河南郾城，字伯愚，據雍正《河南通志》云：「謝顏教，字伯愚，郾城人，萬曆丙辰進士。授刑部主事，居官多所平反，轉餉宣，大絕陋弊，却羨餘。遇兇歲，設粥賑饑。著《春秋合纂》行世，祀鄉賢。」（卷六十）

《麟經翼》三十卷　謝顏教撰，〔佚〕

民國《郾城縣志》云：「《麟經翼》三十卷，謝顏教撰。專取胡《傳》之說引申之，胡氏比事所未盡者，復引經以足之，蓋未經寫定之本也。據其《族譜》言：『顏教著有《麟經翼》』，《傳志》謂之《春秋合纂》，疑即此也。」（第十六藝文篇下）

案：民國《郾城縣志》著錄。

《公羊穀梁春秋合編附註疏纂》十二卷　朱泰禎撰，〔存〕

朱泰禎，1616前後，浙江海鹽，字道子，據道光《龍巖州志》云：「朱泰禎，字道子，海鹽人，萬曆丙辰進士，四十五年知龍巖。歲饑，首發倉賑濟，有倡亂者，廉置之法。四十六年大水，霪雨弗止，漲沒城堞，水退乃發備賑，贖鍰一千二百有奇，分賑災民，築城牆，修龍津橋，邑人為立祠東城外，後擢雲南道御史。」（卷之十）；葛嗣浵云：「朱泰禎，字道子，海鹽人，萬曆四十四年丙辰進士，官漳浦知縣，擢御史，巡按雲南，著有《禮記意評》、《公穀二傳疏證》、《遠人樓詩集》五卷。」（《愛日吟廬書畫別錄》卷二）

案：南京圖書館藏明末刊本。一名「重訂公羊穀梁合註」，一名「公穀二傳疏證」，雍正《浙江通志》作「公穀二傳箋」，光緒《嘉興府志》作「朱泰貞」。

《春秋要解》十二卷　嚴自完撰，〔存〕

嚴自完，1616前後，浙江歸安，字叔瑜，號心蘧，據同治《湖州府志》云：「嚴自完，字叔瑜，號心蘧，歸安人，大節孫，父範，隆慶舉人，以無妄遣戍。自完發憤勤學，以圖昭雪，萬曆四十四年進士，廷試次日，即伏闕為父訟冤，不報除，授不拜，竟歸。己未授惠安知縣，調晉江，多惠政，以父未復籍，不得封，疏請甚堅，憂致疾，自揆不復起，泣涕俟命，下封典至，喜曰：『可瞑目以見吾親地下矣。』遂卒。無餘貲，士民賻送者萬人，路經惠安界，百姓挽入發喪，送出境六十里，泉州祀名宦。」（卷七十二）

案：日本國立公文書館藏明萬曆四十四年序刊本。

《春秋辨疑》　　薛士學撰，〔佚〕

　　薛士學，1617前後，浙江鎮海，初名士玹，字五玉，父薛三省，據阮元云：「薛士學，初名士玹，字五玉，鎮海布衣，著《書巖集》。……先生丁巳貢於鄉，博極羣書，丹黃甲乙，無不精確，有〈破帽記〉，自言夜食後，伸紙儒筆，屬草數十行，忽烟煤數片，亂零如蝶翅，一仰矚而光已炎炎，急呼兒子登樓，則帽頂爇其一角，蓋先生目睛短視，俯首就書，晝夜無間如此。袁鈞曰：『薛士學為前明兵部尚書三才從子，博學工詩古文詞，為諸生有名，已而棄去。』康熙十六年應貢不赴，邑令唐鴻舉就見之，使人謝曰：『某布衣，不敢私辱明公，如不獲辭，則請於學宮可矣。』及期行相見禮，外無一語及他事，時論高之。朱文藻曰：『先生為前明諸生，後棄去。康熙十六年應貢不赴，且有布衣不敢辱明公之語。』則詩文草創所云：丁巳貢於鄉，非其實矣，今竟以布衣目之。」（《兩浙輶軒錄》卷四）

　　案：光緒《鎮海縣志》著錄。

《春秋三傳衷考》十二卷　　施天遇撰，〔存〕

　　施天遇，1617前後，浙江長興，字昌辰，據《四庫全書總目》云：「《春秋三傳衷考》十二卷，浙江巡撫採進本。明施天遇撰。天遇字昌辰，武康人。是編雖以三《傳》為名，實以胡《傳》為去取。凡胡《傳》所駁，概從刊削，故所存僅三《傳》之事跡，又雜引《詩》、《書》、《禮記》及《國語》之文以足之。特取備時文之捃撦而已。」（經部三十·春秋類存目一）

　　案：收錄《四庫全書存目叢書》經部，第128冊，據北京大學圖書館藏明萬曆四十五年刻本影印。同治《湖州府志》著錄。《千頃堂書目》、同治《長興縣志》作「施達」。

《春秋會編》　徐世淳撰，〔佚〕

徐世淳，前1618-1630，浙江秀水，字中明，子徐肇森、徐善，據《明史》云：「徐世淳，字中明，秀水人。父必達，字德夫，萬曆二十年進士。知溧水縣，築石臼湖隄，奏除齊泰姻戚子孫軍籍二十六家。累遷吏部考功郎中，與吏科給事中儲純臣同領察事。純臣受贓吏賕，當大計日，必達進狀請黜純臣，面揖之退，一座大驚。遷光祿丞，陳白糧利弊十一事，悉允行。進少卿，巡漕御史孫居相以船壞不治，請雇民船濟運，必達爭止之。天啟初，以右僉都御史督操江軍。白蓮賊將窺徐州，必達募銳卒會山東兵擊破之。遷兵部右侍郎，以拾遺罷歸，卒。世淳，崇禎中舉人。十三年冬，歷隨州知州。州嘗被賊，居民蕭然。世淳知賊必復至，集士民誓以死守。會歲大荒，士多就食粥廠，嘆曰：『可使士以餒失禮乎？』分粟振之。潰兵過隨索餉，世淳授兵登陴，而單騎入見軍帥曰：『軍食不供，有司罪也。殺我足矣，請械我以見督師。』帥氣奪，斂眾去。明年三月，張獻忠自襄陽來犯，世淳寢食南城譙樓，曉夜固守，告急於巡撫宋一鶴。一鶴遣兵來援，為監司守承天者邀去。守月餘，援絕力窮，賊急攻南城，而潛兵墮北城以入。世淳命子肇梁薶印廨後，勒馬巷戰，矢貫頤，耳鼻橫斷，墜馬，亂刃斫死。肇梁奔赴，且哭且罵，賊將殺之，呼州人告以薶印處，乃死。世淳妾趙、王及臧獲十八人皆死。後贈太僕少卿，建祠，以肇梁祔。隨自十年正月陷，及是再陷，至七月復陷，判官余塙死焉。三陷之後，城中幾無孑遺。」（卷二百九十二）

案：雍正《浙江通志》、光緒《嘉興縣志》著錄。康熙《秀水縣志》作「春秋彙編」

《胡傳發明》　單允昌撰，〔佚〕

單允昌，前1618-1646，陝西蒲城，字發之，號元洲，據光緒《蒲城縣新志》云：「單允昌，字發之，號元洲，萬曆戊午舉人，父可大，號一

山，以孝廉守薊州，家訓素嚴正，允昌尤生而慷慨，敦大節，少讀史傳，即慕文文山、謝疊山之為人。家居與弟允蕃，舅氏和鼎，立會講學，從遊者甚眾，其論學大旨以盡性至命為歸，而尤諄切於忠孝廉恥之防。時國事日非，盜賊旱荒又相繼作，允昌萬目時艱，每與同志言及，輒撫膺浩歎，或至泣下，由是不復進取，但究心經世之務，閒註釋經書，以發其所自得。崇正癸未，逆闖陷關中，威逼縉紳從逆，允昌乃遁迹深山，既而竟不屈死。當未死時，親知以位非大臣，百方勸解，允昌號慟曰：『父子兄弟受國厚恩，獨懼貽累宗族，不敢為文、謝二公之所為，若更覥顏偷生，何面目立人世，將來何以見吾父於地下。』卒殉之時，年五十二。弟允蕃，字茂之，崇正壬午舉人，與兄同志正學，互相激發，邑人有二難之目，鼎革後棄家遠遊，不知所之。」（卷十）

　　案：雍正《陝西通志》、咸豐《同州府志》、光緒《蒲城縣新志》著錄。

《春秋測》一卷　　黃聖年撰，〔佚〕

　　黃聖年，1618前後，廣東南海，字逢永，據乾隆《當陽縣志》云：「黃聖年，字逢永，南海人，崇禎間由舉人授本邑諭。溫醇爾雅，工詩古文詞，著《非有堂草》，邑志廢，賴為編輯云。」（卷之五）

　　案：咸豐《順德縣志》、光緒《廣州府志》著錄

《麟經旨定》四卷　　黃世忠撰，〔佚〕

　　黃世忠，1618前後，福建建寧，據李清馥〈主事黃先生世忠〉云：「黃世忠，建寧縣人，嘉賓孫，萬曆中舉人，為東陽教諭，擢刑部主事，乞歸，居小園，抱甕灌蔬，長吏罕識其面。著有《經濟集》十二卷、《麟經旨定》四卷、《碧潤流玉》四卷。」（《閩中理學淵源考》卷九十一）

　　案：乾隆《福州府志》著錄。民國《崇安縣新志》作「麟經旨言」。

《春秋說衡》　沈柱臣撰，〔佚〕

沈柱臣，1618前後，江蘇吳縣，字公爾、公耳，據乾隆《江南通志》云：「沈柱臣，字公爾，吳縣人。受業於王敬臣，參究理學，事繼母極孝。歲饑，貿粟奉母而已，與婦食糠粃，不令母知。授徒入稨，悉歸母弟，嗜酒善費，所需稍緩，即橫加意氣，亦笑承之，惟恐傷母心。為縣學生，六舉行優，以貢授滁州訓導。」（卷一百五十七）

案：同治《蘇州府志》、光緒《蘇州府志》、民國《吳縣志》著錄。

《春秋解》　周垣撰，〔佚〕

周垣，1618前後，江西永新，字翼微，據同治《永新縣志》云：「周垣，字翼微，幼孤家貧，矢志誦讀。其舅氏安成劉瀘瀟試以文，奇之，就劉氏家塾學。萬曆戊午以《春秋》領鄉薦，授進賢教諭。甲子，四川鄉試，聘校《春秋》，戾所取士，成進士者居半。為人孝友敦篤，每語及母死節事，輒流涕。及從蜀歸，取所受聘幣，哭告於父母之靈，哀音悽惻，人不忍聞，所著有《春秋解》傳世。孫謀中，庚子武舉，任通州都司。」（卷十七）

案：乾隆《吉安府志》、同治《永新縣志》、光緒《江西通志》著錄。

《春秋用》三十卷　嚴御風撰，〔佚〕

嚴御風，1585-1649，浙江歸安，字廣輿，號泠然，據嚴可均〈嚴廣輿傳〉云：「嚴御風，字廣輿，號泠然，初名有容，歸安人。祖軒，貢生，延慶衛教授。父自省，萬曆壬午舉人，中書舍人。廣輿博涉羣書，通達時務，崇禎初舉賢良，除溧陽丞，以卓異第一遷池州判，歷福州同知、汀州、漳州知府，所至百廢具舉，擢按察使僉事，備兵江右，丁憂歸。鼎

革後，徵不出。順治六年，卒，年六十五。廣輿世居雙林，雙林之嚴與石琢同源，石琢，我鳳林分派也，廣輿明季循吏，其舉主即石冢，琢如副使，琢如與廣輿故兄弟，行內舉不避親，亦猶行古之道焉。琢如子三，求稱廣輿，古文雄高自恣，今隻字不傳。」（《鐵橋漫稿》卷七文類）

　　案：雍正《浙江通志》著錄。

《春秋說象凡例》不分卷　　黃道周撰，〔存〕

　　黃道周，1585-1646，福建漳浦，字幼平、幼玄、螭若，號石齋，師許孚遠，據張夏云：「黃道周，字幼玄，福建漳浦人，不詳其師友淵源。其論學大指不離閩宗，而嘗言欲為姚江刮垢磨光，則又自鑿一戶牖者也。自少耐攻苦，尚氣節，為文典奧，原本經術，登天啟壬戌進士，改庶常，除編修，崇禎庚午典試浙江，轉右中允，屢有建白，為上所知。壬申告歸。乙亥補原官。丁丑分考會試，隨具奏乞休，不允。時五日內，繫兩尚書，幼玄疏請，慎喜怒以回天意，再上求言省刑，疏謂：『方求言而建言者，輒斥方清獄而下獄者。』旋聞言極切，直尋遷左諭德，兼翰林侍講，具疏自劾三罪、四恥、七不如，再擢詹事府詹事，與修玉牒，充日講官。戊寅楊嗣昌奪情視事，抗疏劾之，及召對與嗣昌爭辨，上前犯顏諫諍，不少退沮，旁觀者莫不戰慄，直聲震天下，黜為江西布政司都事，未幾，巡撫解學龍以地方人才薦上，益疑為黨，併逮入京，予杖百，下詔獄將殺之，戶部主事葉廷秀、太學生　仲吉相繼申救，並杖戍，既而嗣昌敗，周延儒再召，與蔣德璟乘間勸解，始得旨赦出，載命復官，堅辭不赴，後以抗節死于金陵之笪橋。有中書賴雍、蔡繼謨從死，未死前，閉一室中，絕粒不食，有求其筆者，輒書《孝經》一兩章予之，人甚珍之，時當事勸降良切，故特寬其桎梏，而幼玄卒不奪也。論者謂其三黜不辭，剖心一生，強半廬墓，國亡與亡，實為一代完節之臣，所著《洪範明義》、《月令明義》、《緇衣集傳》、《儒行集傳》四種表進御覽其《三易洞璣》、《易

象正》、《孝經百種》、《大滌函書》、《榕壇問業》，奏疏、文集刻行于世，又《詩晷正》、《春秋表正》、《解齊環》若干種藏于家，學者稱石齋先生。」（《雒閩源流錄》卷十七）

黃道周〈春秋說象凡例十八條〉前引言云：「凡《易》：自《春秋》、《左》、《國》暨兩漢名儒，皆就動爻以論之，卦至虞王而下，始就本卦正應以觀攻取，只論陰陽剛柔，不分七八九六，雖《易》有剛柔，雜居之文，而卦无不動，玩占之理象，正專就動爻以明之，卦雖一爻，動者不過六卦，而六爻雜動，皆可錯綜，今復舉《左》、《國》玩占之事一十八條，皆論之卦，以存舊志。」

案：收錄《景印文淵閣四庫全書》經部，第35冊。

《表記集傳》二卷　黃道周撰，〔存〕

《四庫全書總目》云：「《表記集傳》二卷，福建巡撫採進本。明黃道周撰。是書為所進《禮記解》五篇之二，自序以為古者窺測天地日月，皆先立表，為「表記」之所由名。考《說文解字》，『表』、『裏』字皆從衣。此篇名『表記』者，蓋謂人之言行，猶衣之章身。故鄭康成云：『以其記君子之德，見於儀表者也』。先儒舊義，本無可疑。道周乃謂『取於八尺之表』，殊為附會。又是篇古注分九節，《正義》曰：『稱「子言之」，凡有八所。皇氏云：皆是發端起義，記者詳之，故稱「子言之」。若於「子言之」下更廣開其事，或曲說其理，則直稱「子曰」，今檢上下體例，或如皇氏之言，今依用之』云云。故疏文於諸節脈絡相承處，必詳記之。如云此經又廣明恭敬之事，又云此一節總明仁義之事。又云自此以下至某句更廣明仁義之道。前儒說經，於章段離合之間，其慎如此。陳澔《集說》，不用注疏次第，彊分四十餘章，已乖違古義。道周乃約為三十六章，併彊立篇名，隨心標目、尤為自我作古，無所師承。其說則全引《春秋》解之，謂《坊》、《表》二記不專為《春秋》，而以《春

秋》發其條理，則百世而下，有所稽測，得其晷影。夫《坊記》一篇，如曰『以此坊民，諸侯猶有畔者』，又云『以此示民，民猶爭利而忘義。』又云『以此坊民，諸侯猶有薨而不葬者』。其通於《春秋》，初無事彊合，至《表記》篇，則多言君子恭敬仁義之德，而必以《春秋》證之，於經旨亦為牽合。然其借《春秋》之義，互證旁通，頗有發明，猶之胡安國《春秋傳》，雖未必盡得經意，而議論正大，發揮深切，往往有關於世教，遂亦不可廢焉。」（經部二一・禮類三）

黃道周〈坊記集傳序〉云：「臣觀古者窺測天地日月，皆先立表以別陰陽，視其晷景長短以御高深遠近，揆昏旦之中以占星物，敬授人時皆於表焉，取之表正則景正，表邪則景邪，體存於表，而用在於制，天地日月吐其光景，以顯道相示，贏紐一寸則差數千里，故表之為政，猶君之有身，天之有極，不可不審也。子曰：『仁者，天下之表也；義者，天下之制也；報者，天下之利也。』君子以仁立表，以義制之，度其長短大小，近取之一身，遠取之百世，不責報於天下，而天下之子孫黎民陰受其利，若暑極之利用寒，寒極之利用暑也。《表記》四十三章，皆以仁立表，以義制之其大旨，以天地日月辨君臣之位，式尊親之序，持之以敬，量之以恕，使人邇不敢褻，遠不敢怨，幽以告於鬼神，明以告於朋友、庶民、小子，而禮樂文質皆備於是矣。《春秋》之義，不盡於《表記》，而《表記》之義盡於《春秋》，其立仁、制義、體敬、量恕，不敢褻鬼神，以受顯示於天地日月，則其意一也。《坊記》主於禮讓，歸別於男女，以明忠孝之化，始於閨門，猶《易》之有下經，《表記》主於仁義，歸餘於卜筮，以明文質之原，達於天德，猶《易》之有上經，凡聖門所記，夫子之言論，自《魯論》二十篇而外，未有明著於此者也。《坊記》舊分三十四章，今約從三十，《表記》四十三章，今約從三十有六，合六十六章，以發明《春秋》大義，蓋其當時親見行事，筆之於書，則其前後相印，彼此互發，亦其道貫，則然臣非敢有所傅會牽合也。」

案：收錄《景印文淵閣四庫全書》經部，第122冊。書末附錄《春秋

表記問業》一卷。

《坊記集傳》二卷　黃道周撰，〔存〕

　　《四庫全書總目》云：「《坊記集傳》二卷，附《春秋問業》一卷，福建巡撫採進本。明黃道周撰。是書為所進《禮記解》五篇之三。自序以為「聖人之防亂，莫大於《春秋》。」故是書之體，以《坊記》為經，而每章之下，皆臚舉《春秋》事咊以證。但《國語》所載，若內史過之論虢亡，近於語怪，而以為「借神怪以防欲」，義涉荒忽。隱公元年「鄭伯克段於鄢」而以為「三桓而發」。夫三桓之事，《春秋》著之詳矣，乃謂寓其意於鄭伯之克段，是舍形而論其影也。又《戴記》本為一篇，而分為三十章，章各創為之目，其臆斷亦與《表記集傳》等。第其意存鑒戒，於君臣父子夫婦兄弟之間，原其亂之所自生，究其禍之所終極，頗為剴切。且《坊記》之文，如曰治國不過千乘，都城不過百雉，家富不過百乘，以此坊民，諸侯猶有畔者，是隱為《春秋》書大夫之彊起例。又云《春秋》不稱楚、越之王喪，亦明著《春秋》之法，則道周此書，固非慢無根據，盡出附會矣。」（經部二一・禮類三）

　　黃道周〈坊記集傳序〉云：「臣聞之，《記》曰：『禮，禁亂之所綵生，猶坊止水之所自來也。』以舊坊為無所用而壞之者，必有水敗；以舊禮為無所用而棄之者，必有亂患。亂患之坊，莫大於《春秋》，聖人本春以立禮，本王以立刑，本天以立命，命以坊欲，刑以坊淫，禮以坊德，三坊立而亂患息，亂患息而後禮樂可舉也。《易》之立坊，始於天地，以天地而正父子，以父子而正君臣，以君臣而正夫婦。《詩》始於夫婦，《春秋》始於兄弟，三始雖殊，其以坊德、坊淫、坊欲則一也。《左氏》以春秋之亂，魯始於羽父，終於三桓；晉始於曲沃，終於六卿。故於鄭伯克段之章，首明其義，以為寵祿不過都城有制，為立坊之要領，因而推於桓、莊、文、宣之間，外釁所從入，內慝所從出，歸重於別，徵明嫌為立坊之

要歸。《坊記》因之以端源於禮制，郭流於淫欲，先之以敬讓，衷之以孝悌，終始於富而不驕、貴而不淫，以為君臣、父子、夫婦、昆弟、朋友之所緣正，雖其所稱引，不過楚喪、晉亂、吳子三事，而於以定君臣、辨上下、正妃耦，《春秋》千七百餘事，其大指盡於此矣，蓋當時夫子既作《春秋》，諸子莫讚一辭，退而窺其意，義不過以扶綱出條，明堯舜之道，闡文武之憲，其大者在於喪、葬、婚、娶，其細者至於車服、飲食、登降、揖讓，皆示之以節，受之以制，是天地所以生成萬物之義也。春秋以生成萬物，為天地之大禮，禮失而流於刑，刑窮而反於命，故先別其條貫以坊之，而《春秋》之義例亦從是以起。宋淳化至道間，嘗以《坊》、《表》二記頒賜廷臣，今《禮》學備在學宮，而習者相沿為曲臺遺言，無復知為《春秋》義例之所從出者，故復略舉大意，使相屬比引，伸觸類後，有以究其指歸焉。黃道周自序。」

案：收錄《景印文淵閣四庫全書》經部，第122冊。書末附錄《坊記春秋問業》一卷。

《春秋揆略》一卷　黃道周撰，〔存〕

《四庫全書總目》云：「《春秋揆》一卷，浙江汪啟淑家藏本。明黃道周撰。道周有《易象正》，已著錄。是書以天人之故，若表之於晷景，《春秋》以天治人，故以『揆』名書，通為一篇。其說謂『揆者，晷也，表晷也。日南則其晷陰，日北則其晷陽。揆之則於其景也，宣公之三年景中也，僖公之十七年而景乃南，襄公之十年而景乃北。景南者極近，景北者極遠。』又謂『《春秋》之紀二百四十有二，其三之八十有一，兩之一百二十。自文王受命之年　以至仲尼之沒，參之而得七，兩之而得五。文王以四千三百二十年為春秋，仲尼以三千六百年為春秋，五文王之春秋，有五文王者出。六仲尼之春秋，有六仲尼者出。十一大聖人者，以行其二統，而天地為再開闢』云云。蓋以《皇極經世》之學說《春秋》，自三

《傳》以來，未之前聞，即邵子亦未發此義也。道周《禮記》諸傳，雖不必盡當於本旨，而借經抒論，於人事猶有所裨。此則真無用之數學，不能以道周之故，曲為之說矣。」（經部三十・春秋類存目一）

　　案：收錄《四庫全書存目叢書》經部，第124冊，據南京圖書館藏清鈔本影印。光緒《漳州府志》、光緒《漳浦縣志》著錄。《四庫全書總目》作「春秋揆」，《經義考》著錄黃道周《春秋撰》一卷，佚。「撰、揆」形近而誤耳。

《春秋表正》　黃道周撰，〔佚〕

　　案：《經義考》、光緒《漳州府志》、光緒《漳浦縣志》著錄。

《春秋軌》　黃道周撰，〔佚〕

　　案：乾隆《銅山志》、光緒《漳州府志》、光緒《漳浦縣志》著錄。

《春秋類記》　顧文亨撰，〔佚〕

　　顧文亨，1585-1658，江蘇吳江，字石父，子顧宗瑋，據盛楓《嘉禾徵獻錄》云：「顧文亨，字石父，本吳江人，為郡學諸生。嗜學，讀邵子《皇極經世》，以其當自聲音入，於是講求音韻，夜夢邵子語曰：『全書在杭。』未幾，游杭得祝泌《皇極經世鈐》，而《皇極》以聲起卦，以卦合數之法，發明無餘蘊，乃盡得其術，著《經世參》、《經世聲音臆解》、《經世總圖》、《春秋類記》、《甲乙帳》、《易鑑》、《洪範疇解》、《星江雜著》、《諸史石言》等書，凡數百卷。國破棄諸生，隱於秀水鄲陵村，卒年七十四。」（卷四十五）

　　案：乾隆《震澤縣志》、同治《蘇州府志》著錄。

《春秋姓名辨異》不分卷　龔而安撰，〔存〕

　　龔而安，1619前後，江西南昌，字又安，號長沙，據康熙《江西通志》云：「萬曆三十一年癸卯鄉試：龔而安，南昌人，解元。」；又「萬曆四十七年己未莊際昌榜：龔而安，南昌人，參政。」（卷五十五）。張弘道云：「江西龔而安，南昌人，字又安，號長沙。治《書》。年十八，己未進士。」（《明三元考》卷十四）

　　案：臺北臺灣大學圖書館藏日本延享三年江都崇文堂刊本。

《春秋左傳分類旁注評選》十四卷　龔而安撰，〔存〕

　　案：日本國立公文書館藏明萬曆三十六年序刊本。《傳是樓書目》著錄。

《春秋左氏捷覽》一卷　龔而安撰，〔存〕

　　案：日本新潟大學佐野文庫藏安永九年大坂田原平兵衛刊本。

《春秋旨叶》　劉嘉禎撰，〔佚〕

　　劉嘉禎，1621前後，山東武定，字永符，據咸豐《武定府志》云：「劉嘉禎，字永符，武定州人。天啟辛酉舉人，任河南蔚氏縣令，廉介愛民，有循吏風，闖賊陷京師，掛冠歸里。鼎革之後，授浙江永康知縣，辭不就，地方官強趣之，不得已，繞街叫號，赴桑落墅鎮武廟前，投井死，著有《春秋旨叶》、《詩草》行世」（卷之二十三）

　　案：咸豐《武定府志》、光緒《惠民縣志》著錄。

《左傳選》一卷　　韋際明撰，〔佚〕

韋際明，1621前後，福建晉江，字聖俞，號彭野，據乾隆《泉州府志》云：「韋際明，字聖俞，號彭野，晉江人，天啟辛酉副榜，授欽州判，期年政成，譽起上官，有大政必批，議皆報可。性剛侃不能趨承，御史臺竟以積逋鹽餉數千，指為羨餘，疏劾追解，際明不忍以宿負殘民，抗章辨齕，益違御史意，掛冠橐如洗，怡然自得，繼之者為林有本，服其不染無慍，與道府協力代補宿逋之半，御史亦心悔，事得白，陞粵省布政司理問，竟棄歸。方際明交盤候覆時，適興化唐公梅臣涖廉道，久慕其名，延之幕中，求詩文者輻輳，皆出際明手，會唐轉秦中，林有本令東筦延至署，代撰應酬駢語，緊密箋牘，與夫重情之獄，不假書吏，咸經其手，暇則博覽群書，著述日富。甲申後，杜門不出。唐王時，起中書科中書舍人，轉戶部主事，以病告歸，所選有《唐詩》二卷、《淮南子》二卷、《東西漢書》二卷、《世說新語》一卷、《南華經》一卷、《儒道釋考》三卷、《八大家》六卷、《東萊博議》一卷、《詩韻字考》一卷、《宋李劉駢語》一卷、《方孩未集》一卷、《徵獻錄》一卷、《官制考》一卷、《明文十六名家》四卷，俱註釋丹鉛，節批總評，其自著有《駢語》十六卷、《燕遊詩集》三卷、《粵吟》二卷、《洞遊記》一卷、《經書講義》十二卷、《四書賓岱日踐》八卷、《易解》四卷、《鏡世編》六卷、《寶善編》二卷。又選古文自《檀弓》、《公》、《穀》、諸子、秦、漢、六朝、唐、宋，及明王、李共三卷，《左傳》一卷、《史記》一卷。」（卷之五十四）

案：乾隆《泉州府志》、道光《晉江縣志》著錄。

《東萊博議》一卷　　韋際明撰，〔佚〕

案：乾隆《泉州府志》、道光《晉江縣志》著錄。

《左傳分國紀事本末》二十一卷　孫范撰，〔存〕

　　孫范，1621前後，浙江錢塘，字匡儀，號廣霞居士，生平事跡缺略。

　　孫范〈左傳分國紀事本末序〉云：「說《春秋》者，曰義、曰事。義斷於聖心，末學難曉，事則存乎《左氏》，可循覽而得也，顧其為書，年經國緯，緒端紛出，覽者未能一目便了，是用倣之史家，變編年為紀事，以事系國，以國系君，有一事而連綴三五國，上下數十年者，則原其事之所始，與其所歸，還系所應屬之國，庶覽一事之本末，而即因事以知其國勢之強弱、人才之盛衰，二百四十餘年之故，網羅胸中，出為濟世匡時之用，是今日所為輯傳意也。」

　　雷士俊〈左傳分國紀事本末序〉云：「《左傳分國紀事本末》二十二卷，武林孫匡儀編集。余嘗欲撰次是書而不果，喜匡儀之獲我心，既讀而序曰：天下雖甚，難讀之書必有術以讀之，自二帝三王以來，篇帙萬億，其間賾亂繁雜，困人睹記者多矣，而君子好奇愛博，無畏於其難，雖〈上林〉、《太玄》，及《老》、《佛》諸書，猶時觀而樂道，況古今否泰，得失之所，存焉者乎？視其所以為吾難，而用吾所長以制之，則警敏之士，矻矻竟日者，可安坐致焉，亦未嘗不易也。《左傳》號為難讀，匡儀謂其書，年經國緯，端緒紛出，雖首尾貫通，然諸國錯見，覽者眩焉。信乎其然矣，孔子修《春秋》，紀以魯之年，而宋、齊、鄭、衛諸國，與魯同繫於其間，一年而諸國會盟、侵伐、爭奪、弒殺之匪一，其反覆變易，成敗利害之應，近者二三年，遠者一二十年，而管仲、子產、叔向、子家子之流，嘉謀嘉猷，亦寓於中。《左傳》釋經因之故，人之讀《左傳》也，曉其卒而忘其初，理之此而殽之彼，棻擾乖隔，不合不穿，章句誦習，所以不能無恨也。宋建安袁樞創為《通鑑紀事本末》，匡儀倣其法而為是書，其編集雖有疏略，而用心頗勤，凡諸侯建邦啟宇，各私其土，各子其民，而禮樂刑政，皆得專為之。匡儀既分之以國，而又使其散列二三

年與一二十年者，棊布星羅，義文相屬，國之大故與公卿大夫，言論功績，比物醜類，或一事而各為源委，或一人而自為後先，令讀其書，舉目而賢否、高下、禍福、興亡具睹焉，學者原始要終，《左氏》之書，燦然明白矣，又何端緒之紛，患於其不可讀也哉。匡儀是書，雖因《通鑑紀事本末》之例，而有補於《左氏》，非淺鮮也，且《春秋》孔子之所筆削也，褒貶予奪之義在焉，儒生拘牽迷惑，蹤跡曖昧，而未闚厥指，豈少乎？匡儀授天下以讀《左傳》之術，則《左傳》之所載，如數計燭照矣，因而進求於孔子褒貶予奪之義，《春秋》重賴之，則所以讀《春秋》者亦無過於此，非獨有補《左氏》而已也，可為讀書法。」（《艾陵詩文鈔》文鈔卷四）

案：臺北國家圖書館藏明崇禎間原刊本。《明史》作「左傳紀事本末二十二卷」，《經義考》作「春秋左傳分國紀事二十卷」，民國《杭州府志》作「春秋左傳分國紀事二十二卷」。

《麟經正旨》　張立中撰，〔佚〕

張立中，1621前後，浙江建德，字躍如，據光緒《嚴州府志》云：「張立中，字躍如，建德人，由拔貢生中天啟辛酉舉人，壬戌會試副榜，初署上虞縣教諭，啟迪有方，士多造就，陞江西萍鄉令，萍糧多包侵弊，中力為釐剔，積弊以清，艱歸卒，著有《麟經正旨》行世。」（卷十九）

案：雍正《浙江通志》著錄。道光《建德縣志》作「春秋正旨」。

《春秋取》　蔣泰賓撰，〔佚〕

蔣泰賓，1621前後，浙江開化，字嘉仲，據雍正《浙江通志》云：「蔣泰賓，《開化縣志》字嘉仲。性孝友清介，嚴正不妄友一人，以貢入南雍，選職未就，遂杜門不出，聚後輩講學，年八旬，手未嘗釋卷，著有《三經秘錄》、《易存》、《詩可》、《春秋取》、《銑溪山堂詩文》四

卷。一日，無疾坐逝，及門誄之曰：『在漢林宗，在宋康節，靜修魯齋，先生弗屑。』時以為確論。」（卷一百七十七）

蔣泰賓〈春秋取自序〉云：「《春秋》者，孔子正名之書也。正名所以正人心也，正名一論為衛發之，當日果達藝，三賢相顧躊躇，皆未領略，甚且以身殉之，人心是非搖亂，一至於此，安可不亟正也。《易》教微而失，得不足以懼，人曰：此事前之迂籌也；《詩》教廢而美，刺不足以懼，人曰：此事外之閒評也。不得不就行事之深切著明，首而論列之，欲正將來之是非，先正既往之是非，欲正天下之是非，先正宗國之是非，故借編年一書，為案為斷，而名始正也，蓋末世惟知有利耳，君不正其君，臣不正其臣，父不正其父，子不正其子，使顧名思義，人心當有怵惕不安者，有萬世不易之義，無一時可征之利也。正名所以正人心也，是故《春秋》作，而《易》教復明，《春秋》與《易》，相為表裏者也；《春秋》作而《詩》教復興，《春秋》與《詩》，相為終始者也。讀《易》不可不讀《春秋》，《易》其律令，《春秋》其斷例乎？讀《詩》不可不讀《春秋》，《詩》其巽言，《春秋》其法語乎？則請以讀《易》之法，讀之觀玩之下，大義凜然，不必深文巧詆，而始為潔淨精微也，則請以讀《詩》之法，讀之諷誦之間，大義豁然，不必容隱逸，賊而始為溫柔敦厚也，善善長，惡惡短，義在勸勉，防未然，徹初萌，義在表微，皆《易》與《詩》之義也。義者，孔子之所取也，則正名以正人心之深旨也，後人推尊大過，曰：『褒貶嚴於一字賞罰，及於身後。夫褒貶賞罰，豈告老之大夫所得行於天王、國君哉！』又曰：『帝王百世不易之大法，考三王而建天地也。 典庸禮，命德討罪，聖人以天子自處也。春生、夏茂、秋冬肅藏，聖人以天自處也。』此又愚所深惑，而不敢取也。」（康熙《衢州府志》卷二十九）

案：康熙《衢州府志》、乾隆《開化縣志》著錄。

《春秋說約》　賀王盛撰，〔佚〕

賀王盛，1621前後，江蘇丹陽，字周兼，號無黨，據光緒《重修丹陽縣志》云：「賀王盛，號無黨，世壽子，以進士歷官縣令，內擢兵部主事，轉太僕寺少卿，嘗抗疏論閣臣溫體仁、閹臣王坤，直聲震天下，旋奉命巡視海道，為濟漕計，未復命。莊烈帝已殉社稷，乙酉南都不守，故相黃道周奉永歷監國，召為兵部侍郎，未及赴，事發不屈，死自題〈絕命詞〉云：『悲歌慷慨說天祥，浩氣凌虛返帝鄉。從此十人離紫禁，相隨地下拜高皇。』時同殉者十人也。」（卷二十一）

案：光緒《重修丹陽縣志》著錄。

《左傳杜林合注》五十卷　王道焜、趙如源撰，〔存〕

王道焜，前1621-1644，浙江錢塘，字昭平，諡節愍，據屈大均〈杭州死節傳〉云：「王道焜，字昭平，錢塘人。父國柱，同知兗州，自免歸。子均，崇禎十五年舉人。道焜故奇士，中天啟元年舉人，歷南雄同知。崇禎末，詔徵天下賢能吏，將親試，以不次用，道焜名在選中，吏部以郡丞無考選例，題陞兵部職方主事。道焜上書謂：『國家懸異格以待非常，銓臣執故例而靳考選，非陛下收羅賢豪至意。』得旨許候考，而北都變，號哭曰：『臣惟一死報國矣。』有勸以待時觀變者，遂歸。及南都再變，敵兵至杭，避居鄉村，偶入城。聞均名已列選單，乃遺以書曰：『聞汝名在選單，吾家世受國恩，一旦臣虜，何面目見祖宗於地下。吾死，汝必丁艱三年，之後事又不知如何耳。』遂自經死，卒如其言。杭人嘗與陸培並稱襄，皇帝立各贈以官，培諡忠節，道焜諡節愍。」（《明四朝成仁錄》卷七）

趙如源，天啟–崇禎，浙江錢塘，字濬之，據《四庫全書總目》云：「《左傳杜林合注》五十卷，左都御史崔應階進本。明王道焜、趙如源同編。案朱彝尊《經義考》載宋林堯叟《春秋左傳句解》四十卷，引鄭玥之

言曰：『堯叟字唐翁。崇禎中杭州書坊取其書，合杜《注》行之。』又載此書五十卷，引陸元輔之言曰：『王道焜，杭州人，中天啟辛酉鄉試。與里人趙如源濬之共輯此書』云云。今書肆所行，卷數與彝尊所記合，而割去道焜、如源之名。又首載《凡例》題為堯叟所述，而中引永樂《春秋大全》，殆足貽噱。蓋即以二人編書之《凡例》改題堯叟也。杜預注《左氏》，號為精密，雖隋劉炫已有所規，元趙汸、明邵寶、傅遜、陸粲，國朝顧炎武、惠棟又遞有所補正，而宏綱巨目，終越諸家。堯叟之書，徒以箋釋文句為事，實非其匹第。古注簡奧，或有所不盡詳，堯叟補苴其義，使淺顯易明，於讀者亦不無所益。且不似朱申《句解》於傳文橫肆刊削，故仍錄存之，以備一解。中附陸德明《音義》，當亦道焜等所加，原本所有，今亦並存焉。」（經部二八・春秋類三）

《鄭堂讀書記》云：「《左傳杜林合注》五十卷。明王道焜、趙如源同編。道焜，杭州人，天啟辛酉舉人。如源，字濬之，亦杭州人。《四庫全書》著錄，朱氏《經義考》亦載之。是本每卷止題杜預、林堯叟注釋，陸元朗音義，及鍾惺、韓范評閱，而不及王、趙兩家名氏，且取林氏《句解》，綱目續以三條，統為堯叟所著，竟忘卻所續末條有〈諸國興廢〉、〈春秋提要〉依《大全》錄之云云。蓋出于無知坊賈所為也。按孔氏《正義》原依杜《解》疏之故，可以割附杜《解》為一書，至唐翁所撰《句解》七十卷本，與杜氏各自為書，實不可以割附兩家，必欲併而為一，以致林《注》多所刊落，而勢所必然也。此本前又有杜氏原序，簡端所附鍾、韓評語，實不足存，而王、趙原本不可復見，聊即坊本記之以備一種耳。」（卷十一經部六）

蔣光煦〈元本春秋左傳句讀直解跋〉云：「世所行《春秋左傳杜林合注》，鱣少時讀之，不知何人所合。……崇正中，杭州書坊取其書，合杜《注》行之，又載王氏道焜等《春秋杜林合注》五十卷，引陸元輔曰：『道焜，杭人，中天啟辛酉鄉試，與里人趙如原濬之共輯是書。』按：道焜，字昭平，官兵部職方司主事。乙酉，徇節，為吾郡三仁之一，因檢明

刻原本，有道焜敘，為天啟丙寅年作，非崇正中書坊所合。坊間翻刻，并削去道焜等名，即以編書之凡例，改題堯叟，遂使永樂《大全》竟出諸宋人之口，允堪一笑，然究未見單刻林本，今夏偶從吳市買得，審係元刊後有叢書堂印，又有華莊叔子元木識云。《左傳》四冊，吳文定公故物也，保之每卷題云音注全大《春秋括例始末》，《左傳句讀直解》凡七十卷，《經義考》作春秋左傳句解四十卷者，殆未經寓目耳，展讀數過，乃歎今之合注本，紕繆多端，或刪杜以就林，或移林以冒杜，復取崇正本注疏以校經傳，略舉數條，如隱四年經，庚戌衛州吁弒其君完，此作戊申僖三年，傳未絕之也，此作未之絕也。九年經晉侯詭諸卒，此作佹諸。十八年傳而從師于訾婁，此作而後，凡斯之類皆與唐石經合，日本山井鼎《考文》亦每引以證足利本，即所謂林直解者，是益見書之舊本為可取，余得宋版《周易本義》及《詩集傳》，視少時所讀監本，補正甚多，受益不淺，茲更得此而參焉，足以自慰矣。右見簡莊綴文案跋中云。《經義考》作『春秋左傳句解』四十卷者，殆未經寓目歟？似以竹垞為誤七十卷之本為四十卷也，余嘗見元刻四十卷之本，其標題云：『春秋正經全文』、『左傳增注句解』，次行梅谿林堯叟唐翁、後學林仲連校定，每葉二十二行，每行二十一字，因妄臆當時竹翁所見之本或是此本，而七十卷之本或竹翁所未見歟？跋中四冊應是四十冊。」（《東湖叢記》卷五）

　　案：收錄《景印文淵閣四庫全書》經部，第171冊。《經義考》作「春秋杜林合注」。

《春秋繁露》十七卷　　王道焜評閱，〔存〕

　　案：明末何允中刊漢魏叢書本。中國科學院圖書館藏明天啟五年王道焜輯評董子春秋繁露十七卷刻本。

《春秋傳》　華允誼撰，〔佚〕

華允誼，1633前後，江蘇無錫，字汝正，號龍超，師高攀龍，弟華允誠，據康熙《常州府志》云：「華允誼，字汝正，無錫人，領歲薦，不赴廷試。初偕其弟允誠受《易》於毘陵錢一本，繼見高攀龍於東林，聞其教愈憬然有得，學者稱龍超先生，著有《三象粹精》、《春秋傳》、《戴記纂疏》等書。」（卷之二十四）；乾隆《江南通志》云：「華允誠，字汝立，無錫人，天啟壬戌進士。對策極陳奄寺之害，置二甲，除戶部主事，值魏璫亂政，告歸。懷宗初，起工部員外郎，京師戒嚴，守德勝門，稱旨改職方，劾輔臣溫體仁、尚書閔洪學朋比阿黨，詔奪俸，旋乞歸，後殉國難。少與兄允謀、允誼，從錢一本、高攀龍游，盡得其學，俱以儒學稱。允誼有《三象粹精》、《春秋傳》、《戴記纂疏》諸書行世。」（卷一百六十三）

案：華允誼乃華允誠之兄，但因登進士晚於其弟，故時間順序上應置於其弟之前。

《春秋說》　華允誠撰，〔佚〕

華允誠，1622前後，江蘇無錫，字汝立，號鳳超，師高攀龍，兄華允誼，據黃宗羲〈郎中華鳳超先生允誠〉云：「華允誠，字汝立，別號鳳超，無錫人。天啟壬戌進士。授工部主事，告歸。崇禎己巳，補任轉員外郎，調兵部。上疏言：『國家罷設丞相，用人之職，吏部掌之，閣臣不得侵焉。今次輔溫體仁，冢臣閔洪學，同邑朋比，驅除異己，閣臣操吏部之權，吏部阿閣臣之意，庇同鄉則保舉逆案，排正類則逼逐講官。』奉旨回話，因極言其罪狀。又言：『王化貞宜正法，余大成在可矜。』上多用其言。體仁、洪學雖疏辨，無以難也。尋以終養歸。南渡，起補吏部，署選司事，隨謝去，在朝不滿一月。改革後，杜門讀《易》。越四年，有告其不薙髮者，執至金陵，不屈而死。先生師事高忠憲，忠憲殉節，示先生以

末後語云：『心如太虛，本無生死。』故其師弟子之死，止見一義，不見
有生死，所以云本無生死。若佛氏離義而言無生死，則生也為罔生，死也
為徒死，縱能坐脫立亡，亦是弄精魂而已。先生居，未嘗作詩，蒙難之
春，為二律云：『緬思古則企賢豪，海外孤臣嚥雪毛，眼底兵戈方載路，
靜中消息不容毫。默無一事陰逾惜，愁有千端枕自高，生色千秋青史在，
自餘誰數卻勞勞。振衣千仞碧雲端，壽夭由來不二看，日月光華宵又旦，
春秋遷革歲方寒。每爭毫髮留詩禮，肯逐波流倒履冠，應盡只今祈便盡，
不堪回首問長安。』是亦知死之一證也。」（《明儒學案》卷六十一）；
《經義考》云：「張光家曰：先生說《春秋》義，多主《公羊傳》。」
（卷二百七）

　　案：《經義考》、光緒《無錫金匱縣志》著錄。

《春秋比事》七卷　張國經撰，〔佚〕

　　張國經，1622前後，福建漳浦，字印棠，據道光《廣東通志》云：
「張國經，字印棠，漳浦人，崇正六年由進士任廣東按察司副使，兵備羅
定，時流寇入境，土賊竊發，國經以嚴法繩之，聞風屏息，遷海北分巡
道，士民為建祠。」（卷二百四十五）

　　案：《千頃堂書目》、《明史》、《經義考》著錄。

《左傳分國記事》二十一卷　張次仲撰，〔佚〕

　　張次仲，1589-1676，浙江海寧，字元岵，號待軒、浙汜遺農，初名
允昌，字孺文，據民國《杭州府志》云：「張次仲，字元岵，初名允昌，
字孺文，海寧人，天啟元年舉人。八歲母病，刲股愈之，上官欲旌其門，
謝曰：『童子何知，思之尚有餘愧。』登鄉薦後，不求仕進，奮力經訓。
黃宗羲謂：『其於《易》宗主王、程，以玩辭為本，歸指日用不離當下，
因孔子而求文、周，因文、周而求羲易，於《詩》則纏綿悽愴，有流離世

故之感。』」（卷一百三十八）；阮元云：「俞寶華曰：張次仲，為前明天啟辛酉舉人，窮經好道，自表讀書處曰：『待軒』，學者稱『待軒先生』。甲申後自號『浙汜遺農』。順治中，直指舉賢良方正，以病辭。康熙丙辰卒，年八十八，著《易困學記》、《詩記》、《春秋分紀》及《待軒遺稿》。」（《兩浙輶軒錄》卷二）

案：雍正《浙江通志》、乾隆《杭州府志》著錄。此「春秋分紀」或是《左傳分國記事》之簡稱，存疑待考，不另列他書。

《左傳抄》　張次仲撰，〔佚〕

案：雍正《浙江通志》、乾隆《杭州府志》著錄。

《春秋隨筆》一卷　張次仲撰，〔佚〕

案：民國《杭州府志》著錄。

《春秋實錄》十二卷　鄧來鸞撰，〔存〕

鄧來鸞，1622前後，江西宜黃，字繡青，據嘉慶《大清一統志》云：「鄧來鸞，宜黃人，萬曆進士，歷官皆有政績，銓南京刑部主事，進階本部郎。會蜀寇熾，荊楚震動，部議武昌非來鸞不能鎮守，至郡興利除害，百姓安堵，以勞瘁疾作，乞致仕。」（卷三百二十三）

《四庫全書總目》云：「《春秋實錄》十二卷，浙江吳玉墀家藏本。明鄧來鸞撰。來鸞字繡青，宜黃人。天啟壬戌進士，官至武昌府知府。是編專為科舉而作，故其《凡例》曰：『《春秋》從胡，凡《左》與《胡》觭者必削，定是非也。』又曰：『《春秋左傳》惟有關經題者載之，從簡便也。』其書可不必問矣。」（經部三十．春秋類存目一）；阮元云：「是書敘事以《左氏》為主，兼采《公》、《穀》褒貶，一宗胡

《傳》。」（《文選樓藏書記》卷五）

案：收錄《四庫全書存目叢書》經部，第124冊，據北京大學圖書館
藏明崇禎刻本影印。《經義考》、光緒《撫州府志》、光緒《江西通志》
著錄。

《左傳撮要》　宋賢撰，〔佚〕

宋賢，1622前後，浙江建德，字又希，據道光《建德縣志》云：
「宋賢，字又希，天啟壬戌進士，授常熟令。有前楊漣，後宋賢之謠，丁
艱去，服闋補魏縣，擢御史，首彈逆黨，未正法數人，疏陳嚴民解絹之
苦，易為官織、官解，巡按湖廣，拔廉懲貪，尤多平反，捐贖鍰建白雲
閣，與黃鶴並峙，按部竣具，增兵留餉一疏，以防流寇入掌河南道，大計
黜陟，一切書儀，峻拒不受，進太僕寺卿，會晉撫缺人，當召對，帝曰：
『若非做河南道，不受書儀者耶？』遂命往山西為神京右臂，劇寇交訌，
賢增埤濬隍，蓄糧置砲，帥總兵擒賊首過山龍、番天鷁等，以疾乞歸，加
兵部侍郎，予告癸未冬，金華土寇竊發，賢與知府胡崇德加葺雉堞，設法
剿禦，郡賴安堵，卒於家，年七十有六。賢自為諸生時，目擊郡無試館，
通籍後捐資創建，士民德之，著有《西臺奏疏》、《左傳撮要》諸書行
世。」（卷十二）

案：雍正《浙江通志》、道光《建德縣志》著錄。

《春秋雞窗手澤》十三卷　宋賢撰，〔佚〕

案：光緒《松江府續志》、光緒《重修奉賢縣志》著錄。

《春秋便讀》　張元玘撰，〔佚〕

張元玘，1622前後，江蘇松江，字采初，據嘉慶《松江府志》云：

「張元玭，字采初，上海人，天啟二年進士，除刑部主事，奉使齎餉寧夏，所過餽遺，及王國賜予，皆辭不受，遷員外郎，轉郎中，出知嚴州，調建寧府，府衝劇郵傳疲困，元玭事為裁制，立條約請，臺使勒之石，由是供億不擾，又更釐政及錢法，民皆便之，告歸，所著有《廣史》及雜著詩文數十卷。孫錫慓，順治乙未進士。」（卷五十五）

案：嘉慶《松江府志》、同治《上海縣志》著錄。

《春秋同門十五雋經稿》　陳函煇撰，〔佚〕

陳函煇，1589-1645，浙江臨海，字木叔，號寒椒、寒山，據邵廷采云：「陳函煇，字木叔，號寒山，浙江臨海人，崇禎甲戌進士，好酒色，事著述，日與客沈飲，出酒文傾吐譏切，將相誤國，搤腕談至夜分，齧杯碎，尤能傾貲急客，先人之憂，海內稱文章風流豪蕩者，推天台陳君焉。筮仕靖江，令以不謹罷職。魯王泚越，為兵部侍郎，傷二都淪沒，哭泣至晻，失聲入對，行朝出酬同列，必悚言痛哭，閩詔至浙，眾議開讀，函煇與熊汝霖俱持不可，金堡自福州出監鄭遵謙軍，函煇密疏請殺堡，堡奔衢州。丙戌夏嘆曰：『八郡斁矣，諸軍猶誅糧無厭，是重棄民也。北來生兵日益，一不知此身何所耳？』江上潰，有勸魯王嬰城者，函煇哭曰：『民去將孰與守？君為社稷死，臣請從死。』乃從王還台，王自石浦浮海竟相失，函煇不抵家，哭入雲峯寺，即几上書六月十六日申時卒，徧去別友，不及家人一語，至其時遂投繯作〈絕命辭〉八首、〈自祭文〉一、〈埋骨記〉一，流傳江表。二子：臣謙、臣詩，能識父志，不交當世事。」（《東南紀事》卷五）

案：陳函煇《寒江集》有「春秋同門十五雋經稿序」。

《春秋竊論》二卷　方孔炤撰，〔佚〕

方孔炤，1590-1655，安徽桐城，字潛夫，號仁植，諡貞述，子方以

智，據馬其昶〈方巡撫傳第四十七〉云：「方公諱孔炤，字潛夫，號仁植，廷尉大鎮子也。萬曆四十四年進士，除嘉定州知州，調福寧州，入為兵部主事。天啟初，廷尉方為御史，與鄒忠介、高忠憲、顧端文諸公講學首善書院，天下欣然望治，於時公亦歷官員外，擢職方司郎中，未幾而逆閹用事，諸賢相次罷，邊事棘，樞曹選帥，率通賄得規避，公疏劾之，魏忠賢欲進封兄子良卿伯爵，公執不可，忠賢怒削籍歸。崇禎改元，起職方郎中，遷尚寶卿，丁廷尉憂，廬墓三年，縣民倡變，率鄉人討平之。時流賊俶擾楚豫，因益議廣儲積備器械為固，圍計城賴以全。服除補原官，尋以僉都御史巡撫湖廣，始涖任，賊已由鄖陽渡河，公所部號萬人，備多力分，騎兵不及十一，擊賊李萬慶等，於承天八戰皆捷，時總理熊文燦主撫，議納張獻忠，降於穀城，授副將，嗣是詐言求撫者踵至，公力爭撫賊之誤，條上八議，格不行，踰年乃有分地撫馭之命，公嚴備遏賊南下，未幾獻忠復叛，知有備，引而西，又遏賊荊門、當陽，有來家河神通堡之捷獻陵，竟得保。已而，賊屯興山，楊嗣昌檄楚、川、沅，三師夾攻，賊宵遁，公知賊狡謀，下令楚軍將止屯勿進，而楚軍二將已迫嗣昌檄違節制，深入至香油坪，賊果大集，楚師援絕遂潰。先是嗣昌檄楚將進兵，又調公駐襄陽，相距八百里，及聞楚師敗，約沅、川二師赴援，二師嗣昌又檄調他去，公乃獨率麾下千餘人疾馳抵竹山，而楚師已前潰六日，於是公至亦被圍，嗣昌之代文燦也，亦專主撫而公主剿，異議至是，遂劾公失機，逮下獄，長子以智齧血濡疏訟冤，得減罪遣戍紹興，久之用薦復官，命督山東軍務，未行而京師陷，遂奉母南奔，歸隱白鹿山。前在圍中與黃石齋先生論《易》，既歸益潛心經訓，箸《周易時論》二十二卷、《尚書世論》二卷、《詩經永論》四卷、《禮節論》若干卷、《春秋竊論》二卷、《全邊紀略》十二卷、《撫楚疏稿》四卷、《環中堂集》十二卷。門人私諡曰貞述。」（《桐城耆舊傳》卷五）

案：《經義考》、光緒《重修安徽通志》、道光《續修桐城縣志》著錄。

《春秋決議》　吳士耀撰，〔佚〕

　　吳士耀，1624前後，廣東四會，字治南，據道光《肇慶府志》云：「吳士耀，字治南，四會人。清白吏鴻達之孫也，性篤孝友，以《春秋》領萬曆甲子鄉薦，任古田令，陞工部虞衡司主事，有《春秋決議》、《尚書捷覽》行於世。」（卷十八）

　　案：道光《肇慶府志》、光緒《四會縣志》著錄。

《麟經祕旨》　方大賓撰，〔佚〕

　　方大賓，1624前後，浙江淳安，字如見，據光緒《嚴州縣志》云：「方大賓，字如見，淳安人，天啟甲子舉人，授肇慶府推官，甫及幕即解組歸。為人耿介剛正，言笑不苟，有《麟經秘旨》行世，尤精于形家言，遷居建之朱池，優游林泉者五十年，年八十卒。」（卷之十八）

《麟經旨要》　劉鰲撰，〔佚〕

　　劉鰲，1624前後，福建永春，字後坡、世糾，據民國《永春縣志》云：「劉鰲，字後坡，一字世糾，儒林里人。天啟間舉於鄉，知兀謀縣，歷遷澂江府，抵任未幾，挂冠歸。鰲性孝友，學問淹博，勤於講授，從學甚眾，所著經說名《麟旨》，外有《要書說約》及《無題》、《懷古》諸集，並行於世。蓋於科舉時藝之外，卓然有以自立，不為風氣所限者也。嘗讀書大鵬山中之牛頭砦後，人以鰲故，改稱鼇頭砦云。」（卷十九）

　　案：民國《永春縣志》著錄。

《左國類函》二十四卷　鄭元勳纂評、王光魯纂評，〔存〕

　　鄭元勳，1624前後，江蘇江都，字超宗，據計六奇云：「鄭元勳，字超宗，南直歙縣人，籍揚州。天啟甲子鄉魁，崇禎癸未進士第三人，旋

假歸。高傑至揚，揚人閉門拒守，傑怒將攻城，公單騎往謁，陳說大義，傑兵于五里外以待，犒賞後行，越日暫啟兩門，乃好事者，復取城外遊兵，夥之以利其橐，傑益怒，積不可解，公請迎原任薊督王永吉至郡，往為解紛，傑以揚民先殺起釁為辭，且請與中丞約，曲在兵者鎮斬之，若曲在民者撫斬之，永吉以傑言傳覆公，二十五日，公登城，南與撫道議事，萬眾俱集，公謂：『如高傑言先殺啟釁，誠當禁懲，否則搆禍且不測。』眾以高兵殺人，罪不容逭，公曰：『亦有楊誠戕賊者，豈盡由高鎮耶？』言未畢，渠魁張自強、王柱、萬陳嘗等大呼鄭宦通賊，曲為解寬，吾儕若不下手，勢必盡遭屠滅，於是利刃攢集，遂遇害。義僕股報，以身護主，同被創死，蓋營將有楊誠者標兵多不法，往往殺越人于貨，故指及之，而眾誤認楊誠為揚城，公遂及于難。先五日，南都授公兵部職方主事，竟未及拜官云，史可法疏參，越數日，撫臣斬前三渠魁于市，并杖其黨，斃之自後，揚人常夜見公于城上，峨冠緋袍，指揮而過若天神然。詩畫妙天下，所著有《讀史論贊》、《英雄令終錄》、《英雄恨》、《左國類函》、《文娛》初、二集行世。」（《明季南略》卷三）

　　王光魯，江蘇淮安，字漢恭，據乾隆《江都縣志》云：「王光魯，字漢恭，邑之瓜洲人，潛心績學，屏跡城東寺樓，去其梯，期以三年盡讀古人書，閉二載以母病歸侍養。光魯學窮根源，東南名輩咸推仰之，著有《閱史約書》，最為世所珍重。」（卷之二十三）

　　案：臺北國家圖書館藏明崇禎十五年刊本。

《春秋三傳釋疑》　成勇撰，〔佚〕

　　成勇，1625前後，山東安樂，字仁有，號寶慈，師鄒元標，據徐鼐云：「成勇，字仁有，安樂人，天啟乙丑進士，授饒州推官，謁鄒元標於吉水，師事之。崇禎十年，入京考選，新例優者得翰林，公論首勇，而吏部抑之，得南京吏部主事。明年以言者訟屈，授南京御史，尋疏論楊嗣昌

奪情事，有清議不畏，名教不畏，萬世公議不畏語，帝怒削籍，訊主使姓名，勇獄中上書言：『十二年外吏，數十日南臺，無權可招，無賄可納，不知有黨。』竟戍寧波衛，中外薦者十餘疏，不召，久之命以他官用，甫聞命而都城陷。宏光時，起御史，不赴。阮大鋮猶列之五十三參中，乃披緇為僧，越十五年以終。」（《小腆紀傳》卷五十六）

案：咸豐《青州府志》、民國《續修廣饒縣志》著錄。《道南淵源錄》作「春秋五傳釋疑」。

《春秋傳註》三十六卷　嚴啟隆撰，〔存〕

嚴啟隆，前1625-1661，浙江烏程，字爾泰，號開止，自稱巔幹子，據乾隆《烏程縣志》云：「嚴啟隆，字爾泰，號開止，烏程人。明末為名諸生，會鼎革，幅巾野服，杜門不見客，著《春秋傳註》、《韓子編草》二書。兄子祗，字文昭，亦不應試，不教子帖括，屢空泰然，手錄先儒書，講切不倦，無一語及世務。」（卷之六）

《四庫全書總目》云：「《春秋傳註》三十六卷，浙江吳玉墀家藏本。國朝嚴啟隆撰。啟隆字爾泰，烏程人，前明諸生。其說謂孔子欲討陳恆而不得，故作《春秋》以戒三家。不始惠公而始隱公者，以隱有鍾巫之難，特託以發凡。不終於陳恆、簡公之事，而終以獲麟者，欲以諱而不書，陰愧三家之心，又謂《春秋》治大夫，非治諸侯。以三十六君之事為經，而其餘為緯。以文公以前為賓，而以後為主。經之義當明，緯之義可以不問。主之義當明，賓之義可以不問。又謂《春秋》一字一句皆史舊文，聖人無筆削。其意蓋深厭說《春秋》者之穿鑿，欲一掃而空之，而不知矯枉過直，反自流於偏駁也。」（經部三一‧春秋類存目二）

錢謙益〈與嚴開止書〉云：「虞山老經生蒙叟錢謙益，謹奉書于開止徵君嚴先生門下。僕家世授《春秋》，兒時習胡《傳》，粗通句讀，則已多所擬議而未敢明言。長而深究源委，知其為經筵進講，簧砭國倫之書，

國初與張洽《傳》並行，已而獨行胡氏者，則以其尊周攘夷，發抒華夏之
氣，用以幹持世運，鋪張金元已來驅除掃犁之局，而非以為經義，當如是
也。竊謂左丘明親授經于仲尼，公、穀皆子夏之門人，以宗法言之，左氏
則宗子也，公、穀則別子之子也。漢世《公羊》盛行，《左氏》後出，立
于劉、釋于杜，至孔氏而始備，迨于有唐之世，學者鑿空好新，欲舍傳以
求經，于是入主出奴，三《傳》皆茫無質的，而《春秋》之大義益晦。元
季有黃澤楚望者，獨知宗《左氏》以通經，以其說授之于東山趙汸，東山
《屬辭》諸書殆高出宋、元諸儒之上，而惜其所謂《集傳》者，猶為未成
之書，擇焉而未詳也。明朝富順熊過有《春秋明志錄》，援據該博，而于
彭山季氏杜撰不根之說，亦有取焉，則亦好新說之過也。私心不自量，謂
當以聖經為經，《左氏》為緯，採集服、杜，已後訖于黃、趙之疏解，疏
通畫一，訂為一書，而盡掃施丐盧全高閣三《傳》之臆說，庶幾《春秋》
一書，不至為郢書燕說，疑誤千載，日月逾邁，舊學荒落，憒悶遺忘，不
復省記，蓋二十年于此矣。荒村臥病，冒絮蒙頭，門下忽以《春秋》大聲
擲示，患漫開卷，頭目岑岑然，俄而目光迸發，心華怒生，如向所失物，
取次得之，記憶宛然，口不能喻，惟有歡喜踴躍而已。書之大指，在乎據
傳以通經，據經以訂傳，其于文定傳義，發凡起例，條析理解，如秦越人
之診病，洞見其臟腑癥結，攻伐療治，瞭如指掌，雖有二豎子，不能逃之
于膏之上、肓之下也。今略撮其要義，如曰：《春秋》之託始，以魯隱之
見弒而始，其終以請討陳恒而終。又曰：文公以前，政在諸侯。文公以
後，政在大夫。二百四十二年間，但有大夫弒諸侯，不聞諸侯弒天子。
《經》為大夫作，不為諸侯作也。又曰：齊桓既伯，諸國無一人敢弒君
者，齊桓殺哀姜之威所懾也。楚莊既伯，二十餘年之內，海內無弒君之
患，楚莊殺徵舒之威所懾也。大夫之惡，莫大于趙盾，聖人所取，無急于
楚莊，此《春秋》大關目，炳如日星，古今未嘗標舉者也。謂隱桓二十年
間，外事皆以鄭莊為綱，魯隱半生全被鄭莊播弄，此老吏斷獄案，問得其
主名，無可解免者也。謂盟會城築，無皆譏之例。謂母弟稱弟，史家恒

詞，齊年鄭語，初無貶例。此如良吏平反，盡洗酷吏，故入文致之案，深文者亦無所置其喙也。此書雖專攻胡氏，如古人所謂《箴膏肓》、《起廢疾》者，覈其實則根據《左氏》，貫穿全經，胡氏棄灰之璅法，一切平亭，而諸儒墨守之疑城，一往摧倒，斯則尼父之功臣，非獨康侯之諍友也。非門下具千古心，開千秋眼，不能信手開闢，發此議論，然非僕老眼無化似，亦不能作此賞識也。所最可惜者，本是通經著述之書，却言為舉業而作，先之以標題『舉業』，繼之以別論『經義』，先號後笑，曲終奏雅，高明之士，一見講章面目，不待終卷，已欠申恐臥矣，辟之隋侯之珠，光可照乘；而崑山之人，用以彈鵲。又若珪璋穀璧，裹襲敗絮，天吳紫鳳，顛倒裋褐，物之失所，莫甚于此。猶記兒時，先宮保授以《春秋錄疑》，訓之曰：『此晉江趙恒先生所著也，先生著此書，顓心屏氣以纊塞其耳，然後執筆。書成去其纊，兩耳聾矣。』先輩專勤如此，雖可重亦可哂也。今門下所撰述，縱橫千古，可以廢口游、夏，轢簡談、趙，而乃沿襲流俗，夾雜講章，徒為趙先生瑱耳之物而已，豈不可為嘆息哉！倘門下不棄瞽言，慨然改正，芟削蕪梗，節為一書，僕雖老耄，尚當溫繹舊聞，悉意而為之序，如其不然，畢竟以舉業為主，經義為客，則僕之斯言，或可命侍史繕寫，置之末簡，使世之君子有習其讀，而不欲竟者，或將為之決眥拭目，蹶然而興起也。歲在丙申五月五日，謙益再拜。」（《春秋傳注》卷首序文）

朱彝尊〈嚴氏春秋傳注跋〉云：「《春秋傳注》三十六卷，烏程縣學生嚴啟隆爾泰撰。爾泰名注復社，甲申後遁跡，自稱巔軡子。始為是書，示生徒以胡氏為非，不敢盡糾其繆，錢尚書受之勸其改作，乃復點竄舊稿成之，繹其辭，庶幾『針膏肓』，而『起廢疾』矣。康熙戊子二月竹垞老人書，時年八十。」（《曝書亭集》卷第四十二）

案：收錄《四庫全書存目叢書》經部，第131冊，據北京圖書館藏清康熙四十七年朱彝尊家鈔本影印。同治《湖州府志》著錄。乾隆《烏程縣志》作「三十卷」。

《麟經秘旨》　岑之豹撰，〔佚〕

岑之豹，1625前後，廣東西寧，字子文，據道光《廣東通志》云：「岑之豹，永清次子。少聰穎過人，登天啟甲子鄉薦，乙丑進士，授江陰令。邑苦糧，胥而奸猾者，多藉庇勢豪，貧民偏累，之豹至，先召勢豪問產業幾何？倉卒間具對實數，即籍記之，奸猾者無所托附，頒役乃均。兩臺交薦，其能會勢，宦子罹法，之豹廉得其情，索宦子甚急，宦自京遺書為解，不聽，宦計無所出，乃中以他事去之，豹怡然就道，歸隱番禺二山間，或勸之再仕，微笑而不答，與兄之麟，弟之鳳極友愛，所置饘粥之產悉共之，著《麟經秘旨》及《草堂集》。」

案：道光《廣東通志》、民國《順德縣志》著錄。

《左傳評鈔》　馬之騶撰，〔佚〕

馬之騶，1625前後，山東益都，字勝千，據法式善《陶廬雜錄》云：「馬之騶，益都人，崇禎七年任。何瑞徵，信陽人，崇禎九年任。按以上俱係實授明太學志，又載萬曆十四年習孔教。十七年鄧以讚，二十三年季道統，均以未任不錄。」（卷二）；咸豐《青州府志》云：「馬之騶，字勝千，益都人。幼孤，九歲知向學，寒暑弗輟，補諸生，交遊日眾，與諸名士結社論文，殫精經籍，不與外事。天啟五年成進士，入翰林，以忤魏璫，歸。崇禎初，起檢討，歷遷至國子司業，署祭酒，卒，時論惜之，著有《四書摘義》、《素言》等書，藏於家。」（卷四十五）

案：咸豐《青州府志》著錄。

《春秋程傳補》二十卷　孫承澤撰，〔存〕

孫承澤，1592-1676，山東益都，字耳伯，號北海、退谷、退翁，據光緒《順天府志》云：「孫承澤，字北海，大興人，明崇禎四年進士，官

至刑科都給事中。福王時以承澤曾附流賊李自成，偽職順慶防禦使，定入從賊案。本朝順治元年五月起授吏科都給事中。十一月遷太常寺少卿，提督四譯館事。二年四月遷通政使司左通政。八月遷太常寺卿。四年遷大理寺卿。五年擢兵部右侍郎。八月調吏部。九年四月，都察院疏糾承澤兩耳失聰，請勅革退，因解侍郎任。五月上以承澤無罪，命如舊供職。八月轉左侍郎，兩遇恩詔，加太子太保，都察院左都御史銜。十年二月，疏薦大學士陳名夏分理吏部尚書，事上覽奏，謂閣臣曰：『朕見承澤此奏，洞其隱微，代為含愧，彼意允其所請，而用名夏，則於彼有利，否則又將使朕猜疑名夏也。』因以侍郎推舉閣臣有乖大體，責令回奏，承澤戰慄，引罪自陳，愚昧乞宥，乃釋之。先是正月，承澤引疾乞休，上以其年力未衰，不許。三月再請，乃許。承澤既歸，築退谷於西山，耄而好學。讀書日有程課，著述滿家。於史事多所論述，而有明一代典故，尤瞭如指掌。嘗與王士禛言讀書當通經，因言元人經學，非後人所及，蓋元時天下有書院百二十，各以山長主之，教子弟以通經學，經學既明，然後得入國學，即如吳淵穎、程普德輩，其集人多不知。明初人猶多經學，皆元遺逸，且言生平學問，以朱子為宗。所著《五經翼》，考正《朱子晚年定論》諸書，皆有功於正學，至於精博古鑒，一時圖書之富，比之宋田氏云。康熙十五年卒，賜祭葬如例。」（卷一百五）

《四庫全書總目》云：「《春秋程傳補》二十卷，浙江汪啟淑家藏本。國朝孫承澤撰。承澤有《尚書集解》，已著錄。是編以程子《春秋傳》非完書，集諸儒之說以補之。其詞義高簡者重為申明，闕略者詳為補綴。書成於康熙九年，按伊川《春秋傳》，《宋史・藝文志》作一卷，陳亮《龍川集》有《跋》云：『伊川先生之序此書也，蓋年七十有一矣。四年而先生歿。今其書之可見者纔二十年。』陳振孫《書錄解題》云：『略舉大義，不盡為說，襄、昭後尤略。』考程子〈春秋傳序〉作於崇寧二年，書未定而黨論興，至桓公九年止。門人閒取經說續其後，此陳亮所謂可見者二十年也。是書桓公九年以前全載程《傳》，十年以後以經說補

之。經說所無者，採諸說補之。中取諸新安汪克寬《纂疏》者居多。《纂疏》即明代《春秋大全》所本。其書堅守胡安國《傳》，則仍胡氏之門戶而已，未必盡當程子意也。又所補諸傳，皆不出姓氏，於原文亦多所芟改。其桓公九年以前程子無傳者，亦為補之。則是自為一書，特託名於程子耳。考陳亮《跋》有云：『先生於是二十年之閒，其義甚精，其類例甚博。學者苟優柔饜飫，自得於意言之表，不必惜其闕也。』然則何藉承澤之補乎？」（經部三一・春秋類存目二）

案：收錄《四庫全書存目叢書》經部，第130冊，據故宮博物院圖書館藏清康熙刻本影印。《傳是樓書目》、光緒《順天府志》、民國《安次縣志》著錄。《經義考》作「十二卷」。

《春秋翼》六卷　孫承澤撰，〔存〕

《四庫全書總目》云：「《五經翼》二十卷，原任工部侍郎李友棠家藏本。國朝孫承澤撰。承澤有《尚書集解》，已著錄。是編雜取前人諸經序、跋、論說，以類相次，得《易》四卷、《書》二卷、《詩》四卷、《春秋》六卷、《禮記》二卷。餘杭嚴沆益以承澤所著《周禮舉要》二卷，共為一編刊之。其書採摭未備，不及朱彝尊《經義考》之淹洽。至《周禮舉要》備舉五官大義，亦頗有所發明，然議論多而考證少，亦異於先儒專門之學。王士禎《池北偶談》記康熙辛亥與承澤論經學，承澤自言《五經翼》是十五年前所撰，不過集說經緒論耳，無當經學也。是承澤亦有自知之明矣。」（經部三四・五經總義類存目）

孫承澤〈五經翼序〉云：「曩時海內藏書家稱汴中西亭王孫，予官汴時，西亭已歿，與其孫永之善，因得盡窺其遺籍約十萬餘卷，尤重經學，中多祕本，世所鮮見。予雖困頓簿書，日借其經學一類，課兒輩抄錄之，攜歸京師。壬午，河決，王孫之書盡沈洪流中，賴予家猶存其什一。至甲申之變，予家玉鳧堂積書七萬餘卷，一時星散，無復片紙存者。是歲秋

冬，僵臥城東魚藻池上，書賈荷書來售，多予家故本封識，宛然泫焉欲涕，又中祕故藏，狼藉於市間，質衣物收之，病廢之餘，猶取諸書有裨經學者，或錄其序跋，或錄其論說，久之成帙，數年以來，朝焉夕焉，饑當食，寒當衣，孤當友，病當藥石者，惟此是賴。禹航嚴子顥亭省母南還別予，退谷因託而梓之，以公同志，老病餘生，名根久斷，非敢以此侈該博也，古人遺書，日就銷滅，經學之書，存世者尤鮮，嘗一臠而知全鼎，則經翼諸篇，誠窮理者之所必資也。顥亭之意與予相同，而予更識其聚散之感如此，朱彝尊序曰：古之仕焉而已者，歸教其鄉里，尊之曰先生，親之曰父師，王者養之則曰國老，乞言合語，載諸惇史，授數而論說之，若傳記所稱老彭、老聃，皆殷周之國老，而遲任、周任之言，殆即惇史之文也。漢之時，伏勝、張蒼、轅固博士、江翁、胡母生、杜子春之徒，多以耆耋教授弟子，蓋聖人之道，莫備乎經，學者必老成人，是師庶學有統，而道有歸，然守一家之說，足以自信，不足以析疑，惟眾說畢陳，紛綸之極而至一者，始見故反約之功，貴於博學而詳說之也。吏部侍郎宛平孫先生，年八十矣，好學不倦，集漢以來諸儒五經序義，分為二十卷，名曰『五經翼。』給事中餘杭嚴公鏤版行之，先生凡五致書，命予為序。予惟經學之不明非一日矣，自漢迄唐，各以意說，散而無紀，其至於背畔，貴有以約之，此宋儒傳注所為作也，今則士守繩尺，無事博稽，至問以箋疏，茫然自失，則貴有以廣之，先生是書，所為述也。當萬曆中，周藩宗正瀳甫，藏書八萬餘卷，至黃河水決，遺籍盡亡。初，先生知祥符縣事時，從其孫永之借鈔諸經義後，又益以祕閣流傳諸書，故多世所未見者，予不學，未能發明五經之蘊，因述先生之老而好學，無愧於古之致仕者，以為當世法，俾讀其書，若見惇史，且及其采輯所從來，蓋歷數十年而始成，洵匪易矣。嚴公亦與予善其勤學下士相等，事三老者必有五更，告於先生者，必及君子，然則舍嚴公其誰也。」

　　汪士鋐〈五經翼序〉云：「翼世者經，而翼經者儒，此孫北海先生《五經翼》之所為作也。其書首列諸經傳序，旁及論議，以發揮經義之大

端，鉤深而致遠，探賾而索微，其為功於經也多矣，其於《春秋》則及三《傳》。《禮經》則及《周禮》，於羣經亦未嘗不備也。先生禮樂經濟為天下宗師，年八十三而沒，易簀時嘗自言曰：『少為書生，老為經生，亦無憾矣。』然先生非徒經生也，平居直言敢諫，矢口論事，一根本於經術，所著書多至三十餘種，考正經傳之微文，折衷史家之得失，參定累朝之典制，表章歷代之人物，凡天文、地理、河漕、水利，無不窮其源以達其流，究其本而迄其末，學者讀之，真可坐而言，起而行，此先生著書之大略也。以其書之多難於傳寫，獨《五經翼》向曾開版，今其孫天津衛訓導亞封補刻之，以行於世。余與亞封昆弟交垂三十年，竊聞先生緒論，因屬余序其後。余之夢先生者久矣，丁卯歲嘗夢侍坐隅，先生時與崑山顧亭林先生講論道藝，顧謂鋐曰：『子讀書日幾卷？』鋐唯唯謝不敏，鋐生也晚，未嘗識先生之形容，不知何以見之於夢，及與其孫旦復遊至芥舟書屋云。此先生與亭林先生講論，處恍如夢中，所見精誠所感，良非偶然。余嘗裒集兩先生之書，冀得私淑一二，而因循廢墜，今日月逾邁，其能自奮於學乎？其於先生之書能講明而切究之乎？此所以抱愧於先生也。且復先生之長孫也，當蔭補入官，終其身讀書不就至，其子稼升始以次補州牧，而亞封僅為廣文，然其才可用為可喜也。」（《秋泉居士集》卷二）

　　李光地〈孫北海五經翼序〉云：「余始讀書翰林，問舊人舊事於師友間，或告之曰：『此地北海孫先生，前朝遺獻也，年八十矣，而論道著書不息，子其見之乎？』先生與蔚州環極，魏公厚余，於是修後輩禮，從公謁見，望其神氣清健，如五六十歲人，獨兩耳偏塞，然有所問叩，輒酬酢如應響，蓋所謂能以目聽者，古之真人與先生在前代遍友天下士，所與深契則劉念臺、黃石齋、蔣八公數人爾故，余之假歸也，先生以書送之曰：『某平生師友盡在閩中，謂黃、蔣也。』顧明之季年，學無師法，橫鶩別驅，議論大駮，其宗指皆與程朱牴排，雖劉、黃諸君子不免，先生獨斷，然以洛閩為宗，尋其厲階戎首，以為異學蠭興，姚江倡之也，故於伯安學術言行，摘抉批繩，無所假借，晚於諸經，皆有著述，而斷斷然朱子

是翼，曰：吾翼朱者所以翼孔也，畿內學者其後如魏柏鄉、張武承，皆確守朱學，柏鄉盡讀宋人書而武承攘斥餘姚不遺餘力，其端皆自先生發之，余視學時，其孫琰以教職日進見，慨念前輩期待之敦，喟然懷舊又十餘年，以其經說請序，適聖天子昌明正學之會，而邦畿首善之區，諸君子殆應候之春華，而先生尤為剝盡之碩果，余固亦受天子之道化，而與聞於斯者，於是乎書。」（《榕村集》卷十二）

熊文舉〈孫北海先生五經翼序〉云：「北海先生以《五經翼》目次見示，且屬之序。予惟經學之不明，至今而極。古先大儒守一經，自少而壯而老，大之則用以謀王斷國，細之則用以範身治心，即不幸而遭世亂、值時窮，猶抱其遺文，慟哭於殘山剩水之間，而所志不渝，堅於金石。自經學不明，儒生束髮，授讀至盧首，而罔明大義，即梯榮貴、都顯要，而問以所治之經何？若張口茫然。子輿氏所謂『經正則庶民興，庶民興，斯無邪慝』，信乎其言之可思也。北海先生自以宮保少宰得請，杜門讀書者十年，雖在輦下，如居萬山，其家藏圖書之富、翰墨之精，等於酇侯之籍、茂先之乘，先生丹鉛較勘原本，極命諸所著述，具關民彝物則，理學性宗，而於五經尤為究心。予不及悉覽其全書，然觀其目次，所列跋言論說，則已覺諸大儒之鉤深纂要，獨悟旁搜，歷歷如指諸掌，此先生守先待後，息邪距詖之書，未可以淺近窺測也。昔人謂許平仲、吳幼清，打火秉炬，尋濂、洛、關、閩之絕緒於風雨晦冥之際，先生有同心焉。先生與文舉同譜誼者三十餘年，曩在東銓，朝夕肩隨，勗勉諷議，具皆先民正直之風，朝行奉為蓍蔡，今退而朝夕一編，風簷呫嗶，無異儒生，寶笈搜尋，無非典故，即文舉走俗抗塵之暇，每一相過，如入珠宮，應接不暇。余別先生，跧伏田間者又十餘稔，雖不敢廢學，然泛濫詞章，了無所得，老大相見，虛負駒隙，能不爽然耶！先生近著有《藤陰札記》、《畿輔人物志》、《元名臣志》，皆許余一觀，而惜乎予病沈頓，席未及暖，又復乞骸南歸，頹齡潦倒，繼見難期，冀此後暮雲春樹，緗帙芸香，猶往來夢中也。一以得之於心者言之，刊落浮華，獨標正義，雖廣川、河汾復起，不

能難也。作者、序者，其今之學林乎。」（《 鷗閣近集》卷一）

　　案：收錄《五經翼》，《四庫全書存目叢書》經部，第151冊，據中國科學院圖書館藏清康熙二年刻本影印。

《春秋繹正》　鄭光弼撰，〔佚〕

　　鄭光弼，1626前後，浙江慈谿，字右君，師顏鯨，據雍正《寧波府志》云：「鄭光弼，字右君，慈谿人，制行方嚴，言笑不苟，即暗室無惰容。萬曆中，以貢授餘杭訓導，師範肅然。有二生負俊才，善文藝，而多穢行，守令皆以為後當貴顯，不敢制，光弼呼至明倫堂，聲其罪而杖之，陞安吉州學正督學。使者涖郡謁廟，日旰不至，諸生飢疲甚，光弼曰：『謁廟而不夙駕，是慢先師也。諸生第歸，即有譴，吾自當之。』已而使者至，問諸生安在？直前應曰：『日云莫矣，謂非行禮孔廟時也，皆散去。』使者大怒，辱之，即日辭官歸，後復為太平府教授，而餘杭二生皆已登進士，遂囑所私，罷其官。光弼師顏沖，字鯨，聞慈湖之旨，晚年深造默悟，神解超脫，既沒，學者祀之慈湖書院，時同師沖宇者，有錢仲選、陳應式、王應選，光弼以口學神選，應式以廉介應選，以文章稱顏門四弟子云。」（卷之二十五）

　　案：雍正《寧波府志》著錄。光緒《慈谿縣志》作「春秋繹」，

《春秋鞠說》　倪元璐撰，〔佚〕

　　倪元璐，1593-1644，浙江上虞，字玉汝，號鴻寶，據黃宗羲云：「倪元璐，字玉汝，上虞人。天啟壬戌進士，入為庶常，散館時上虞有兩庶吉士，其一陳維新，例補一人於外，而元璐有文名，維新乃以其再娶事詰之，臣父黃忠端持不可乃已。魏忠賢敗，其餘黨楊維垣等猶持三案之說以詘君子，元璐奏要典為魏氏之私書，請毀之，毅宗曰：『可。』於是小人側目，誠意伯劉孔昭復訐其再娶之事，遂歸。已而起戶、禮兩部尚書，

兼翰林院學士，彰儀門失守，有詔召入，密語移時，而出城陷，元璐緋衣南北拜，至關壯繆像前，酌酒酹之，訖而自酹，出坐堂上書其几曰：『宗社至此，死當委我溝壑，以志其痛。』自經於坐，當議諡之時，劉宗周欲以『文忠』諡之，而元璐之弟元瓚，必得『文正』為榮，孔昭復猖狂不已。嗟乎！孔昭固小人之論，然不如『文忠』之於元璐宜也。」（《弘光實錄鈔》卷二）

案：《經義考》、光緒《上虞縣志》著錄。

《春秋內外傳合編》　邵輔明撰，〔佚〕

邵輔明，1593-1644，浙江鎮海，字廣良，據光緒《鎮海縣志》云：「邵輔明，字廣良，兵部尚書輔忠弟，讀書明大義，不屑屑章句之學，好《左氏春秋》，手校《內外傳合編》，邑令樊王家為梓以行世。性剛直，與人無妄交，戚族貧者，多施與之。年五十應序貢，同庠姚守沖居其次，輔明語之曰：『君老矣，我何忍先君也。』白於學使者，讓貢於姚，學使者義之，踰二年甫貢，卒。」（卷二十二）

案：光緒《鎮海縣志》著錄。

《左傳鈔》　鄭鄤撰，〔佚〕

鄭鄤，1594-1639，江蘇武進，字謙止，號峚陽，據金日昇〈鄭太史〉云：「公名鄤，字謙止，別號峚陽，直隸武進人，舉天啟壬戌進士。公少穎悟，過目成誦，髫齓時知名世貴盛，然嗜讀書，好折節，東南名士爭重之。十九舉于鄉，迨第禮闈入史館，才名籍甚。董宗伯玄宰評其制義，直繼王唐公，清方英特，不肯徇格套。時王司寇紀以劾客魏被削，策蹇驢出都，公賦〈蹇驢行〉送之，一時傳誦。吉水鄒先生時引講學曰：『吾畏友也。』入館七十日，會文殿撰震孟上書，浹旬不報，時傳中外，有線索交關，公慨然抗疏，直陳留中及內降之弊，疏引權璫熸竊姦輔，藉

叢語有摘之以激，璁怒者幾不測，值講筵諸老申救，得落二級去。公歸益
閉門著書，忠愛惻怛，恒見乎詞，村居却掃，江左人士望之，有天際真人
想獨于諸君子之逮也，皆周旋無所避。邏卒偵以報璁，會六君子同死詔
獄，獄生黃芝六葉燦然，為獄卒所蹴，公為賦〈黃芝歌〉，詞聞都中，璁
怒甚，而公父振先曾任禮曹，首劾山陰朱相名，言云：『此人非可起者，
因有不簡之說，蓋震孟七年，湯火萬種，迆邐摠緣，此一疏然而不自悔
也。惟是空言無施，不能稍報國恩萬一，以為深歉。若謂沽敢言之名，樹
先見之幟，則主臣雖夢寐所不敢出矣。』震孟以十八日拜疏，後五日尚未
奉旨，孟謂言而不用，或遂譴責無所不可，奈何以小臣故復啟留中之漸
乎。遲十日，旨不下，當再補牘耳，同官鄭君鄤曰：『此須他人繼之。』
即于二十四日入奏，以揭致福清公。公云：『文疏非留中，直忤內意，將
有處分，以皇女喜筵未竣，稍緩耳。』越四日，遂同謫。」（《頌天臚
筆》卷十三）

　　鄭鄤〈左傳鈔序〉云：「吾夫子志在《春秋》，邱明志夫子之所志，
故依經而作傳，但經義嚴于筆削，傳則相雜之文斐然矣。二百四十年間，
作者如身在事中，使讀者千載而下，猶如身在當時，真古今之絕奇也。其
文一出一入，深得謹嚴之意，而昌黎乃以為浮誇何哉？子曰：『巧言、令
色、足恭，左邱明恥之，丘亦恥之。』若浮誇之去巧令幾何？蓋秦漢以
後，鮮足與于斯文也已矣。」（《峚陽草堂詩文集》文集卷三）

《公穀合鈔》　鄭鄤撰，〔佚〕

　　鄭鄤〈公穀合鈔序〉云：「左氏雖傳《春秋》，而身為魯史，當陽所
舉四例，依經辨理之外，尚有先經、後經、錯經者，實自為一書。公、穀
乃專釋經者也，二人皆受經子夏，淵源非遠，然游、夏當時自謂不能贊一
詞，況後焉者乎！獨其文筆之高，直有足發千古者。愚嘗謂：『《左
傳》，《史記》之祖也；《公》、《穀》，韓、柳之祖也。《公》之毅而

舒，韓得之；《穀》之峭而幽，柳得之。」自謂斯言百世不易，乃合而鈔之，亦猶之文章之見也。」（《崒陽草堂詩文集》文集卷三）

《胡傳鈔》　鄭鄤撰，〔佚〕

鄭鄤〈胡傳鈔序〉云：「《公》、《穀》專釋經，《左氏》以當時之事釋經，文定生《春秋》之後千有餘年，曆數三代以下，冠履倒置，禍敗紛紛，以為此皆不明于《春秋》之義也，故繇後世之事而追《春秋》之法，讀其書真有廓清摧陷，山立芒寒之氣。愚嘗以胡《傳》與溫公《通鑑小論》皆有宋不朽之文也，王安石廢《春秋》，姦邪夷狄之禍，遂與宋相終始，是豈可不為寒心哉？後生但以訓詁視之者，非也，為鈔其略。」（《崒陽草堂詩文集》文集卷三）

《春秋繹》一百五十六卷　何楷撰，〔佚〕

何楷，1594-1645，福建晉江，字玄子，號黃如，據李清馥〈何玄子先生楷〉云：「何楷，字玄子，漳浦鎮海衛人，生有異質，書過目不忘，天啟五年登進士，時魏璫肆毒，朝紳楷不謁選而歸。崇禎時，起戶部主事，榷滸墅關事竣，進員外郎。七年，詔簡部曹為言官，大臣多推楷，改刑科給事中。流寇陷鳳陽，燬皇陵，楷疏劾撫臣楊一鵬，按臣吳振纓下獄，語侵輔臣溫體仁、王應熊，旋復劾兩人朋比行私，言振纓為體仁私人，一鵬為應熊座主，情面重則祖宗之陵寢為輕，朋比濃則天下之刺譏不恤，語甚切至，忤旨鐫一級，復疏請罷內操，上又不從，是時上憤，在廷之臣多貪庸，顧身家視君國，輒泄泄思欲痛整齊之，于是詔獄繁多，司寇諸曹郎日不暇給，有言者上疑為偏護，舉朝皆結舌無敢言，楷乃疏陳〈慎刑八議〉，娓娓千言，援祖制、明國典，寄匡救于將順之中，天子知其諷切也，一時獄稍寬，楷自以身為言官，不得默，朝廷每有大事時，政有得失，嘗侃侃敷陳，議保舉、言擇相，請停秋決，及言海寇宜勦，併駁諸大

臣情弊，即皇陵一案，楷已得罪，尤復再申前說，謂二輔輕視祖宗，勇護私黨，政本何地，相率為比，尤而效之，弊將何極？及應熊陳辨，楷復駁其明旨未下，應熊何知置辨？必有往來，偵探漏禁中語者，應熊竟由此罷去，蓋天子亦知其敢言，雖不能悉從，然顧心志之，未幾改工科都給事中。時火星逆行，天子減膳修省，兵部尚書楊嗣昌，方主款因歷引前史惑帝意，楷疏駁其立言本心，附會岡上，及嗣昌奪情柄政，楷又疏劾其非忤旨，貶二秩為南京國子監丞，旋丁內艱，乃歸，講學于紫芝書院，服闋，諸大臣請復原官，上不許。既而國用匱乏，朝廷思用鈔，乃召楷問鈔法，至南都而京城已陷矣。楷博綜羣書，寒暑不輟，尤邃于經，所輯《古周易訂詁》、《詩世本古義》最精博，《春秋繹》尚少四公，然皆為學者所傳云。」（《閩中理學淵源考》卷八十三）

　　案：《傳是樓書目》云：「隱公至襄公止」。

《春秋戰略考》一卷　茅元儀撰，〔存〕

　　茅元儀，1594-1639，浙江歸安，字止生，號石民，據同治《潮州府志》云：「茅元儀，字止生，號石民，歸安人，國縉子。少孤，雄傑異常兒。萬曆三十六年，湖大饑，太守陳幼學集議賑荒，群公囁嚅莫敢應，元儀垂髫奮袖，請盡傾困廩賑國人。太守嘆異曰：魯子敬不是過也。元儀好談兵，通知古今用兵方略，及九邊阨塞，口陳手畫，歷歷如指掌。慕古人毀家紓難，慨然欲以有為。天啟元年，以邊才薦箚，授副將。母喪歸葬。孫承宗督師以書生辟幕僚，與策兵事，皆得要領，常出塞相視紅螺山，七日不火食，從者皆無人色。元儀自若。承宗謝事，元儀亦罷歸。崇禎元年，進《武備志》，奏言邊事，及兵食富強大計。帝命待詔翰林，尋又以人言罷。二年，承宗再出視師，半夜出東便門，元儀腰刀匹馬以從，四城既復，特授副總兵，提轄遼海覺華關島，署大將軍印。旋以兵譁下獄，遣漳浦，邊事急再請募死士勤王，時相惡之，不許。早夜呼憤縱酒而卒。元

儀自負經奇，恃氣凌人，詩文才氣蠭涌，搖筆千言立就，而志之所存，在乎籌進取，論匡復，畫地聚米，決策制勝，有《石民四十集》。」（卷七十五）

茅元儀〈戰略考〉前序云：「茅子曰：良工不能離規矩，哲士不能離往法。古今之事，異形而同情，情同則法可通。古今之人，異情而同事，事同則意可祖。故我列著之以為今之資，宋有《百戰奇法》，繼有《百將傳》、《續百將傳》、《史略戰宗》，近有《諸史將略》、《運籌綱目》、《決勝綱目》，皆鎖割而無當，唯姜氏《兵覽》差詳，吾彙輯諸家本之正、稗二史，以為『戰略考』。夫曰：略則非略弗錄也，略弗奇弗錄也。每舉一事，而足益人意志，雖言之竟日而弗倦，試之萬變而不窮，是可以觀矣，是可以觀矣。」（《武備志》卷十九）

茅元儀〈武備志序〉云：「國家自受命以來，承平者二百五十載，士大夫無所寄其精神，雜出於理學，聲歌工文，博物之場，而布衣在下，不得顯於時，亦就士大夫之所喜而為之，不如此則不得附青雲而聲施也。至介弁之流，亦舍其所當業，而學士大夫之步何也。人不能以已所不知者知人，而喜以同已所知者為賢，故朝野之間，莫或知丘。又古者文武之途合，故仕者亦迭為之，迭為自不得不兼工其學，自本朝始判焉若水火，而洪、宣以來，文帥之權又日重，是以不知者制所知，限其學而責其效也，故東胡一日起，士大夫相顧惶駭，文士投袂而言者，武弁能介而馳者，即以為可將。上以此求下，以此應計，無所之則，靦顏而曰神而明之，存乎其人。嗟乎！一人之身，聰明無兩具也，使士大夫遊塾就傳，目未窺書之日，父不以教，師不以傳，而能握筆縱橫，屈伸如意乎。今日之縱橫屈伸者，未必皆所教、所傳也，而非教傳又不得故。竊願朝野之士，及時而習之，猶可作三年之艾，無徒高其氣而自欺為也。今士大夫不習之故，大約有五：一曰『易而不玩。』古之兵家，流不下百餘種，而今之所存者唯數家，數家之中，變化權奇，用之無涯。而士大夫以為坦率共布，不足深研，是六藝不堪以究理，而壁本口授之外，有別妙也。一曰『狹而自

用。』古者今之師也，故《周官》有萬世可行者，而漢唐宋之美法，至今有司舉之而輒效。獨名將制勝之方，以為已陳之迹，置而不問，嘗見臨事者竭晝夜之劈畫，而僅得古人之什一，始信不如資古者之便而利也。一曰『震而自棄。』夫營陣之制，始於握奇，握奇之法，出於井田，八門六花之類，皆其支緒。但其命名變制，俱欲以愚敵目、新士氣，而附會者遂崇之如祕籙天書，士大夫不深維其意，明考其法，而遂以為必不可窮究之事。至於進退之次，搏擊之方，稽之唐宋之祕術，皆不能出近日名將之上，又以震古而不屑蹈今，若是則何日而可合乎。一曰『惰而自窘。』器械不利以其卒，予敵也，而制器繕甲，攻守水火，以至立營設壘，芻牧餽餉，各有成法。有古勝於今者，既徇近而靡討。有今勝於古者，又徇人而不專是。不知藥性，而欲講衛生之術也。故任有司之見欺而不知，視將吏之蹈危而不察，甚至草創兒戲，以兵為弄率繇此也。一曰『昧而自蹈。』占天度地，不特於兵也，而兵為甚。士大夫既不習天官之言，又不講阨塞之勢，一朝領中權，視術士之紛紜而不知折衷，撫天下之形勢而不知緩急，欲悍然為之，而違天背地，必不能也。余竊悲之，為作《兵訣評》。兵訣無過於六家，為疏其滯，而又刪舊註之煩，標其要而又明舊解之，若《衛公問答》，《太白》、《虎鈐》二經，所以注疏六家者也，并表而出之，曾宣靖以為深而難究，馬端肅以為隱而莫窮，庶其免矣。為作《戰略考》，古之戰略見於史傳，或彙之成書，而患於鎖割。今循時而譜之，固有一事而備數法，亦有倚古而繹新心者，皆可得也。一曰『陣練制。』古之陣圖，散在方策，舉而合之，而又陳異同之說，使明者之自索其進退賞罰之法，古今異制，而同意皆所以習耳目也。搏擊馳射之法，雅俗異說而同情，皆所以習手足也。合之而教，戰有方矣，為之作『軍資乘』，軍資不出八端：一曰營、一曰戰、一曰攻、一曰守、一曰水、一曰火、一曰餉、一曰馬，並羅其法，使用者無缺，則疲卒可以當銳師矣。一曰『占度載。』占之言甚雜，雜則簡其明中者。度之事甚煩，煩則撮其條著者。立譚之頃而可以盡陰陽之變，指掌之中而可以料四海之形，則變而化之，不

可測矣，合五者而名曰『武備志』。夫有文事者，必有武備，此三代之所以為有道之長也。自武備弛而文事遂不可保，故昔人有言：『我不為此，君安得坐譚乎。』嗟乎！使一人之獨為此，國家亦何幸焉。嘗考良將之多，遠莫如春秋戰國，近莫如三國六季，而漢唐宋之末，其將亦勝於盛時，何也？此寄精神之說也，時之所需在彼，則工者必多，特患不豫耳。曹子桓有言：『先帝以世方擾亂教余學射，非英雄之先識乎，處承平之日，其孰能之』。」

案：收錄《武備志》，《四庫禁燬書叢刊》子部，第23冊，據北京大學圖書館藏明天啟刻本影印。

《春秋要義》　鍾汝正撰，〔佚〕

鍾汝正，1627前後，江西南昌，字弱幹，據同治《南昌府志》云：「鍾汝正，字弱幹，南昌人，天啟丁卯歲貢，授台州府訓導。至則捐俸，倡修學宮，刻〈鹿洞規條〉訓飭士子，諸生中有敗行者，跪明倫堂，引咎自責，士行益修，尤喜誦程子〈四箴〉，篤志力行，人咸式焉。」（卷四十四）

案：同治《南昌府志》、光緒《江西通志》著錄。

《麟酌》　刁包撰，〔佚〕

刁包，1627前後，河北祁州，字蒙吉，號用六居士，據趙爾巽《清史稿》云：「刁包，字蒙吉，晚號用六居士，祁州人。明天啟舉人。再上春官，不第。遂棄舉子業，有志聖賢之學。初聞孫奇逢講良知，心嚮之。既讀高攀龍書，大喜，曰：『不讀此書，幾虛過一生。』為主奉之，或有過差，即跪主前自訟。流賊犯祁州，包毀家倡眾誓固守，城得不破。時有二瑭主兵事，探卒報賊勢張甚，二瑭怒其惑眾，將斬之，包厲聲曰：『必殺彼，請先殺包。』乃止。二瑭相謂曰：『使若居官者，其不為楊、左

乎？」賊既去，流民載道，設屋聚養之，病者給醫藥，全活尤多。有山左難婦七十餘人，擇老成家人護以歸。臨行，八拜以重託，家人皆感泣，竭力衛送。歷六府，盡歸其家。甲申國變，設莊烈愍皇帝主於所居之順積樓，服斬衰，朝夕哭臨如禮。偽命敦趣，包以死拒，幾及於難。遂隱居不出，於城隅闢地為齋曰潛室，亭曰肥遯。日閉戶讀書其中，無間寒暑，學者宗焉，執經之履滿戶外。居父喪，哀毀，鬚髮盡白。三年不飲酒食肉，不內寢。及母卒，號慟嘔血，病數月，卒。所著有《易酌》、《四書翊注》、《潛室劄記》、《用六集》，皆本義理，明白正大，又選《斯文正統》九十六卷，專以品行為主，若言是人非，雖絕技無取。」（列傳二百六十七）

　　案：鄒鍾泉《道南淵源錄》著錄。

《春秋引斷》　　鄭賡唐撰，〔佚〕

　　鄭賡唐，1627前後，浙江縉雲，字而名，號寶水，據光緒《處州府志》云：「鄭賡唐，號寶水，縉雲人。少聰穎，善屬文。弱冠，舉天啟丁卯鄉試，問學南屏，深有契於姚江之學，屢困禮闈，益講求經世之務。父母高年，晨昏起侍如孺子，養葬竭盡孝道，著《兩漢語水》、《春秋引斷》、《易蒐》諸書，祀鄉賢。」（卷之十九）；雍正《浙江通志》云：「鄭賡唐，《舊浙江通志》：字而名，號寶水，縉雲人。少以聖賢自勵，天啟丁卯舉於鄉，事母極孝，一舉動必稟命，晨昏愉惋如孺子，執親喪，水漿不入口三日，葬則躬營土石，所著有《讀易蒐》、《春秋引斷》、《質疑語林》諸書。」（卷一百八十七）

　　案：光緒《處州府志》著錄。雍正《浙江通志》作「鄭賡居」，「唐」字誤作「居」字矣。

《春秋質疑》　鄭虧唐撰，〔佚〕

案：光緒《處州府志》著錄。

《春秋講義》　蔣燦撰，〔佚〕

蔣燦，1628前後，江蘇長洲，字弢仲、韜仲，據同治《蘇州府志》云：「蔣燦，字弢仲，育馨子，崇禎元年進士，除餘姚知縣，調上蔡縣。修城闉、嚴保伍、練壯勇，為守禦備，流賊不敢犯，陞兵部主事，歷員外郎郎中，擢天津兵備參議，繕衛城，作三臺於丁字沽楊村，楊柳青以為捍蔽，保全南浙白糧數萬，南直解餉十萬，長蘆鹽課六十萬，坐事謫戍福建，赦歸。明亡後，杜門養母，母歿哭泣，病目至雙瞽，卒年六十九。」（卷八十七）

案：同治《蘇州府志》、民國《吳縣志》著錄。

《春秋提奇》　陸雲龍撰，〔佚〕

陸雲龍，1628前後，浙江錢塘，字雨侯，號孤憤生，又稱翠娛閣主人。

陸雲龍〈五經提奇小序〉云：「千古大文章，創于人之意，意貫于中達于脉，是為脉其間，行所當日，止所當止，則勢與格生焉。若夫點染鏤刻，令有聲色詞調，良所不廢，正如大而天地、無極、太極；肇其意，陰陽、兩儀；衍其脉，風雷、星河、岳瀆、山海。現其象，颮飛霆奮，暑溽寒凝，麓走岩橫、川迴流注，其氣勢乎？經緯錯綜，遲回伏逆，流峙微鉅，緩急離合，其格法乎？烟霞朝暮，星雲日夕，林岫錦綺，波瀾紋縠，其詞調乎？序有相因，機有必至，天地固文章祖也。古人觀于天地而文生，五經為其正嫡，上自君師聖哲，下暨牧夫遊女，發而弘章大軸，或亥調短什，當日不過舒其意已耳，高者不假修琢，卑者不知修琢，然而正惟

不修琢，其氣勢更渾，格法更奇，詞調更自可味，一披覽令人心目俱快者，第經生知晰理意，脉無有不知，而格勢句調，每多憒憒，蓋亦昧卻古人一段心矣。近得選本，頗知及此，因為增定，名之『提奇』，而奇者想亦盡于此。」（《翠娛閣近言》卷一文）

《公穀提奇》　陸雲龍撰，〔佚〕

陸雲龍〈公穀提奇小序〉云：「宣尼以一部刑書維持天下，所以隆重中國，隄擴戎夷，扶進忠懿，懲刈奸亂，一字之中，有無限雨露霜霰，顧其意甚微，詞甚苦，會者會之，昧者亦昧之，司寇據案，明罰伸紀，使非有老吏焉為之褫其隱心，比以正，律其口，正曉曉也。翼經之書，時有四為，《左》、《國》、《公》、《穀》，《左》、《國》，琢聲飾句，務足人聽，辭令之美，良先後世然，而臧否未著，唯《公羊》則似明于訊鞫，委蛇曲折，刺入隱情，使人無從規躲。《穀梁》則似果于斷制，嚴厲迅猛，定人功罪，使人無可辨折，其間論議，不無合離。要為宣聖之功臣，史氏之鼻祖，一也。顧其文，純用喚法，似複且套，不耐多讀，予特拔其句調靈雋，議論沉異，奇快可喜者，合為一帙，非敢云已摘其標夫，亦奇我所奇云爾。」（《翠娛閣近言》卷一文）

《麟旨定》一卷　房之騏撰，〔佚〕

房之騏，1628前後，河北順天，字昂若，據雍正《山東通志》云：「房之騏，字昂若，順天人。崇禎時，給事禮垣以忤權貴，落職後起用，督學山左，陞布政使。以親老乞養，遂占籍益都。所著有《蒲上聞評》、《山居雜志》、《掖垣疏稿》、《麟旨定》諸書。」（卷三十一）

案：雍正《山東通志》、咸豐《青州府志》著錄。

《春秋繁露直解》四卷　　冒起宗撰，〔佚〕

冒起宗，1628前後，江蘇如皋，字宗起，號嵩少，據嘉慶《大清一統志》云：「冒起宗，如皋人。崇禎進士，授行人，選南考功，掌內計。時憚其方正，出為兗西僉事。會流寇據河南，起宗監河上軍，賊不能渡。後備兵嶺西，旋調湖南寶慶副使，以憲副督漕江上。乞休歸。」（卷一百六）

案：嘉慶《如皋縣志》、光緒《通州直隸州志》著錄。

《春秋易義》十二卷　　林孕昌撰，〔佚〕

林孕昌，1595-1622後，福建晉江，字為磐，號素庵，據李清馥〈銓部林素菴先生孕昌〉云：「林孕昌，字為磐，號素菴，晉江人。祖雲龍，隆慶丁卯舉人，官至運同，晚好讀《易》，手評二程及易傳，時與布衣黃季論學，必依程朱、盧齋正派，年九十終為諸生，時即志濂、洛、關、閩之學。天啟二年進士，歷官吏部文選司郎中，其秉銓衡澄，敘官方疏恤，直節薦揚理學諸名臣，後以避璫黨，忤權貴，借他事下詔獄，百日歸家，立朝僅兩歲，已而三徵不出，里居講學，從遊者屨滿，所著有《易史》、《象解廣占》、《續小學》、《春秋易義》、《泉山小志》、《經史藕義》、《旦氣箴語錄》、《在茲會語》、《筍堤集》，未梓者有《論語藕義》、《尚書》、《三禮》、《三百篇稿》，《前後戊己》、《自鏡錄》、《雁山集》等書。」（《閩中理學淵源考》卷七十六）；李清馥〈童先生子煒〉云：「童子煒，林氏素菴門人，其序素菴《春秋易義》略曰：煒方髫齡，即炙先生之教，受知特深，日與彙翁世兄同硯席，親承提命，立雪春風者數十載，茲復與彙翁同宦一方，適《易義》一書，正在剞劂，煒因得効校讎之役，聊述生平，有得於《易義》之旨，以誌授受淵源之有自如此。（童氏撰林素菴春秋易義序）」（《閩中理學淵源考》卷七十六）；《千頃堂書目》卷二云：「以《易》證《春秋》之義，故曰『易

義』。」

　　案：《經義考》作「林胤昌」，《明史》作「林嗣昌」，乾隆《福建通志》作「林允昌」，道光《晉江縣志》作「林孕昌」，皆為同一人耳。

《春秋總論》　林孕昌撰，〔佚〕

　　案：乾隆《泉州府志》、道光《晉江縣志》著錄。

《春秋簡秀集》三十四卷　董守諭撰，〔存〕

　　董守諭，1596-1664，浙江鄞縣，字次公，學者稱為長嘯先生，師黃道周，據乾隆《鄞縣志》云：「董守諭，字次公，受業黃道周之門。性孤峭，不與人苟同，詩文排奡，亦類道周。中天啟四年舉人，七上公車不第，名亦日盛。是時，鄞人預於復社者，陸符、萬泰、董德偁與守諭而四，魯王據紹興，授戶部主事司餉，時大將王之仁請稅漁舟，又請行稅人法，守諭曰：『今所恃者人心耳，掊克已甚，民何以堪。』持不可，又請籍沒大戶，祀田以充軍資，爭益力，之仁大怒，守諭卒不為動，年六十九卒。縣令張幼學歎曰：『董君所謂名可得聞，身不可得見也。』」（卷十六）

　　案：北京國家圖書館藏清抄本。乾隆《鄞縣志》著錄。

《春秋纂》四卷　朱之俊撰，〔存〕

　　朱之俊，1596-1671，山西汾陽，字擢秀，號滄起、羼攝居士，據雍正《山西通志》云：「朱之俊，字滄起，汾陽縣人。前明壬戌進士，官國子司業。國朝起翰林祕書院侍讀，充纂修國史副總裁，以終養歸。少穎悟，讀書先經後史，渟滙演漾，復肆覽名山鉅川，偕海內耆宿，游詩古文辭，克成一家言，以上附汾晉作者，著《硯廬全集》、《五經纂注》、

《瑯環選奇》諸書，藝苑重之。」（卷一百三十七）

《四庫全書總目》云：「《春秋纂》無卷數，山西巡撫採進本。明朱之俊撰。之俊有《周易纂》，已著錄。是書大抵隨文生義，罕所根據。如『成風請救須』句，乃婦人左袒母家之常態，遽以『繼絕』美之。如斯之類，所見頗淺。又如『芮伯萬母』事，引隋獨孤后以責其咒，與經義了不相關。至於災異，必推事應，尤多穿鑿。」（經部三十·春秋類存目一）

案：收錄《四庫全書存目叢書》經部，第124冊，據中國科學院圖書館藏清順治十七年刻本影印。卷首附《提要》一卷，《叢說》一卷。

《春秋四傳合論》　夏允彝撰，〔佚〕

夏允彝，1596-1645，字彝仲，號瑗公，江蘇松江，諡文忠，據屈大均云：「夏允彝，字彝仲，號瑗公，華亭人。年十八，以儒士舉於鄉，與同郡陳子龍、太倉張采、張溥主社，三吳兩浙文風，因之一變。崇禎十年成進士，知福州長樂縣，以廉明稱。每至福州，上官有疑案，輒屬其讞問，允彝剖斷如流，備得情隱以最，擢吏部主事，宰輔薦其才，謂有經濟大略，兼為清流所重，烈皇帝為書名御，屏將大用之，未幾以憂歸。十七年三月，京師陷，悉以家貲餉義軍，助當事大夫討賊。思宗立，召考功司郎中，未赴。弘光元年六月，敵官至嵩江，下令招降，允彝為書與友人陳子龍，勉以光復之任，從容拜闕，投井死，魯監國贈左庶子，諡文忠，允彝之兄旭，後涉吳聖兆之難，自縊死。」（《明四朝成仁錄》卷六）

陳子龍〈四傳合論序〉云：「位莫尊乎天子，道莫大乎聖人，二者皆可以其權誅戮人者也。天子之所誅者，當矣，而匹夫時推論其所以，聖人之所絕者盡矣，而後之賢人，又各以己意，而多為之說，是重誅再絕也。然我知天子不口上人不惡，何則？事有輕重，罪有大小，散然各懲其當獲，而不立條貫，則事遠勢殊，人且莫得舉之矣。是故戮人而有刑書，紀世而有《春秋》，皆聚天下之惡，而俟夫議之者之多也，其欲夫議之者之

多者，何也？今夫人之嘗為盜賊者，既伏其罪，則將退而油油焉，自以為與平人無異，彼其心惟恐人指其嘗為盜也，然而人必指之者，恐其久而真以為平人也，故亂臣賊子，方幸夫人之一旦不我議，而忘其所以得罪，可以復縱橫而無制，是豈可一日縱舍哉？夫上之為辭也，簡下之為辭也，詳苟無其詳，則其忍毒之行、傾狡之情，靡得其考，而險賊之人，又豈能以單辭服耶？《春秋》既為經，而傳之者數家，各有異旨，今夏子又取而合論之，鈎情設疑，未知於孔氏同異，然要皆疾惡斷奸，不可廢也。夫數千百年之間，其罪既往，而人與骨亦已朽矣，然猶推其難見之情，而致其未盡之罰，斷斷如也。況有當吾世而身為盜者，望其忘而不議，豈可得哉？古之仁聖賢君，用心固若是，其服且亟也。士負當世之望而不知《春秋》之義，以為緘隱養晦，以免時難，幾何而不使盜為平人哉！嗟乎！當塗搖濁，是非舛謬，布衣無位之人，又退儒于威權勢力而不敢議，清濁齊流，順逆一致，良可憂矣。夏子身無王公貴人之任，而亟亟乎嚴之，雖知無益，世亦有聞而畏者，明天子在上，可舉而告矣。雖然！亂賊之生，將無已時，曷勝誅哉，依《春秋》以正義徵，諸家以折獄，若曰：『彼之罪若是，久而益深也。』我知今人讀夏子之書，必有惴惴而懼者，又有悻悻而思報者，彼何人哉？彼何人哉？」（杜騏徵《幾社壬申合稿》卷十三）

案：《經義考》著錄。嘉慶《松江府志》作「春秋四傳合編」。

《麟經詮解》四十卷　吳名溢撰，〔佚〕

吳名溢，1629前後，浙江錢塘，字竪知，一字我匏，據雍正《浙江通志》云：「吳名溢，《錢塘縣志》：字我匏，錢塘諸生。明季文體詭變，尚諸子百家、仙釋、語錄，聱牙詰屈之文，名溢乃沈酣六經，蔚以實義，作《麟經詮解》，考三《傳》互異，折衷諸家為《春秋詳註》，兩喪皆盧墓，著《喪禮注》，晚年構藥園於城東，與嚴沆、查繼佐、柴紹炳、祁爻佳、吳山濤輩，觴咏其中，有《藥園盍簪集》。沆嘗語人云：『林巒

標置當推是公非晚近人物也。」」（卷一百七十八）；民國《杭州府志》：「吳名溢，字豎知，錢塘諸生，博極群書，尤邃於《春秋》學。其《麟經注解》四十卷，參舉故說，能斷以已意，不謬作者，又慨三《傳》異同，各有是非，作《三傳折衷》一書……明季文體詭變，尚聱牙詰屈之音，名溢矯其弊，獨沈酣六經，蔚以實義，一掃虛驕。」（卷一百三十八）

案：康熙《錢塘縣志》、雍正《浙江通志》、乾隆《杭州府志》、民國《杭州府志》著錄。

《春秋詳注》　吳名溢撰，〔佚〕

案：康熙《錢塘縣志》、雍正《浙江通志》、民國《杭州府志》著錄。

《三傳折衷》　吳名溢撰，〔佚〕

案：乾隆《杭州府志》、民國《杭州府志》著錄。

《春秋解易旨》　張岱撰，〔佚〕

張岱，1597-1679，浙江紹興，字宗子、石公，號陶庵，別號蝶庵居士，據徐鼒云：「張岱，字宗子，山陰人。長於史學，丙戌後，屏居臥龍山之仙室，短簷頹壁，終日兀坐，輯有明一代紀傳，為《石匱藏書》。我學使谷應泰聞其名，禮聘之，不往，以五百金購其書，岱慨然曰：『是固當公之谷君，知文獻者得其人矣。』是時明季稗史多，體裁未備，惟岱書暨海寧談遷所著《國榷》，具有本末，應泰并採之以成《紀事》。岱於君臣、朋友之間，天性篤至，其著書也徵實詳覈，不以作者自居，衣寇揖讓，猶見前輩風範，年八十八卒。」（《小腆紀傳》補遺卷六十九）

案：民國《紹興縣誌》著錄。

《春秋陟岵篇》　　左懋第撰，〔佚〕

　　左懋第，1597-1631後，山東萊陽，字蘿石，據《明史》云：「左懋第，字蘿石，萊陽人。崇禎四年進士。授韓城知縣，有異政。遭父喪，三年不入內寢，事母盡孝。十二年擢戶科給事中。疏陳四弊，謂民困、兵弱、臣工委頓、國計虛耗也。又陳貴粟之策，令天下贖罪者盡輸粟，鹽筴復開中之舊，令輸粟邊塞充軍食。彗星見，詔停刑，懋第請馬上速傳。又請嚴禁將士剽掠，有司胺削。請散米錢，振輦下饑民，收養嬰孩。明年正月，剿餉罷徵，亦請馬上速行，恐遠方吏不知，先已徵，民不沾實惠。帝並採納。三月，大風霾。帝布袍齋居，禱之不止。懋第言：『去秋星變，朝停刑而夕即滅。今者不然，豈陛下有其文未修其實乎？臣敢以實進。練餉之加，原非得已。乃明旨減兵以省餉，天下共知之，而餉猶未省，何也？請自今因兵徵餉，預使天下知應加之數，官吏無所逞其奸，以信陛下之明詔。而刑獄則以睿慮之疑信，定諸囚之死生，諸疑於心與疑信半者，悉從輕典。豈停刑可止彗，解網不可以返風乎？且陛下屢沛大恩，四方死者猶枕藉，盜賊未見衰止，何也？由蠲停者止一二。存留之賦，有司迫考成，催徵未敢緩，是以莫救於凶荒。請於極荒州縣，下詔速停，有司息訟，專以救荒為務。』帝曰：『然。』於是上災七十五州縣新、舊、練三餉並停，中災六十八州縣止徵練餉，下災二十八州縣秋成督徵。十四年督催漕運，道中馳疏言：『臣自靜海抵臨清，見人民饑死者三，疫死者三，為盜者四。米石銀二十四兩，人死取以食，惟聖明垂念。』又言：『臣自魚臺至南陽，流寇殺戮，村市為墟。其他饑疫死者，屍積水涯，河為不流，振捄安可不速。』已又陳安民息盜之策，請核荒田，察逋戶，予以有生之樂，鼓其耕種之心。又言：『臣有事河干一載，每進父老問疾苦，皆言練餉之害。三年來，農怨於野，商嘆於途。如此重派，所練何兵？兵在

何所？剿賊禦邊，效安在？奈何使眾心瓦解，一至此極乎！』又言：『臣去冬抵宿遷，見督漕臣史可法，言山東米石二十兩，而河南乃至百五十兩，漕儲多逋。朝議不收折色，需本色。今淮、鳳間麥大熟，如收兩地折色，易麥轉輸，豈不大利。昔劉晏有轉易之法。今歲河北大稔，山東、東兗二郡亦有收。誠出內帑二三十萬，分發所司，及時收糴，於國計便。』帝即命議行。屢遷刑科左給事中。十六年秋，出察江防。明年五月，福王立，進兵科都給事中，旋擢右僉都御史，巡撫應天、徽州諸府。時大清兵連破李自成，朝議遣使通好，而難其人。懋第母陳殁於燕，懋第欲因是返柩葬，請行。乃拜懋第兵部右侍郎兼右僉都御史，與左都督陳弘範、太僕少卿馬紹愉偕，而令懋第經理河北，聯絡關東諸軍。馬紹愉者，故兵部郎官也，嘗為陳新甲通款事至義州而還。新甲既誅，紹愉以督戰致衄，為懋第劾罷。及是紹愉已起官郎中，乃進為少卿，副懋第。懋第言：『臣此行致祭先帝后梓宮，訪東宮二王蹤跡。臣既充使臣，勢不能兼理封疆。且紹愉臣所劾罷，不當復與臣共事。必用臣經理，則乞命弘範同紹愉出使，而假臣一旅，偕山東撫臣收拾山東以待，不敢復言北行。如用臣與弘範北行，則去臣經理，但銜命而往，而罷紹愉勿遣。』閣部議止紹愉，改命原任薊督王永吉。王令仍遵前諭。懋第瀕行言：『臣此行，生死未卜。請以辭闕之身，效一言。願陛下以先帝仇恥為心，瞻高皇之弓劍，則思成祖列聖之陵寢何存；撫江上之殘黎，則念河北、山東之赤子誰卹。更望時時整頓士馬，必能渡河而戰，始能扼河而守；必能扼河而守，始能畫江而安。』眾韙其言。王令齎白金十萬兩、幣帛數萬匹，以兵三千人護行。八月，舟渡淮。十月朔，次張家灣，本朝傳令止許百人從行。懋第衰絰入都門，至則館之鴻臚寺。請祭告諸陵及改葬先帝，不可，則陳太牢於旅所，哭而奠之。即以是月二十有八日遣還出都。弘範乃請身赴江南，招諸將劉澤清等降附，而留懋第等勿遣。於是自滄州追還懋第，改館太醫院。順治二年六月，聞南京失守，慟哭。其從弟懋泰先為吏部員外郎，降賊，後歸本朝授官矣，來謁懋第。懋第曰：『此非吾弟也。』叱出之。至閏月十二

日，與從行兵部司務陳用極，游擊王一斌，都司張良佐、劉統、王廷佐俱以不降誅，而紹愉獲免。」（卷二百七十五）

左懋第〈春秋陟岵篇自序〉云：「余小子之治《禮》先君子，命徙《禮》而《詩》亦先君子命，再徙而《春秋》先君子未嘗命，而先君子之志也。先君子有言曰：『《春秋》，余左氏書，兒輩無學者。』余側心識之而未能，先君子逝癸亥之七月，至甲子十二月葬，余臥苦侍先君子柩者十有七月，而『左氏書』一語未嘗敢忘，因於讀喪記餘，讀《左氏》、《公羊》、《穀梁》三傳，而其中與經義相發，并其文古、奧字、句奇，質者泫淚滴石，青以標識之，但憶先君子之言，而尚未敢徙《詩》治《春秋》。丁卯秋試不遇，歸理書笥得《春秋胡氏傳》一書，而泫然泣曰：『先君子之志也，可無以成之。』因與友劉子雨季共讀於先君子西墅之草堂，越三年庚午，而以《春秋》見識於衛仲玉先生，又辛未而識於陳明卿、李曉湘兩先生。余小子遂以《春秋》義起家，而《春秋》之精微要眇，實尚有所未窺，即先君子欲兒學《春秋》，或不止以制義，而余小子三年學之者，可見止此。壬申，令梁山之麓，簡《春秋》制義二十四首，癸酉入秦闈，擬《春秋》程二首，共為一帙，附秦闈《禮記》改程二首，幼 《詩經》義一首，存先君子之教也。嗚呼！《詩》與《禮》，先君子命也。《春秋》，先君子未嘗命，而先君子之志也。悲乎哉！先君子棄余小子十有四年矣，棄余小子五年，而徙《春秋》又四年，而《四書陟岵篇》成，序於長安邸，握管流涕，而序始成。又二年，而《春秋陟岵篇》成，未嘗忍為序。又三年而序之，丙子七月十有七日，先君子忌日也。嗚呼！悲哉！余小子於先君子大祥之忌，而有慎終追遠之篇。又十二年而流涕以為茲序，日月如馳，先君子棄余小子歲愈遠，而余小子所以瞻望先君子者，愈不知其何極也，〈陟岵〉之詩曰：陟彼岵兮，瞻望父兮，余小子其陟禹門之山，而瞻望余父乎。悲哉！悲哉！」（《蘿石山房文鈔》卷二）

《春秋四家宗旨》 鄧元焰撰，〔佚〕

鄧元焰，1630前後，安徽桐城，字含甫，據道光《續修桐城縣志》云：「鄧元焰，字含甫，士美次子，邑諸生。讀書穎異，九歲能文，名噪一時。崇禎庚午中副榜，著有《春秋四家宗旨》，士林推為麟經指南。為人磊落不阿，事親盡孝，興兄元盛，友愛最篤，文行兩優，為一邑瞻仰，年八十有六卒。」（卷第十五）；馬其昶〈孫鄆城傳〉云：「……元焰，字含甫，崇禎時副榜，深研經術，有《春秋四家宗旨》，年八十六。」（《桐城耆舊傳》卷五）

《三傳合編》 徐肇森撰，〔佚〕

徐肇森，1630前後，浙江秀水，字質可，父徐世淳，子徐嘉炎，據光緒《嘉興縣志》云：「徐肇森，字質可，世淳子。崇禎三年鄉試副榜，世淳殉難隨州，肇森訴楚之當事者，復詣闕請卹如例。明亡，攜子嘉炎避兵寧波雪竇，聞繼母喪而歸，日夜泣曰：『城亡去國全臣節，母死奔喪盡子寢。』疾旬日歿，嘉炎具列傳。」（卷二十四）；秦瀛《己未詞科錄》云：「徐嘉炎，初名焉，字勝力，號華隱，浙江秀水人。明兵部尚書必達曾孫。……賈崧桉：學士強記絕人，九經諸史略能背誦，最熟《左氏春秋》。祖世淳知隨州，闔門殉難，有《春秋彙編》。父肇森，職方主事，有《三傳合編》。」（卷二）

《春秋正解》 邵光胤撰，〔佚〕

邵光胤，1630前後，浙江富陽，字蓼三、吳如，據雍正《浙江通志》云：「崇禎三年庚午科：邵光允，富陽人，壬辰進士。」（卷一百四十一）。潘衍桐云：「邵光允，字吳如，富陽人，順治壬辰進士。官河南息縣知縣。」（《兩浙輶軒續錄》卷一）

案：康熙《富陽縣志》著錄。諸地方志中或作「胤」、「允」、「尹」、「引」，皆是同一人。

《麟指嚴》四卷　金兆清撰，〔存〕

金兆清，1630前後，浙江歸安，字太青、靈徹，據同治《蘇州府志》云：「崇禎間：金兆清，太青，歸安學，興化教諭四年。」（卷六十二）

案：收錄《四庫未收書輯刊》第3輯，第9冊，據明刻本影印。

《春秋五傳合選》八卷　張能恭撰，〔佚〕

張能恭，1630前後，福建邵武，字禮言，據李清馥〈舉人張禮言先生能恭〉云：「張能恭，字禮言，邵武人，崇禎庚午鄉薦第一，所述有《李忠定奏議選》、《禹貢訂傳》、《天地大文》八十卷。」（《閩中理學淵源考》卷九十一）

案：乾隆《福建通志》著錄。光緒《重纂邵武府志》作「春秋左傳合選」，若為合選，當知為五傳明矣，蓋「左」為「五」字之誤也。

《麟書風雅》　秦五舉撰，〔佚〕

秦五舉，1630前後，陝西郃陽，字子顯，號怪石，據乾隆《郃陽縣全志》云：「秦五舉，字子顯，少英異力學，潛心經術，為制舉義，醇正蔚贍，名馳關右，試輒超其羣，顧終不得一第，中前明崇正庚午副榜。居恆重然諾，礪廉隅，事父母、處昆弟以孝弟聞，左公懋第為韓城知縣聞之，禮重焉。歲饑鬻產以活宗族，友死於賊，從亂屍中尋其屍以歸，及賊攻其堡，眾危懼失措，乃據匡床高誦《楚詞》及胡氏《春秋》，而手利刃為自決計曰：『得正命而死，足矣。』賊解去，卒無恙。家食貧，讀書課

文之外無餘事，受業者甚眾，嘗自號怪石，而為之說曰：『怪石者何？秦子也。孰謂之？自謂之也。自謂之奈何？物之美者莫如玉，舍美玉而取怪石，不亦惑乎？夫玉洵美而砥砆，得而似之砥砆，可以為玉，焉知玉之非以砥砆也。吾嘗陟山巔、涉水涯，見有兀然立者，怪石也，無媚態，有渾容，有拙體，無圜形，色蒼然質礙，然風雨之所不能侵，雷霆之所不能□，聖確其中，半稜其外，其超然自貴者歟！玉中行也砥砆之似玉，鄉愿也。怪石，狂狷也，以吾為中行，無其學以吾為鄉愿，無其性必也狂狷乎。』國朝順治時，以恩貢生廷試，候選訓判，著有《麟書風雅》（韓城解拙存序），及《廢莪集》數卷。」（卷之三）

乾隆《郃陽縣全志》對此書有簡介云：「論曰：余觀秦氏所著《麟書風雅》，為類十二，而其條二百十有四。囊括《春秋》經傳，依韻成聯，聯皆以三、四、五、七言為次，讀之鏗然，洵為風雅之書，然須大筆刪定，方可梓行也。」（卷之三）

案：乾隆《郃陽縣全志》、光緒《同州府續志》著錄。

《春秋約》　孫念祖撰，〔佚〕

孫念祖，前1630-1642，山東滕縣，字孝侗，號紫濤，據道光《滕縣志》云：「孫念祖，字孝侗，號紫濤，大父化愚多積德，為序貢未仕。父丕顯，慷慨沉毅，授光祿丞。公生秉異質，讀書屬文，攻苦刻厲，生平敦孝友大節，祖母李獨鍾愛之，及歿，集《永感錄》，克體父志以孝稱，而氣誼風雅，奕奕過人。黃如千先生未第時，一把袂即相知如同氣，聯牀討論，每累月不輟，文名藉甚，益自淬厲，即盛暑亦焚膏繼晷，邑大夫荊公未蒞滕，夢人語曰：『滕庠孫某魁傑，遠到士也。』及試，得姓字與夢符，異之，閱其文辭，卓犖不群，復大嘆異。崇禎庚午以麟經舉於鄉，同門左蘿石先生最相友愛，聲氣所及，海內士皆願交，與江南萬年少、陳臥子、楊維斗、彭燕又諸君，詩文唱酬，或傳坐燕邸，或公車過蕃，投轄為

歡，同譜孫西山計，偕日囊澀甚，君贈百金以壯曲江之游，遂捷南宮，入詞林，其篤友誼類如此。城內闢琅城圍，治書其中，昆季率問業，魯國諸生半出門下，學使者校兖鄒、滕、棠三邑，壓卷者悉高弟，著有《蘂芝堂稿》，如千先生序稱其原本周秦，浸淫唐宋，恢奇沈麗，自成一家風骨，近稿斑剝黯淡，而神理則都湛矣。刻同人文為咸社選，著《春秋約》、《長嘯集》諸書，皆膾炙人口，力學藏器，固有益於當世者也。一邑利病，勇於自任，為興除之。庚辰歲，侵山湖寇相繼圍城，雉堞無恙，君守禦之功居多焉。壬午城陷，視妻高氏自縊，書字壁間，識其死處，自吞蘆絮卒。」（卷九）

　　案：道光《滕縣志》著錄。

《左求》二卷　錢栴撰，〔佚〕

　　錢栴，1631前後，浙江嘉善，字彥林，甲申後改名成回，字無知，號霜華道人，據光緒《重修嘉善縣志》云：「錢栴，字彥林，崇禎六年舉于鄉，性好客，築兩別業，郭以內名彷村，郭以外名半村，金石書畫，充物其中。客之躡屩結轡來者，皆饜飫過望而去，故名重于時，與張太史溥、陳給事子龍，結社往來，時事既棘，乃屏去聲伎，集古兵法，刻《城守要略》一書，給事特疏薦其知兵，授職方郎中。國破與婿夏完淳同死。仲子默，字不識，八九歲能為詩文，崇禎十六年成進士，除光澤令，改補嘉定，有強項聲，開劉河，藉役賦，功民用不擾。南都失守，棄官歸。及父罹難，削髮入黃山，名成回，字無知，號霜華道人，卒年甫二十八，葬越之顯聖寺，著有《吹簫草》。」（卷二十）

　　案：《傳是樓書目》作「左求國策泳」，蓋為兩書矣。曹勳《曹宗伯全集》有「左求序」。

《春秋尊義》　孔尚豫撰，〔佚〕

孔尚豫，1631前後，安徽建德，一名尚鏞，生平失考。

案：乾隆《江南通志》、光緒《重修安徽通志》著錄。

《麟經誌》　馬權奇撰，〔佚〕

馬權奇，1631前後，浙江會稽，字巽倩，據康熙《會稽縣志》云：「馬權奇，字巽倩，幼負奇氣，受《易》董中峰玘曾孫戀策門下，事母極孝，辛未成進士，授工部主事，司琉璃廠，與閹宦相牴牾為所中，後事白得釋。家素貧，復不能事家人產業，惟飲酒讀書，手丹鉛不輟。國變避兵，死於田間，所著有《易經解》、《詩經誌》、《麟經誌》、《老子解》、《名臣言行錄》諸書。」（卷第二十四）

案：雍正《浙江通志》、乾隆《紹興府志》著錄。

《春秋平義》五十四卷　岳虞巒撰，〔佚〕

岳虞巒，1631前後，江蘇武進，字舜牧，明亡改名嶽嵐，號東海衲民，據光緒《武進陽湖縣志》云：「岳虞巒，字舜牧，崇禎四年進士，知浙江杭州，府屏千謁，有冰心鐵面之謠，遷江西按察副使，歸里杜門，著書二十餘年，能文章，晚尤好《易》，究天人理數之學，衍《易》圖，皆先儒所未發者。」（卷二十三）；乾隆《江南通志》云：「岳虞巒，字舜牧，武進人，崇正辛未進士，歷江西按察，歸惟以著書為事，晚尤好《易》，撰《周易感》、《春秋平義》二書。」（卷一百六十三）

案：乾隆《江南通志》、光緒《武進陽湖縣志》著錄。

《春秋左傳地名錄》二卷　劉城撰，〔存〕

劉城，1598-1650，安徽貴池，字伯宗、存宗、廷高，據溫睿臨云：

「劉城，字伯宗，貴池人。少負雋才，與吳應箕齊名，史可法開府安慶，深重慶器之，每大事諮訪焉。崇禎丙子，詔大夫保舉天下才智傑出之士，與科甲並用，江西布政使張秉文以城應詔，既至，銓司議以知州用，城輒移疾歸，其友人曰：『今國勢搶攘，主上旁求俊，又搜及山澤，藉以拯難。子抱匡世材，乃將試而復藏乎？』歎曰：『進士勢積重久矣，我非甲科，一旦出而與之爭衡，徒自困耳。即任仕事，且有出而掣吾肘者，何以副主上之知哉。若夫言利以剝民，齮齕用事，大臣以得當人主，博一官，我又恥而不為也。』蓋指給事中陳啟新云，歸而名愈高。及江南建國，廷議分江北地為四鎮，駐黃得功、高傑、劉良佐、劉澤清等軍，城聞之蹙然曰：『禍始此矣。』亟上書可法曰：『四鎮多桀驁不臣，或起降盜，非懷忠義，朝廷亦非素以恩德撫循也，主弱必叛，敵強則降，主敵皆弱則專制自為，互相吞併，干戈起於肘腋，敵未至而先自敗矣。公之出也，名雖督師，實不容於朝耳。既無老成宿將，挾以俱行，何以彈壓四鎮而收其用。根本不固而恃四人者防江，是使狼守門，虎來未必能拒，而主人先不得動足，後必悔之。』其後四鎮果跋扈不可制，可法慨然謂幕客應廷吉曰：『國事決裂至此，揆厥所由當戮四人，以為大臣誤國者之戒。昔之廷議，封四鎮者高碭齋也，贊成之者姜燕及馬瑤草也，依違其間，無所救正者余也。惟劉伯宗嘗予我書預言之，吾愧伯宗多矣。』城見馬、阮擅政，知必敗，杜門不出，及江南亡，吳應箕以起兵死難，愈憤恨不自聊，傍徨山澤，未幾竟卒。逸史曰：『當時保舉，亦多得士，惜未盡登廊廟也。或試之州縣，沈於下僚，故卓然可觀者鮮，若劉生者，用世才也，而迄無所試以悲死夫。』」（《南疆逸史》卷四十四）

　　《四庫全書總目》云：「《春秋左傳地名錄》二卷，浙江巡撫採進本。明劉城撰。城字伯宗，貴池人。是編前列國名，後列地名，各以十二公時代為序。地名之下各有注，少僅一、二字，多亦不過六、七字，蓋隨手集錄，姑備記誦，無所考正。視後來高士奇、江永二家之書，不及遠矣。」（經部三十‧春秋類存目一）

劉城〈春秋左傳地名錄序〉云:「五經志地理者,〈禹貢〉而外,《詩》亦頗著,然無若《春秋》之顯且多矣。少讀《左氏傳》,苦繁多靡,憶欲小撮之,便記識也已,按《文獻通考》及《國史經籍志》,漢嚴彭祖,晉裴秀、杜預、宋楊湜、張洽、鄭樵,元杜英明、楊慎,各有《春秋地名》圖譜書,私儗得其本、綜同異、覈事情、畫方輿、紀因革,可判若列眉矣,而藏書弗廣,載籍亦湮,每以為憾。茲者《消夏》、《九華》,參觀三《傳》,輒有疏議,與諸家相出入,因以其餘,別錄《地名》二卷,此在經義最為粗末,然可備遺忘云,顧不知於諸圖譜為何如也。崇禎癸酉夏五。」(《嶧桐文集》卷一)

案:收錄《四庫全書存目叢書》經部,第128冊,據泰州市圖書館藏明崇禎刻本影印。《經義考》著錄。光緒《江西通志》作「春秋地名錄」。

《春秋左傳人名錄》一卷　劉城撰,〔存〕

劉城〈春秋左傳人名錄序〉云:「余既為《春秋地名錄》矣,復錄《人名》焉。蓋《春秋》中,人自天王世辟而外,氏或以地、以官、以祖父,載筆者或名之、字之、諡之,一人數稱,前後貿易類聚,而繫之一身,然後無錯惑也。焦氏《經籍志》有《春秋宗族名氏譜》五卷、《春秋諡族譜》一卷、《春秋名號歸一圖》二卷、《春秋名字異同錄》五卷,今惟《歸一圖》盛傳,則予錄之亦未可少矣,抑有感焉諸人什三見《經》,什七見《左傳》,按左本以氏行,漢儒以降,遂定為丘明,或疑丘明恥之,丘亦恥之之云,其辭氣近于竊比,恐丘明未為受業弟子,即《傳》內筆理參錯,至假借楚芉,纚纚特甚,安知非左史諸家人,成贖其間邪?余至今思之,亦無確據,是即左氏一人,已有疑義,況《左》所傳之人哉?又烏知人之果有無?而名之果是否也?錄成,為一歎云。」(《嶧桐文集》卷一)

案:收錄《嶧桐文集》,《四庫禁燬書叢刊》集部,第121冊,據北

京大學圖書館藏清光緒十九年養雲山莊刻本影印。《經義考》作「左傳人名錄」。光緒《重修安徽通志》作「春秋左傳人名錄六卷」。《嶧桐文集》存「隱公、荀息、里克、趙盾、伯州犁、吳季札、晏嬰、三桓」諸人文論。

《春秋敘說》　華時亨撰，〔佚〕

華時亨，1598-1659，江蘇無錫，字仲通，師高攀龍，據光緒《無錫金匱縣志》云：「華時亨，字仲通，父珍聘，諸生，與高攀龍友，時亨亦學於攀龍。方緹騎赴吳逮周順昌，珍聘遣時亨先以告攀龍，攀龍赴止水死，巡撫毛一鷺究漏洩者，將殺之以媚璫，時亨匿而免，蕭山王生繫獄，時亨因倪元璐之言為鳴其冤於推官，出之。甲申後失明，日坐劍光閣，屏絕人事，惟與子弟講論攀龍之學。」（卷二十六）

案：《經義考》、光緒《無錫金匱縣志》著錄。

《春秋法鑒錄》　華時亨撰，〔佚〕

錢謙益云：「無錫華時亨，字仲通，學於高忠憲。忠憲之被急徵也，仲通先期刺知之，忠憲整衣冠，依彭咸之遺則，仲通相之也。奄黨詰責，漏泄甚厲，人咸指目仲通，監司素重仲通，得不問忠憲，既沒，仲通褒衣大帶，自命東林弟子，門人日益進。甲乙以後，著書不輟，有《春秋法鑒錄》，又箋注《易》、《書》、《三禮》。」（《經義考》卷六十二）

案：光緒《無錫金匱縣志》著錄。錢謙益〈華徵君仲通墓誌銘〉亦有記載。

《四傳異同》　華時亨撰，〔佚〕

案：光緒《無錫金匱縣志》著錄。

第三章 隆慶元年至崇禎十七年
（明代後期：1567-1644）

《左氏提綱》　許自俊撰，〔佚〕

許自俊，1633前後，江蘇嘉定，字子位，號韞齋、潛壺，據秦瀛云：「許自俊，字子位，號韞齋，江南嘉定人。康熙庚戌進士，除山西聞喜縣知縣。著有《潛壺》、《韞齋》等集，《左氏提綱》、《三通要錄》、《歷遊山水記》、《司計全書》、《了公宗旨》等書。」（《己未詞科錄》卷六）；嘉慶《直隸太倉州志》云：「許自俊，字子位，父大達，多隱德。自俊，康熙九年成進士，闈中得其文，以為年少高才，及拆卷，乃崇禎六年舉人。至是三十八年，年已七十矣。又九年，舉博學鴻詞，報罷授山西聞喜縣令，分校鄉試，尋乞歸。又三年卒，年八十四。自俊記誦該洽，詩文絢爛，傾動一時。」（卷三十七）

案：乾隆《江南通志》、嘉慶《直隸太倉州志》、光緒《寶山縣志》著錄。

《春秋內外傳訂義》　姜志珏撰，〔佚〕

姜志珏，1633前後，江蘇丹陽，字公符，據光緒《重修丹陽縣志》云：「姜志珏，字公符，崇禎癸酉副榜，順治丁酉謁選，廷試第一。授海州沭陽縣教諭。」（卷十九）

案：光緒《重修丹陽縣志》著錄。

《讀春秋通旨》不分卷　李確撰，〔存〕

　　李確，1633前後，浙江海鹽，本名天植，字因仲，明亡後改名確，字潛初、潛夫，號龍湫山人，私諡介節，據潘衍桐〈龍湫山人李潛夫墓有序〉云：「山人姓李氏，名天植，平湖之乍浦人，崇禎癸酉舉人。遭國變，披髮入龍湫山，終身不出。寧都魏冰叔嘗千里來訪，以為有管幼安、陶靖節之風。時同邑馬孝廉嘉楨亦棄儒冠為僧，及卒，與山人同祀鄉賢祠。又嘉興巢孝廉鳴盛，甲申後足迹不入城市，遶屋皆種匏瓜，手治為器，粥於人以自給，張浦山作〈兩孝廉傳〉，謂巢與山人也，山人墓在牛橋北，沈南疑題曰：『明孝廉李潛夫先生之墓。』邑人私諡稱介節先生。」（《兩浙輶軒續錄》卷二十二）

　　案：上海圖書館藏手抄稿本。

《春秋定衡》　　吳主一撰，〔佚〕

　　吳主一，1633前後，浙江義烏，字協一，據康熙《金華府志》云：「吳主一，字協一，義烏人。署會稽教諭，日與諸生講究義理，以聖賢事相勉，士風為之一正，著有《春秋定衡》，併《四傳通經節刪》二集。」（卷之十八）

　　案：《經義考》、康熙《金華府志》著錄。

《四傳通經節刪》　　吳主一撰，〔佚〕

　　案：康熙《金華府志》著錄。

《春秋辨旨》　　沈明掄撰，〔佚〕

　　沈明掄，1633前後，江蘇蘇州，字伯敘，據乾隆《長洲縣志》云：「沈明掄，字伯敘，少為諸生，精於《春秋》內外傳。吳中明《春秋》者

不數家，明掄為最，經其指授，獲雋者不勝數，徐孝廉枋其高弟也，崇禎癸酉中北闈乙榜，錢尚書謙益延主講席，南都破，曾勸尚書殉身，曰：『公受恩深，毋游移也。』尚書不能從，明掄不復相見，後幅巾布袍，絕意科名，仍以《春秋》教引生徒終。」（卷之二十五）；同治《蘇州府志》云：「沈明掄，字伯敘，精《春秋》，得安成聞喜之傳，與同里徐汧、李模、鄭敷教友善，從游甚眾。崇禎癸酉，以恩貢中順天副榜，乙酉後授徒自給，三十餘年卒。」（卷八十八）

　　案：光緒《蘇州府志》、民國《吳縣志》著錄。

《春秋四家五傳平文》四十一卷　張岐然撰，〔存〕

　　張岐然，1600-1664，浙江杭州，字秀初，號仁菴，據民國《杭州府志》云：「張岐然，字秀初，錢塘人。少孤力學，虞淳熙以女字之，結讀書社，幾盡一鄉之秀，讀書嚴覈異同，刻意於名物象數，嘗與魏學濂、黃宗羲取餘杭竹管肉好均者，截為十二律及四清聲吹之，以定黃鐘。於《易》、《詩》、《春秋》，皆有論著，後寄跡僧寮，不入城市。」（卷一百四十八）。又云：「濟義，號仁庵，仁和張岐然，崇禎間名諸生，篤志經傳，學者稱以馬、鄭。王永吉在燕都，折簡招之，作書相復，謂當與抵掌論天下事。壬午後知事不可為，遂以緇流終。」（卷一百七十一）

　　《四庫全書總目》云：「《春秋五傳平文》四十一卷，內府藏本。明張岐然編。岐然字秀初，錢塘人。其書採《左傳》、《公羊傳》、《穀梁傳》、胡安國《傳》，而益以《國語》。《國語》亦稱『春秋外傳』，故謂之『五傳』。曰『平文』者，明五《傳》兼取，無所偏重之義也。其自序曰：『嘗與虞子仲皜泛覽《春秋》七十二家之旨，蓋鮮有不亂者。及觀近時經生家之說，殆不可復謂之《春秋》。究其弊，率起於不平心以參諸家，而過尊胡氏。久之惟知有胡氏《傳》，更不知有他氏。又久之惟從胡《傳》中牽合穿鑿，併不知有經。此所謂亂之極也』云云。考胡安國當高

宗之時，以《春秋》進講，皆準南渡時勢以立言。所謂喪欲速貧，死於速朽，有為言之者也。元、明兩代，時異勢殊，乃以其源出程子，遂用以取士，已非安國作傳之初意。元制兼用三《傳》，明制兼用張洽《傳》，蓋亦陰知胡安國之多僻而補救其偏。永樂中修《春秋大全》，襲用汪克寬《纂疏》，乃專尊胡《傳》，又非廷祐、洪武立法之初意。然胡廣等之《大全》，雖偏主一家，傷於固陋，猶依經立義也。其後剽竊相仍，棄經誦傳，僅摘經文二、三字以標識某公某年，迨其末流，傳亦不誦，惟約略傳意，標一破題，轉相授受而已，蓋又併非修《大全》之初意矣。岐然指陳流弊，可謂深切著明。故其書皆參取四《傳》以救胡《傳》之失。雖去取未盡當，要其鍼砭俗學，破除錮習，於《春秋》不為無功。惟五《傳》皆具有成編，人所習誦，不待此刻而傳。故取其衛經之意，而不複錄其書焉。」（經部三十‧春秋類存目一）

　　張岐然〈春秋四家五傳平文序〉云：「記曰：《春秋》之失，亂。屬辭比事而不亂者，深於《春秋》者也。予嘗與虞子仲皜泛覽《春秋》七十二家之旨，蓋鮮有不亂者，及觀近日經生家之說，尤可訕笑，殆不復可謂之《春秋》，又不止於亂矣，究其弊率起不平心以參諸家，而過尊胡氏，久之習讀者惟知有胡氏《傳》，更不知有他氏矣。又久之習讀者惟從胡《傳》中牽合穿鑿，并不知有經矣。昔范叔有言：『臣居山東時，聞齊之有田文，不知其有王。聞秦之有太后、穰侯、高陽、涇陽，不知其有王。』今習讀者惟知有胡氏，不知其有《春秋》，此所謂亂之極也。而其弊率起於過尊胡氏。胡氏之說經亦未嘗不按《左氏》，參《公羊》，據《穀梁》，而敢獨為之說，《左氏》之說未當，《公》、《穀》或正之，三《傳》之說未盡，唐、宋諸儒間發之，胡氏乃始起而和合眾家，約略經旨，大暢己意為《春秋》，然則今之單任胡氏者，反以罪累胡氏，我知必胡氏所深憎也，輒與吾友舉遠氏合三《傳》而存其註，取胡氏而平其文，又附以《左氏》之外傳焉。夫治《春秋》者，立之案，附之斷，誠不厭詳且盡也，則凡諸子百家之書有可采者，舉未可棄矣。使姑發其端、持其

平，則試取四家五傳之文而參和之，其相符者幾何也？相戾者幾何也？然後考諸儒之說而折衷焉。比經文之事，屬其辭而條理焉，將其不可得，而亂者自出也。予向期與虞子博采諸家，存其合者，而間附己意，名曰『春秋止亂』，虞子逝而未之成也。今先以四家五傳之平文，平學士家之心，而後出予所與先友夙夜商榷之書以就正焉，亦曰將以持《春秋》之平，無徒為胡氏之罪人爾也。仁和張岐然秀初甫撰。」

　　案：收錄《四庫全書存目叢書》經部，第128—130冊，據清華大學圖書館藏明崇禎十四年君山堂刻本影印。《經義考》作「春秋五傳平文」，乾隆《杭州府志》作「春秋五傳評文」。觀卷首吳漢翊〈序〉文，則此書似乎乃張岐然與其合著，又據序中所言，則張岐然另有《春秋止亂》一書。

《春秋三發》三卷　　馮士驊撰、張我城參訂，〔存〕

　　馮士驊，1600-1640後，江蘇吳縣，字仲先、兆開，據談遷云：「吳縣馮士驊，善《春秋》，屢困場屋，貢禮部宜選司理。崇禎乙亥，或勸之應北闈，果豫薦。丁丑，有孝廉來候，知其馮姓，曰：『足下今年必第矣。』叩之曰：『吾三年前寓此舍，夢有人推我，去云：此馮進士寓所也，足下適合之矣。』果成進士。」（《棗林雜俎》聖集）

　　張我城，萬曆—崇禎，江蘇吳縣，字德仲，據惠棟云：「張我城，字德仲，憲副文奇次子。習《春秋》，凡《春秋》疏義，皆其所較刻。復《廣雅集》，為文人大觀。中歲即持長齋，于地方利病，賑饑貧，造橋修學諸大事，一諸生力擔之，自朝至暮，奔走不遑。黃中丞希憲具疏及公名。福王時，考授金華府，未就。亂后隱居光福山中，屏跡力耕以死。」（《九曜齋筆記》卷二）

　　案：收錄《續修四庫全書》經部，第136冊，據明崇禎八年葉昆池能遠居蘇州刻本影印。

《春秋四家》十二卷　宋存標評輯，〔存〕

宋存標，約1601-1666，江蘇華亭，字子建，號秋士，據嘉慶《松江府志》云：「宋存標，字子建，華亭人，堯武孫。明崇禎十五年副貢，注選翰林孔目。甲申後隱居東田，嘗作西北祠以祀列代忠烈，生平以揚挖風雅為事，刻幾社古文為《壬申文選》，著有《棣萼新詞》、《國策本論》十六卷。」（卷五十六）

案：北京大學圖書館藏明君子堂刻本。《傳是樓書目》著錄。

《董劉春秋雜論》一卷　宋存標撰，〔存〕

案：收錄《秋士偶編》，《四庫禁燬書叢刊》集部，第11冊，據中國科學院圖書館藏明末刻本影印。

《麟旨定》十二卷　陳于鼎撰，〔存〕

陳于鼎，1601-1662，江蘇宜興，字爾新，號實庵、南山逸史，據《四庫全書總目》云：「《麟旨定》無卷數，浙江汪啟淑家藏本。明陳于鼎撰。于鼎字爾新，宜興人。是書成於崇禎庚午。以『麟』字代『春秋』字，命名已陋，又但標擬題，各以一破題為式，而略為詮釋於下，即在舉業之中亦為下乘矣。」（經部三十・春秋類存目一）

案：收錄《四庫全書存目叢書》經部，第124冊，據南京圖書館藏明崇禎刻本影印。《文選樓藏書記》作「《麟旨定》八冊，明陳於鼎著」。

《春秋澤書》　堵胤錫撰，〔佚〕

堵胤錫，1601-1649，江蘇宜興，字仲緘，號牧遊，諡文忠，據張岱〈堵胤錫何列傳〉云：「堵胤錫，號牧遊，南直無錫籍，宜興人，崇禎癸酉鄉薦，丁丑成進士，授南京戶部主事。胤錫性敢達，入糾紛不奪負膽，

走人緩急，常盡發本部積弊，礙堂上官勿忌也。移榷北新關時，流寇充
斥，意勇剿撻，遂以榷餘，飽募士五千餘，指身夙夜為練，轉本司郎中，
出知長沙府，即以所募之任，陞湖廣提學副使，號知人。弘光中擢湖廣巡
撫，乙酉左師東犯，檄胤錫同事，意清君側，胤錫曰：『是輔亂也，獨不
從。』而身避之湖南，南都陷，胤錫捍楚力。先是，李賊為清平西所敗，
入秦復間，走楚，自成逆犯死，眾尚數萬餘，胤錫曰：『賊子錦素，號一
隻虎，然不辨眾，今蹭蹬無所歸，呼之必來，足以清應伏。』時何騰蛟亦
駐節湖南，力持不可，即欲遣，無人。胤錫曰：『吾往。』，遂數騎當其
營，賊列騎數十里須之，胤錫冒鋒鏑直入，盛稱閩威德，李錦隨奉表入
閩，詔賜名赤心，朝論以胤錫功，陞兵部侍郎，督師騰蛟稍忌，然湖南即
安數年，賴之閩敗，永曆即位，肇慶以擁戴，勳拜大學士，兼兵部尚書，
督師如故。己丑八月，至肇慶，陛見，奉命復鎮湖南，行次封川，病卒，
上命程峋往卹其家人，半道為賊所殺，不果卹。」（《石匱書後集》卷四
十七）

案：《經義考》著錄。光緒《無錫金匱縣志》作「堵允錫」，避雍正
諱。

《麟經祕旨》　沈裳撰，〔佚〕

沈裳，前1634-1644，浙江仁和，據嘉慶《東昌府志》云：「沈裳，
仁和人。崇禎七年任教諭，以經學訓士，著《麟經祕旨》。甲申，客新城
死寇，葬於北郭大士菴東。」（卷之二十一）

案：康熙《堂邑縣志》、嘉慶《東昌府志》著錄。

《麟經新旨》三十卷　劉侗撰，〔存〕

劉侗，1634前後，湖北麻城，字同人，號格菴，據陳田云：「侗，
字同人，麻城人。崇禎甲戌進士，除吳縣知縣，未任卒。曹溶《靜惕堂

集》：同人以文體矜奇，為學使置下等，憤懣入太學，連舉鄉、會試，留都亭日與于司直共輯《帝京景物略》，文筆詭異，蓋亦服習竟陵派者。」（《明詩紀事》辛籤卷二十）

案：日本公文書館藏明崇禎八年序刊本。

《春秋幾鑒》 葛遇朝撰，〔佚〕

葛遇朝，1634前後，安徽巢縣，字鼎如，據道光《巢縣志》云：「葛遇朝，字鼎如，崇禎甲戌進士，任山東莒州知州，下車草陋規十餘條，時遇災捐俸助賑，全活甚眾，聽斷明決，有神君之稱，調湖廣澧州，分校棘闈，號稱得士。俸滿內陞戶部員外郎，乞病歸。少事父母孝，兄遇明，諸生，乙亥賊陷巢，夫婦罵賊死，及遇朝，官禮部，具疏請恤，報『可』。解組後，門絕請謁，鄉里以窮乏告者，極力助資，無德色。明季，里中故有牛稅，慨然獨任之，里人感其義，無屠牛者，著有《春秋幾鑒》、《卓觀堂詩文》。」（卷十二）

案：光緒《重修安徽通志》、光緒《續修廬州府志》著錄。

《左氏兵法測要》二十二卷 宋徵璧撰，〔存〕

宋徵璧，約1602-1672，江蘇華亭，原名存楠，字尚木，據王昶云：「宋徵璧，初名存楠，字尚木，江南華亭人。崇禎十六年進士，國朝官潮州府知府。」（《國朝詞綜》卷一）；光緒《青浦縣志》云：「宋徵璧，初名存楠，字尚木。明崇禎癸未進士，授中書，充翰林院經筵展書官。尋差督蘇松四府，柴薪銀未復命。會國變歸里，入本朝薦授秘書院，撰文中書舟山之役，徵璧從征有功，轉禮部祠祭司員外郎，擢清膳司郎中，終於潮州知府。徵璧鴻才麗藻，與從弟徵輿有『大小宋』之目，著有《抱真堂集》。」（卷十九）

《四庫全書總目》云：「《左氏兵法測要》二十卷，江蘇周厚埕家藏

本。明宋徵璧撰。徵璧，原名存楠，字尚木，華亭人。是書節略《左氏》所紀兵事，而論其得失。春秋車戰事，與後世迥異。徵璧引以談兵，殊不達時變也。」（子部十‧兵家類存目）

　　宋存標〈左氏兵法序〉云：「士必治識而後膽壯，必治膽而後智生。然識緣天縱，而古今論助之功，尤不可少。夫獨坐一室而欲周知時勢、高下、地形、險阻、人情、物土之陰陽燥濕，其何道而能然乎？故必延攬忠益，與之盱衡抵掌，而又取古人已驗之故方，與未發之新智，參觀而變化之，天下之事，庶無有能為我難者矣。夫不達古不能通今，不經文不能緯武，孫仲謀謂呂子明曰：卿今當塗掌事，宜學問以自益，豈欲卿治經為博士耶！但當涉獵見往事耳。古人之相勉學識蓋如此，今之人素不習兵，一旦有事，則循資充之拘牽成格而徼倖成功，曰是固有數焉。然則天下事，遂終不可為乎。夫無任事之人，良緣鮮讀書之人，所言所見，適至是也。蓋讀書不貴煩，貴觀其大要，英博沉奧，孰如《左氏春秋》，其賞罰是非，萬世之經也；剛柔進退，萬世之權也。雖不盡行師，而行師之道無有過之者，古來豪傑如壯繆、武穆諸賢，皆深思篤好之。蓋嘗觀於晉、楚、齊、秦之戰，知其勇而有禮也，用變而以信為本，審勢而以情為歸。倥傯之際，何其整而暇乎！而權衡在心，變化莫測，真禦侮之良規也。顧或謂霍嫖姚行師不喜古法，夫因古而用古，其法不爽，因古而變古，其智不窮，戰勝攻取，虛實變化之間，豈能盡言哉。曳柴揚塵以形其眾，而又有減竈滅火以形其寡者；嘗敵速去以形其退，而又有斥山沿澤以形其進者；油幕冠樹以形其強，而又有偃旗臥鼓以形其弱者。惟是崔治讀《漢書》能決涼州之師，蘇秦發陰符乃成六國之從，皆為得書之助，況屈伸進退，機詳萬變，如《左氏》者哉。家仲尚木以身不見用，退而節略《左氏》，參以己見，取古事之合者、反者，縱橫上下之，證古酌今，準成究敗，洵非淺昧者所能見矣。夫雖有韓、白，不究春秋之略，不能知奇正分合之道也，茲編蓋可忽乎哉。」

　　方岳貢〈左氏兵法測要序〉云：「今天下多事緩急少依賴之人，或以

為文武之途分，故不盡人材之用，而實非也。洪武中，有司請立武成王廟，聖祖諭之：以文武之道本出於一，合則人才盛，分則人才衰，遂罷武成廟不立。豈不以養成於學校，漸之以經術，如羆如虎之士，惟我所用之哉？不觀於春秋之事乎？晉文之擇帥也，爰舉卻縠，以其說禮樂而敦詩書也，故入則為卿，出則為帥。至於司馬、軍尉之屬，皆慎其選，於是魏絳、羊舌父子終身其間，故軍無秕政，所向成功。及至後世，別流以處之，分銓以序之，文事武備，離而為二，而古意衰矣。尚木宋子著《左氏測要》一書，援古證今，不私其所見，不避其所難，其書斷然不可廢矣。使國家異日收文武之用者，其在斯歟。」

李雯〈左氏兵法測要序〉云：「往者春秋之世，天下五十餘國，霸莫如齊、晉，強莫如秦、楚，固嘗仗師武之力，藉戰勝之威矣。其他小國之師，以衛之弱而可以勝於齊，以小邾之微而可以勝於魯，以魯之衰而可以勝於宋，以越之敗而可以復於吳，是皆當時士大夫習於兵，嫺於法也。至於今天下一統，天子之威行於萬里，天下勝兵無慮數百萬，而自戊午用兵以來，二十餘年盜日益多，兵日益弱，求其一矢相加，遂不可得，反不若於春秋之小國者，其士大夫不習於兵，不嫺於法也。嗟乎！是安得司馬穰苴、孫武、吳起者而後可用兵哉？尚木少為《左氏》之學，樂觀其治兵行師，攻謀交伐之術，因裒集其事，通其流略，至於輓近，皆較量而籌畫之，為《左氏兵法測要》二十卷，此真救時之書也。今天下多故，聖人宵衣，苟有百里之寄，不能必其一日之無事，則不能必其不用兵，不能必其不用兵則不可以不知兵。官長為將帥，子弟為徒眾，出才智以進退，用爪牙以角拒，此猶筐篋簿書之事，不可以為非常之舉，不意之變也。古之人蓋嘗行之於樽俎之間，出之於袵席之上矣。讀是書者，其勉之哉。」

陳子龍〈左氏兵法測要序〉云：「《左氏兵法測要》者，我友宋子尚木因舊史，論得失，審形勢，觀世變，以窮兵械之本，乃引經立政之書，非特權謀之用也。春秋以來，言兵之家不可勝數，然大要虛設機勢，以為無方之應，未嘗櫛比以驗之於事，曰：彼固無常形與常說也，至唐杜君卿

始依孫、吳證往事，而其後則宋仁宗之祕略，以至曾公亮、丁度、楊肅之徒，咸集史冊之遺文，為權家之龜鑑，可謂備矣。然其體每以類相從，而未能旁引曲譬，推見未然，以極於變化異同之際，是故存焉而弗尊。今觀尚木之書，其立本也正，其釋義也詳，其設慮也微，其觸類也廣。或古人所已成之事而代為之勝算，或古人所未及之思而推之於必然，使人讀其書，雖天下之至懦弱者，莫不欣然思一奮其智，則世之知兵而善用，孰有踰此者乎？然則何以必《左氏》也？世稱《左氏》好談兵，非《左氏》之好談兵，而春秋之賢士大夫皆能為兵也。且兵法之變，春秋始也。夫十二國並立，五霸迭興，鬥智角力，則於兵制，不得不有所變。故魯之丘甲、齊之參國、晉之六軍、楚之二廣、秦之三軍，凡此皆非古制也，而各有善用之道。春秋之君，欲知人之賢否，而決其勝負，必驗之於治兵、於命將，則國之三卿與諸大夫而已。是故大者以強，小者以存，然則不倍先王之教，而可為後世之用者，舍《左氏》，誰與歸哉！今國家休德累葉，上繼周漢，而內訌外決，莫知所措，何哉？擁兵百萬而不能設法以治之，士大夫不能專將，而屬於驫悍之人也。尚木慨然發憤，以兵為必可用，故其為書，於得失詳著焉。旨哉言乎！讀其書而憬然有志於斯者，予願為執鞭矣。」

　　徐孚遠〈左氏兵法測要序〉云：「今天下蓋多事矣，然其時尚可為，失今不為，後且有什伯難於此者。顧時之所急無甚於兵，尚木乃取《左氏》之言係兵事者，博以古驗，參以今指，予受而點次之時，亦以己意相出入也。既成，尚木請予序言焉，予惟子瞻之論《孫子》也，謂其書十三篇，雜然言之，而聽用者之自擇也。今尚木之書，其亦雜然言之者乎？夫兵家之言，其變無方，制勝於兩陳之間者，隨其勢而導之耳。若夫當今所急談者，以兵力不足為憂，議欲期月宿糧，聚十餘萬甲士，一鼓而殄群寇，夫糧非可卒辦，甲士非可卒聚，此期月以前，能使吾民忍死以待天兵之來乎？且將之能者不必用眾，用眾者未必能辦事，然則用眾非良將法也，賊寇所在縱橫，我兵尾而衛之，恣取掠耳，縱賊不擊，其弊坐此，如

使嚴為約束，曰：行省自守至折，使寇得入境，有誅。將帥各率其卒伍，掠一物者，有誅。如此，有縱賊之罰，無緩寇之利，以此治盜，度可不日平也。京營之卒，內以備禦，外以討伐，我朝固嘗用之矣。沿習至今，汰之不可，練之不能，一旦有事，何以待之？且其為制，或合而分，或分而合，所以便簡閱也。可不為之變計乎？曩時三衛為我藩籬，時以警告我，我得為備。今不撫之為我用，而拒之為我敵，豈完策乎？今試於宣、雲之間，招攜其族類，以為我屏蔽，效可睹也。麗人之奉正朔，無虔於此者，今者受攻，而我未有以為援也。蓋以少出師不足以為重，而多出師則非力所及也，然亦當事者之失計矣。漢武不憚封侯之賞，以募使絕域者，何也？伐交之策也。我縱未有以為援，且當募博望、定遠之流，與之一節，以朝命慰勞其君臣，而因監其軍，使彼猶有所繫，而不至折而他降。昔者，吳至弱國也，巫臣通吳於晉，而楚人始罷於奔命。故通麗者，所以制絕域也。行前之三言以治內，行後之二言以制外，天下其庶可為乎？若夫奇正之方，變合之用，心知其然而不能道也。尚木能言之，亦惟尚木能用之爾。」

朱一是曰：「華亭宋尚木未第日成《左氏兵法測要》一書，予同年友徐孚遠闇公實討論潤色之，時大學士方公知松江府事，首為之序。而同里何剛愨人、周立勳勒卣、李雯舒章、陳子龍臥子，及孚遠皆序之。」（《經義考》卷二百七）

案：收錄《四庫全書存目叢書》子部，第34冊，據北京大學圖書館藏明崇禎十年劍閣齋刻本影印。

《春秋三書》三十一卷　張溥撰，〔存〕

張溥，1602-1641，江蘇太倉，字天如，號西銘，師徐光啟，據乾隆《江南通志》云：「張溥，字天如，太倉人。崇禎辛未進士，選庶吉士。乞假歸，益讀書，倡古學曰『復社』，學者歸之，以不及門為恥。時有以

婁東社黨中溥者，事下巡撫，都御史提學倪元珙言諸生誦服聖賢，聚徒講習，無可罪者，會溥病卒，而張采疏辨，事乃已。後以御史給事中交章言：溥砥行力學，表章六經，請徵遺籍，備乙覽，奉旨呈進。」（卷一百六十三）；計六奇云：「張溥，字天如，號西銘。兒時奇慧好學，成人日讀書數千言，年十五喪父，奉母金居西郭。十九補諸生，同邑吳偉業從受《易》，與張采創立復社，聯絡吳越俊秀。崇禎辛未成進士第七人，除庶吉士，觸執政要人，怒乞假歸。要人招陸文聲以社黨入奏，而蘇州司李某復訐溥牽連，六七年以暴病卒。後御史劉熙祚、給事姜埰交章訟冤，奉旨所著書呈進，天下傳而誦之，有《七錄齋集》、《史論》一編、二編，及論略《春秋三書》、《十三經合纂》、《歷代文典》、《文乘》、《通鑑紀事本末》、《宋元紀事本末》、《古文互刪》、《漢魏百三名家》、《歷代名臣奏議》等書行世。」（《明季北略》卷之十三）

　　《四庫全書總目》云：「《春秋三書》三十二卷，副都御史黃登賢家藏本。明張溥撰。溥有《詩經注疏大全合纂》，已著錄。是書第一編曰《列國論》，凡二十四卷；第二編曰《四傳斷》，凡七卷；第三編曰《書法解》，凡一卷。同時徐汧、張采為之序。采又有《例言》，稱：『《列國論》中尚闕「雜國」一題，《四傳斷》中，僖公闕十餘年，文公全闕，襄公以下亦全闕，采間為補之；《書法解》為目多端，僅成一則』。溥與采倡立復社，聲氣交通，蔓延天下，為明季部黨之魁。其學問則多由涉獵，未足專門。其所撰述，惟《漢魏六朝一百三家集》蒐羅放佚，採摭繁富，頗於藝苑有功。然在當時，止與梅鼎祚《文紀》諸書齊驅並駕，較之楊慎、朱謀㙔，考證已為少遜矣。至於經學，原非所擅長，此書為未成之本，亦別無奧義。采等以交游之故，為掇拾補綴而刊之，實不足以為溥重也。」（經部三十‧春秋類存目一）

　　張采〈春秋三書序〉云：「三書者，我友張子讀《春秋》所作也。曷云三書？一曰《列國論》，天子畿內稱京師，序周即不得言列國，統名之者，畿內亦可稱王國，故得當篇省文，其書取《春秋》紀載，分國綴事，

終一君則為考經傳、嚴褒譏,如列國各有史,列國君各有傳者,義指希通,是則張子分之以明經。一曰《諸傳斷》,左氏親承經旨,公羊、穀梁受自子夏,宜左有專據,而漢時公羊、穀梁先立學官,左最後顯,迨何、杜、范三氏註出,庭戶稍一,後儒又以註,學簡脫就,各註立疏旁暢,則是名為三《傳》,已列九家,宋康侯胡氏排黜眾見,特尊聖經,我國家經術設科,獨取立學官,置博士弟子,惜乎制舉家襞績章句,等於射覆,經學頗殘矣。張子指摘諸傳,明具異同,總一年中是否,務取經通,不隨傳惑,是則張子合之以明經。一曰《書法解》,《春秋》書法不一,尊周則卑列國,內魯則外列國,有一事同詞,一事殊詞,因有正例有變例,義既參伍,則皆得徇傳誣經,復泥經叛註,張子比事分類,倫脊條目,仍會新舊羣說,次第簡端,刀平理裁,中攸歸至當,是則張子分合一致以明經。此三書者,左右往賢,綱領來訓,使天假之年刻期可,竟不幸短折,僅畢強半,張子于經沒身已矣。今就所屬稿,凡《列國論》已完書,其《傳斷》中缺文公,後缺襄公以下,僖公亦間缺數年。《書法解》僅見一首,悉出公世,表厥苦心,脫嘲凌落,則應之曰:昔橫渠先生為門人雜說《春秋》,其書未成。今說《春秋》者未嘗不引橫渠。張子書成累冊,信其必傳,夫復奚辨惟志,國家崇重六經,諸功在訓詁,咸得俎豆宮牆,獨張子音沉響遏,續茂弗章,意謂源流不差,將傳人繼起,經明之士,當有感於斯篇。」

案:收錄《四庫全書存目叢書》經部,第125冊,據中國科學院圖書館藏明末刻本影印。書中分為〈春秋列國論〉二十四卷、〈春秋諸傳斷〉六卷、〈春秋書法解〉一卷,故曰「三書」。《經義考》著錄「張溥春秋四傳斷三十一卷」,即為此書。

《春秋兵法》　黎遂球撰,〔佚〕

黎遂球,1602-1646,廣東番禺,字美周,諡忠愍,據溫睿臨《南疆

逸史》云：「黎遂球，字美周，番禺人，天啟丁卯舉人。善古文詞，嘗過揚州，進士鄭元勳方集四方詞客，賦其影園黃牡丹詩，倣汲社故事，使虞山錢謙益第其高下，遂球後至，立成十首，遂擅場。由是東南文士皆稱之，與江西萬時華、徐世溥交善。時華病居揚州，遂球千里省視，既卒為經紀後事而去。保舉法行，侍郎陳子壯舉遂球，以母老不行，闖賊陷京師，遂球上書巡按御史，言當練師、復仇、勤王。及聞福王立，遂球悉以家財治鐵礮三百送南都，甫及贛而南京破，遂子江西總兵胡長蔭閩中立國，上中興事宜，凡數千言，大學士何吾騶薦授兵部職方司主事，令以兩廣水師援贛州，遂與吏部主事龔棻，招海盜羅明受得三千人，抵南安大會戰艦。遂球、棻先從陸入贛州，約諸帥水陸夾擊，元吉大喜，由是令城外頓兵以待，水師將近，大兵截之半道，明受為火攻所敗遁去，各營震潰。方水師之見攻也，中書舍人康范生來從謔，方巡城，見二十里外烈火星布，趨謁督師，請發滇兵往援。龔棻以為過計，元吉亦笑，不應詰明，而敗報聞，自是圍贛益急，遂球從廷麟、元吉晝夜登陴，目不交睫者數十日，城破猶率兵巷戰，腋中中矢，墜馬被執，裸其衣見，所被敕印，眾刃交下，與其弟遂琪同死粵中，贈遂球兵部尚書，諡忠愍。」（卷十九列傳第十五）

　　黎遂球〈春秋兵法序〉云：「兵事著於黃帝，不可得而考矣。世之傳者，不過與陰陽時日之書等，予無取焉。其可稽據者，則無如《春秋》。間關壯繆公，號稱絕倫，而津津于《左氏》非乎。予小即受《左氏》于先高士，然其時海內平治，不過以為詞令之式。廿年來，四方多事，予以白面書生邀遊諸公間，羽檄飛至，間輒以意談兵，時多奇中，然不敢自信為能也。會以省母，從吳歸粵，舟中無事，因取《左氏》諸兵事別為端委，手自寫記，時以己意附於其末。偶有宧蜀，舉所載書籍見質者，始知昔人久已有是編。予甚自笑其勞，然頗覺其泛引無當，則又不容自廢，以精切而明著，蓋無如予本也。雖然，此豈真足恃乎哉！以趙括而讀父書，所為膠柱鼓瑟，即古之善言兵者。子胥之忿、巫臣之狡、伯嚭之奸，合力共

濟，猶不能盡得志於敵，而謂規規然襲之，遂可與言兵耶？抑聞之兵猶醫也，醫有以古方誤人者矣，而必不能廢方，故事猶方也，器使猶藥也，其臨機應變則猶脈也。今之談兵者，非不慷慨可聽，然而其弊也有二：一者，多而不精，不精斯匱，匱斯無恩，無恩斯不威，不威斯令不行。一者，戲而不怒，不怒斯玩，玩斯囂，囂斯渙，渙與不行，是猶病者之嘔吐而不受藥，即得古方，烏乎療之。然而亦未始非方，書之所有也，夫惟知義則生共，生共則怒，怒則以少勝，多可矣。孟子曰：『春秋無義戰。』予謂戰而義者必勝，是故雖以吳楚之事，孝與忠若不能兩具焉，如之何其長勝也，談兵法者亦試以是推之，則予更有感于壯繆公之義而可師也。夫是以尊之為神，亦試以是推之。」（《蓮鬚閣集》卷十八）

案：《經義考》、道光《廣東通志》、同治《番禺縣志》、光緒《廣州府志》著錄。

《春秋大成》三十一卷　馮如京撰，〔存〕

馮如京，1602-1669，山西代州，字紫乙、修隱，號秋水，弟馮雲驤，據雍正《陝西通志》云：「馮如京，代州人，恩貢。順治二年，官靖邊兵備副使，時巨寇黃色俊以闖孽嘯聚，進逼靖邊。如京料民兵得數百人，登城固守，伺間出奇擊之，賊大敗，遂乘勝擣巢，滅賊而還，事聞，賜賚有加。」（卷五十二）；道光《廣東通志》云：「馮如京，字秋水，代州人。順治初，授永平知府，累遷廣東左布政使。屢平巨盜，每上疏陳事，次第施行。母歿，如京年六十餘矣，居喪哀毀骨立，服闋未幾而卒。」（卷二百五十六）

張自烈〈春秋大成序〉云：「友人馮子訥生奉尊甫秋水公指授為《春秋大成》質余曰：『芑山不可以無序。』余卒業嘆曰：『是書也可不謂用力勤，為功遠哉。』昔仲尼刊正魯史，會王義，垂勸戒，其理準《易》，其用該《詩》、《書》、《禮》、《樂》，循是則治，反是則亂。六經奧

蘊，莫備於《春秋》，諸儒學務專家，類不合《春秋》大指，業是經者蹈襲帖括，錯綜比偶，用獵致時榮，往往叛經弗顧，罪豈在安石下哉？余參考傳注，左邱明、公羊、穀梁特著《傳》，《左氏》者，張蒼、賈誼、尹咸、劉歆、許淑諸人，說頗殽雜，賈逵援《公》、《穀》釋《左》，杜預修《左氏》釋經，雖各有發明，異同錯見，鮮定論，注疏正義，摭引繁複，牴牾益甚，獨明文定（名安國，字康侯，紹聖中進士，崇安人。高宗時以張浚薦除中書舍人兼侍講，卒諡文定。）晚出，著《傳》進講，列在學官，說者以文定絀天王，改正朔，牽復古制，條例紛如，後儒輒蠭起議之，雖然文定蓋未可苛繩也，余意文定遭宋顛隮，痛當時姦臣尸位，國恥未雪，因事寓諷，微文刺譏，大較在嚴華彝、誅亂賊，斤斤無少恕，其恣臆穿穴，事辭矛盾，間曲為之說，由憤時使然，去范寧掊擊《左氏》，《公》、《穀》霄壤，鄭夾漈謂以《春秋》為褒貶者，亂春秋。黃東發謂以例釋經者，背經義，持論非不堅，必執此以概詆文定，則固也。陳止齋、石徂徠、呂東萊、孫泰山、戴岷隱、葉石林諸人，說經皆不泥褒貶凡例，余私有軒輊，要以合聖經者為正，至於兩闈以《春秋》取士，宜依文定準式，即文定不盡合聖經，學者苟由此推求二帝、三王百世不易之法，沿文以揆義，稟義以制事，出而撥亂，反治無難，若之何苛繩文定，日呶呶排詆為哉！近代郝京山《春秋解》、夏綏公《四傳合論》，力芟訓詁，自以為得史外傳心之要，然鋟流未廣，世不遑覽，究應舉獨《愍渡》、《指月》、《匡解》、《發微》、《因是》諸書，而《衡庫》為尤備，今《大成》則根據《衡庫》，博蒐眾家諸疑脫，乖異莫不詳加較定，信乎用力勤而為功遠，庸復有增續益損者哉，然則讀《大成》者，灼見訥生家學之有自，益信是書之非空言，雖謂訥生為文定功臣可也。」（《苣山詩文集》卷十二）

案：北京大學圖書館藏清順治介軒刻本。

《春秋首圖考》一卷　馮如京撰，〔佚〕

案：《販書偶記續編》著錄。

《春秋四傳辨疑》　陳肇曾撰，〔存〕

陳肇曾，1602-1621後，福建福州，字昌箕，號豸石，據林偉曰：「陳肇曾，字昌箕，福州人。天啟辛酉舉人，官禮部司務。」（《經義考》卷二百七）；康熙《杏花村志》云：「陳肇曾，昌箕，號豸石，侯官人。以弱冠登科，僅官外翰終老江湖，所著有《濯纓堂詩》。」（卷五）

案：日本前田育德會尊經閣文庫藏明崇禎刊本。《經義考》、民國《長樂縣志》著錄，曹學佺《石倉全集》有「陳昌基四傳辯疑序」。

《分類春秋五傳》　楊玾撰，〔佚〕

楊玾，1636前後，江蘇武進，字逢玉，據吳懷清《二曲先生年譜》云：「楊玾，八歲通《毛詩》，九歲屬文。弱冠，名大起，楊子常、顧麟士輩俱稱之。乙亥、丙子將興鉤黨獄，行及玾，玾挺然詣之曰：『某罪人也，今辦死來矣！』其人愧謝得免，後乃謝交遊，築土室，負牆疊石，藝花卉，取宋元明諸儒《易》解盡讀之，著《周易觀玩偶鈔》。」（卷一）

案：光緒《武進陽湖縣志》著錄。

《左兵》十二卷　龔奭撰，〔存〕

龔奭，1603-1631後，江西南昌，字君路，號昔菴，據光緒《豐縣志》云：「龔奭，字君路，湖廣景陵人。由乙榜任豐。英毅有為，臨事屹然山立。講書課士，別具鑪錘。辛未成進士，官吏部，稽勳厖瀋，敦朴質直。督學芝崗，熊公徵士行甚嚴切，先生執不報。或以為先生慮，先生終不為動。」（卷四）

　　清代姚覲元編《清代禁毀書目四種・抽毀書目》記載云：「查《左兵》二本，係明龔奭（奭）輯。取《左傳》兵事，編輯成書，其章世純〈序〉一篇，語有狂謬，應請抽燬。」

　　案：中國科學院圖書館藏明崇禎七年兩麥堂刻本。諸地方志或云湖廣景陵人，蓋為其祖籍耳。又《清代禁毀書目四種》作「龔奭」乃「龔奭」之字誤。

《麟旨明微》十二卷　吳希哲撰，〔存〕

　　吳希哲，1603-1631後，浙江淳安，字睿卿，據雍正《浙江通志》云：「吳希哲，《淳安縣志》：字睿卿，崇禎進士，司李惠州，勦九連山寇，九連深阻交遝，賊竄伏負嶼，希哲設奇制勝，掃穴殲渠，餘從解釋。巨寇劉香肆毒海濱，希哲以撫覊縻之，潛修戰備，約閩師會勦時，寇舟薄潮城，聞吳司理至，曰：『是官廉潔，不為利誘，願就撫。』希哲開壁諭之，乃引舟退舍，會閩師至，希哲贊畫出奇，占風縱火，焚擊寇艦，巨憝殲焉，擢刑科，督理浙直練餉，念東南賦役繁疲，額外加輸一百八十萬人，吳門與撫案酌議急公，復糾墨吏賕以佐軍需，以紓民力，漸次報完，復命以年例調外。」（卷一百七十四）

　　錢謙益〈麟旨明微序〉云：「淳安吳君睿卿世授《春秋》起家，成進士，以治行第一擢居掖垣，條上天下大計，剴切詳盡，皆可見之施行。天子知其能，特命督賦江南，爬搔勾稽，勤恤民隱，傳遽促數，食飲錯互，時時以其閒手一編，據案呻吟，援筆塗乙，如唐人所謂兔園冊者，則其所著《麟旨明微》也。蓋給諫承藉家學，數踏省門，專精覃思，於是經注疏、集解以及宿儒之講論，經生之經義，支離覆逆，浩煩疑互，一一窮其指歸，疏其蕪穢，窮年盡氣，彙為是書，使學者如見斗杓，如得指南，無復有白首紛如之歎，此其所有事焉者也。然而給諫之意則遠矣，昔者漢世治《春秋》，用以折大獄，斷國論，董仲舒作《春秋決事比》，朝廷有大

議，使使者就其家問之，其對皆有法。何休以《春秋》駁漢事，服虔又以《左傳》駁何休，所駁漢事六十條，故曰：『屬詞比事，《春秋》教也。』胡文定生當南渡之後，懲荊舒之新學，閔靖康之遺禍，敷陳進御，拳拳以君臣、夷夏之大義，摩切人主，祖宗驅斥胡元，復函夏之舊，《春秋》傳解斷以文定為準，蓋三百年持世之書，非尋行數墨以解詁為能事而已也。今之學者授一先生之言，射策甲科，朝而釋褐，日中而棄之，有如漢人所謂仍其師說，以《春秋》決事者乎？有如文定撐柱新說，掃蕩和議，卓然以其言持世者乎？給諫之於是經也，童而習之，進取不忘其初，篋衍縱橫，朱墨狼藉，誠欲使天下學者通經學古，謀王體而斷國論，以董子、胡氏為儀的也，故曰：『給諫之意遠矣。』余家世授《春秋》，約略如給諫，衰遲失學，不能有所譔著，給諫是書於余一言之戈獲，必有取焉，先民有言：『詢於蒭蕘。』郢人誤書舉燭，而楚國大治，給諫之能謀國也，殆將以是書券之，吾有望矣，是為敘。」

案：收錄《四庫未收書輯刊》第1輯，第6冊，據明崇禎刻本影印。雍正《浙江通志》著錄。《經義考》作「春秋明微」，其所說「羅喻義序曰」，其人乃錢謙益，蓋諱隱其名。

《春秋四傳輯言》　王泰徵撰，〔佚〕

王泰徵，1637前後，安徽歙縣，字嘉生、聖嵩，號蘆人，據光緒《重修安徽通志》云：「王泰徵，字嘉生，歙縣人，崇禎丁丑進士。歷吳川、新會、建陽令，俱有聲。擢禮部主事，未赴。值明亡，歸隱檀山，杜門教授，著有《樗菴集》及《春秋四傳輯言》、《周禮考工辨》、《五代史歎》、《友林漫言》諸書。」（卷二百六十）

案：光緒《重修安徽通志》著錄。

《春秋四傳合解》　趙士驥撰，〔佚〕

趙士驥，前1637-1643，山東萊陽，字卓午，號黃澤，據《勝朝殉節諸臣錄》云：「內閣中書舍人趙士驥，萊陽人，崇禎十六年守萊陽，城破死之。」（卷六）

案：民國《萊陽縣志》著錄。

《新刻魏狀元手著春秋意說》十二卷　魏藻德撰，〔存〕

魏藻德，1605-1644，江蘇上元，字師令，號清躬，據計六奇《明季北略》云：「魏藻德，順天涿州籍，應天上元人，崇禎庚辰狀元，官大學士。賊點名曰：『藻德首向自成叩頭求用，自成旁揖之』，藻德請試題，自成有所命，藻德聽之不真而又不敢再請，皇遽而起，一日殿上唱名，急呼魏藻德來見，欲為周延儒等報仇，三呼藻德不應，即命遠拏，少頃繩繫至，命送偽刑官拷打，劉宗敏責以首輔致亂，魏藻德曰：『臣本書生，不諳政事，又兼先帝無道，遂至于此。』宗敏怒曰：『汝以書生擢狀元，不三年為宰相，崇禎有何負汝？詆為無道，呼左右批其頰，夾二夾，追出銀一萬七千兩，其妻拶二，次子亦二夾。』《國變錄》云：『典演等同誅。』或云：『自勒死。』又云：『飲水一大碗死。』《甲乙史》云：『四月初二，魏藻德被夾五日，不釋而死，後逮其子云，無錯置即斬之。』予觀藻德之對宗敏，宗敏之責藻德，典晉之王衍、石勒，酷肖小人，賊渠千古一轍。《大事記》云：『藻德首向自成叩頭，言罪臣某參謁。臣三載新進書生，叨任宰輔，大明主不聽臣言，以有今日。』自成旁揖之。夫藻德庚辰狀元，癸未五月入相，榮貴極矣，無道之言雖喪心病狂，恐不忍出之口也。」（卷之二十二）

案：日本國立公文書館藏明刊本。

《讀春秋略記》十卷　朱朝瑛撰，〔存〕

朱朝瑛，1605-1670，浙江海寧，字美之，號康流、罍庵，師黃道周，據嘉慶《大清一統志》云：「朱朝瑛，字美之，海寧人。崇禎進士，除旌德知縣歸，專事窮經。初漳浦黃道周精易象、天文之學，以授時令，分配三百八十四爻，驗古今治亂，詞旨深奧。朝瑛受業其門，獨能通之。編釋五經，多破前儒成說，名『五經略記』。同邑張次仲，方八歲，母疾刲股而愈，舉天啟鄉薦，《詩》、《易》並有著述，其持論間與朝瑛殊然，歸趣一也。」（卷二百八十六）

《四庫全書總目》云：「《讀春秋略記》十卷，兩江總督採進本。明朱朝瑛撰。朝瑛有《讀易略記》，已著錄。其學出自黃道周，頗不拘墟於俗見，而持論不必皆醇。是書輯錄舊文，補以己意，所採上自啖助、趙匡，下及季本、郝敬。大抵多自出新義，不肯傍三《傳》以說經者。朝瑛之所論斷，亦皆冥搜別解，不主故常。如謂『甫』、『父』二字，古文通用，為男子之美稱，孔父之字嘉，猶唐杜甫之字美。此與程子以『大』為紀侯之名，援『欒大』為例者何異？又力斥《漢書・五行志》穿鑿傅會之非，而於『恆星不見』一條，乃引何休之說，以為『法度廢絕，威信不行』之驗，與胡安國不談事應，而『星孛北斗大辰』仍採董仲舒、劉向義者亦同。至於論『隱公三年春，王二月己巳，日有食之』，乃三月非二月。夫人子氏為隱公之夫人，而非仲子。亦未嘗不考證分明，大致似葉夢得之《三傳讞》，而學不能似其博，又似程端學之《三傳辨疑》，而論亦不至似其迂。其於二書，蓋皆伯季之間，置其偏僻，擇其警策，要不失為讀書者之說經也。」（經部二八・春秋類三）

朱朝瑛〈讀春秋略記總論〉云：「《春秋》大義，一言以蔽之，曰尊王。此人人所知者，而聖人委曲維持之深心，則未之或知也。東遷而後，諸侯放恣，幾不知有王矣。桓、文出而假王之名以令諸侯，聖人予之，非徒貴其名也，以為此一念之天良未至于澌滅，為之別擇而表揚之，使天下

之人眾著于名義，此轉亂為治之一機也。故伐國而請于王，則主王；臣以明王討會諸侯而請于王，則主王；臣以明王會不則其救人也，不則其攘夷也，皆所以尊王也。非然而侵伐會盟皆譏矣，是聖人之與桓文非與其伯也，與其尊王者而已，後之獎桓文者乃云：上無明王，下無方伯，聖人不得已而授之以諸侯。夫諸侯者，天子之諸侯，聖人安得而授之，大非《春秋》尊王之義也。黜桓文者又云：齊、晉名為尊王，實則僭王之權，亂王之法，是亦一楚也，則併其好名之志而沒之，何以激發人之天良，而誘進于大道乎，〈隨之屯〉曰：『隨有獲，貞凶有孚。』在道以明，何咎此言。人臣之握權而得眾者，苟得其道，可以轉懼而為譽，變凶而為功也。概舉而黜之，豈聖人委曲維持之心哉。

　　讀《春秋》者須觀聖人之特筆，觀其特筆，而全書之旨可會而通也。于稷之會特書成宋亂，惡賄賂之始行也。于澶淵之會特書宋災，故惜義理之終不明也，世之齷齪者，徇利而忘害，既足以致天下之亂，而一二有志于救時者，又不審于輕重緩急之宜，往往舍其重而謀其輕，舍其急而謀其緩，使亂者終不可以治，是聖人所大痛也。書成宋亂，見正身之要焉。書宋災故，見辨義之精焉。書鄭棄其師，見楚之所由橫。書王室亂，見亂之所由極。凡聖人所為格致、誠正、修齊、治平之道，無不著于此矣。書天王狩于河陽，見世道之未盡喪亂者，猶可以復治。書西狩獲麟，見天心之未盡滅衰者，猶可以復昌，則聖人所為知天立命，參贊化育之事，亦將于此乎始之，此數者未可以盡聖人之特筆，而特筆之大者已不外於此。

　　以《春秋》為無褒貶乎？則一諸侯也，何以忽而稱爵，忽而稱人，忽而生稱其名。以《春秋》為有褒貶乎？則稱爵者未必皆褒，稱人者未必皆貶也，為有褒貶之說者，比事而考之，不免于支離膠擾而不可通。為無褒貶之說者，若姓氏日月之類，舍之可也，一切稱人、稱爵、稱名、稱字，皆無所分別，則聖人所云取義者安在，無所取義，又安用此紛紛異同之稱為也。在他國之大夫，或有所因，或有所未詳，若諸侯之稱人，王大夫之稱氏，魯季友之稱字，豈有所因，亦豈有所未詳與，近世說《春秋》者，

唐荊川、季彭山、王明逸、郝仲輿諸家，各有論著，非不直捷曉暢，然舉
聖人之微詞，概置弗辨，惟以為據事直書，則既筆削之《春秋》何以異于
未筆削之《春秋》哉？晉韓起聘于魯，見易象、春秋曰：『周禮盡在魯
矣。』夫既不謬於周禮，豈遂不若司馬子長或有虛美隱惡以待聖人之直
之，然而聖人復從而筆之削之者，其取義不在褒貶，將在何等也？聖人蓋
有褒貶，而無褒貶之定例也，公羊氏曰：『不待貶絕而罪惡見者，不貶絕
以見罪惡也，貶絕然後罪惡見者，貶絕以見罪惡也。』斯言得之矣，而猶
未盡其變，何以言之？有因其時而變者，有因其人而變者，有因其事而變
者。閔僖以前，諸侯為政，則褒貶常在諸侯，而不在大夫。文宣以後，大
夫為政，則褒貶常在大夫，而不在諸侯，此因其時而變者也。褒貶之在諸
侯者，大國小國皆有之，褒貶之在大夫者，常在大國，而不在小國，此因
其人而變者也。在諸侯者，不過辭有重輕，大抵稱爵為重，稱人為輕，重
者近于褒，輕者近于貶，然不待貶而惡見者，則亦稱爵以著其惡也。在大
夫者不過辭有詳略，大抵稱名為詳，稱人為略，詳者近于褒，略者近于
貶，然不待貶而惡見，則亦稱名以著其惡也，此因其事而變者也。至于吳
楚之稱，則皆因天下之進退而進退之，天下外之則春秋舉國號而已，天下
進之中國，則春秋人之又進之而列于諸侯，則春秋爵之，其稱國、稱人、
稱爵者，非以褒貶，吳楚蓋以著諸侯之得失而明世道之存亡也。《春秋》
之作，豈為僭逆謀哉，此其褒貶之意在于言外，又變而難窮者也。總之，
《春秋》繼《詩》而作，《詩》有美者，有刺者，有以美而實刺者，有屬
辭在此而取義在彼者，《春秋》褒貶之法亦如是已，蓋《春秋》之作，非
徒彰善癉惡而已也，謹嚴之中，不失溫厚，惡之小者，罪止于下也，激切
之至，反類委蛇。惡大而不討者，罪累上也，下之以媿，夫不肖之人，使
感于欲並生之之德斯化于為善，上之以儆天，下之庇亂賊者，有以發其深
省，而恥鳥獸之同群，斯共奮于討惡之義矣，非聖人孰能與于此。

　　《春秋》，經史相輔而行，史以陳其事，經以著其義，一筆一削，瞭
然可見。自魯史亡而《左傳》作，《春秋》之義多不可解矣。趙襄子之卒

後孔子五十五年，而左氏已舉其諡，是作于戰國時無疑，故其書多採他史以附之，與經文謬戾而不合，其大者莫如趙盾、許止弒君，而以為不弒君；欒書、莒僕不弒君，而以為弒君。千載之下，論議紛然，終莫能定，皆蔽于左氏之說也。《公》、《穀》之疏略益不足言已，學者不因經以攷傳，而欲據傳以明經，于是名實牴牾，是非舛錯，《春秋》之義愈辨愈晦，或起而矯之，一切棄去，臆為說，則又失之太悍，苟義之可通，以傳釋經可也，義之必不可通者，不得不以經廢傳耳。至於經文有殘缺者，有增衍者，有舛誤者，不可盡知。今略三《傳》之所異，而特舉其同者，如夏五、郭公、有秋無冬、無冬有月之類，此殘缺之明證也。桓十二年十一月之再書丙戌，此增衍之明證也。隱三年之書月日，前後不合，此舛誤之明證也。其可考者如此，必有不止於此者而不可考也。又如紀子伯仲孫忌之為缺文。襄二十一年、二十四年，比月日食之為衍文。蔡桓侯、蔡侯申之為誤文，此又可以理推而知也，其可推者如此，必有不止于此者而不可推也，安知應書而不書者之非缺耶？不應書而書者之非衍耶？又安知應褒而貶，應貶而褒者之非舛耶？且《公羊》、《穀梁》書孔子生，《左氏》書孔丘卒，是非《春秋》之原文明矣，以為尊孔子而特書之，何以書生者不書卒，書卒者又不書生，則其意為損益又可知耶？所損益者既不可知，其書又可盡信耶？今姑釋其義之可通者，而置其所不可通者，不敢信傳以害經，亦不敢執一辭以害全旨，據吾意之所可以度，聖人之所可未必，聖人之可之也，據吾意之所否，以度聖人之所否，未必聖人之否之也。燕石寶藏，徒作貽笑，飛蟲弋獲，庶幾有當焉爾。

　　《春秋》之文，萬有六千五百餘，《史記·自序》曰：『《春秋》文成數萬。』子長生于秦火之後，豈得獨見全經。要其言必有所據，信斯言也。則《春秋》之殘缺者幾半矣。顏師古曰：『一萬之外，即可以萬言之。』然不得遂云數萬也。左氏所記，不見于經者甚多，其詞亦間有類於釋經者，安知非《春秋》之逸文乎？更可異者，張晏云：『《春秋》萬八千字。』晏為三國時人，其所言《春秋》之文與今《春秋》，多寡相越之

遠至于千百，則何以解也。」

案：收錄《景印文淵閣四庫全書》經部，第171冊。

《春秋左傳註疏批注》殘八卷　傅山撰，〔存〕

傅山，1605-1684，山西太原，字青主，號公之佗、朱衣道人、嗇廬，據嘉慶《大清一統志》云：「傅山，字青主，陽曲人。自幼讀十三經，諸子史，如宿通者。明崇禎中，袁繼咸督學山西，為巡按御史張孫振誣劾被建山橐饘，左右伏闕上書白其冤，馬世奇作〈義士傳〉比之裴瑜、魏邵。後為道士，裝醫術入神，有司以醫見則見，不然不見也。康熙十八年徵聘至京，以老病辭，授中書舍人歸。山工分隸及金石篆刻，畫入逸品。子眉，字壽毛，亦工畫，能作古賦。」（卷一百三十七）；王士禎〈傅山父子〉云：「傅山，字青主，一字公之他，太原人。母夢老比丘而生，生復不啼，一瞽僧至門云：『既來何必不啼，乃啼。』六歲食黃精，不樂穀食，強之乃復食。讀十三經、諸子史，如宿通者。崇禎中，袁臨侯繼咸督學山西，為巡按御史張孫振誣劾，被逮山橐饘，左右伏闕上書白其冤。馬君常世奇作〈義士傳〉，比之裴瑜、魏劭。亂後夢天帝賜以黃冠衲衣，遂為道士，裝醫術入神，有司以醫見則見，不然不見也。康熙己未，徵聘至京師，以老病辭，與范陽杜越君異，俱授中書舍人歸。山工分隸及金石篆刻，畫入逸品。子眉，字壽毛，亦工畫，作古賦數十篇。常粥藥四方，兒子共輓一車，暮抵逆旅，輒篝燈課讀經、史、騷、選諸書，詰旦成誦，乃行，否即予杖。」（《池北偶談》卷八）

案：收錄《傅山全書》，山西人民出版社據山西省博物館藏明萬曆刊本排版。

《左錦》一卷　傅山撰，〔存〕

閻若璩云：「傅山先生少躭《左傳》，著《左錦》一書，秘不示人。

余初訪之松莊，年將六十矣。問余：『古人命名應有義，但如文六年續鞠居乃狐射姑之族，鞠居二字何義？』余曰：『案成二年齊師乃止，次於鞠居，杜氏止註鞠居衛地，惟劉昭《續漢書》註，於郡國志兗州封邱縣下引《陳留志》云：有鞠亭、古鞠居，則知此蓋以地命名者。』因難何以晉人遠取衛地而名其子邪？余曰：『則有《風俗通義》在，俗說縣令問主簿：靈星在城東南何法？主簿仰答曰：唯靈星所以在東南者，亦不知也。』先生不覺笑。」（《潛邱札記》卷一）；俞樾云：「《左錦》。國朝閻若璩《潛邱札記》云：傅山先生少就《左傳》，著《左錦》一書，祕不示人。按今坊閒盛行馮李驊《左繡》一書，而傅青主之《左錦》，則世無知者矣。」（《茶香室續鈔》卷十三）

　　案：收錄《傅山全書》，山西人民出版社據山西省博物館藏明萬曆刊本排版。書名「左傳集錦」為編者所加，今據閻若璩《潛邱箚記》正名為「左錦」。

《春秋人名韻》六卷　　傅山撰，〔存〕

　　案：收錄《傅山全書》，山西人民出版社據山西省博物館藏明萬曆刊本排版。

《春秋地名韻》　　傅山撰，〔佚〕

　　案：清代丁寶銓《傅青主先生年譜》著錄。

《胡傳鈔》　　王圖鴻撰，〔佚〕

　　王圖鴻，1639前後，山東新城，字木青，象有子，據《新城縣志‧藝文志》云：「王圖鴻……少以通儒自名，閎博淹雅，尤邃於《春秋》。所著有《胡傳鈔》、《春秋四則》、《三傳義例》……纂迻甚多。嘗約邑

中名士二十餘人為從社。一時業《春秋》者，皆出其門。」

《春秋四則》　王圖鴻撰，〔佚〕

案：道光《濟南府志》著錄。

《三傳義例》　王圖鴻撰，〔佚〕

案：道光《濟南府志》著錄。

《春秋書法》十卷　荊象衡撰，〔佚〕

荊象衡，1639前後，江蘇丹陽，字南瞻，號南山，據光緒《重修丹陽縣志》云：「荊象衡，字南瞻，崇禎己卯舉人，官江都教諭，以病免。閉門著書，精於《易》理與《春秋》義例，學者稱南山先生。」（卷二十）

案：光緒《重修丹陽縣志》著錄。

《春秋要錄》　謝生蘭撰，〔佚〕

謝生蘭，1639前後，江西安福，字自芳，據康熙《江西通志》云：「崇禎十二年己卯鄉試：謝生蘭，安福人。」（卷五十五）

案：光緒《江西通志》著錄。

《春秋直旨》四卷　吳繼善撰，〔存〕

吳繼善，1606-1644，江蘇太倉，初姓徐，字志衍，弟吳偉業，據嘉慶《直隸太倉州志》云：「吳繼善，字志衍，崇禎十年進士。為人博學辨智，書一覽輒記，文體古麗，取法漢魏，名稍亞于張溥，謁選得四川成都

知縣。時寇陷荊襄，或尼其行，繼善不可，遂間道之官，見蜀事棘，啟請
蜀藩發帑金備寇，不應。張獻忠破成都，一門四十餘口俱遇害，時甲申十
一月二十五日也。其弟事衍幸脫，歸始知其詳。僕五郎者已免，奮然曰：
『主死，吾安得獨生。慷慨罵賊亦死之。』」（卷二十九）

　　案：日本國立公文書館藏明刊本。

《春秋四傳質》二卷　王介之撰，〔存〕

　　王介之，1606-1686，湖南衡陽，字石子、石崖，號耐園、鏗齋，弟
王夫之，據羅正鈞〈石崖先生〉云：「王介之，字石子，一字石崖，號耐
園，又號鏗齋，夫之兄也，崇禎壬午同舉於鄉。已而流寇陷衡州，介之奉
父母先避去，與弟留城中，倉卒走匿蓮峯下，得草舍入伏焉。士人先在者
數輩，介之遽問黑沙潭去此幾里，欲往遊。夫之怪之，則笑曰：『今不游
何待？子豈能不從我乎。』俄而奴至，言其父為邏者所得，指索二子，介
之將出，夫之以兄性剛厲，慮父子俱殞，固止之，既免，而夫之遂出仕桂
藩，崎嶇兵寇中，國亡君奔然後歸，而介之遯山中獨與妻子煮脫粟薪楅，
柮鶉衣草冠四十餘年，遭亂播遷，不出永邵之境。儒生或往往從質經義，
更以和易，為鄉人所歸，自以遺民深匿其迹，與夫之異居，徒聲相問而
已，著有《周易本義質》、《春秋四傳質》、《詩序參》、《春秋家說
補》、《詩經尊序》。《春秋四傳質》見《四庫》著錄，晚題座右曰：
『到老六經猶未了，及歸一點不成灰。』年八十一卒。」（《船山師友
記》卷首）

　　《四庫全書總目》云：「《春秋四傳質》二卷，湖南巡撫採進本。明
王介之撰。介之字石崖，衡陽人。是書取三《傳》及胡安國《傳》異同，
斷以己意。其『無駭卒』一條云：『《春秋》二百四十二年間事屢變，文
亦屢易，四《傳》各成其說。而斷以義，則《胡氏》精，而《公》、
《穀》尤正；質以事，則《左氏》有徵為可信也。』蓋作書大旨如此。其

中有本舊說者，如隱公元年闢胡《傳》『元即仁也』之說，本楊時《答胡康侯書》；闢胡《傳》『建子非春』之說，本熊朋來說是也。有據一《傳》而去取互異者，如『王正月為大一統』，從《公羊傳》，而闢其『王謂文王』之說是也。有就四《傳》互質之者，如『文公逆婦姜于齊』，四《傳》異說，舍《左氏》、《公羊》、胡《傳》而從《穀梁》。有專據胡《傳》而亦不盡從者，如『定公從祀先公』，取其『昭公始祀于廟』之說，而闢其『事出陽虎而不可詳』之說是也。俱頗有所見，不同勦說。至於桓公之即位，《公羊》以為『如其意』也，介之誤作胡《傳》，而詆其巧而誣；文公之四不視朔，《左氏》、《公羊》以為疾，《穀梁》以為厭政，胡《傳》從《穀梁》，介之誤作三《傳》皆以為疾，而胡氏辨其無疾，亦未免時有舛誤。然明之末造，經傳俱荒，介之尚能援據古義，糾胡安國之失，亦可謂拔俗千尋矣。」（經部二八・春秋類三）

王介之〈春秋四傳質序〉云：「余家世葩經，先君徙業，其於先師所傳，亦既別有手疏矣。而時取先賢傳注所未及者，進余兄弟而提命之，余兄弟是以有《家說》正、續之述，而於三《傳》之考訂者，尚未及焉。」（《船山師友記》卷首）

案：收錄《景印文淵閣四庫全書》經部，第171冊。乾隆《清泉縣志》著錄。《國朝先正事略》、《學案小識》作「十二卷」。

《春秋家說補》　王介之撰，〔佚〕

案：《小腆紀傳》、《沅湘耆舊集》、《船山師友記》著錄。

《讀左日鈔》十四卷　朱鶴齡撰，〔存〕

朱鶴齡，1606-1683，江蘇吳江，字長孺，號愚菴，據趙爾巽《清史稿》云：「朱鶴齡，字長孺，吳江人。明諸生。穎敏嗜學，嘗箋注杜甫、李商隱詩，盛行於世。鼎革後，屏居著述。晨夕一編，行不識途路，坐不

知寒暑。人或謂之愚，遂自號愚菴。嘗自謂『疾惡如仇，嗜古若渴。不妄
受人一錢，不虛詆人一語』云，著《愚菴詩文集》。初為文章之學，及與
顧炎武友，炎武以本原相勗，乃湛思覃力於經注疏及儒先理學。以《易》
理至宋儒已明，然《左傳》、《國語》所載占法，皆言象也，本義精矣，
而多未備，撰《易廣義略》四卷。以蔡氏釋書未精，斟酌於漢學、宋學之
間，撰尚書埤傳十七卷。以朱子掊擊《詩小序》太過，與同縣陳啟源參考
諸家說，兼用啟源說，疏通序義，撰《詩經通義》二十卷。以胡氏傳《春
秋》多偏見鑿說，乃合唐、宋以來諸儒之解，撰《春秋集說》二十二卷。
又以杜氏注《左傳》未盡合，俗儒又以林氏注紊之，詳證參考，撰《讀左
日鈔》十四卷。又有《禹貢長箋》十二卷，作於胡渭《禹貢錐指》之前，
雖不及渭書，而備論古今利害，旁引曲證，亦多創獲。年七十餘，卒。」
（列傳二百六十七）

　　朱鶴齡〈讀左日鈔序〉云：「《春秋》三傳並立，《公》、《穀》乃
經師之學，《左氏》獨詳於史事，蓋古者史世其官，左氏必世為魯史，如
晉之董狐、齊之南史、楚之倚相，能尊信聖經而為之作《傳》，廣求列國
諸史乘，管仲、晏嬰、子產、叔向諸名卿佐之，行事無不詳，以及卜筮、
夢占、小說、雜家之言無不采，大事策書，小事簡牘，閎稽遙覽，綜貫秩
然，故其文章最為典則華贍，而後之儒者或病其誣，或病其浮夸，或病其
立論多違理傷教，則何也？夫子感獲麟而作《春秋》，去夢楹不三載，其
指趣未及顯以示人，左氏之遊聖門也晚，又未必與游、夏之徒上下其議
論，則其踳駁而不醇者固宜有之。且左氏所稱書、不書、先書、故書之
類，皆本之舊典，為史家成法，聖經則不可以史法拘，或事同而義異，或
事異而義同，夫子蓋有特筆存焉。自不修《春秋》既亡，不知何者為筆？
何者為削？各信胸臆，穿鑿繁興，至於紹興之進講，而說之殽雜極矣。雖
然，筆削所據，惟事與文，左氏即間有舛訛，而臚陳二百四十二年史事，
則十得八九。杜元凱推按經傳，亦極精詳，學者誠淹通此書，研究事情，
因以推求書法，一切刻深碎瑣之見，勿橫據於胸中，而以義理折衷之，安

在筆削之精意不可尋繹而得乎？今《左氏》之書，家傳戶習，特其筆法簡古，文之艱澀者，義之隱伏者，往往費人推索，元凱注既多未備，而孔仲達疏復卷帙繁重，學士家罕闚其書。東山趙子常特申不書之旨，輯為《補注》，多與經義相證，發余珍秘有年，復廣演而博通之，疏瀹幽滯，辨正譌舛，自孔疏而下，弋獲於劉原父、呂東萊、陳止齋、王伯厚、陸貞山、邵國賢、傅士凱者居多，又取春秋人物，引繩墨而論斷之，使學者知古今人材之盛，莫過於春秋；兵法之精，亦莫過於春秋，應變出奇，益人神智，讀史者當有取焉。至於《左氏》全文，明曉易見者，則概不之及。自愧譾陋，此不過備遺忘、資討論而已，若欲從事聖經，成一家之學，必如黃楚望所云：『先以經證經，次引他經證，又次以經證傳，又次以傳證經，展轉相證，更復出入羣書。』此非余力所能任也，姑存其說，以俟世之述作君子。」（《愚菴小集》卷七）

案：收錄《景印文淵閣四庫全書》經部，第175冊。《經義考》、乾隆《吳江縣志》著錄。《傳是樓書目》作「左讀日抄十二卷」。

《左氏春秋集說》十卷　朱鶴齡撰，〔存〕

朱鶴齡〈左氏春秋集說序〉云：「記曰：『屬辭比事而不亂，深於春秋者也。』今之說《春秋》，何其亂與？則凡例之說為之也。自《左氏》立例，《公》、《穀》二氏又有例，啖、趙以下亦皆有例，言人人殊，學者將安所適從？如：稱爵者，褒也，而會盟何以書楚子，則非盡褒也；稱人者，貶也，或將卑師少也，而僖公之前，何以君、大夫、將皆稱人，則非盡貶與將卑師少也；稱字者，貴之也，而邾儀父、許叔、蕭叔有何可貴乎？殺大夫稱名者，罪之也，而陳洩冶、蔡公子燮有何可罪乎？諸侯失國名，而夔子、萊子不名；滅同姓名，而楚滅夔、齊滅萊不名，則其說窮矣。不書公子為削其屬也，而弒君如楚商臣、齊商人反稱公子，則其說又窮矣。卿卒必記日月，公至必告於廟，益師不日，薄之也，而成公以後皆

書日；桓會不致，安之也，而公行大半不書至，則其說又窮矣。不得已有變例之說，夫所貴乎例者，正取其一成而不可易，若前後游移，彼此乖忤，何以示萬世之繩準？嗚呼！夫子作《春秋》，上明天道，下正人事，變化從心，安得有例？例特史家之說耳。自隱、桓至定、哀，二百四十二年間，載筆者既非一人，則或詳或略，不免異辭，所見所聞，難於一概，就史法言之，尚無一成之例，而乃欲執後人之例以按經，又欲屈聖人之經以從例，其可乎哉？然則如之何？亦曰：求之《春秋》之所以作而已矣。夫子曰：『吾志在《春秋》。』又曰：『其義則丘竊取之。』何謂志？尊天子、內中國、討亂臣賊子，尊王賤霸是也。何謂義？善者，吾進之予之；惡者，吾退之奪之，彼善此者，吾猶進之予之，純乎惡者，吾亟退之奪之是也。志以義明，義以時立，《春秋》之始，諸侯驟強，則絀諸侯以扶天子；春秋之中，大夫專政，則絀大夫以扶諸侯；春秋之季，陪臣亂國，則又絀陪臣以扶大夫。而前之治楚，後之治吳、越，往往示其意於獎桓、文，愛宗國，爵齊、晉、宋、衛諸君之中。若此者，凡以尊天子也，明王道也，一筆一削，蓋皆隨世變而為之權，世變異則書法亦異，而豈有變例、正例之可求哉？後之說者，乃曰：『聖人有貶無褒。』或又曰：『聖人初無褒貶。』夫有貶無褒，則《春秋》為司空城旦之書，聖人宅心不應如是刻覈；若無褒無貶，則全錄舊史，是非不明，何以有知我、罪我之言，而能使亂臣賊子懼耶？吾故專以聖人之志與義為斷：不能得乎聖人之志與義，則隨事生說，辨愈繁而不可立教；能得乎聖人之志與義，則凡例諸說，何嘗不可與聖經之微文奧旨相為發明；而近世儒者著論，乃欲盡舉諸例而廢之，其亦固而不可通也已。余為此書，主以《左氏傳》，取杜《注》、孔《疏》及《公》、《穀》、啖、趙數十家之論，聚而觀之，參互權衡，稿凡數易，疢疾寒暑，腕不停書，雖未知於聖人之志與義若何，而古今諸儒支離膠固之說，刊剟無餘，少以資學者經術經世之助，庶幾於屬辭比事而不亂之旨，或有當云。」

　　〈左氏春秋集說凡例〉云：

一、《左氏》傳經在《公羊》、《穀梁》之先，故經文專據《左》而以《公》、《穀》參焉，傳文不能全載，今節略其事蹟於經文之下，然後引用注疏諸家之說，此倣《黃氏日鈔》體也。

二、三《傳》之後，啖叔助、趙伯循、陸伯沖三家可謂通經，所輯《辨疑》、《纂例》條理秩然，今多引其說，參以趙子常、王方麓之論而衷斷之，學者先觀此，則全經燎如矣。

三、胡《傳》專重復讎討賊，誠有功世教，然立論頗迂闊而穿鑿，張元德《春秋集注》較胡氏特平正，洪武初詔頒學宮，今人罕見其書矣，余志在表微，故采之獨多。

四、劉原父《權衡》以辨誤為功，陳君舉《後傳》以不書立義，吳臨川《纂言》、汪新安《纂疏》、李廬陵《會通》皆能闡繹微指，又劉質夫、許襄陵、孫明復、高息齋、王彥光、呂永嘉、家則堂諸解，《大全》去取未必悉當，今擇其粹者錄之，葉石林、趙木訥、戴岷隱、黃東發諸家之說多先儒未發，而《大全》不載，則纂修諸公之罣漏也，余徧搜藏書家，得之亟為采入。

　　案：收錄《續修四庫全書》經部，第120冊，據清道光二十九年強恕堂刻本影印。《經義考》著錄。乾隆《吳江縣志》作「春秋集說二十二卷」。

《春秋析疑》二十卷　黃雲師撰，〔佚〕

　　黃雲師，1640前後，江西德化，字非雲，號雷岸，據康熙《江西通志》云：「黃雲師，號雷岸，德化人。明崇禎進士，授給事中，歷吏、戶、刑、兵四科，抗疏甄別京卿，凡所指陳，詳明剴切。為冢宰鄭元嶽所器重，催楚粵餉題免鄖襄諸郡，逋欠三十六萬有奇，尋歸，卜居蓮花峰下，徵辟不赴，杜門著述，有《易裁》、《詩正采》、《榮堂集》藏於家，卒年七十有六。」（卷九十二）

案：同治《九江府志》、光緒《江西通志》著錄。

《春秋志在》十二卷　來集之撰，〔存〕

來集之，1640前後，浙江蕭山，字元成，據雍正《浙江通志》云：「來集之，《紹興府志》：字元成，蕭山人，崇禎庚辰進士，司李皖城，皖受張獻忠蹂躪，集之苦心調劑，會左良玉兵東下，遠近震驚，皖賴集之得無恐，尋家居三十年，手不釋卷，著有《易圖親見》、《讀易偶通》、《卦義一得》、《春秋志在》、《四傳權衡》、《樵書》、《南山載筆》、《倘湖近刻》。」（卷一百八十）

毛奇齡〈來元成春秋志在序〉云：「向時學《左氏春秋》，未學夫子之《春秋》也，既久而學公羊氏、穀梁氏，焉然不知夫子之學何等也。授《春秋》者曰：『《春秋》者，有按而後有斷也，夫子之《春秋》斷也，其諸家按也，故諸家之學尤不可以不亟也。』既久而學胡氏學，則胡氏亦斷也，然而授《春秋》者曰：『夫子之斷不可學，則退而學胡氏焉。』彼胡氏則斷夫子之所斷者哉，既而思曰：『胡氏之《春秋》，豈夫子之《春秋》哉？前代以胡氏學立《春秋》學而《春秋》亡，夫胡氏者以私意而窺《春秋》之微者也，其意深，其詞激，其為文有憂患，主于悟君而論世，以維持于所謂名實也者。循法起例，而《春秋》之旨蕩無存焉。然而學在是矣，故夫胡氏之所學亦《春秋》也，特夫子之所為《春秋》則終未學也。』然授者又曰：『夫子曰：吾志在《春秋》。』夫夫子豈有所為《春秋》哉？志在焉耳？故夫夫子之《春秋》，魯史也。左氏則左氏也，降而公羊氏、穀梁氏，則公羊、穀梁氏也，又降而賈逵、杜預、何休、范寧，則賈逵、杜預、何休、范寧，故夫後之有為《春秋》者，亦即後之所為《春秋》者也，惟夫子無《春秋》，則後人皆得以夫子之《春秋》為《春秋》，惟夫子之《春秋》不預于左氏、公羊、穀梁氏之《春秋》也，故夫後人皆得為夫子之《春秋》，而不為左、公、穀、賈逵、杜預、何休、范

寧，故夫來子曰：『吾志在也，此以夫子之志為志者也。』故夫來子之
《春秋》，亦即夫子之《春秋》也，而來子之為《春秋》在焉。然而予嘗
曰：『夫子之《春秋》，夫子之不得已也。使夫子當大用，安所取魯史而
志之。』夫來子亦豈欲取夫子之志而志之者哉，然而授《春秋》者曰：
『莊子曰：《春秋》，經世先王之志也。』予曰：『不然！使先王經世不
有其事而有其志，非先王志也，且使夫子有經世之志，而夫子徒有其志，
而來子又徒有其志，非夫子之志也。』」（《西河集》卷二十四）

　　孫廷銓〈春秋志在序〉云：「說《春秋》如說《詩》，皆以意逆志之
書也。《詩》之志，在乎美刺，衛宏、毛、鄭，說人人殊；《春秋》之志
存乎褒譏，《左氏》、《公》、《穀》，說人人殊，要無違乎美刺、褒貶
之正而止爾。漢置《春秋》博學之士，《左氏》獨後，世為《公羊》、
《穀梁》者從而非之；然《公》、《穀》去聖人差遠，為《左氏》者亦非
之，《膏肓》、《墨守》、《廢疾》蓋交譏也。至宋儒削斷三《傳》，胡
氏遂盡廢其書，創為新例；然立乎趙宋以指《春秋》，其於隱、桓加遠
矣，則未知聖人之志果在彼歟？在此歟？我友來子初獨成一書，其意頗異
乎四家，蓋以諸儒之說可以理裁聖人之旨，斷難例拘，其或《經》有微
文，前後互見，為《傳》所未見者，則表而出之；其有《經》意顯白，本
無義例，而《傳》好為曲說，以致失實滋疑者，則辨而正之；其有此
《傳》所引而彼《傳》或殊，此《傳》所進而彼《傳》或退之，排詆紛
紜，樊然淆亂，則折衷而求其必合，皆比《經》發義，錯《傳》成文，綴
以世史，附以新意，著為百有八篇，號曰『春秋志在』，蓋言聖人之志之
所在也。來子之書，蓋不失褒譏之正者矣。」

　　案：中國科學院圖書館藏清順治來氏倘湖小築刻本。

《四傳權衡》一卷　來集之撰，〔存〕

　　來集之〈四傳權衡序〉云：「予向者作《春秋志在》，固已舉其大

端，茲又取四《傳》而權衡之，權衡之者將以準其是非也，不權衡《春
秋》而權衡四《傳》者，以今日之是非，準千古以上之是非，將有所不
確。以吾小儒之是非，準大聖人之是非，終有所不敢。亦曰：『取四
《傳》而銖之兩之，以酌其平云爾。』」

案：北京清華大學圖書館藏清順治來氏倘湖小築刻本。

《新刻麟經寶定》十二卷　　來集之撰，〔存〕

案：日本名古屋市蓬左文庫藏明崇禎十三年書林朱氏藝苑堂刊本。

《新刻春秋諸國興廢說》一卷　　來集之撰，〔存〕

案：日本名古屋市蓬左文庫藏明崇禎十三年書林朱氏藝苑堂刊本。

《求古齋訂正春秋左傳》十七卷　　秦鑛撰，〔存〕

秦鑛，1640前後，江蘇錫山，字子韜，號真齋，據楊鍾羲云：「王
貽上謂：秦鑛銅版九經，與倪雁園槧家刻宋本，方幅正同，而秦本較勝。
鑛字子韜，號真齋，其和三唐人惠山詩蓋與箬溪居士同時作也。」（《雪
橋詩話餘集》卷一）

案：臺北國家圖書館藏明崇禎十三年錫山秦氏刊本。《書目答問》作
「秦氏巾箱本九經，秦鑛刻……《春秋左傳》十七卷」。光緒《吳錫金匱
縣志》作「訂正九經」。

《春秋特解》十二卷　　錢志驎撰，〔佚〕

錢志驎，1640前後，江蘇丹徒，字六謙，據光緒《丹徒縣志》云：
「錢志驎，字六謙，明崇禎庚辰進士，歷兵部主事，浙江僉事參議，謫運
判，陞九江同知。治《春秋》，尤工制舉業，所為文學者傳誦之。（按志

驥弟志彤，亦工於文，有《連璧堂合稿》行世，見《吳蘭陔塾鈔》）晚年
罷官，貧約授徒數人，猶日夜孜孜不倦。弟志思，字若可，少孤承祖訓，
居庠序中，言笑不苟，與姜之濤、錢瓚、張九徵共講藝，所居之栖碧亭。
之濤，字山公，性孤介。若可著《春秋特解》十二卷、《茶庵史記評》十
卷。己亥，（按：己亥，順治十六年也，是年鄭逆犯城。）燬於火不
傳。」（卷三十二）

案：光緒《丹徒縣志‧藝文志》題錢志驥撰，但觀《縣志》所說，似
乎應是其弟錢志思所撰。

《春秋左傳標釋》三十卷　戴文光標釋、張我城參定，〔存〕

戴文光，萬曆—崇禎，江蘇吳縣，字陆得，號章甫，據民國《吳縣
志》云：「戴文光……字陆得，號章甫，吳庠生。所居名『必有齋』。神
宗末，坊本靡濫，因取古今正典，歷科程墨，《左傳》等書，校刻行世，
崇禎時沒。」（卷第七十九）

案：臺北傅斯年圖書館藏明天啟五年刊本。《經義考》著錄。《傳是
樓書目》作「春秋左傳標識」。

《必有齋左概增刪》十二卷　戴文光標釋、張我城參定，〔存〕

案：中國科學院圖書館藏明天啟五年必有齋自刻本。

《麟經彙纂》　葉中聲撰，〔佚〕

葉中聲，萬曆—崇禎，浙江天台，字允淳，據民國《台州府志》云：
「葉中聲，字允淳，天台人。父繩宗，字武之，萬曆間歲貢，為武義訓
導，捐建齋舍，集諸生之貧者，肄業其中，陞霑化教諭，力辭歸，巡按提
學皆嘉禮之，有雜著藏於家（《萬曆縣志》）。中聲以貢授瓊州，會同知

縣，時海多盜，下車即嚴保甲，修城垣，為守禦計，民賴以安，復建書院
以課士，置義田，給貧乏，民肖像祀之，以疾歸，著有《菊徑稿》、《麟
經彙纂》。」（卷一百零九）

　　案：民國《台州府志》著錄。

《春秋炎詹》　戴士鼇撰，〔佚〕

　　戴士鼇，萬曆─崇禎，江蘇松江，後改名畹芬，字穉龍，據嘉慶《松
江府志》云：「戴士鼇，字穉龍，後更名畹芬，上海人，大參邦正孫也。
耽嗜典籍，少從父宦游京師，年十五遂以博洽名，其學長於經術，尤精三
《禮》，郡人治《禮》者必從講授，至今曲臺，業宗戴氏，數奇不售，年
四十餘始貢入太學，為盧州府訓導，甚有聲望，屢薦當遷，會崔呈秀巡按
江北索餽金，士鼇不與，呈秀扼之，轉湖廣漢陽府教授，棄官歸。崇禎二
年，起為衡府教授，以老辭長史，三移牒徵之，乃赴，以耆德宿儒，深見
禮重，踰歲謝病歸，年七十三卒，所著見藝文中。」（卷五十五）

　　案：嘉慶《松江府志》著錄。《經義考》作「戴士鰲」。

《唱經堂左傳釋》一卷　金人瑞撰，〔存〕

　　金人瑞，1608-1661，江蘇長洲，本姓張，名采，字若采，明亡後改
名人瑞，又名喟，字聖歎，私淑李贄，據梁章鉅《歸田瑣記・金聖歎》
云：「今人鮮不閱《三國演義》、《西廂記》、《水滸傳》，即無不知有
金聖歎其人者，而皆不能道其詳。王東漵《柳南隨筆》云：金人瑞，字若
采，聖歎其法號也，少年以諸生為游戲，具得而旋棄，棄而旋得，性故穎
敏，絕世而用心虛明。魔來附之某宗伯，作〈天台泐法師靈異記〉，所謂
慈月宮陳夫人以天啟丁卯五月降于金氏之卟者，即指聖歎也。聖歎自為卟
所憑，下筆益機辨瀾翻，常有神助，然多不軌于正，好評解稗官詞曲，手
眼獨出，初批《水滸傳》，歸元恭莊見之曰：『此倡亂之書也。』繼又批

《西廂記》，元恭見之又曰：『此誨淫之書也。』顧一時學者愛讀聖歎書，幾于家置一編，而聖歎亦自負其才，益肆言無忌，遂陷于難。初世廟遺詔至蘇，巡撫以下大臨，府治諸生從而訐吳縣令不法事，巡撫朱國治方暱令，于是諸生被繫者五人，翌日，諸生羣哭于文廟，復逮繫十三人，俱劾大不敬，而聖歎與焉。當是時，海寇入犯，江南衣冠陷賊者坐反叛、興大獄，廷議遣大臣即訊，并治諸生及獄具，聖歎與十七人俱傅會逆案坐斬。聞聖歎將死，大歎詫曰：『斷頭，至痛也。』而聖歎以無意得之，大奇，于是一笑受刑云。」（卷七）；徐世昌《晚晴簃詩匯》云：「金人瑞，字聖歎，吳縣人諸生。《詩話》：明季鍾伯敬、譚友夏諸人，評泊詩文，喜為纖仄恢詭之語，庸耳俗目，為之傾眩。聖歎擴而廣之，上攀經史，下甄傳奇小說，皆以己意評，泊數百年流傳不絕。」（卷三十四）

　　案：收錄《金聖歎全集》，2008年南京鳳凰出版社據康熙初年貫華堂才子書彙稿、宣統二年順德鄧氏風雨樓叢書等輯校排版。

《春秋說》三十卷　王溰大撰，〔佚〕

　　王溰大，1608-1637後，安徽合肥，字幼章，據嘉慶《廬州府志》云：「王溰大，字幼章，合肥人，崇禎丁丑進士，事繼母，撫異母弟五人，內外無閒言。乙亥守城，親冒矢石，皖撫史可法重其人，一時機務悉諮以行，再任知縣，擢南吏部郎，家居三遇旱蝗，並捐資助，賑其規畫，荒政甚詳。嘗謂史為古今第一要義，《春秋》，史法之祖；《通鑑綱目》，羣史之會，故二書皆其畢生精力所萃，有《春秋說》、《史綱鈔》，累數十萬言，制藝亦卓然名家。」（卷三十二）

　　《四庫全書總目》云：「《春秋說》三十卷，《附錄》三卷，山東巡撫採進本。明王溰大撰。溰大字幼章，合肥人，崇禎丁丑進士。是書雜採諸說，斷以己意，而本於卓爾康《辨義》者為多。其首為《諸家考》，敘古來春秋家及所著書；次為《經傳大旨》，輯諸家議論之與己合者；次

《紀傳》，輯周及列國事蹟，分析經文，各以類從，而附以時義、地義論；次為《春秋總義》；次《比事》四十二則，自跋附焉。總為三卷，弁於首。次乃詮釋經文，分十二公為三十卷，朱彝尊《經義考》不載，蓋此本為浸大孫雲龍所錄，未及刊版故也。浸大以《春秋》本魯史原文，孔子修之。蓋筆削史文以見義，非變史文以起義。自說經者不舉大義，而求之名字、爵號、日月及會之類，以為義例，蓋昉於《公》、《穀》，盛於胡氏。詮說愈繁，而經學愈亂。故著是書，以破諸家之言書法者。然《春秋》固本魯史，其間亦有聖人特筆，如『天王狩於河陽』，《左傳》具述改修之義。《坊記》所引『魯春秋』，《公羊傳》所引『不修春秋』，及寧殖所稱『載在諸侯之策』者，揆之聖經，有同有異。欲駁『一字褒貶』之說，而謂聖經僅魯史之節文，未免矯枉而過直。其說經亦多臆斷。如解『尹氏卒』云：『《公》、《穀》謂譏世卿，鑿矣。』欒、郤、韓、范世專晉，七穆世專鄭，曷不譏，而特譏王朝大夫乎？夫外大夫卒，例不見經，《春秋》何由譏之耶？解『肆大眚』云：『文姜罪惡通天，歿後必有陰禍，莊公肆眚，為之求福免罪耳。』不知春秋時，浮屠之教未入中土，何得有罪福之說？解『鄭棄其師』云：『此高克怨辭』。夫克一逋臣，豈能以其事喭赴列國？杜預所謂『克狀其事以告魯』者，本無確證，何得遽斷為據克之言。又《比事》中解『城築』一條云：『邑書城。臺、館、囷書築。城，土功也，故須築南門、雉門，書作木功也，故須作。』夫南門、雉門，豈竟不須土功？且兩觀何以亦書『作』也。凡此皆隨意生文，不為典要。至其《紀傳》敘事，並始於隱元年，訖於哀十四年。其中止云某事，書於經，某事不書。又自齊晉以下，皆以魯公年數紀年，即周本紀亦然。是屈天王之正朔，就侯國之紀年。經解史裁，蓋兩無所當矣。其《諸家考》中，升《胡傳》於西漢諸儒之前，已為無識。卷後又自識云：『呂大圭、灌甫、趙企明、姜廷善未詳。』案灌甫，明宗室朱睦㮮字，已見考中，而遽忘之。呂大圭，字圭叔，南宋末人，所著有《春秋或問》及《五論》。企明，宋趙鵬飛字，所著有《春秋經筌》。廷善，明姜寶字，

所著有《春秋事義考》。而濅大俱曰『未詳』。是即此數家，尚未窺全帙，甚至引杜預《集解》亦稱之為杜疏，尤為無據。蓋所見未博，故議論多而考證少也。」（經部三十·春秋類存目一）

案：乾隆《江南通志》、光緒《重修安徽通志》著錄。

《春秋照》　熊司平撰，〔佚〕

熊司平，1641前後，江西金谿，字尹衡，據光緒《撫州府志》云：「熊司平，字尹衡，金谿人，父孺出，諸生，於書無所不窺，尤嗜《易》、《太元》，著《易通》十七篇、《太元經外傳》六十四篇。司平幼孤，能讀父書，中崇正十四年鄉試副榜，見天下多故，縱游江浙間，意有所觸，輒感憤流涕，形於歌詠，所撰〈兩京賦〉，幾及萬言，自天文、地理、山川、人物、風俗以及兵刑、賦役，沿革升降，而所以揚前烈、戒後人者，尤再三致意，一時名流皆稱其有古風人之旨，國變後，扃戶樓居，著書自遣，年六十六卒。」（卷五十九）

案：光緒《江西通志》、光緒《撫州府志》著錄。

《春秋考全》四卷　鄧觀撰，〔佚〕

鄧觀，1642前後，江西南豐，字我生，據康熙《江西通志》云：「鄧觀，字我生，南豐人。明末諸生，後隱以著書為業，利物為心。同邑謝秋水、李仲闇、甘健齋講學程山，以觀能持公論，恤患難，甚推重之。平生著述凡十種，名《寒號集》，尤留心醫學，有《濟生易簡》六十四卷。」（卷八十四）

案：同治《建昌府志》、光緒《江西通志》、民國《南豐縣志》著錄。

《春秋繁露》　馮秉清撰，〔佚〕

馮秉清，1642前後，江西浮梁，字惟乾，據道光《浮梁縣志》云：「馮秉清，字惟乾，勸義都人，以天啟間歲貢，任東鄉訓導。日與艾千子南英討論不輟。崇禎癸酉領鄉薦，署開化教諭，課士一守程朱之學。丁丑成進士，授南雄推官。己卯，分房，最稱得人，遷嚴州，力革織造陋規，直指使委，盤查全浙，平積獄、嚴臧否、興學校，餽送一無所受，事竣惟以詩箋獻，眾共駭愕，入為刑部主事。歸，鼓舞後學，嘗捐俸為縣置義田，年七十四卒，著有《易經合義》、《春秋繁露》、《四書解》行世。」（卷十三）

案：同治《饒州府志》、道光《浮梁縣志》、光緒《江西通志》著錄。

《春秋衡》八卷　倪立昌撰，〔佚〕

倪立昌，1642前後，浙江浦江，字啟君，據光緒《浦江縣志》云：「倪立昌，字啟君，尚忠孫也。在母腹中即失其父，方生以應繼出為叔父母後，年十五，兄卒，生母朱無所依，而誼不可歸，晨昏周旋二嫠母，動止恐觸其悲思，刻志力學，期早達以顯幽貞。為人倜儻狷潔，時季叔仁禎仕，禮垣泊若無與，日偕張德行、金漢鼎、張以邁為金石交，考文準經，論事酌史，勵作經濟之業，尤精《春秋》，以經名一時。壬午，本房姚孫棐得卷，喜極首薦，主考欲次之，力爭不可，致冠副榜，羣為惋惜曰：『利鈍，命也，但負老母耳。』益奮志，賞奇纂要，手不停披，取《公》、《穀》、《左氏》，合胡《傳》為參同，復從閒軼他書者，雜采訂證，而以己見斁之，標其異詳其略，正其附會，凡八卷，曰『春秋衡。』會繼母終，憤痛二母苦貞莫報，鬱毒發卒，著有《香草園》、《琴胎集》與《春秋衡》共十四卷。」（卷九）

案：康熙《金華府志》、雍正《浙江通志》、光緒《浦江縣志》著

錄。一作「十四卷」，蓋誤。

《春秋地理志》十六卷　　吳偉業撰，〔存〕

吳偉業，1609-1671，江蘇太倉，字駿公，號梅村，據趙爾巽《清史稿》云：「吳偉業，字駿公，太倉人。明崇禎四年進士，授編修。充東宮講讀官，再遷左庶子。弘光時，授少詹事，乞假歸。順治九年，用兩江總督馬國柱薦，詔至京。侍郎孫承澤、大學士馮銓相繼論薦，授秘書院侍講，充修太祖、太宗聖訓纂修官。十三年，遷祭酒。丁母憂歸。康熙十年，卒。偉業學問博贍，或從質經史疑義及朝章國故，無不洞悉原委。詩文工麗，蔚為一時之冠，不自標榜。性至孝，生際鼎革，有親在，不能不依違顧戀，俯仰身世，每自傷也。臨歿，顧言：『吾一生遭際，萬事憂危，無一時一境不歷艱苦。死後斂以僧裝，葬我鄧尉、靈巖之側。墳前立一圓石，題曰「詩人吳梅村之墓」。勿起祠堂，勿乞銘。』聞其言者皆悲之。著有《春秋地理志》、《氏族志》，《綏寇紀略》及《梅村集》。」（列傳二百七十一）

案：廣東省中山圖書館藏清抄本。乾隆《江南通志》、同治《蘇州府志》、民國《吳縣志》著錄。

《春秋氏族志》二十四卷　　吳偉業撰，〔佚〕

吳騫《尖陽叢筆》云：「吳梅村嘗輯《春秋氏族志》十八卷，予觀其書，所載亦不止春秋氏族，凡在春秋得姓之後，史傳有名者，往往續載其後，蓋不純乎春秋之人也。」（卷九）；嘉慶《直隸太倉州志》云：「是書一本《左氏》，以正氏族之源，首周，次魯，次宋、衞、晉、楚、齊、鄭支分派，別證以史傳碑記之文，凡七卷，未刊。」（卷五十三）

案：乾隆《江南通志》、同治《蘇州府志》、民國《吳縣志》著錄。

《春秋林氏傳》十二卷　林尊賓撰，〔存〕

　　林尊賓，前1642-1648，福建莆田，字燕公，據乾隆《莆田縣志》云：「林尊賓，字燕公，益曾孫，崇禎壬午鄉薦第四。人少有文才，負奇氣，學不為帖恬，肆力于六經、諸史、百家之籍，著《春秋傳》，於《左氏》、《公》、《穀》、《胡氏》大義之外，別有發明。又以《禮記》附會成書，諸儒通病乃翻去陳言，著為《評定》，復取朱子未成之志，合三《禮》而通之，綴文成類，共得十篇，名曰『古禮當然。』時雲間夏允彝令長樂，尊賓挾所著《春秋傳》以謁，大加賞識，為序以傳，一時諸鉅公如倪元昭、張溥、陳子龍、錢肅樂，皆折節下之，尊賓學博才高，雅以經濟自許。公車上都門，見時事自非，憂憤形于詞色，既下第歸，貽書留別戎政士家彥，以匡時大義相勉。未幾，闖賊陷京師，尊賓與從叔說，同矢殉國，說卒之，明年，尊賓亦以節死，有《雁園集》四卷藏于家。」（卷二十二）

　　林尊賓〈春秋林氏傳序〉云：「《春秋》何以有《傳》也？孔子之心不能徧天下萬世，而口授之，為孔子徒取其所不能口授者，代為傳之，遂使天下萬世，無不若自孔子口授之者，而《春秋》傳矣。《傳》自左氏有之，公羊氏、穀梁氏有之，迄今惟胡氏獨尊獨信，一氏興而諸氏廢，雖然孔子尚未能徧天下萬世而口授之，則孔子之心，又豈一氏所能代為之傳也哉？此林氏之所以繼而有《傳》也。」（《經義考》卷二百七）

　　鄭玥曰：「莆田林尊賓，字燕公撰，尊賓以崇禎壬午舉於鄉，《林氏傳》十二卷成於崇禎辛未。凌侍御義渠、張吉士溥、夏吏部允彝，皆為之序。」（《經義考》卷二百七）

　　張溥〈春秋林氏傳序〉云：「制義盛而絕學微，五經之義，終世不能明也；其尤病者，莫甚於《春秋》。《春秋》之書，《左氏》、《公》、《穀》三傳並立，文定晚出，其學反貴，非南宋之文高於前人也，其用法也嚴，其持說也峻，意主於復讎，以儆和議之非；論歸於自強，以發忘親

之痛。主構相檜怫然惡之，而抗辭無避，天理人欲，反覆深切，雖其間少褒多貶，文近深刻；然遏邪防亂，與其過而縱之，無寧過而閑之也。莆田林燕公通《春秋》，紬繹諸家，更出新義，自成一書，曰『林氏傳。』窺其意將以陳君舉、趙子常自命，給諫凌茗柯先生出轄閩海，搜揚多士，首得燕公，延致上座。今涖吾禾，燕公不遠數千里，褐衣上謁，以《春秋傳》見，給諫為梓以傳，予方補葺《春秋》有《三書》之役，以編年敘事，以列國敘人，以書法敘義例，更喜得林書，筆之簡端，無異班荊道舊也。」

陳子龍〈春秋林氏傳序〉云：「閩中林燕公以所著論《春秋》十二卷，題曰『林氏傳』示予於越州。予讀而嘆曰：『《春秋》者，聖人以處亂世，存大義，不欲盡言之書。故因舊史敘事之文，以示褒貶，未嘗明為立論也。』班《志》所述當時口授弟子，弟子退而異言，左丘明親見夫子，觀史記，其書最為詳備，已不能無誣，而況《公羊》、《穀梁》從傳聞相授受，求其無殘缺足徵，豈可得哉？胡安國出於晚宋，而當今最尊之，非其文之工也，以其能獨出己意，而有所發明也。夫六經皆聖人之微言，其旨非可一時而盡，而況《春秋》以明王法、著世誡，其義深廣，其條繁多，雖二百四十年之間，而古今之變纂備矣。學者不用心於此，則膠固暗昧，而每至於叛，此子長之所深痛也。今世去古漸遠，士鮮研悟如《左氏》、《國語》，摛文者摘其言，辭記事者，摹其序次，不復論大義，至於經生墨守胡氏，奉為筮蔡，分文析字，凜若三尺，高言偉論，咸擯外篇，安晚近而不師古，繇於信《傳》而不信《經》也。夫《傳》旨專固，意有所適，經義閎通，道無不在，惟夫聖人之言，我不得而議之，若彼聖人之徒，則得失異同，彼固先之矣。而我獨守其一家之說，我獨非聖人之徒歟哉？林氏生於百世之後，而能條貫本末，比類引義，自立成書，《傳》中如論滕子來朝，而云王黜之，且引薛杞為據，以見周之威僅行於小國；論齊侯來獻戎捷，以為稱侯者，斥其禮而大其功；論召陵之盟，以為齊桓未能以兵力服楚，故輕受屈完之強辭，至以天子之伯，而亟亟與蠻

夷之大夫盟；及論城濮也，則大其勝楚之功，略其詭道，以為用兵之嘗；
論會召陵侵楚也，則以為大蔡昭侯之志；其書圍蔡也，則以為憫其志、傷
其變，為之薄其禍，不欲使楚遂有蔡也。凡此數條，皆昔人所未發，明切
端正，可為後世大法，自非曉暢義理，湛深經術，獨窮經文而不牽師說，
何以得此哉？世之讀《春秋》者如林氏可已。林氏名尊賓，字燕公，莆
人。其書凌給諫為梓於吳中，序之者長樂令夏允彝、庶吉士張溥，及不佞
子龍。」（《安雅堂稿》卷四）

　　案：福建莆田縣圖書館藏明崇禎凌義渠刻本。《經義考》、《傳是樓
書目》著錄。乾隆《莆田縣志》作「春秋傳」。

《春秋類纂》　王夢弼撰，〔佚〕

　　王夢弼，1642前後，福建安溪，字象箕，號求野，據乾隆《泉州府
志》云：「王夢弼，字象箕，號求野，安溪人。七歲能文，十三歲入邑庠
第一，崇禎壬午舉人，房考金若千得其卷大喜，索所著詩、古文稿，為之
序，至比諸歐陽永叔之得蘇子瞻，兩中乙榜，年四十卒，所者有《四書名
物類纂》、《綱鑑紀要》、《州郡姓氏人物摘要》等書，《梧吟集》，詩
賦若于卷。」（卷之五十四）

　　案：乾隆《安溪縣志》、道光《晉江縣志》著錄。

《春秋備要》三十卷　翁漢麐撰，〔佚〕

　　翁漢麐，1642前後，江蘇常熟，字子安，據雍正《昭文縣志》云：
「漢麐，字子安，憲祥子。流寇四起，朝廷方爭洛蜀黨，漢麐伏闕，上疏
不報，歸。崇禎壬午舉於鄉，祁中丞彪佳撫吳，闢禮賢館，延之論事。入
國朝，授南安推官，著《春秋詳節》。」（卷六）

　　《四庫全書總目》云：「《春秋備要》三十卷，江蘇周厚堉家藏本。
國朝翁漢麐撰。漢麐字仔安，常熟人。其書以胡《傳》為主，亦節錄《左

氏》以明事之本末。至於書之上闌標破題，下闌標合題，則全非詁經之體
矣。」（經部三一‧春秋類存目二）

案：同治《蘇州府志》著錄。乾隆《江南通志》作「春秋詳節」。

《春秋訂義》　馮光璧撰，〔佚〕

馮光璧，1642前後，廣東南海，字子真，據光緒《廣州府志》云：
「馮光璧，字子真，崇正十五年壬午舉人，年十八丁父憂，哀毀骨立，絕
量寢塊，喪葬如禮。事母尤孺慕，兄早世撫孤如己子。癸未公車南還，即
隱居教授。丙戌、丁亥間，嶺海騷擾，羣盜竊發，父老憂懼，咸以光璧積
行服眾，遂聯二十四鄉，推為鄉正。光璧一本至誠，扶弱抑強，保障安
堵，桑梓賴之。生平於書無所不讀，尤研精性理、樂律、皇極經世諸書，
著有《春秋訂義》、《綱鑑貫珠》、《錄雪潤集》，卒年六十八。」（卷
一百十七）

案：道光《廣東通志》、光緒《廣州府志》著錄。

《麟經稿》　陳憲度撰，〔佚〕

陳憲度，1642前後，貴州施秉，據乾隆《貴州通志》云：「陳憲
度，施秉縣人，崇正壬午舉人，官石阡府教授。孝友性成，父遠宦粵東，
卒於官，與仲兄扶柩歸里，廬墓盡哀。事繼毋朱氏至孝，毋病篤，焚香告
天，願以身代，母病復瘥。兄弟友愛，共爨無閒。麻陽渠寇莫崇交等肆行
擄掠，憲度以大義責之，賊相戒勿犯，全活甚眾，著有《麟經稿》行於
世。」（卷之二十八）

案：乾隆《貴州通志》著錄。

《春秋志禮》八卷　錢䵵撰，〔佚〕

　　錢䵵，至1642前後，浙江嘉興，改名士馨，字稺拙，又字稺農，據沈季友〈東湖遺老錢士馨〉云：「士馨，字稺拙，復名䵵，字稺農，平湖人。崇禎壬午貢入南雍，見知於吳梅邨，尋入燕公卿，爭欲客士馨，士馨久而厭薄之，人漸目為狂生。李自成將逼京城，中允李明睿疏請南遷，士馨私謁之，泣曰：『賊已盡得秦隴，日夜行四五百里，倘聞南遷之事，以輕騎繞出畿南，突犯警蹕，公將何辭以謝天下？』明睿戁，懼無以對。及京城陷，士馨匿跡樵林，流竄于兵火之中，艱難辛苦，無不備經，多寄託於文章，後奔走無所成，貧益甚，自彙其騷賦詩文為一集，然貧不能剞劂，遂散佚略盡，今所存者零璣碎玉耳。士馨輕財好客，工古文詞，兼精書畫，每抵掌古今，必縱橫數千言，卒至窮老以死，亦可哀已。」（《檇李詩繫》卷二十三）

　　錢䵵〈春秋志禮序〉云：「在昔言《春秋》者，莫不以為聖人刑書，於是引經斷獄，皆以《春秋》為名，遂據為律法斷例，刻深其文，無寬和之氣，使聖人褒諱隱惡，謹嚴而存忠厚之思，流於薄而不返。嗚呼！此豈仲尼不為已，甚者之所為哉？昭公二年，韓宣子如魯，見《易象》與《魯春秋》曰：『周禮盡在魯矣！吾乃今知周公之德與周之所以王也。』韓子所見，蓋周之舊典禮經，雖仲尼之所未修，而周公之法制未嘗不在於魯也。故其先慶父之難，齊之覘國者曰：『魯猶秉周禮。』周禮，所以本也，國之將亡，本必先撥，而後枝葉從之。今魯不棄周禮，未可動也。莊、僖以來，更十數公而無改，韓起猶及見之，故『仲尼因魯史策書成文，考其真偽，志其典禮。上以遵周公之遺制，下以明將來之法。』《傳》故曰：『其善志。』惟上之人能使昭明。左昭三十一年《傳》又曰：『《春秋》之稱，微而顯、志而晦，婉而成章、盡而不汙，懲惡而勸善，非聖人，誰能修之？』左成十四年《傳》所謂勸善者，君子之事也；婉而成章者，曲從義訓，以示大順者也；志而晦者，約言紀事，以示法制

者也。故曰：『王道之正，人倫之紀，備矣。』仲尼亦曰：『予作《春秋》，以正亂制。』由是言之，《春秋》者，禮義之大宗也。禮，禁未然之前，法施已然之後。法之所為用者易見，而禮之所為禁者難知，故聖人從而修之，所以興禮教而使人自遠刑法之端者也。禮樂之數，莫不具備於斯，是以後之言禮者，非《春秋》之義不足以定其去從。嗚呼！美哉！洋洋乎經緯萬端，宰制人極，孰有踰於此哉？予用是約《春秋》之大凡，捃摭傳記，總其條貫，以類分為十志，而以禮志為首，傳音附於魯事，使稽古考治術者，有以見王道之大端，周公之遺法，儒說之要歸，足以致治興教，立俗范事，施諸後世而無惑，豈徒博物云爾哉！」（《經義考》卷二百八）

朱彝尊云：「按錢氏《春秋志禮》，其綱曰吉、曰凶、曰軍、曰賓、曰嘉。吉禮之目八：曰郊、曰望、曰雩、曰考、曰烝、曰嘗、曰禘、曰大事。凶禮之目五：曰喪、曰荒、曰弔、曰救災、曰襘。軍禮之目四：曰大閱、曰治兵、曰大蒐、曰狩賓。禮之目十一：曰朝周、曰朝魯、曰公如他國、曰外諸侯相朝、曰內大夫如周聘、曰列國聘問、曰諸國來聘、曰內大夫聘列國、曰諸侯相聘、曰周來聘、曰周聘諸國。嘉禮之目七：曰飲食、曰冠、曰昏、曰賓射、曰燕饗、曰脤膰、曰賀慶。錫命有三：曰周來錫命、曰周命列國、曰周命諸大夫。其一為雜記。」（《經義考》卷二百八）

案：《經義考》著錄。光緒《嘉興府志》、光緒《平湖縣志》作「錢士馨」，為改名後也。

《左傳統箋》三十五卷　姜希轍撰，〔存〕

姜希轍，前1642-1698，浙江餘姚，字二濱，號定庵，師劉宗周，據阮元《兩浙輶軒錄》云：「姜希轍，字二濱，號定菴，會稽人，一作餘姚人。前明崇禎壬午舉人，國朝由給事中歷官奉天府府丞，著《兩水亭

集》。《紹興府志》：希轍授溫州教授，遷知元城縣，入為戶科給事中，歷兵禮二垣，再為戶科，至奉天府丞，引疾歸。希轍為明工部侍郎天樞之子，曉暢廟堂典故，為諫官，所論列多持大體。及家居，凡郡中利害，必白當局者，不避嫌怨。老成宿學若黃宗炎、蔣階平、毛奇齡輩，皆館王家，以主盟藝林，四方之士，趨之如流，自希轍捐館，而前輩風流熄矣。」（卷二）

《四庫全書總目》云：「《左傳統箋》三十五卷，浙江汪啟淑家藏本。國朝姜希轍撰。希轍字二濱，餘姚人。明崇禎壬午舉人。國朝官至奉天府府丞。此書循文衍義，所據者特杜預、林堯叟、孔穎達三家，參以朱申《句解》。其所引證，又皆不標所出，猶沿明季著書之習。」（經部三一．春秋類存目二）

案：收錄《四庫全書存目叢書》經部，第131冊，據中國科學院圖書館藏清康熙十五年刻本影印。《經義考》、光緒《餘姚縣志》作「二十五卷」。

《春秋箋》　嚴通撰，〔佚〕

嚴通，1643前後，福建福清，字白海，據乾隆《福州府志》云：「嚴通，字白海，福清人。父早喪，家貧，母令擔布縷及凡供女紅之屬，行鬻市中。民部鄭廷楫時為塾師，奇之，令白海就學，登崇禎癸未進士。流賊破北京，通時需次都門，攝敝衣冠，閒道歸隱江陰小嶼侍母，日縱酒嘯詠，會浙人有獄，牽誣被逮，通詣獄仰天嘆曰：『吾已登仕籍，豈能復作囚人對簿耶？』索酒大醉，死獄中，著有《白漁集》、《蘭閣逸纂》、《春秋箋》十餘卷。」（卷六十）

案：乾隆《福建通志》、民國《閩侯縣志》著錄。

《春秋鼎》　袁聲撰，〔佚〕

　　袁聲，1643前後，山東章丘，號荊陽，據道光《濟南府志》云：「袁聲，號荊陽，章邱人，崇禎癸未進士。順治間，官山西嵐陽令，時以逆闖脅土民寇城，內外成嫌，山民結聚，時出摽掠，單騎招撫皆投誠，獨高九英不與，請二十日，部兵大師七千乃克成，摛人心未定，隨村撫慰，見頹垣僵尸，為之大慟，民皆感泣。分校秋闈，得士七人，聯蜚者四，擢刑部貴州司郎中，去之日，臥轍攀轅者無數，立祠於東門內祀之。在部三年，多所平反，出為太平知府，興利除害，一塵不染。公餘即事吟咏，著有《春秋鼎》、《麟經匯海》八十卷、《通鑒世系》、《詩詞便覽》藏於家，《荊陽詩紀》二十種行世，祀鄉賢。」（卷五十四）

　　案：道光《濟南府志》著錄。

《麟經匯海》八十卷　袁聲、袁韻撰，〔佚〕

　　袁韻，1643前後，山東章丘，號清越，據道光《濟南府志》：「袁韻，號清越，奇蘊之次子。性嗜學，天性尤篤，父素有心病，每出入必隨。與兄聲最友愛，朝夕切摩，聲謂為諍弟，共著《麟經匯海》一書。」（卷四十九）

　　案：道光《濟南府志》著錄。

《春秋備考》八卷　陳宗之撰，〔佚〕

　　陳宗之，1643前後，江蘇長洲，字玉立，據同治《蘇州府志》云：「陳宗之，字玉立。祖光、祖父繼華皆舉人。宗之攻苦力學，崇禎癸酉以《春秋》舉於鄉，癸未會試中乙榜，授推官，以親老辭歸。性端方沈篤，邃於古學，博洽多聞，詩文無纖靡之習。」（卷八十七）

　　陳宗之〈春秋備考序〉云：「《春秋》，聖人之史，天文、五行、地

理、禮樂、人物皆具焉，百世而後，傳聞異詞，三《傳》之牴牾，十二國之棼錯，而可以灖漫無考乎？棘闈取士，《傳》宗康侯，為胡氏之《春秋》，非孔氏之《春秋》矣。講疏詁題，義取穿鑿，則為安成麻黃之《春秋》，并非胡氏之《春秋》矣。則夫萃其異同，釐其沿革，於以具訓蒙，士所當務矣。是編也，友人張君燮實殫蒐集，而屬予總其成焉。」（《經義考》卷二百六）

　　案：《經義考》著錄。《欽定春秋傳說彙纂》有引錄，可參看。

《春秋日食曆》一卷　黃宗羲撰，〔存〕

　　黃宗羲，1610-1695，浙江餘姚，字太沖，號南雷，師劉宗周，據《明史》云：「黃宗羲，字太沖，餘姚人，明御史黃尊素長子。尊素為楊、左同志，以劾魏閹死詔獄，事具《明史》。思宗即位，宗羲入都訟冤。至則逆閹已磔，即具疏請誅曹欽程、李實。會廷鞫許顯純、崔應元，宗羲對簿，出所袖錐錐顯純，流血被體；又毆應元，拔其鬚歸祭尊素神主前；又追殺牢卒葉咨、顏文仲，蓋尊素絕命於二卒手也。時欽程已入逆案，實疏辨原疏非己出，陰致金三千求宗羲弗質，宗羲立奏之，謂：『實今日猶能賄賂公行，其所辨豈足信？』於對簿時復以錐錐之。獄竟，偕諸家子弟設祭獄門，哭聲達禁中。思宗聞之，歎曰：『忠臣孤子，甚惻朕懷。』歸，益肆力於學。憤科舉之學錮人，思所以變之。既，盡發家藏書讀之，不足，則鈔之同里世學樓鈕氏、澹生堂祁氏，南中則千頃堂黃氏、絳雲樓錢氏，且建續鈔堂於南雷，以承東發之緒。山陰劉宗周倡道蕺山，以忠端遺命從之游。而越中承海門周氏之緒，授儒入釋，姚江之緒幾壞。宗羲獨約同學六十餘人力排其說。故蕺山弟子如祁、章諸子皆以名德重，而禦侮之功莫如宗羲。弟宗炎、宗會，並負異才，自教之，有『東浙三黃』之目。戊寅，南都作〈防亂揭〉攻阮大鋮，東林子弟推無錫顧杲居首，天啟被難諸家推宗羲居首，大鋮恨之刺骨，驟起，遂按揭中一百四十

人姓氏，欲盡殺之。時宗羲方上書闕下而禍作，遂與杲並逮。母氏姚歎曰：『章妻、滂母乃萃吾一身耶？』駕帖未行，南都已破，宗羲踉蹌歸。會孫嘉績、熊汝霖奉魯王監國，畫江而守。宗羲糾里中子弟數百人從之，號『世忠營。』授職方郎，尋改御史，作監國魯元年《大統曆》頒之浙東。馬士英奔方國安營，眾言其當誅，熊汝霖恐其挾國安為患也，好言慰之。宗羲曰：『諸臣力不能殺耳！春秋之孔子，豈能加於陳恆，但不謂其不當誅也。』汝霖謝焉。又遺書王之仁曰：『諸公不沉舟決戰，蓋意在自守也。蕞爾三府，以供十萬之眾，必不久支，何守之能為？』聞者皆韙其言而不能用。至是孫嘉績以營卒付宗羲，與王正中合軍得三千人。正中者，之仁從子也，以忠義自奮。宗羲深結之，使之仁不得撓軍事。遂渡海屯潭山，由海道入太湖，招吳中豪傑，直抵乍浦，約崇德義士孫奭等內應。會清師纂嚴不得前，而江上已潰。宗羲入四明山結寨自固，餘兵尚五百人，駐兵杖錫寺。微服出訪監國，戒部下善與山民結。部下不盡遵節制，山民畏禍，潛焚其寨，部將茅翰、汪涵死之。宗羲無所歸，捕檄累下，攜子弟入剡中。聞魯王在海上，仍赴之，授左副都御史。日與吳鍾巒坐舟中，正襟講學，暇則注《授時》、《泰西》、《回回》三曆而已。宗羲之從亡也，母氏尚居故里。清廷以勝國遺臣不順命者，錄其家口以聞。宗羲聞之，亟陳情監國，得請，遂變姓名間行歸家。是年監國由健跳至瀚洲，復召之，副馮京第乞師日本。抵長崎，不得請，為賦式微之章以感將士。自是東西遷徙無寧居。弟宗炎坐與馮京第交通，刑有日矣，宗羲以計脫之。甲午，張名振間使至，被執，又名捕宗羲。丙申，慈水寨主沈爾緒禍作，亦以宗羲為首。其得不死，皆有天幸，而宗羲不懾也。其後海上傾覆，宗羲無復望，乃奉母返里門，畢力著述，而四方請業之士漸至矣。戊午，詔徵博學鴻儒。掌院學士葉方藹寅以詩，敦促就道，再辭以免。未幾，方藹奉詔同掌院學士徐元文監修《明史》，將徵之備顧問，督撫以禮來聘，又辭之。朝論必不可致，請敕下浙撫鈔其所著書關史事者送入京，其子百家得預參史局事。徐乾學侍直，上訪及遺獻，復以宗羲對，且言：

『曾經臣弟元文疏薦，惜老不能來。』上曰：『可召至京，朕不授以事。即欲歸，當遣官送之。』乾學對以篤老無來意，上歎息不置，以為人材之難。宗羲雖不赴徵車，而史局大議必咨之。曆志出吳任臣之手，總裁千里遺書，乞審正而後定。嘗論《宋史》別立〈道學傳〉，為元儒之陋，《明史》不當仍其例。朱彝尊適有此議，得宗羲書示眾，遂去之。卒，年八十六。宗羲之學，出於蕺山，聞誠意慎獨之說，縝密平實。嘗謂明人講學，襲語錄之糟粕，不以六經為根柢，束書而從事於游談。故問學者必先窮經，經術所以經世。不為迂儒，必兼讀史。讀史不多，無以證理之變化；多而不求於心，則為俗學。故上下古今，穿穴群言，自天官、地志、九流百家之教，無不精研。所著《易學象數論》六卷，《授書隨筆》一卷，《律呂新義》二卷，《孟子師說》二卷。文集則有《南雷文案》、《詩案》。今共存《南雷文定》十一卷，《文約》四卷。又著《明儒學案》六十二卷，敘述明代講學諸儒流派，分合得失頗詳，《明文海》四百八十二卷，閱明人文集二千餘家，自言與十朝國史相首尾。又《深衣考》一卷，《今水經》一卷，《四明山志》九卷，《歷代甲子考》一卷，《二程學案》二卷，輯《明史案》二百四十四卷，又《明夷待訪錄》一卷，皆經世大政。顧炎武見而歎曰：『三代之治可復也！』天文則有《大統法辨》四卷，《時憲書法解》、《新推交食法》一卷，《圜解》一卷，《割圜八線解》一卷，《授時法假如》一卷，《西洋法假如》一卷，《回回法假如》一卷。其後梅文鼎本《周髀》言天文，世驚為不傳之祕，而不知宗羲實開之。晚年又輯《宋元學案》，合之《明儒學案》，以志七百年儒苑門戶。宣統元年，從祀文廟。」（卷四百八十）

　　案：全祖望〈梨州先生神道碑文〉及〈奉九沙先生論刻南雷全集書〉二文皆提及此書，黃宗羲在〈答萬充宗質疑書〉文末亦言：「春秋失閏之論，弟有《日食曆》明之」，可見確有此書。而謝國楨〈黃梨州著述考〉云：「未見」，吳光〈黃宗羲著作存佚總表〉云：「佚」，皆表示已經亡佚，如果根據〈梨州先生神道碑文〉一文所說，可知此書乃是辨證衛樸所

推日食為誤。今此卷雖已亡佚不存，但黃宗羲的大弟子萬斯大《學春秋隨筆》一書記載，在「（襄公）二十有一年，九月庚戌朔，日有食之。冬十月，庚辰朔，日有食之。」一條說到：「《春秋》日食三十六，而頻食者再。先儒咸謂日無頻食法，獨衛樸推《春秋》日食，合者三十五，唯莊十八年一食不入食限。某以為如樸言，是二頻食亦入限矣。舉以問梨洲先生，先生答曰：『按襄二十一年、二十四年，並兩書日食，曆家如姜芨一行，皆言無比月頻食之理，授時亦言二十一年己酉，中積六十六萬九千一百二十七日五十五刻，步至九月，定朔四十六日六十五刻，庚戌日申時合朔，交泛一十四日三十六刻，入食限是也。步至冬十月庚辰朔，交泛一十六日六十七刻，已過交限，故姜芨一行之說為是。西曆則言日食之後，越五月、越六月皆能再食，是一年兩食者有之，比月而食更無是也。襄二十一年己酉，九月朔交周〇宮〇九慶五一二八，入食限。十月朔一宮一十度三一四二，不入食限矣。二十四年壬子，七月朔交周〇宮〇三度一九三五，入食限。八月朔交周一宮三度五九四九，不入食限矣。』乃知衛樸得三十五者，欺人也。先生此答，根據《授時》西曆，鑿鑿可信，與先儒泛言無頻食者不同也，敬錄于此，以公同好。」萬斯大所問正是春秋日食問題，也正合〈梨州先生神道碑文〉所說辨衛樸所推日食為誤。再者黃宗羲於〈答萬充宗雜問・問春秋日食三十六〉一文，也正是萬斯大《學春秋隨筆》一書所載，而且是更加詳細完整地說明《春秋日食曆》一卷的內容，若將兩文相互參看即可明白。故而此一卷雖歷來皆標明亡佚，但黃宗羲與萬斯大師徒，將這個問題完整地紀錄下來，並非節錄一二語可比，所以本文判定此一卷存世。

《手評春秋五傳》四十二卷　彭士望撰，〔佚〕

彭士望，1610-1683，江西南昌，本姓危，字躬庵、達生，號樹廬，據康熙《江西通志》云：「彭士望，字躬菴，南昌人。少有雋才，好經濟

有用之學。崇禎己卯，父晰病且革，閱邸抄，見漳浦黃道周平臺召對語，拊枕嘆曰：『鐵漢也。』顧謂士望當以為師。士望經理喪事畢，即裹糧行謁道周，道周則已為解中丞學龍薦重，觸帝怒繫獄，士望傾身營護，會太學生涂仲吉上疏，下詔獄杖，辭連士望，禍幾不測，後道周論戍事，乃解尋參揚州幕，未久辭歸，與林時益徙家寧都。時江右學者星子曰髻山、南豐曰程山、寧都曰易堂，所講習皆以名節詩文相砥礪，士望尤敦鄉誼，人咸頌其德化，聲名藉甚，鄉人有死節者，其子幼被掠，士望傾橐贖之為娶婦，其急風義篤故舊，至老不衰云，壽七十四。」（卷七十）

彭士望〈與黃復仲書〉云：「版行拙集，及手評《資治通鑑》、《春秋五傳》，令天下後世知南昌彭躬庵以逾邁之年，處窮約之地，其言尚足為斯世少效攻補之助，以視公安、竟陵大小何如也？潦倒狂言，輒露本色，道翁得無笑以為妄，稍霽過別，羅縷不盡。」又〈與魏凝叔書〉云：「銀畢人事，更欲重閱所評《春秋五傳》一遍，方十卷。」（《恥躬堂詩文鈔》文鈔卷三）

案：同治《南昌府志》著錄。光緒《江西通志》作「四十一卷」。

《春秋本義》十卷　顧朱撰，〔存〕

顧朱，1643前後，浙江石門，字自公，號石磷，據溫睿臨云：「顧朱，字自公，浙江石門人，崇禎癸未進士。年甫踰冠，才名鬱然，士子爭誦其文。初釋褐倪元璐、劉宗周，兩公深器之，曰：『子誠異士，惜所遇非時矣！』甲申，宏光立，謁選以行人，請餉兩浙，時馬、阮亂政，士大夫營私植黨，忘其國之危也，或謂朱曰：『子以京員督理鄉邦，晝錦之榮也。錢穀在握，蓋藉以豐殖其家。』朱謝曰：『士人讀書必以忠孝為本，禮義為閑。國家多難，吾敢營寵利哉？子休矣，毋污吾耳。』力清夙弊，無敢以私謁者，惟喜文士，所至郡縣，輒課士，簡其秀異者，移學使，補博士弟子員，後多為名士者。乙酉，南都潰，魯王監國紹興，奉命召起餘

姚大學士方逢年，又之義烏召兵部尚書張國維。逢年在家，謁三，上乃得見，謝曰：『老臣力衰，恐不足辱寵命。』朱前曰：『軍府草創，非公無以屬大事者。且王命敦促，公無拒也。』逢年乃許諾。而國維聞使命至，闔門降階，執朱手向之慟哭曰：『君父在難，臣敢辭瘁。』朱曰：『向之方輔家，三日乃得見，既見復三辭，朱再三陳請，乃受命，今公何任之勇也。』國維曰：『吁！此承平，大臣奉召，體也。今何時，乃循故事，且方公宰輔也，余戎政也，金革無避，何濡遲之為？』朱因從客問曰：『事有濟乎？』國維曰：『難。』然則如之何？國維曰：『吾受國重，寄義在必死。子笙仕日淺，尚可隱避，此地有某山，避世桃源也，他日蓋以卜居。』其明年越城又潰，監國航海，朱不及從，棄妻子自姚江、海寧紆迴，山谷烟燧數百里，伏尸枕藉，冒險遠涉，至海門無舟可渡，還棄乾溪，慷慨欲赴死，時其父在家老矣，謂其長子曰：『汝弟且殉國，吾誰與養？昔宋亡，謝疊山以親老不死，汝蓋以我命召之。』朱得書徘徊終夕，喟然曰：『張司馬命我矣，吾何忍棄我親也。』乃挈其妻子歸，布衣蔬食，杜門不出。其後同年生陳名夏、杜榮立德入仕本朝，皆顯達，致書幣勸之出。力辭返幣有司，歲時致問不為答，有以事請者亦不應，家愈窮，空作〈百貧歌〉以自遣，事父及繼母，撫諸弟，孝友稱舉。主李立齋歿於舟山，為經紀其喪，載其娑孤歸，字養之二子，既長，為治裝而歸之楚。喜讀經，作《詩禮解》，為子弟講《易》，皆有獨得，晚尤邃於《春秋》，以為左氏親炙聖人，其旨真。後之述者，惟晦庵得其正，因作《春秋本義》以折衷羣說云。年四十餘，遭其父喪，哀毀如禮，服除，遽卒。」（《南疆逸史》卷四十列傳第三十六）

案：北京清華大學圖書館藏清初刻本。

《春秋註釋》　盧懋榮撰，〔佚〕

盧懋榮，1644前後，浙江東陽，據道光《東陽縣志》云：「明崇正

年分：盧懋棐，甲申恩貢，前經兩中副榜，見孝友。」（卷之十三）

　　案：道光《東陽縣志》著錄。

《麟經志在解》　章佐聖撰，〔佚〕

　　章佐聖，1644前後，安徽祁門，字右臣，據同治《祁門縣志》云：「章佐聖，字右臣，居平里。工詩文，善詞曲，籍泰州，以諸生久次歲薦有聲。崇正甲申之變，遂歸里。識者呼為『章明經』，弗應。戊子城破，賣卜於市，後授生徒，著有《麟經志在解》、《大易時義註》、《佛幻禪喜集》，未幾為僧。」（卷二十八）

　　案：同治《祁門縣志》、光緒《重修安徽通志》著錄。

《春秋四傳合纂》　唐達撰，〔佚〕

　　唐達，1644前後，浙江德清，字灝儒，號永言，據同治《湖州府志》云：「唐達，字灝儒，號永言，德清人。崇禎十七年貢生，研精理學，及星歷、音律、象數諸書，一時執經問業者甚眾，所交皆積學力行之士。性孝友，貧不能葬親，乃創為葬社，人皆效之。晚年隱於醫，注《素問》，所著詩文近百餘卷，臨沒，著《鯤鵬上下解》，越三日而卒，學者私諡淵靜先生。」（卷七十五）

　　案：同治《湖州府志》著錄。

《春秋纂義》　李瀅撰，〔佚〕

　　李瀅，1645前後，江蘇興化，字鏡石、一字鏡月，據咸豐《重修興化縣志》云：「李瀅，字鏡月，年十四補諸生，經史百家之書，無不淹貫。順治二年舉於鄉，嘗以父讎未報，憤不欲生，久之得巨憝斃之，天下稱其孝。後絕意仕進，肆力詩古文辭，徧游名山大川，足蹟所至，詩文盈

簏。晚邃於經，參互考訂，多所發明，又博采古聖君、賢臣、懿士、淑媛之事，附以論斷，用垂明鑒。每歲飢，出游必載米豆百斛，歸令諸子徧歷閭閻，見餓者贈之，捐腴產為義田，歲取所穫贍族人，好揚人善，汲引後進，津津不倦，著《春秋纂義》諸書。」（卷八）

案：嘉慶《高郵州志》、嘉慶《揚州府志》著錄。

《五傳彙鈔》 彭釪撰，〔佚〕

彭釪，1645前後，廣東番禺，字峀玉，生平失考。

案：同治《番禺縣志》、光緒《廣州府志》著錄。

《胡左集要》 黃中瑄撰，〔佚〕

黃中瑄，1645前後，江蘇武進，生平失考。

案：光緒《武進陽湖縣志》著錄。

《春秋傳議》六卷 張爾岐撰，〔存〕

張爾岐，1612-1677，山東濟陽，字稷若，一字蒿菴，據道光《濟南府志》云：「張爾岐，字稷若，一字蒿菴，濟陽人。居邑西鄉宣約，幼端愨好沈思，自諸生時即窮究程朱之學，以帖括、剿襲、陳言為恥，以羽翼經傳為業，於天人理數、聖學絕續，風俗之頹，人心之蔽，反覆論著數千言，莫不引經析義，卓可見之施行，為文辨駁如康成，雅潔如永叔，藝林著述得其一言以為重。至性純篤，痛父行素之死，哀毀號泣，終身抱戚，門人為廢蓼莪，食飯需次，當貢入太學，以母老弟幼不果行，事母竭力奉養，母多病，究心岐黃，閭里有疾來問者，雖溽暑祁寒，亦必詳詢檢方應之。兩弟析居，田廬之美好者，俱讓於弟，以二弟廢疾，為代納賦稅三十餘年，易簀時，猶囑其子代納，終其身訓弟爾崇。淹貫經史，遊其門者如

艾元徵等，歷仕顯秩，未嘗絲毫干貸，貧士來學，訓誨不倦。康熙十六年春，抱病猶著《春秋傳議》一書，季冬卒。生平著述有《儀禮鄭註》、《句讀周易》、《詩經說略》、《夏小正傳註》、《弟子職註》、《老子說略》、《蒿菴集》、《蒿菴閒話》、《春秋傳議》、《新濟藝文》、《濟陽縣志》等書。受業及邑後進，為次第付梓傳世，祀鄉賢。」（卷五十六）

　　《四庫全書總目》云：「《春秋傳議》四卷，山東巡撫採進本。國朝張爾岐撰。爾岐有《周易說略》，已著錄。是書意在折衷三《傳》，歸於至當。然發明胡《傳》之處居多，猶未敢破除門戶。同時有樂安李煥章為爾岐作〈傳〉，云：『著《春秋傳議》，未輟而卒。』今此本闕略特甚，蓋未成之稿，而好事者刻之也。」（經部三一・春秋類存目二）

　　案：收錄《四庫全書存目叢書》經部，第132冊，據天津圖書館藏稿本影印。道光《濟南府志》作「四卷」。

《春秋三傳駁義》十二卷　張爾岐撰，〔佚〕

　　案：乾隆《濟陽縣志》、雍正《山東通志》著錄。

《春秋寶筏》十二卷　翁長庸撰，〔存〕

　　翁長庸，1646前後，江蘇常熟，字玉宇，據同治《蘇州府志》云：「翁長庸，字玉宇，順治丁亥進士，授戶部主事，榷蕪湖關，溢稅四萬餘金，盡數解部，歷官至長蘆運使，參政河南，臨事謹慎，待百姓如家人，聽訟諄諄勸諭，多感泣謝去。先是中州下治田令，州縣偽報，起科至數千頃，察之石田也，亟請於大吏，免其租役，秩滿當遷按察使，不願典獄，遂告歸。其貧不異為諸生時也，子大中，字林一，舉進士，知上杭縣，縣輸賦向有額外公費，大中盡革之，又令納戶自封投櫃，民稱便。歲旱米貴，大中開倉平糶，且捐米以給不能，辦值者埋胔掩骼，善政多可紀，卒

於官，杭民醵金歸其櫬，祀名宦。」（卷一百）

案：上海圖書館藏清抄本。同治《蘇州府志》著錄。雍正《昭文縣志》作「春秋因是」。

《春秋壽世》　林廷㩮撰，〔佚〕

林廷㩮，1646前後，福建長奉，字元公，號晉庵，據乾隆《長泰縣志》云：「林廷㩮，字元公，號晉庵，性聰敏，寓目輒成誦，制行有黃石齋遺風，修明程朱正學，思以經術致用。于隆武偏安，登賢書，杜門著述，抉古今治亂之迹，輯為《壽世方書》、《羲墳探賾》、《尚書啟筵》、《周禮說永》、《四書確說》、《學庸圖說》及《明史綱目》、《明史考議》、《增補事類賦》、《地理新解》，凡百餘卷，以山林老。」（卷之九）

案：乾隆《長泰縣志》、光緒《漳州府志》著錄。

《三傳會參》　王綦隆撰，〔佚〕

王綦隆，1646前後，江蘇通州，字升韓，生平失考。

案：光緒《通州直隸州志》著錄。

《左傳杜解補正》三卷　顧炎武撰，〔存〕

顧炎武，1613-1682，江蘇崑山，原名絳，字忠清。明亡後改名炎武，字寧人，學者稱亭林先生，據《明史》云：「顧炎武，字寧人，原名絳，崑山人。明諸生。生而雙瞳，中白邊黑。讀書目十行下。見明季多故，講求經世之學。明南都亡，奉嗣母王氏避兵常熟。崑山令楊永言起義師，炎武及歸莊從之。魯王授為兵部司務，事不克，幸而得脫，母遂不食卒，誡炎武弗事二姓。唐王以兵部職方郎召，母喪未赴，遂去家不返。炎

武自負用世之略，不得一遂，所至輒小試之。墾田於山東長白山下，畜牧於山西雁門之北、五台之東，累致千金。遍歷關塞，四謁孝陵，六謁思陵，始卜居陝之華陰。謂『秦人慕經學，重處士，持清議，實他邦所少；而華陰綰轂關河之口，雖足不出戶，亦能見天下之人、聞天下之事。一旦有警，入山守險，不過十里之遙；若有志四方，則一出關門，亦有建瓴之便。』乃定居焉。生平精力絕人，自少至老，無一刻離書。所至之地，以二騾二馬載書，過邊塞亭障，呼老兵卒詢曲折，有與平日所聞不合，即發書對勘；或平原大野，則於鞍上默誦諸經注疏。嘗與友人論學云：『百餘年來之為學者，往往言心言性，而茫然不得其解也。命與仁，夫子所罕言；性與天道，子貢所未得聞。性命之理，著之《易傳》，未嘗數以語人。其答問士，則曰「行己有恥。」其為學，則曰「好古敏求。」其告哀公明善之功，先之以博學。顏子幾於聖人，猶曰「博我以文。」自曾子而下，篤實無如子夏，言仁，則曰「博學而篤志、切問而近思。」今之君子則不然，聚賓客門人數十百人，與之言心言性；舍多學而識以求一貫之方，置四海之困窮不言，而講危微精一；是必其道高於夫子，而其弟子之賢於子貢也。孟子一書，言心言性亦諄諄矣，乃至萬章、公孫丑、陳代、陳臻、周霄、彭更之所問，與孟子之所答，常在乎出處去就辭受取與之間。是故性也、命也、天也，夫子之所罕言，而今之君子之所恆言也。出處去就辭受取與之辨，孔子、孟子之所恆言，而今之君子之所罕言也。愚所謂聖人之道者如之何？曰「博學於文，行己有恥。」自一身以至於天下國家，皆學之事也。自子臣弟友以至出入往來辭受取與之間，皆有恥之事也。士而不先言恥，則為無本之人；非好古多聞，則為空虛之學。以無本之人，而講空虛之學，吾見其日從事於聖人，而去之彌遠也。』炎武之學，大抵主於歛華就實。凡國家典制、郡邑掌故、天文儀象、河漕兵農之屬，莫不窮原究委，考正得失，撰《天下郡國利病書》百二十卷；別有《肇域志》一編，則考索之餘，合圖經而成者。精韻學，撰《音論》三卷。言古韻者，自明陳第，雖創闢榛蕪，猶未邃密。炎武乃推尋經傳，探

討本原。又《詩本音》十卷，其書主陳第詩無協韻之說，不與吳棫本音爭，亦不用棫之例，但即本經之韻互考，且證以他書，明古音原作是讀，非由遷就，故曰本音。又《易音》三卷，即周易以求古音，考證精確。又《唐韻正》二十卷，《古音表》二卷，《韻補正》一卷，皆能追復三代以來之音，分部正帙而知其變。又撰《金石文字記》、《求古錄》，與經史相證。而《日知錄》三十卷，尤為精詣之書，蓋積三十餘年而後成。其論治綜覈名實，於禮教尤兢兢。謂風俗衰，廉恥之防潰，由無禮以權之，常欲以古制率天下。炎武又以杜預《左傳集解》時有闕失，作《杜解補正》三卷。其他著作，有《二十一史年表》、《歷代帝王宅京記》、《營平二州地名記》、《昌平山水記》、《山東考古錄》、《京東考古錄》、《譎觚》、《菰中隨筆》、《亭林文集》、《詩集》等書，並有補於學術世道。清初稱學有根柢者，以炎武為最，學者稱為亭林先生。又廣交賢豪長者，虛懷商榷，不自滿假。作廣師篇云：『學究天人，確乎不拔，吾不如王寅旭；讀書為己，探賾洞微，吾不如楊雪臣；獨精三《禮》，卓然經師，吾不如張稷若；蕭然物外，自得天機，吾不如傅青主；堅苦力學，無師而成，吾不如李中孚；險阻備嘗，與時屈伸，吾不如路安卿；博聞強記，群書之府，吾不如吳志伊；文章爾雅，宅心和厚，吾不如朱錫鬯；好學不倦，篤於朋友，吾不如王山史；精心六書，信而好古，吾不如張力臣。至於達而在位，其可稱述者，亦多有之，然非布衣之所得議也。』康熙十七年，詔舉博學鴻儒科，又修明史，大臣爭薦之，以死自誓。二十一年，卒，年七十。無子，吳江潘耒敘其遺書行世。宣統元年，從祀文廟。」（卷四百八十一）

《四庫全書總目》云：「《左傳杜解補正》三卷，通行本。國朝顧炎武撰。炎武一名絳，字寧人，崑山人。博極群書，精於考證，國初稱學有根柢者，以炎武為最。李光地嘗為作《小傳》，今載《榕村集》中。是書以杜預《左傳集解》時有闕失，賈逵、服虔之注、樂遜之《春秋序義》今又不傳，於是博稽載籍，作為此書。至邵寶《左觿》等書，苟有合者，亦

皆采輯。若『室如懸磬』，取諸《國語》；『肉謂之羹』，取諸《爾雅》；『車之有輔』，取諸《呂覽》；『田祿其子』，取諸《楚辭》；『千畝原之在晉州』，取諸鄭康成；『祐為廟主』，取諸《說文》；『石四為鼓』，取諸王肅《家語注》；『祝其之為萊蕪』，取諸《水經注》。凡此之類，皆有根據。其他推求文義，研究訓詁，亦多得《左氏》之意。昔隋劉炫作《杜解規過》，其書不傳，惟散見孔穎達《正義》中。然孔疏之例，務主一家，故凡炫所規，皆遭排斥，一字一句無不劉曲而杜直，未協至公。炎武甚重杜《解》，而又能彌縫其闕失。可謂掃除門戶，能持是非之平矣。近時惠棟作《左傳補注》，糾正此書『尨涼』一條，『大司馬固』一條，『文馬百駟』一條，『使封人慮事』一條，『遇艮之八』一條，『豆區釜鍾』一條。然其中『文馬』之說，究以炎武為是。棟又摘其引古《春秋左氏說》，但舉《漢書‧五行志》之名，又摘其『禮為鄰國闕』一條，用服虔之說而不著所自。案徵引佚書，當以所載之書為據。棟引世本不標《史記注》，引京相璠土地名不標《水經注》，正體例之疎，未可反譏炎武。至服虔一條，當由偶忘出典。棟注『昭公二十九年，賦晉國一鼓鐵』，證以王肅《家語注》，亦明馮時可之說，未標時可之名也，是固不以掠美論矣。」（經部二九‧春秋類四）

顧炎武〈左傳杜解補正序〉云：「《北史》言周樂遜著《春秋序義》，通賈、服說，發杜氏違，今杜氏單行，而賈、服之書不傳矣。吳之先達邵氏寶有《左觿》百五十餘條，又陸氏粲有《左傳附注》，傅氏遜本之為《辨誤》一書，今多取之，參以鄙見，名曰『補正』，凡三卷。若經文大義，《左氏》不能盡得，而《公》、《穀》得之，《公》、《穀》不能盡得，而啖、趙及宋儒得之者，則別記之於書，而此不具也。」

案：廣文書局據清嘉慶十三年昭文張海鵬輯刊本影印。

《讀春秋記疑》　蔣維城撰，〔佚〕

蔣維城，1647前後，江蘇蘇州，據同治《蘇州府志》云：「二蔣祠在甫里，祀國朝歲貢生蔣維城，及其弟進士德埈。康熙初，歲饑，維城兄弟出粟以賑，多所全活，里人感之。德埈沒，即陸魯望先生祠，置主奠焉，後更建於陸祠之東，並祀維城。」（卷三十七）

案：光緒《蘇州府志》、民國《吳縣志》著錄。

《春秋考異》　董大韠撰，〔佚〕

董大韠，1647前後，江蘇武進，字清貽，據光緒《武進陽湖縣志》云：「董大韠，字清貽，孝友能文章，順治四年進士，浙江鄞縣知縣。時海氛未靖，以舟山為窟，巨舟往來窺定海關，大韠率丁壯禦之，寇不敢逼。以暇課士，多所造就，三年罷官，復起天台知縣，天台處萬山中，賊首周欽貴等踞羅城巖，為民患，大韠練鄉勇，謹斥堠，屢蹙之，遂降。巡撫有十年，逋寇一旦肅清之，疏得優敍，後罷歸。」（卷二十二）

案：光緒《武進陽湖縣志》著錄。

《春秋旨》四卷　姜增壽撰，〔佚〕

姜增壽，1647前後，浙江象山，字五先，據乾隆《象山縣志》云：「姜增壽，字五先，學問該博，動履方嚴，以恩貢任黃巖訓導。時兵燹後，士不知學，增壽力為振興，囗集多士課之，文風丕變，修學宮，恤貧士，遷長興教諭，益屬鳳儀，接士以禮遇，大端所不可，義形於色，未嘗以杯酒笑言結宵小歡。月有課，擇文之尤雅者鎸之，有諸生貧而才，里議吏，增壽力出之，且卹其家，及鬻貴不愜所期，遂絕其使不與通，其耿介如此。遷溫州府教授，歲祲，建議通商，當增其價，於是米舟雲集，價轉平。年七十，致仕歸。」（卷九）

　　案：乾隆《象山縣志》著錄。

《春秋平義》十二卷　俞汝言撰，〔存〕

　　俞汝言，1614-1679，浙江秀水，字右吉，號漸川遺民、大滌山人，據阮元《兩浙輶軒錄》云：「俞汝言，字右吉，自稱漸川遺民，又號大滌山人，秀水人，著《漸川集》、《大滌山房集》。《檇李詩繫》：右吉為前明諸生，國初歷遊燕、趙、韓、魏、宋、衛、閩、粵之鄉，越雲中、雁門，歸而閉戶著述，篇帙之富，近代學人莫與抗衡，有《漸川集》及《先儒語要》、《京房易圖》、《晉軍將佐表》、《禮服沿革》、《漢官差次考》、《宋元舉要》、《歷紀年同聲錄》、《弇州三述補》、《品級廣考》、《嵩山志》、《諡法考》、《補雙湖雜錄》、《本草摘要》，晚又著《春秋平義》十二卷、《四傳糾正》一卷，坐是兩目失明，然猶口授諸書，使人以筆記之。予憶戊申、己酉之歲，右吉至西平署，下帷甚久，予雖少，每於燈窗硯席間，執卷商榷，頗以為孺子可教，而今重有典型之悲矣。所登諸詩，皆昔年手錄者，惜不得覽其全集。曾濟蒼曰：先生夙以詩古文名，後益邃於經學，年六十餘，著《春秋平義》，映簽繼燭，目因失明。」（卷二）

　　《四庫全書總目》云：「《春秋平義》十二卷，浙江巡撫採進本。國朝俞汝言撰。汝言字石古，秀水人，前明諸生。是書多引舊文，自立論者無幾。然自宋孫復以來，說《春秋》者，務以攻擊三《傳》相高，求駕乎先儒之上，而穿鑿煩碎弊日生。自元延祐以後，說《春秋》者務以尊崇胡《傳》為主，求利於科舉之途，而牽就附合之弊，亦遂日甚。明張岐然嘗作《五傳平文》以糾其謬，而去取尚未能皆允。汝言此書亦與岐然同意，而簡汰精審，多得經意，正不以多生新解為長，前有自序謂：『傳經之失不在於淺，而在於深，《春秋》為甚。』可謂片言居要矣。此本為汝言手稿，其中塗乙補綴，朱墨縱橫，其用心勤篤，至今猶可想見也。朱彝尊

《經義考》載繆泳之言稱：『汝言研精經史，尤熟於明代典故。嘗撰有
《宰相列卿年表》，其詩古文曰《漸川集》，今皆未見。』蓋亦好學深思
之士，所由與枵腹高者異歟。」（經部二九・春秋類四）

俞汝言〈春秋平義序〉云：「傳經之失不在淺而在於深，《春秋》為
甚，以其筆削出自聖人，必有不可測識之旨，然後可以撥亂世，反之正。
左氏以事求之，叢記雜陳，容飾盛而神理不居，公、穀、胡氏諸儒以意測
之，探微索隱，謹毛髮之細，而其大體所在，愈求而愈遠，要其故不過二
端，曰：《春秋》，天子之事也，聖人之刑書也。以為天子之事可以進退
百辭，以為刑書。而名稱日月，無往非刀鋸斧鉞之用，而聖人之意愈隱。
汝言汎瀾其中者有年，初涉之而茫然，再親之而華文瑰辯，可喜可愕，而
不忍釋數，四讀之而得其指歸，聖人之筆削，合乎人情，宜乎時勢，未嘗
有矜奇異眾之舉，而時措咸宜無不協乎？正直剛柔之德向之可喜可愕者，
皆與聖人遠焉者也，於是偏訪諸家著述，輯成《春秋平義》一十二卷，其
言皆出於儒先，不入臆測一語，使其言足錄，不以其人而棄之，言不足
錄，亦不以其人而存之，務得其平而己。夫知聖人之不遠於人，而人亦不
遠人以求道，而學術一矣，而天下平矣，寧獨《春秋》也哉？丙辰仲冬二
十八日，漸川諸生俞汝言識。」

案：收錄《景印文淵閣四庫全書》經部，第174冊。

《春秋四傳糾正》一卷　俞汝言撰，〔存〕

《四庫全書總目》云：「《春秋四傳糾正》一卷，浙江巡撫採進本。
國朝俞汝言撰。康熙丙辰，汝言《春秋平義》始脫稿，是歲之夏，復續作
此書以綜括大旨。相傳其晚年失明，口授而成之者也。書中摘列《春秋》
三《傳》及胡安國《傳》之失，隨事辨正，區為六類。一曰尊聖而忘其
僭，計八條；二曰執理而近於迂，計十五條；三曰尚異而隣於鑿，計二十
三條；四曰臆測而近於誣，計四十三條；五曰稱美而失實情，計八條；六

曰摘瑕而傷鍥刻，計六條。末附《春王正月辨》一篇，申左氏、公羊、孔安國、鄭元之說，明周正改時改月，《春秋》正朔皆從周。其中如『華督奪孔父之妻』、『齊桓因蔡姬而侵蔡』。史家簡策相傳，必有所據。即就傳文而論，亦無以斷其必不然。汝言皆以為臆測近誣，轉未免自蹈臆測。又《公羊》褒齊襄之復仇，固為謬戾。然『紀侯譖齊哀公於周，至於見烹』，則實有其事。汝言乃謂語言之故，不足為仇，亦不甚可解。至《春王正月辨》中，謂《左傳》『王周正月』句，『王周』二字，猶漢稱皇漢、宋稱皇宋之義。則不知正月、正歲見，《周禮》兼用夏正，實亦王制。故特言『王周正月』，明非夏時。無庸牽引漢宋，橫生曲說。又一行、衛朴推驗《春秋》日食，皆合於『建寅』一條。汝言無以難之，遂泛謂不足深據。不知日月交食，推朔望不推時令。建子建寅，食限無殊。一語可明，亦不必顧頇其說。如斯之類，雖或間有小疵，然六類之中，大抵皆立義正大，持論簡明。一卷之書，篇帙無幾，而言言皆治《春秋》者之藥石，亦可謂深得經意者矣。」（經部二九・春秋類四）

　　俞汝言〈春秋四傳糾正序〉云：「六經之不明，諸儒亂之也。自王輔嗣以老、莊言《易》，而六經有道家矣；鄭康成以讖緯言《禮》，而六經有數術家矣；公、穀、胡氏以名稱褒貶言《春秋》，而六經有名家、法家矣。彼其初，未始不欲探聖人之精蘊，而智識弇淺，強求深遠，習見郡國之府寺，而以為宮闕之巍峨不過如是，不知輔相之道，而以行師折獄之才，智經邦國也；淺求之而爽其度，深求之而愈失其大體。迨至有宋，大儒程、朱輩出，而後正其紕謬，《易傳本義》成，而輔嗣卷舌；《儀禮經傳通解》定，而康成束手退矣。若夫《春秋》，左氏親見聖人，公、穀傳諸高第弟子，而偏駁者半焉。康侯品高學博，文章能暢所欲言，方以為程氏之《正傳》，而疵纇不少，新安朱子心知之，而不敢端言其過，其說時時見於弟子講論之餘，而後人又不能推明其義，徒使附會穿鑿，刑名法術之言，出於一代大儒而不覺，是可異也。汝言不揣，纂集諸家，自為一書，先之以《四傳糾正》，為六端以該之：一曰尊聖而忘其僭、二曰執理

而近於迂、三曰尚異而鄰於鑿、四曰臆測而涉於誣、五曰稱美而失情實、六曰摘瑕而傷鍥刻，六者之弊去，而後可以讀《春秋》矣。顧愚陋荒落，何敢效鍼石於前賢，聊以志願學之，自略見其大指而已。丙辰仲夏下弦，漸川諸生俞汝言識。」

案：收錄《景印文淵閣四庫全書》經部，第174冊。

《春王正月辨》一卷　俞汝言撰，〔佚〕

案：《經義考》著錄。

《春秋論》一卷　陸圻撰，〔佚〕

陸圻，1614-1644後，浙江仁和，字麗京、景宣，號講山，西泠十子之一，據李元度云：「陸圻，字麗京，一字講山，居錢塘，少與弟堦、培，咸以文章經世自任，海內稱『三陸』。又與陳君子龍等，為登樓社，世號『西陵體』。事親孝，刲股療母，病久而知醫。莊鑨史禍作，麗京與查繼佐、范驤皆被株連，事白，歎曰：『今幸得不死，奈何不以餘生學道耶！』弟培，進士，官行人，死甲申之難，麗京親殉後，棄家遠遊，不知所終。子寅，往來萬里，尋之數年，卒不得竟以死，時稱其孝。麗京生半，不言人過，有語及者，輒曰：『我與汝姑自盡，毋妄議他人為。』著有《威鳳堂集》、《西陵新語》、《詩禮二編》。」（《國朝先正事略》卷三十七）

案：《經義考》、乾隆《杭州府志》作「九篇」，民國《杭州府志》作「一卷」。

《春秋別解》　徐繼恩撰，〔佚〕

徐繼恩，1615-1644後，浙江錢塘，字世臣，號俍亭，明亡後名止

禺，字藹堂，據徐鼒云：「徐繼恩，字世臣，仁和人。宏光時舉明經首，為文刺甌臣之奸，馬士英怒，將逮之，大行人陸培力爭之乃已。後為僧，名靜挺，字俍亭，有《十笏齋詩鈔》。」（《小腆紀傳》卷五十八）；李元度云：「徐繼恩，字世臣，浙江仁和人。明季貢生，明亡不應試，剃髮令下，改服為僧。」（《國朝先正事略補編》卷一）

　　案：雍正《浙江通志》著錄。

《左傳濟變錄》二卷　謝文洊撰，〔佚〕

　　謝文洊，1615-1681，江西南豐，字秋水，號約齋，據李元度〈謝約齋先生事略〉云：「謝先生文洊，字秋水，號約齋，江西南豐人。生當明季，見天下方亂，慨然有出世志，遂棄諸生，入廣昌之香山閱佛書。一日午坐，忽如鳥飛出籠，游太虛中，自此神氣洒然異常。時既讀龍溪王氏書，服之。復讀王陽明書，自信益篤，遂與同邑李葑林、邵睿明請陽明之學，會於新城之神童峰，有王聖瑞者，力攻陽明，先生與爭辯，累日為所動，取羅整庵《困知記》讀之，始一意程、朱，闢程山學舍於城西，名其堂曰『尊洛』，著《大學》、《中庸切己錄》，及講義數十篇，發明張子『主敬』之旨，以為為學之要，畏天命，一言盡之矣。聖人一生戰兢惕厲，曰：『顧諟天之明命。』曰：『上帝臨汝，無貳爾心。』曰：『昊天旦明，出王游衍。』無非畏天命之心法也，學者當常提此言，注目而視，惟此傾耳而聽，惟此稍有一念之私，急當痛悔，速自洗滌，以無犯帝天之怒，久之，人欲淨盡，上下同流，樂天境地，可得而臻也。時寧都易堂九子、星子髻山七子，俱以文章節概各天下，而先生獨反已闇修，務求自得，其程山十則，亦以躬行實踐為主。髻山宋之盛過訪，程山遂約易堂魏禧、彭任，會講旬餘，於是諸子皆推讓程山，謂其篤躬行識，道本同縣。甘京，字健齋，與先生為友，已而服之誠也，遂師之。康熙二十年，先生病，自為墓志，率年六十有七，所著又有《初學先言》、《大臣法則》、

《左傳濟變錄》，詩文集諸書。」（《國朝先正事略》卷二十八）

　　謝文洊〈左傳濟變錄自序〉云：「處國家之事，惟變為難，得失成敗，恆在幾微呼吸之間，使闇者當之，惘惘然莫得其方，神亂氣沮，一再躊躇，而大事已去，智不足也。智稟於天，而未嘗不得之於學，恃天者每有奇中之能，然事遂功成，往往以不善居而敗，知於始而闇於終，有足悲者，惟得之於學。以勇則沈，以養則邃，遇事不震不徐，而適投其機，功成之後，又恬然若未嘗有事者，雖有猜主妒相，而不假以隙，此之謂大智。夫學，明理於經，而習事於史。史於學，居十之六，而閱歷鍛煉又居其四，事變無窮，莫可究詰，然能舉古人之成案，精思而力辨之，置身當日，如親受其任，而激撓衝突於其間。如是者，久之則閱歷鍛煉，已兼具於讀史之中，矧身世所遭，得之於動忍，增益其力，又有大焉者乎？以此知得於學者全，而得於天者半，身任天下者，烏可無智，欲智者又烏可無學也。洊生也闇，幸而天下事未嘗及身，年已望六，可免覆餗之恥，賤貧多暇，授徒《左傳》，見其時名卿大夫，濟君國之險艱，識深力堅，誠有不可及者，因每國取數事評註，得二十八篇。又余友魏裕齋有杜預癖，深謀至計，一一摘抉出之，發從來讀《左》者所未發，輯《左傳經世》一書，予多取之。夫以余之闇，又老且賤，安能與一時英少，抵掌談天下事，惟是取古人陳迹，神而明之，以補天所不足，雖不徵之實事，庶幾心目開朗，俾不至於闇，終則厚幸矣。乃若明體識用之學，非全力不足以幾，自共學以至於立，立而至於權，不容淩節而施，亦不容畫地而限。夫學至於立，則窮不失已，達不離道，似亦可以自畢。然使時勢安常，則以立者居之有餘，一有變故，非權曷濟？故學不至於能權，則才不足以御變天下事，既以身入其中，能保其有常而無變耶？至於立之未臻，而急於用權，則將以義為利，詭御思獲，此又豈識聖人之所謂權者耶？春秋時，諸名卿大夫之權，未必一一不謬於聖人，惟是學之有道，則變化在我，雖以小人之智，毒如烏堇，亦未嘗不可泡而製之，以神吾生人之權，得是意而推之，將博觀全史以盡古今之變，區區守一《左氏》，猶恐不足以濟吾闇

也。」（賀長齡《清經世文編》卷五）

李其聰〈左傳濟變錄序〉云：「嗚呼！國家之事，苟可以一切治之，則無事乎濟變之才矣。惟所處之時，所遇之人，有不同變，生於倉卒，禍起於不測，此時而無權，則君國將不可問。蓋世有持重而成，亦有持重而敗者。善濟變者，卒然臨之而不驚，喧隲叢脞，紛擾之而不亂，投機而決，迎刃而解，世之人蟻逐蜂起，聚論而不得一當者，彼皆不動聲色，不假謀議，何以定危難於將覆，其深心妙用，即腹心密友，父子兄弟之間，不可得而告語。屠牛坦一，朝解十二牛，而芒刃不頓者，用是道也。或曰：『權者，小人為惡，所假以濟耳。君子之學，純乎經者也。其奚事夫機械變詐之術。』嗚呼！見其安而不見其危，又豈識聖人之所謂權也哉！濟安以經，濟危以權，夫所謂權者，豈蘇秦、張儀之術也哉？蘇秦、張儀以機械變詐，趨乎利而悖乎義，吾以化裁通變，合乎權而通乎經，此一時一事，必權而後得其宜，即謂之此一時一事之經亦可，故必仁至義盡，智深勇沉，然後可以達天下之權，處天下之變，豈猶夫人肆其詭遇，以邀利也哉。嗚呼！權之為道，蓋可藉而不可恃，可以濟仁義所不足，不可以背仁而為非，知此而後，吾人之學可治可亂，而不至窘於時勢之窮也。吾師約齋先生，深憫學者之不知權，而不能禦事物之變，因課《左氏傳》而取其濟變之略，二十有八篇，詳加評註，以示諸及門者。先生之屬望於門下士，而有心於天下事也，可概見矣。」（同治《建昌府志》藝文志卷九）

案：光緒《江西通志》著錄。

《麟旨》十二卷　吳應辰撰，〔存〕

吳應辰，萬曆—天啟，江蘇吳江，字武平、璿卿、璇卿，據民國《震澤縣志續》云：「吳應辰，字武平，號璇卿，震澤人，萬曆諸生，由邑庠入國學，其為人志篤行方，履繩蹈準，無尺寸踰。順親信友，孚於宗黨，名公卿皆豔稱之。公博通今古，靡不淹貫，生平著述甚多，其祖秀以《春

秋》經魁於天下。公承祖學，校讎本傳以合經，援《左》以證《胡》，鈎考諸家異同，而定一是，著有《春秋麟旨》行世，年四十有四。」

案：臺北國家圖書館藏明末松陵吳氏刊本。民國《震澤縣志續》作「春秋麟旨」。

《沈氏左燈》六卷　　沈長卿撰，〔存〕

沈長卿，萬曆―崇禎，浙江紹興，字幼宰，生平失考。

案：北京清華大學圖書館藏明天啟六年刻本。《傳是樓書目》作「春秋左燈」。

《春秋賞析》二卷　　楊時偉撰，〔存〕

楊時偉，萬曆―崇禎，江蘇長洲，字去奢，據張世偉〈楊文學〉云：「楊時偉，字去奢。長余十四歲，與陸傅同時人，年隔二以差諸，得名時，余十許歲，已知其人，時藝程文筆最卑。楊君讀書知古，作時以雜文呈先君，余因先得文焉。余幼受知婁東相國，文皆自造，諸生試又不利，多目為怪物，獨楊君取視陸傅，相頷為我輩人也，將五十乃得試學院第，一廩學官，次試見絀，年益高，恥與後輩爭進取，又自顧須貢無期，出援例文，書附申司馬，而北司馬助之百金，足辦矣。或為謀曰：『君貧甚，曷不以百金為生計乎？君然之就故居面東搆書齋三楹，又就齋後建小閣，受冬日煦然善也，司馬兄弟歸則朝夕就食，餘且應故人喪賓之請。』曰：『余非陪賓，乃陪陪賓者。』性好讀書，時出意刻《諸葛武侯》、《陶貞士集》、《瓶史》、《洪武正韻箋註》，有子嗜博，屋宇皆償，博進徒著無常，晚營別業石湖旁，往來必經余家，余知至必作肉糜待之，時已八十，見即商較書史不稍怠，議論宗孔、孟，排釋、老，為經世言。氣汨汨不休，老無所歸，卒家中。司馬為經紀其喪葬，差丁三人中，得年獨贏然不如，兩家各有子孫世其業也。」（《自廣齋集》卷十五）；翁方綱云：

「時偉，長洲人，專治胡氏《春秋》。」（《經義考補正》卷八）

　　案：南京大學圖書館藏明天啟元年刻本。同治《蘇州府志》、民國《吳縣志》著錄。

《春秋編年舉要》不分卷　楊時偉撰，〔佚〕

　　《四庫全書總目》云：「《春秋編年舉要》無卷數，兩江總督採進本。明楊時偉撰。……是書成於崇禎甲戌，凡前後二編，皆仿《史記年表》之例，以國為經，以事為緯。前為《春秋列國編年舉要》，起周平王四十九年己未，訖敬王三十九年庚申，以括春秋大要。後為《獲麟後七十七年編年舉要》，起敬王三十九年庚申，訖威烈王二十三年戊寅，以補《通鑑前編》。首有《春秋託始論》，據洪邁《容齋隨筆》之說，謂『《春秋》始隱公，為治鄭莊。以強侯跋扈實自寤生始也。』次為《春秋列國君臣總論》三篇，隨意斷制，未為精確。其謂『無季氏則魯不昌，無二氏則季孤立』，頗為乖剌。又有《獲麟後編年總論》，辨魏文侯師子夏在未命為諸侯以前，亦無關大義。二編惟《後編》有引，稱『竊於諸書中採十一於千百，私為《編年舉要》，既而深思，恐開後人以懶惰之端，遂舉覆瓿，不復災木，止存七十七年事。』然則當時僅刊其《後編》。今則二編俱在，蓋猶其家藏未刻之稿矣。」（史部四·編年類存目）

《左藻》三卷　惺知主人撰，〔存〕

　　惺知主人，萬曆—崇禎，生平失考。

　　案：海豐吳氏藏傳鈔本，《續修四庫全書總目提要》著錄。

《麟傳統宗》十三卷　夏元彬撰，〔存〕

　　夏元彬，萬曆—崇禎，浙江德清，本名彪，字仲弢，據《四庫全書總

目》云：「《麟傳統宗》十三卷，浙江巡撫採進本。明夏元彬撰。元彬本名彪，字仲弢，德清人。其書餖飣成編，漫無體例。隱公之前，冠以《國語》十數條，以志周東遷始末。蓋仿馮夢龍《春秋衡庫》為之，而疏略尤甚。經文之下，或錄《左氏》，或取《公》、《穀》、《國語》隸之。或標傳名，或不標傳名。其附錄者，或有附字，或無附字。端緒茫然，猝難究詰。又如『費伯』之注誤在『盟唐』之下，『楚殺公子側』傳上，忽注云『出宋楚平傳』。『衛州吁弒君』下，祇載《詩·綠衣》一章，並無他注。壬午大閱，全錄《周官》中春教振旅以下四則，亦不置一詞。如是者指不勝屈。文震孟序乃稱其『得於經術者深』，亦可異矣。」（經部三十·春秋類存目一）

文震孟〈麟傳統宗序〉云：「夫子因魯史記作《春秋》，左氏乃為之《傳》，傳其事不晰其義，若曰：『其義則丘言之矣。』漢初有《公羊》、《穀梁》之學，各有專師，互立意義，天子主為是非同異，大議殿中，揚雄所謂嘵嘵之學，各習其師者也。吾友夏仲驍，覃思經學，爰集諸《傳》，下及戰國《短長》諸篇，彙為一書，源派分而指歸合，凡昔所稱輸攻墨守者，一切歸於混同而均，以羽翼素王，蓋十年而後成，其功博，其志苦矣。」

案：收錄《四庫全書存目叢書》經部，第127冊，據故宮博物院圖書館藏明崇禎刻本影印。康熙《德清縣志》著錄。同治《湖州府志》作「麟經統宗」。

《春秋輯註》　夏元彬撰，〔佚〕

案：康熙《德清縣志》著錄。

《春秋因是》三十卷　梅之熉撰，〔存〕

梅之熉，萬曆—崇禎，湖北麻城，字惠連，晚號槁木，據丁宿章云：

「之煓博涉群書，於海內名宿，頡頏主盟。國變披緇為僧，號槁木，入山不復出。」（《湖北詩徵傳略》卷十九）；孫奇逢云：「甲申國變，文旦先曾形之夢寐，每與人言，泣下如雨。乙酉，著〈蕘慮〉二十四篇問世。梅惠連之煓盪舟太湖，讀之哽咽不成音，裹身欲同此卷俱溺，嗚呼！亦何悲也。讀古今書，詮次帝王、將相、師儒、隱逸為百世鑑。」（《孫徵君日譜錄存》卷十二）；閻爾梅〈麻城哭梅惠連〉（本名之煓，後為槁木和尚。）云：「大江聲咽楚辭哀，寫寄春風嶺上來。家國陸沉三昧等，香燈游戲五宗開。鴞巢失所悲賢者，鵩集非常忌秀才。聞道庭前芳一樹，須知木槁不曾灰。（惠連晚乃得子故篇末云云）」（《白耷山人詩文集》詩集卷六）

　　《四庫全書總目》云：「《春秋因是》三十卷，浙江巡撫採進本。明梅之煓撰。之煓字惠連，麻城人。是編專為《春秋》制義比題、傳題而作。每題必載一破題，而詳列作文之法。蓋舊制以《春秋》一經可命題者不過七百餘條，慮其易於弋獲，因而創為合題。及合題之說紛紜淆亂，試官、舉子均無定見，於是此類講章出焉。夫信傳不信經，先儒以為詬厲，猶為三《傳》言之也。至於棄置經文，而惟於胡《傳》之中推求語氣以行文，經已荒矣。其弊也，又於胡《傳》之中摘其一字、兩字，牽合搭配，以聯絡成篇，則併傳亦荒矣。此類講章，皆經學之蟊賊，本不足錄。特一以見場屋舊制，所謂比題、傳題者其陋如此，並非別有精微；一以見明季時文之弊，名為發揮經義，實則割裂傳文，於聖人筆削之旨，南轅北轍，均可以為炯鑑。故附存其目，為學《春秋》者戒焉。」（經部三十·春秋類存目一）；阮元《文選樓藏書記》云：「是書因明代《春秋》講師之本，有傳題、比題，非尊經之義。煓斟酌發明，一宗胡《傳》。」（卷二）

　　案：收錄《四庫全書存目叢書》經部，第128冊，據蘇州市圖書館藏清初金閶孝友堂刻本影印。《經義考》、《續通志》、《續文獻通考》著錄。

《春秋》一卷　　陳元齡撰，〔存〕

陳元齡，萬曆—崇禎，福建溫陵，字宗九，生平失考，據黃宗羲〈周雲淵先生傳〉云：「……庚午，余在南中，閩人陳元齡以所著《思問初編》相示……」（《南雷文定》卷十）

案：收錄《思問初篇》，《四庫禁燬書叢刊》經部，第4冊，據北京大學圖書館藏明末刻本影印。

《春秋問》一卷　　陳元齡撰，〔存〕

案：收錄《思問初篇》，《四庫禁燬書叢刊》經部，第4冊，據北京大學圖書館藏明末刻本影印。

《麟書捷旨》十二卷　　官裳撰，〔存〕

官裳，萬曆—崇禎，江蘇金陵，生平失考。

案：美國哈佛大學燕京圖書館藏明天啟金陵李良臣刻本。

《春秋便蒙》　　鄭之鼎撰、丘兆麟指論、吳之甲刪定，〔存〕

鄭之鼎，萬曆—崇禎，江西臨川，生平失考。

丘兆麟，1572-1629，江西臨川，字毛伯，號太邱，據康熙《江西通志》云：「丘兆麟，字毛伯，臨川人。萬曆進士，由行人擢御史。崇禎初即家，起為河南巡撫。始兆麟巡方時，建天中書院，以崇德勸學。去中州，大猾數十人，諸政畢飭，尤盡心獄事，所閱審錄，冊二千一百八十有奇。所列矜疑開釋者，至二百二十有奇。至是兩河習其前政，上下宜之，加兵部侍郎，卒於任，其所著述有《水暄亭》、《玉書庭集》六十餘卷，又《按豫仁言》四卷，皆行於世。」（卷八十二）

　　吳之甲，1610前後，江西臨川，字元秉，據康熙《江西通志》云：
「吳之甲，字元秉，臨川人，萬曆進士，督浙江學政，淹雅好奇，以唐宋
制科法，拔俊英士，雜詩、賦、詔、誥試之，文風自是一變，卒於官。丰
裁峻厲，以經世大業自命，不竟其用，人惜之，有《靜排集》三十卷。弟
之仁，癸丑進士，為御史有聲，終湖廣布政。」（卷八十二）

　　案：韓國奎章閣藏明萬曆四十六年序刊本。序文一名「春秋便蒙要
註」。

《春秋細義》十二卷　　周聖瑞撰，〔存〕

　　周聖瑞，萬曆—崇禎，江蘇宜興，生平失考。
　　案：日本國立公文書館藏明崇禎十五年序刊本。

《左氏兵傳》十五卷　　杜文煥撰，〔佚〕

　　杜文煥，萬曆—崇禎，甘肅榆中，字弢武，據臧懋循〈三教逸史傳〉
云：「夫逸史者，非逸史也。自孔子取首陽荊蠻諸賢，加以逸民之目，而
逸始著。今逸史何如人哉？姓杜氏，諱文煥，字弢武，本蘇之崑山人，後
以武功起榆林，遂家焉。……進右軍都督府僉事，奉制勅挂征西鎮西大將
軍印，鎮守寧夏，延綏總兵官，臨陣好著白獸錦鎧，跨白馬，身為士卒
先，往來衝突，捷于彪虎，故虜中相戒慎，毋犯『彪將軍』，其慴服如
此。始逸史在告承歡之暇，與友人評騭今古名將，慨然有意乎杜當陽、郭
定襄之為人，而深以絳、灌無文為恥，乃捐囊中金，購六經歷代史及二氏
諸書讀之，歲餘涉獵殆遍，嘗夢朱霞乘天，如彤繪狀，掇而餐之，自此文
思日進。所著有《孫子武經》、《左氏兵傳》、《六朝文範》、《初唐詩
則》、《五岳統志》、《餐霞秘笈》等集行於世然。」（《負苞堂文選》
文選卷四）；《明史》云：「文煥，字弢武。由廕敘，歷延綏遊擊將軍，
累進參將、副總兵。四十三年擢署都督僉事、寧夏總兵官。延綏被寇，文

煥赴救，大破之。明年遂代官秉忠鎮延綏。屢敗寇安邊、保寧，長樂，斬首三百有奇。西路火落赤、卜言太懼，相率降。沙計數盜邊，為文煥所敗，遂納款。既而復與吉能、明愛合，駐高家、柏林邊，要封王、補賞十事。文煥襲其營，斬首百五十。火落赤諸部落攢刀立誓，獻罰九九。九九者，部落中罰駝馬牛羊數也。已，沙計又伏兵沙溝，誘殺都指揮王國安，糾猛克什力犯雙山堡，復犯波羅。文煥擊破之，追奔二十餘里。當是時，套寇號十萬。然其眾分四十二枝，多者二三千，少不及千騎，屢不得志。沙計乃與吉能、明愛、猛克什力相繼納款，延綏遂少事。文煥尋以疾歸。天啟元年再鎮延綏。詔文煥援遼，文煥乃遣兵出河套，搗巢以致寇。諸部大恨，深入固原、慶陽，圍延安，揚言必縛文煥，掠十餘日始去。命解職候勘。奢崇明圍成都，總督張我續請令文煥赴救。至則圍已解，偕諸軍復重慶。崇明遁永寧，文煥頓不進。尋擢總理，盡統川、貴、湖廣軍。度不能制賊，謝病去。坐延綏失事罪，戍邊。七年起鎮寧夏。寧、錦告警，詔文煥馳援，俄令分鎮寧遠。進右都督，調守關門。尋引疾去。崇禎元年錄重慶功，廕指揮僉事。三年，陝西羣盜起，五鎮總兵並以勤王行。總督楊鶴請令文煥署延鎮事，兼督固原軍。數敗賊，賊亦日益多。會山西總兵王國樑擊王嘉胤於河曲，大敗，賊入據其城。部議設一大將，兼統山、陝軍協討。乃令文煥為提督，偕曹文詔馳至河曲，絕饟道以困之。神一元陷寧塞，文煥家破。遂留文詔，令文煥西還。四年，御史吳甡劾其殺延川難民冒功，給事中張承詔復劾之，下獄褫職。十五年用總督楊文岳薦，以故官討賊。無功。復謝病歸。子弘域，天啟初歷延綏副總兵。七年夏，文煥援遼，即擢總兵官，代鎮寧夏。積資至右都督。崇禎中，提督池河、浦口二營練兵，遏賊南渡，頗有功。十三年移鎮浙江。尋謝病去。國變後，文煥父子歸原藉崑山，卒。」（卷二百三十九）

杜文煥〈左氏兵傳序〉云：「竊嘗觀之，自非聖賢，咸有所癖，癖非其邪，猶賢乎已。昔之癖者，馬則有王濟，錢則有和嶠，癖斯邪矣？獨吾家當陽之癖《左傳》，豈但猶賢而已。故後世好學攻文之士、善戰右武之

輩，莫不豔而羨之、慕而效之。樸實耳孫，敢忘家法。七齡從學，既成畫虎；十九嗜傳，頗同刻鵠。武人武語，媿辭命議，論之弗工；家人家學，惟掉鞅廌，旄之是好。故於兵事，得窺一斑。乃知氣稟於有生，業定於先世，不可易也。已邁於註《孫子》，餘暇取《左氏》舊傳，伏而讀之，每憾其浩瀚，艱於取裁。於是分輯諸國征伐、合戰之事，凡若干篇。前綱以經，後目以傳，共釐為十五卷。若乃治兵振旅之容、飲至獻捷之狀、四軍兩拒之形、七札三登之技、交綏攝辭之整暇、賈勇執縶之英威，見可知難之美政、兼弱攻昧之善謀。與夫銘鍾築觀之雄、曳柴縱樵之詭、亦庶幾無遺事矣。以其悉兵事也，故曰『左氏兵傳』。昔漢武帝欲教霍冠軍以兵法，霍曰：『顧方略何如耳，不至學古兵法。』豈非以方略見諸行事，而効斅易為標準。兵法近於局方，而運用艱於變幻乎。然此一書皆方略也，使世之為將者咸能以此為癖焉，則用兵之道思過半矣，豈必藉學古兵法，而後兵法在其中耶。雖然，神化之妙，變通之宜，亦存乎其人而已，非此編之所能盡也。君不見戰國之事乎，為兵書一也。奢用之而揚名，括用之而敗績。譬為不龜手亦一也，或以之洴澼絖，或以之受侯封。無他道也，則泥與不泥，變與不變之故哉。設使吾家當陽復生於世，亦當首肯吾言，而擊節歎賞之矣。」（《太霞洞集》卷之二十五）

《春秋十二公明辨》　唐大章撰，〔佚〕

唐大章，天啟─崇禎，福建仙遊，字士一，號自明，子唐恫倦，據乾隆《僊遊縣志》云：「唐大章，字士一，號自明，天啟三年應貢。一日讀王陽明書，悟聖人可學而至，遂閉關于東皇野亭，精討『明明德』宗旨，絕意仕進，與同邑陳濂講學于金石山，建堂授徒二十有餘年，陳濂嘗曰：『自明為學，于《易》則主圖象，《詩》主小序而斥淫風之說，《書》主伏生所授者而疑古文為漢儒偽作，《春秋》主屬詞比事而尊經以駁傳，《禮記》則分內外雜篇，《樂》無專經而以〈樂記〉補之。』皆以參究

『明明德』之旨，著《大學原本闡義》等書，倣袁黃立功過格，嘗倡修文廟，勸立義倉，修石馬橋，卒年八十有五，以子顯悅□通議大夫。為人方正，恬澹顯悅，雖貴未嘗輕以詞色假，顯悅及季子恫倦自有傳。」（卷之三十八）

黃虞稷云：「以《經》為主，不規三《傳》。」（《千頃堂書目》卷二）

案：《明史》、《千頃堂書目》、《經義考》著錄。

《春秋遵義》　唐大章撰，〔佚〕

案：乾隆《僊遊縣志》著錄。

《春秋二十編》三卷　周廷求撰，〔佚〕

周廷求，天啟—崇禎，生平失考。

周廷求〈春秋二十編序〉云：「《春秋》一書，聖人所以著尊親大義也。立尊之名，示尊之義，筆之於魯史之上，雖古無天王之稱，而亦不嫌創也，核親之實，得親之情，繫之於周曆之正者，雖詳一『春王』之文，而亦不厭贅也。王則稱天，尊之至也；春則書王，親之至也。尊尊、親親，義之至也，此則夫子所以作《春秋》之意也。或曰：『夫子意在存王迹而作《春秋》，則止存周室之文，足矣。胡為乎備載列國之事耶？』曰：『尊其尊，親其親者，尊親之大義也。合眾尊以成一尊，合眾親以成一親者，尊親之至願也。』今考全史所載，則見正朔頒於其上，列國承於其下，典禮按於其故，功業俟於其新，治亂繫於其人，盛衰存於其事，罪案嚴於其論，災異謹於其徵，一人雖拱手無為，而諸侯若奉行不替，於此見聖人竊取之義矣。至於今誦天王之稱，有以知聖人之尊王者，尊之惟恐不至，讀『春王』之文，有以知聖人之親周者，親之惟恐或忘也，歸聘錫葬之事，雖當式微之日，而列國無不以受王命為榮；會同誓信之舉，雖當

更霸之期，而盟主無不以藉王臣為重。河陽一狩，京師特朝，依然巡守述職之盛事也；天子賜命，而共仰繼，明之照元，戎啟行而三勤，伐鄭之師，依然禮樂征伐之雄風也。寤生不共，而三國從王以伐；負芻已服，而京師受命以歸，豈非司馬司寇之典，猶是一人總其成乎？緣陵之城諸侯，盡入宿衛，成周之城，大夫敢效賢勞，豈非維屏維翰之業，猶是普天同其戴乎？若然者，世雖衰也，道雖微也，一王之分，初不失其為尊也，萬國之衛，初不失其為親也，直取十有一，王之行事，筆之於經而義已足，昭揭於千古矣，又何必鋪張其事，粉飾其辭，然後有以明天子之事哉？故夫尊親者至，教之所自始也，尊其尊，而親其親，大義之所自明也。使人盡知尊其尊，而親其親，則經義之所以揭，日月而中天也。廷求自天啟三年說《春秋》，迄崇禎四年論定，分編二十，期不失夫子筆削之初意云爾。」（《經義考》卷二百六）

　　案：《經義考》著錄。

《春秋自得編》十二卷　　王寅撰，〔佚〕

　　王寅，天啟—崇禎，浙江蕭山，字甲庵，據毛奇齡曰：「寅，字甲庵，蕭山人。錢塘生員，入本朝高隱不出，常流寓淮安，著《易》、《春秋自得編》。」（《經義考》卷二百八）

　　王寅〈春秋自得編序〉云：「聖人所作之書，慮無有藉乎人以明者，《春秋》之成也，游夏不能贊焉，聖人為《經》，左氏為《傳》，各自為書，是故左氏之文有先經而起者，有後經而終者，有不本乎經而別自為紀者，則其讀未修之《春秋》而就者也，嗣乎左氏而有公、穀，始因經以起義，大都緣左氏之舊文，而間附以己意云爾。漢室諸儒，各有攸聞，辭多散見，程氏、胡氏旨益精詳，例從巧合，然不讀三《傳》，其義亦無自而起，且胡氏者，志存悟主，謂宋之南與周之東固可取而譬也，或強經以從己有之。予疑聖人所作之書，當有不必三《傳》而明者，蓋聖人之言曰：

『天下有道，則禮樂征伐自天子出。』春秋會盟征伐，非自為主，則霸國為之主，故曰：『《春秋》，孔氏之刑書也。』且獨不聞孟子之言乎，『《春秋》成而亂臣賊子懼。』《春秋》，天子之事也，亂臣賊子無天子於心，聖人則以天子之法治之，曰：『此正朔者，猶之乎天子之正朔也。』禮樂征伐自諸侯出、自大夫出，曾天子之法具在，而藐不知畏，是果何代之諸侯？何國之大夫乎？抑何決裂倒置，一至此也，是故立一天子於上，斯諸侯大夫之罪，咸可得而定矣。諸侯大夫之罪定，斯天子之法伸矣，是果必待三《傳》而明者乎，直書焉而見，比類焉而見，散錯不齊焉而亦見。予何敢作《傳》，慮夫尊《傳》而失《經》者，流俗之士或所不免，故為姑舍諸《傳》，參引他經，特據聖經以為之注，後之學者謂補先儒之未足焉可也，謂翻先儒之案不可也。夫知我、罪我，聖人猶將聽之，又何況疏賤庸劣如予者乎。與其開罪於聖人，無寧開罪於先儒耳，讀斯注者，尚其諒予之心也夫。崇禎壬午。」（《經義考》卷二百八）

　　毛奇齡〈春秋自得編序〉云：「《春秋》為經世之書，而意旨通微，義例龐賾，隨所解會，悉得以觸類達志，窺見大略而究其指趣，則初無確然之見，可葆不易，故漢初四家互為抵捂，而最後《左氏傳》出，則各守師說而迄不相下，雖至劉駿通《經》，趙匡闢《傳》，猶不足以發墨守而起錮疾。宜乎胡子文定一舉而盡祛其說也，顧文定是書，道在乎匡《經》，而志存乎悟主，以彼其時南北勢成，往可與周之東西相比，發者故一偏之旨，原不無有《傳》無《傳》，并有《傳》無《經》之慮，而後之為《春秋》者，既飾《傳》作《經》，復裂《經》就《傳》，而《春秋》亡矣。嚮與甲庵論《春秋》，每喜其發凡新穎，起義開闢，嘗以為能出儕識，必其能發祕義者。今讀其書，知其得之深，而見之大也。甲庵據程氏所言《春秋》者，猶法律之有斷例，又引邵子云：『《春秋》，夫子之刑書也。』因謂《春秋》者有貶而無褒，有非而無是，有懲罰而無勸賞，間固疑之，暨觀其大旨，則以《春秋》首五伯，而五伯為三王罪人，《經》所見者罪焉耳，故齊桓稱人，與眾分之，殺其罪也。晉侯則甚矣，

正譌之辨，較之甚明，而其他列國名卿大夫，苟為聖人所稱許，《經》勿及焉。管子之才，子產之賢，詎無一事可記述與？且命卿其任政固久也，平仲與聖人交，伯玉為聖人所夙好，舅犯以仁親見稱又伯功也，柳下季秉直受黜為後世惜，幾若而人寧難假，義例相及而是書泯泯焉，必其人無與于閱實之數者也，乃吾則又有進者。甲庵所據者，程、邵語耳，然而程氏作《傳》，兩列功罪，即程氏之先杜預五例，亦以第五為懲勸，即范寧註《穀梁》，猶曰『臧否不同，褒貶殊致。』而甲庵盡反之。吾讀《孟子》矣，《孟子》有以《春秋》為比例者，晉乘、楚檮杌是也，夫晉乘不可考矣，檮杌惡獸也，故前古以目不才，而楚史是名，則必其書本飭惡者，故或曰：乘者，治也，治罪之書也，《春秋》固一例也。有以《春秋》為比義者，抑洪水與戮飛廉、驅猛獸是也。洪水之割，固無不惡，其浸洞者也幾，見虎豹犀象，驅而遠之，為褒賞者乎？《春秋》猶是也夫。古稱疾惡者莫如孟子，其稱善讀《春秋》者亦莫如孟子，乃以孔子之懲惡而見之于《經》，以孟子之疾惡而見之于讀《春秋》，以甲庵之為善去惡，而見之于學孟子與作《春秋》之註，此其『自得』為何如也乎。況其句解而字釋者，非依倚者也。」（《西河集》）

　　案：《經義考》著錄。

《春秋會評》　林文變撰，〔佚〕

　　林文變，天啟—崇禎，浙江鄞縣，字若士，號玉房，據康熙《鄞縣志》云：「林文變，字若士，號玉房，宋名臣保之裔。生而篤孝友，依依孺慕，終身不匱生竭、甘膬之奉，歿則哀毀踰節，不踐內室者三年。家產一任其兄，纖毫弗私于己。更好施予，且評以長厚首推。言行根深，學業淳正，博窮古今典籍，不拘拘守諸生，故輒試輒高等，中天啟辛酉鄉榜副車，督誨三子甚嚴，經史外，若性理、大學衍義，及忠孝節義諸書，諄諄訓迪。又服膺東林諸君子，令其矜式，後學私諡曰孝介先生。」（卷之十

七）

案：乾隆《鄞縣志》著錄。

《左傳注疏》　蔣典學撰，〔佚〕

蔣典學，天啟—崇禎，浙江臨海，字德修。父蔣承勛，據民國《台州府志》云：「蔣典學……字德修，承勛子。明季諸生。」（卷一百零九）

案：民國《台州府志》著錄。

《麟經稿》　李君敍撰，〔佚〕

李君敍，天啟—崇禎，山東，據孔貞時〈序李君敍麟經稿〉云：「君敍，魯才士也。歲作金陵遊，嚶鳴之和，競相引重，才名滿金陵。余未逢君敍之面，從其飛文，淑之既有年所。癸丑，得投分兄弟君敍文，在兄弟中競相引重，不知即嚻所引重之君敍也。把腕論臆，歡然平生。一日，得其匣中藏讀之，余曰：『今舉業家之窮力追新，期自成一家言者多矣。』夫非自言其所言，則既陳之芻空、存之粕詢，無當於作者。然言其所自言，而所自言者非自也，以我言聖賢之言也。繪雪者不能繪其清，繪月者不能繪其明，繪花者不能繪其馨。余與君敍皆事《春秋》，《春秋》史外傳心，化工也非畫筆也，則夫以所自言言聖賢之言，而欲得其所以言，難矣。言聖賢之言所以難者，政以言其所自言，不創不新，不新不異，未關至極而齟齬於偏解，矜激於一致，自謂識力絕出，往茲為俗聽所怖，退而不能髣髴者祇，成其為訛、為僻、為怪，而聖賢之神去之愈遠有是哉。君敍之造懷入想，綿綿眇眇，創而經新而有質，不一語落常吻，而無不與聖諦合，此其得言，得所以言之間，君敍其化工乎？君敍風軌特異，該綜無餘，徹悟靈通，逢原左右而今發皇經濟，廬江之綏，兆足以行此一種聖賢作用，知亦家夫子律令也，而余之心折君敍者，不獨以文矣。」（《在魯齋文集》卷二）

　　案：孔貞時以《春秋》登萬曆四十一年（1613）癸丑科進士第，是年山東儒生李君敍請孔貞時為自己的《麟經稿》撰序，故其主要活動時代亦在天啟至崇禎時期。

《春秋通理要略》　陳士雅撰，〔佚〕

　　陳士雅，天啟—崇禎，據楊守勤〈題春秋通理要略〉云：「《公》、《穀》、《左氏》並起，嗣是論著，無慮數百家，意見互有異同，大都信耳目則迷會通，任心志則近穿鑿，務高明則多附會，例類日繁，苟細彌甚，本以明經而滋入于晦且畔，如理何？夫王道法天，風雨浹于霜雪，春秋亦猶化工，溫厚居先，是故樂與人為善，而褒辭特筆迭見於經，務在扶綱植常，據事直書，自不容掩，乃凡例屬辭執之太滯，無以窺榮辱之大權。余嘗以意逆《傳》，以《傳》通《經》，得其端倪。及在邸第見陳士雅《通理要略》，犁然有當焉。蓋士雅少長獨詣《春秋》，融徹古今，反覆正難，不為舊聞所束，而袞鉞之義如指掌，孟氏稱：聖人先得我心之同。然士雅已得之矣。客曰：『諸家得此失彼，大醇小疵，而《左氏》語多誣豔，惟胡文定為昭代所宗，其倍之耶？』曰：『不然！文定折衷諸家為素麟觭，士雅羽翼文定為素麟角，夫焉矛盾之有。且孔子晚年學《易》，至絕韋摧鏑，滅漆者三，士雅取證卦畫，頓悟易簡之理。噫！其難哉。』」（《寧澹齋全集》文集卷二）

　　案：楊守勤於萬曆三十二年登進士第，陳士雅為後學請序，故其主要活動時期為萬曆末至崇禎時期。

《春秋題解》　袁奇蘊撰，〔佚〕

　　袁奇蘊，天啟時期，山東章丘，號海靈，子袁聲、袁韻，據道光《濟南府志》云：「袁奇蘊，號海靈，章邱人。治《春秋》，著有《春秋刪》、《春秋解》。子三人，聲、韎、韻。」（卷四十九）

案：道光《濟南府志》著錄，一名「春秋解」。

《春秋删》　袁奇蘊撰，〔佚〕

案：道光《濟南府志》著錄。

《左氏摘粹》　張一化撰，〔佚〕

張一化，天啟時期，山東新城，字誠甫，號龍泉，據道光《濟南府志》云：「張一化，字誠甫，號龍泉，應選子省祭官。一化幼英敏，日誦萬言，十四補諸生，十八食餼，八入闈不售，以明經薦赴……甫下車為釋沈獄，興學校，省刑薄斂，民甚德之。丁未，錢巡方題循良治行第一，有豪吏范汝賢殺人，法當抵死，以千金托權貴為解，艴然拒之，左遷河南彰德府教授。……著有《璞玉集》、《貫玉編》、《左氏摘粹》若干卷，卒年六十三。」（卷五十一）

案：道光《濟南府志》著錄。

《春秋彙編》　陸日焜撰，〔佚〕

陸日焜，天啟時期，浙江餘姚，字景陟，據光緒《餘姚縣志》云：「陸日焜，字景陟，諸生。事母葉至孝，精《春秋》學，著有《彙編》行世。」（卷二十三）

案：光緒《餘姚縣志》著錄。

《春秋注》　張正綱撰，〔佚〕

張正綱，天啟時期，江蘇上元，字敦五，據乾隆《江南通志》云：「張正綱，字敦五，上元人。敦勵實學，嘗云：孔辨君子小人，孟辨舜跖之徒，未有利關不破，可以語為人者。注《周禮》、《離騷》、《春

秋》，多昔賢所未發。」（卷一百六十三）

案：嘉慶《重刊江寧府志》著錄。

《麟經解》　　張鏞撰，〔佚〕

張鏞，天啟時期，江蘇崇明，字商音，父張浩，據嘉慶《直隸太倉州志》云：「張鏞，字商音，邑學生。浩後世承家學，纘文修行，為士林推重，所著《麟經解》，精心畢力考據，最為詳確。」（卷六十五）

案：民國《崇明縣志》著錄。

《春秋略》　　錢密緯撰，〔佚〕

錢密緯，天啟時期，江蘇丹徒，字名元，據光緒《丹徒縣志》云：「錢密緯，名元，以字行。父應昌，鞏昌通判，究心理學，極為高忠憲攀龍、顧端文憲成所稱。密緯承家學，力學好古，工詩古文詞，與潘一桂齊名。長子志騫，字集之，才而夭。次子瓚，字瑟若，負奇氣介性，亦工詩古文詞，後避地湖州，城破死。」（卷三十三）

案：光緒《丹徒縣志》著錄。

《春秋節斷》四卷　　劉良撰，〔佚〕

劉良，天啟時期，江西南城，字子淳，據湯來賀〈劉子淳傳略〉云：「劉良，字子淳，南城人，博學通五經，善屬文。甲申聞國變，慟哭累日，遂棄青衿而隱焉。砥礪躬行，居父母喪，哀毀踰節，三年不入房，內修譜惇宗，不遺餘力，鄉黨稱其孝悌，與徐仲光太史交善，太史極稱其賢，又與程山諸子往來論道，闢異端，崇正學，友人或有好佛者，貽書規戒，反覆數千言，娓娓不倦，士類推真儒焉。年五十而卒，人咸恫之。」（《內省齋文集》卷十二）

案：光緒《江西通志》著錄，同治《建昌府志》作「四卷」。

《桂林春秋義》三十卷　顧懋樊撰，〔存〕

顧懋樊，天啟－崇禎，浙江仁和，字霖調，據雍正《浙江通志》云：「顧懋樊，《舊浙江通志》字霖調，仁和人。淹通書史，以副車貢舉賢良方正，著《五經積明》，年八十，卒。」（卷一百七十八）

《四庫全書總目》云：「《春秋義》三十卷，江蘇周厚堉家藏本。明顧懋樊撰。懋樊有《桂林點易丹》，已著錄。是書朱彝尊《經義考》云未見。前有懋樊自序，稱以胡《傳》為宗，參之《左氏》、《公》、《穀》三家，佐以諸儒之說。今觀其書，直敷衍胡《傳》為舉業計耳。未嘗訂正以三《傳》，亦未訂正以諸儒之說也。」（經部三十・春秋類存目一）

案：收錄《四庫全書存目叢書》經部，第125冊，據北京大學圖書館藏明崇禎刻桂林說經本影印。《傳是樓書目》著錄。《經義考》、雍正《浙江通志》、乾隆《杭州府志》作「春秋義」。

《春秋廣雅》　張德仲撰，〔佚〕

張德仲，天啟－崇禎，江蘇蘇州，生平失考。

姚希孟〈春秋廣雅序〉云：「余每談說《春秋》義，輒泚然負慚，蹙然若有遺恨也。兒時髮未鬐，即喜為此道，筆姿亦近之，長者見而悅賞焉，斯它日必以《春秋》鳴世，嗣是稍有所進，欲借鄒安成體，傳法以合于文肅相公，經緯宮商之妙，蓋經義之有《胡》、《左》也，兩者相挾而行，奔騰趨躍，摩崖渡坂，捷于糗駬之蹏，又能遊虛皇一孔中，以迎古先聖賢之脉，不啻處女之嬰，寶珠而視，詘要撓摑，為進止也。其氣則張而不莽，其理則輔屬體而不靡。可以今，可以古，可以經，可以史，以雄睨文場，而撮詞源、理窟名、法從橫之勝者，惟此道為近，揣摩數年僅闖其藩，選場鏖戰，亦嘗于燭跋，更殘之際，意蕊生花，筆芒吐耀，餘勇所

賈，足敵贏師，而時命未逢，邅迴有待，則有惡冠而憎其履移室中之怒，而為市色非漫無品評則橫加譙讓，事後見之，祇令人低個氣結耳。又年來場屋中，或拔自摧殘之後，錄於浣濯之餘，間以後場取功，而經義見知者闇寥罕聞，至若經義未稱，既登復斥如故老所傳者，今亦絕無此事矣。余有孤憤之談，謂四經同于五判，喜則湊合珠璣，嗔則擲同瓦礫，有識者轉相太息，以為知言既遭屢蹶，遂不甚措意，草草告竣，鹵莽報予，若加以數年之力，借膚澤于盲史，問竅綮于康侯，瑩精簡練，尚多可觀，而今已矣。往者丁未、戊申間，拂水諸兄有起雅之刻，閱歲至今，經學轉孤，苦心從事者亦愈少。里中陳孝廉玉立、馮沈兩文學，仲先伯敘皆以舉業名手，欲為此道，起衰振絕，張子德仲則從余授經者，乃復選刻《廣雅》，屬序于余。夫此集中所哀列者，正予所為見之而泚然慚蹙，然有遺恨者也，又何所容序？乃人生習心難忘，雖魚兔倖獲，尚不勝結網置罝之念。嚮在史局，優閒無事，欲謀之同業者，颺言于廷，請下禮曹，春垣將《傳》合諸題割裂，晦僻者痛芟之，裁成一書，頒布釁序，使經生有所稟程，每歲鄉會兩場，蕲主者刻意蒐獵，每一榜必得今古曉暢者，若而人以為博雅，勸必得經義擅場者，若而人以為顯門勸得之，則溝斷可飾，而敗網之珊瑚，復登于寶山，以此廣行風厲，將頮首風簷者，失之此復收之彼，經學庶有豸乎？至兼經閱士，雖大意不至河漢，終是霧中花，簾下髣髴模糊，皆形似耳。予亦嘗任此役，竊恐解頤之匡鼎，不能嘗某禁臠，罪我何辭？然亦經學之所緣輕也，此數議者，皆老生之典守，語非越畔，或言之無罪，而今又已矣。昨聞諸生試，有司發經題，漠無一顧者，咄咄怪事，此二十年前童子科所羞且懼，而不敢聞於父兄者也，文章江河，乃至於此，斷爛高閣，恐不獨此一經，諸君行有經世之責，尚努力砥揉之，而并申鄙人未竟之讜言，若夫搜集之富也，與簡汰之精覈也，余不覆而知之矣，又何所容序。」（《響玉集》卷九集序制義序）

　　案：「德仲」應是其字號，生平失考，案姚希孟於萬曆四十七年登進士第（1619），而張德仲受學於姚希孟，且文中已云「丁未戊申」（萬

曆35、36年），總此諸點，則張德仲主要活動時期應在萬曆末至崇禎時期。

《春秋緯》八卷　孫瑴輯佚，〔存〕

　　孫瑴，天啟─崇禎，江西進賢，字子雙，據鄧顯鶴〈孫副使繼芳〉云：「繼芳，字世其，華容人，正德辛未進士，除刑部主事，改兵部，歷員外，諫南巡，廷杖，尋遷郎中，出為雲南提學副使，有《石磯集》，華容孫氏自副使至子雙先生，凡五世皆以文學顯，其曰：『《洞庭漁人集》五十三卷者，副使之子宜也。』其曰：『《園居》、《鳴鋏》、《浮湖》、《北遊》等集者，副使之孫斯億也。』其曰『《遂初堂集》十一卷者，副使之曾孫羽侯（1589前後）也。』其曰：『《古微書》四種，今所存《刪微》一種，三十六卷者，副使之元孫瑴，即子雙也。』副使官刑部時，東廠獲數人誣為盜，下刑部論法，副使鳴其冤出之，旋因疏救御史張璞、劉天和、王廷相，不報即謝病歸，起職方司，又偕武選郎黃鞏率諸寺屬百餘人力諫南巡，捕繫廷杖幾死，時武庫郎陸震死杖下，裹瘡力疾治其喪，其風節如此，詩其餘事也。」（《沅湘耆舊集》卷十五）；陳田云：「瑴，字子雙，華容人。《沅湘耆舊集》：子雙著述甚富，嘗雜採舊文分為四部，名『微書』，一曰樊微，輯秦漢以前逸書。一曰緩微，輯漢晉間箋疏。一曰闕微，徵皇古七十二代之文。一曰刪微，採《尚書》十一種，《春秋》十一種，《易》八種，《禮》、《樂》、《詩》三種，《論語》四種，《孝經》九種，《河圖》十種，《洛書》五種，統謂之『古微書』。又著《唐紀》七十卷，以新舊唐書踳駁，多其所指摘，皆當體例，今均佚，僅存刪微一種，獨被微書之名，凡三十六卷，《四庫目錄》稱其書能使學者生千百年後，猶見東京以上之遺文，以資考證，其功良不可沒。朱氏《經義考》毖諱一門，其所引據，出《微書》者十之八九，則用力亦甚勤矣。」（《明詩紀事》辛籤卷一）

　　孫穀〈古微書原序〉云：「昔聞之『仲尼愛義，子長愛奇。』予小子亦竊有愛焉，曰『愛其古。』世之人得一醆一，流傳三古間，則必什襲之、而寶之、而矜之曰：『我得古矣。』古人之奧帙逸文，豈直一醆一耶？夫以聲響俱邈，誦覽所略，舉世之不必經見者而我得見之，其可愛孰甚矣，又況乎爇天香奏雲，璇羅上古之天球赤刀，而環列丈室中，又豈直一醆一之細耶？荀子曰：『夫學，貧而富鄉也，寠然，貧之夫也。』俄而治天下之大器舉在此，非窮古力哉？是以古人之學恒富；今人之學恒貧。古人之學恒富，然而非富於書也；今人之學恒貧，然而非貧於書也。漢雖秦餘哉，書皆道古，故其學最富。至唐若宋，而人人著籍矣，人人著籍則人人競傳，人人競傳，古安得復存今日者。著錄之繁，篇帙之廣，詎不什百倍於漢，然而試探其業力與其所就，今之不若宋，猶宋之不若唐者，何哉？寖侈於近日之書，而寖減於古，何怪乎書愈富，學之愈貧也。余不佞，家世藏書稍有異本，輒從羲頡以降，斷乎陳隋，取其凡蒂於古綫，於古駢枝，於古響象，依悠於古者，聚而成書，伯之以刪曰：以旄讖緯之伏；遁仲之以焚曰：以攬灝噩之什；一叔之以綫曰：以索篆疏之象罔；季之以闕曰：以甄玄古之記歷。為卷不多，證學差遠，庶古人之奧帙逸文將湮不湮，而亦使海內窮古之儒，不至貧於學之，無從遡者賴是乎。或曰：『古則傳矣。古而既傳，安用是書也？使古而不傳者，子又安得其所傳而傳於世。』曰：『是不然！予所愛傳而未嘗傳，傳於古人之篇袠，不盡傳於今人之誦覽者也。』集古者，梯崖拍冢，形命可遺，彼性也好之，而力之，富又足以聚之，然自予視之，猶以林回之樹，予當千璧焉，何也？謂非其神也，文也者，古人之神而傳焉，故可寶也。苟古之所傳，帖則腕矣，畫則日矣之，二物夫寧非神。雖然，義弗主焉，文以神秘，神以義尊，夫文而無其義，亦不足以規億載矣。余貧夫也，擴余目於穹壤間，曾不數里置諸古博士之林，無秒分焉，謂耳目之福也而多未逮，則信有矣。若夫予以為寶愛，而人將瓦礫視之曰：『是直斷缺無用之文。』嵬瑣不經之學，抑何敢強焉。孫穀序。」

孫瑴〈古微書序〉云：「緯有七儷經，而行顧其文皆刪餘也。相傳孔子既述六經，知後世不能稽同其意，別立緯及讖八十一首，以遺來世。故東漢謂之古學，魏晉以降，倚為符圖。圖令人諱，諱令人憚，至隋而燬，遂禁不傳。噫！傷哉！使孔門知百世之學，而今無聞也，病之者以為多談怪迂義，致無取夫經之尊，譬帝王也圖緯，雖纖陋譬之，猶驥賣、奄奚，而日環侍帝也。今欲親識帝之面而曰：『必屏而驥賣，却而奄奚，則帝難見矣。』欲見孔子，而不欲見其親授，受者之聲，欬之光容，孔子可見乎？然則惟孔宜刪，非孔烏得刪？且非孔而欲識孔，又烏得刪也？自昔為之說者有郊、有袁，為之注者有鄭、有宋，一以為起於中興之前，終張之徒皆借仲尼，雜以己說，一以為盛於建武之代，俗儒趨時，篇卷第目，轉加增廣，惟劉彥和以為事幽，辭富有助文章，故羲皞之源，鍾律之要，瑞孼之符，鬼神之狀，讀之者皆有取焉。嘗讀歷代史、經籍、藝文志，空標其目，而書竟隱泯矣。閒有存者，亦復如裂錦碎璧，聲味不聯。予苦心於茲且十年，顧簡不一遭，遭不連行，於是考其班部，權其宗旨，叢其譌闕，蓋句累而章，章累而篇，篇累而帙焉，雖非其本卷、本文之後先，要亦可以大義徵，以文律準也。」（《經義考》卷二百六十七）

《四庫全書總目》云：「《古微書》三十六卷，江蘇巡撫採進本。明孫瑴編。瑴字子雙，華容人。考劉向《七略》，不著緯書，然民間私相傳習，則自秦以來有之。非惟盧生所上，見《史記·秦本紀》，即呂不韋十二月紀稱某令失則某災至，伏生《洪範五行傳》稱某事失則某徵見，皆讖緯之說也。《漢書·儒林傳》稱『孟喜得易家侯陰陽災變書』，尤其明證。荀爽謂起自哀、平，據其盛行之日言之耳。《隋志》著錄八十一篇。燔燒之後，湮滅者多。至今僅有傳本者，朱彝尊《經義考》稱《易乾鑿度》、《乾坤鑿度》、《禮含文嘉》猶存；顧炎武《日知錄》又稱見《孝經援神契》。然《含文嘉》乃宋張師禹所撰，非其舊文；《援神契》則自宋以來不著於錄，殆炎武一時筆誤，實無此書，則傳於世者，僅《乾鑿度》、《乾坤鑿度》二書耳。皇上光崇文治，四庫宏開，二酉祕藏，罔弗

津逮，又於《永樂大典》之中搜得《易緯‧稽覽圖》、《通卦驗》、《坤靈圖》、《是類謀》、《辨終備》、《乾元序制記》六書，為數百年通儒所未見，其餘則仍不可稽，蓋遺編殘圖，十不存其一矣。轂嘗雜採舊文，分為四部，總謂之《微書》。一曰焚微，輯秦以前逸書。一曰綫微，輯漢晉閒箋疏。一曰闕微，徵皇古七十二代之文。一曰刪微，即此書。今三書皆不傳，惟此編在，遂獨被『微書』之名，實其中之一種也。所採凡《尚書》十一種，《春秋》十六種，《易》八種，《禮》三種，《樂》三種，《詩》三種，《論語》四種，《考經》九種，《河圖》十種，《洛書》五種。以今所得完本校之，轂不過粗存梗概。又唐瞿曇悉達《開元占經》，去隋未遠，所引諸緯，如《河圖聖洽符》、《孝經雌雄圖》之類，多者百餘條，少者數十條。轂亦未睹其書，故多所遺漏。又摘伏勝《尚書大傳》中《洪範五行傳》一篇，指為神禹所作，尤屬杜撰。然其採摭編綴，使學者生於千百年後，猶見東京以上之遺文，以資考證，其功亦不可沒。《經義考》『毖緯』一門所引據，出轂書者十之八九，則用力亦可謂勤矣。緯與經，名雖相輔，實各自為書。卦氣之說，孟喜始據以詁《易》，何休、鄭元援引尤多，宋歐陽修《乞校正五經箚子》，欲於註疏中全削其文，而說不果用，魏了翁作《九經正義》始盡削除。此實說經家謹嚴之旨，與孫復說《春秋》而廢傳，鄭樵說《詩》而廢序，深文巧詆，務排漢學者不同。然義理則當尊正軌，考證則不廢旁稽，如鄭元註《禮》，五天帝具有姓名，此與道家符籙何異？宋儒闢之是也。至於蔡沈《書集傳》所稱『周天三百六十五度四分度之一』，實《洛書甄耀度》、《尚書考靈耀》之文，『黑道二去黃道北，赤道二去黃道南，白道二去黃道西；青道二去黃道東』，實《河圖帝覽嬉》之文。未子註《楚詞》，『崑崙者，地之中也，地下有八柱，互相牽制，名山大川，孔穴相通』，實《河圖括地象》之文。『三足烏；陽精也』，實《春秋元命包》之文。（案此四條皆朱彝尊《經義考》之說。）以至『七日來復』，自王弼以來承用，『六日七分』之說，朱子作《易本義》亦弗能易，實《易稽覽圖》之文。《洛書》

四十五點，邵子以來，傳為祕鑰，其法出於太乙九宮，實《易乾鑿度》之文。是宋儒亦未能盡廢之。然則毀輯此編，於經義亦不無所稗，未可盡斥為好異，故今仍附著五經總義之末焉。」（經部三三・五經總義類）

錢泰吉〈跋古微書〉云：「緯書之亡久矣，宋以來藏書家惟《易緯》，陳氏《書錄解題》著錄焉，然世尟傳本。國朝開四庫館，從《永樂大典》輯錄，始獲通行。《禮》含文嘉三卷，錢遵王述古堂有藏本，《讀書敏求記》著錄焉，分天鏡、地鏡、人鏡三篇，錢氏已疑其偽，故用宋兩朝藝文志例，以《易緯》附經，而移含文嘉於五行家。竹垞朱先生見有二本，謂諸書所引之文皆無之，則其偽灼然。《天一閣書目》別有含文嘉七卷，無編輯姓氏，序云：述嘗為驗者而編類之曰『禮緯含文嘉』，則并非也是翁所藏之本矣。孫氏苦心好古，從羣書抄撮成《尚書緯》五卷、《春秋緯》八卷、《易緯》三卷、《禮緯》三卷、《樂緯》三卷、《詩緯》二卷、《論語緯》二卷、《孝經緯》五卷、《河圖》三卷、《洛書》二卷，可謂富矣。然挂漏舛誤亦所不免，且每條下不注採輯所自，考證末由覽者憾焉，此為活字本，乃坊肆印行者，豕三虎六，謬誤尤多，因取明刻校核，疏其不同於簡端，即明知刊誤亦不遽改異，時取《十三經注疏》、《十七史》、《書志》、《水經注》、《文選注》、唐宋諸類書，徵引之文，細為訂正，并注所出於每條下，則誤字可一覽而知矣。昔歐陽子欲刪經，疏譏緯之文，鶴山魏氏用其言成《九經要義》，論者推為廓清之功，後之學徒乃欲摭拾散亡，理其墜緒，母乃桓譚所謂『忽於見事，而貴於異聞乎？』然天官、占候之說，時時徵驗，事幽辭富，有助文章，賁居子更徵引羣籍，以疏通證明之，其功亦與鄭康成、宋均相□矣。二百年來無重刻者，藏書家傳鈔以為秘籍，自此本出，而秀水章氏、餘杭陳氏校勘之本同時梓行，字畫較精審，亦未注所出也。校既竟，誌所聞於卷尾。時嘉慶十有七年孟春下浣。」（《甘泉鄉人稿》卷四）

強汝詢〈古微書跋〉云：「讖緯皆起于西漢之末，緯與讖，雖若不同，然其言實相出入。光武帝甚尊信之，儒者靡然從風，號為內學。方其

盛時，桓譚、鄭興、張衡之屬，雖欲出力排之而不得也，幸矣其亡也。孫氏乃表于殘闕之餘，片語隻字，緝錄無遺，其用力則勤矣，豈非好古之過耶？」（《求益齋文集》卷六）

案：收錄《古微書》，《景印文淵閣四庫全書》經部，第194冊。湖南華容乃其祖籍，非戶籍地。《春秋緯》一書分為《春秋元命包》、《春秋演孔圖》、《春秋合誠圖》、《春秋文耀鈎》、《春秋運斗樞》、《春秋感精符》、《春秋考異郵》、《春秋潛潭巴》、《春秋說題辭》、《春秋漢含孳》、《春秋佐助期》、《春秋保乾圖》、《春秋握成圖》、《春秋內事》、《春秋命歷序》，合計十五類。

《左國參由》　周邦彥撰，〔佚〕

周邦彥，天啟－1646，江蘇吳江，字念祖，據同治《蘇州府志》云：「周邦彥，字念祖，大章玄孫。諸生，以世職千戶，讓其弟邦穆。明亡，誓以身殉。丙戌冬，賦絕命詞。一夕，走投吳淞江死。」（卷一百五）

案：乾隆《吳江縣志》、同治《蘇州府志》著錄。

《春秋遵經集說》二十六卷　邱鍾仁撰，〔佚〕

邱鍾仁，天啟－康熙，江蘇崑山，字顯若，一字近夫，據同治《蘇州府志》云：「邱鍾仁，字顯若，一字近夫，萬垓子。幼受學舅氏朱集璜，通諸經大義，冒朱姓補諸生，後居兩喪，皆遵古禮，弗飲酒食肉。既謝舉業，惟開示來學，於《孝經》、《春秋》尤多所發明。參議方國棟涖吳，延主其塾，國棟疾，亟以孤辰為託，鍾仁護其喪北行，遂膺博學鴻詞薦召，試卷一夕播人口，既而授內閣中書，踰年南還，卒河閘舟次。」（卷九十五）

《四庫全書總目》云：「《春秋遵經集說》二十六卷，兩淮鹽政採進

本。國朝邱鍾仁撰。鍾仁字近夫，崑山人。康熙戊午，應博學鴻詞，老不與試，特賜中書舍人。其《凡例》稱是編本述孟子、朱子說經之義，故冠二子之說於簡端。其《集說》則兼諸家，然其書瑕瑜互見。如『春王正月』之說，自張以寧以後，辨析已無疑義，乃仍以夏時謬論，反覆支離。又如『荊敗蔡師于莘，以蔡侯獻舞歸』，乃以為志楚之強，所以旌將來齊桓之功。凡此之類，多不足據。其他如『叔孫得臣卒』一條，以不日為闕文，而以胡安國之從《公羊》為非。『許世子止』一條，用歐陽修之說，而證以蔡景公之書葬。凡此之類，亦閒有可取。然統核全書，瑜究不掩其瑕也。」（經部三一·春秋類存目二）

案：《清史稿》作「二十八卷」。

《春秋存俟》十二卷　余光、余颺撰，〔存〕

余光，崇禎時期，福建莆田，字希之，據乾隆《福建通志》云：「余光，字希之，莆田人。郡諸生，有文名。數奇不售，湛心經史，每當悲涼鬱抑時，見之詩歌古文詞，著有《耐菴集》及《春秋解》、《李賀詩註》等書。弟颺，字賡之，崇禎丁丑進士，著有《盧中集》四十卷。」（卷五十一）

余颺，1617-1637後，福建莆田，字賡之，據徐鼐云：「余颺，字賡之，莆田人，崇禎丁丑進士。其制義與同年夏允彝、陳子龍齊名，知宣城縣，分校鄉闈，所取士如王亦臨、方以智，俱知名士。宏光時，擢吏部文選司，未幾歸，杜門不出。丁亥，魯監國召為左都御史，亦不赴。著有《盧中詩文集》、《盧蜡史論》、《識小錄》。」（《小腆紀傳》卷五十七）

李世熊〈春秋存俟序〉云：「古之著書立言者，鳴於世有早暮，傳之久有盛衰。何也？曰其人之時也。著書者慮無不想遘至精，靈交冥漠，誠不可滅，數極而見。故曰時也。何以言之？昔者漢初，《左氏》無傳而

《公》、《穀》、《鄒》、《夾》四家並行。胡毋生、董仲舒、公孫弘，皆治《公羊》也。其後遂有嬴公睦、孟嚴、彭祖、顏安樂、冷豐、任公、筦輅冥都之學，何休又為之解說，此《公羊》氏之時矣。瑕丘江公受《穀梁》于申公，當武帝時不得行。及宣帝即位，聞衛太子好之，丞相韋賢及夏侯勝、史高等皆言宜興《穀梁》。於是有尹更始、胡常申、章昌、房鳳之學，而範寧複為之注釋，《穀梁》氏之時矣。《左氏》初出張蒼家，河間獻王得而獻之。賈誼嘗為訓詁，謹受貫公。劉歆欲立學官，諸儒莫應。建武中，以韓歆、陳元之請，李封始為《左氏》博士，賈逵、服虔複為訓詁，魏代始稍行世。及杜預集解於晉，穎達修疏于唐，《左氏》大張而《公》、《穀》浸紲矣，此《左氏》之時矣。夫《左氏》未行，《傳》有四家，經王莽之亂而《鄒》、《夾》遂亡。蓋著書者之精神會衰止於此也。其後啖助、趙匡，《纂例》、《辨疑》，每援經以擊傳；陸希聲韋表微通例統例，每合異以為同。程伊川略舉大義，襄、昭以後，缺然勿詳；胡康侯議論開合，牽強尤多，今遂奉為令甲，嗟乎！今亦《胡氏》之時耳。《胡氏》依附名理，牢絡儒生之智；《左氏》筆落麗奇，恢廓文士之疆，二家之焰酷烈宜長矣。約略論之：《公》、《穀》矜飾語言，詭條襟步；《左氏》探鉤奇蹟，閎攬菁華。跡其炫弄詞章，固是文人之雄，非有傳經之意；譬今經生制義，緣題抒藻，翻案自奇；要彼掀播舌唇，聊取快意，寧知孔、孟、曾，堂室何等乎？即不然，文字單行，固二家之《春秋》，非孔氏之《春秋》矣。猶之田何、焦贛、京房、費直之《易》，不可為羲、文、周、孔之《易》；齊、魯、毛、韓之《詩》，不可即為三百詩人之《詩》也。後有精治學者，我遂疑左、胡之《春秋》，將自此衰謝也。非獨予疑之明之，郭定襄、唐荊川、季彭山、郝仲輿者，亦疑之矣。然不如吾友余希之、虨之，疑之甚也。二余之治《春秋》也，始辟諸儒，繼辟四《傳》，究乃舉辟諸儒四《傳》者而並辟之。考世知人，務合筆削之初意而止，此其想遘至精，同符千載，既源遠而流長矣。其叔氏進伯，複殫意冥搜，劃然神解，足補同異。獲麟以來，文自在天；盲師瞽子，膚

險囂囂，憂其墜地。此書遂行，猶幽室之有日月，洪流之有津梁，頋然望洋，將見其人矣。此固余氏《春秋》之時也。」（《寒支集》初集卷三）

彭士望云：「溯諸《傳》源流興廢，如指諸掌，而眼光透出諸儒之上，確有典則，非僅以張余氏也，如謂《公》、《穀》、《左傳》固文人之雄，非傳經之意，獲麟以降，誰則知之。此通儒之朗識，不比于專已守殘之士，索解人誠不易也。」（《寒支集》初集卷三〈春秋存俟序〉末尾）

案：北京國家圖書館藏南明弘光元年文來閣刻本。《經義考》、乾隆《莆田縣志》著錄。《欽定春秋傳說彙纂》有引錄。

《春秋解》　余光撰，〔佚〕

案：乾隆《福建通志》著錄。

《春秋直解》　鄧秉恒撰，〔佚〕

鄧秉恒，1649前後，山東東昌，字元固，號忍菴，據康熙《江西通志》云：「鄧秉恒，號忍菴，聊城人。順治己丑進士，任永豐縣。鏟姦剔蠹，發伏如神，山寇盤踞，率鄉勇蕩平之。建恩江橋，民稱便。吉郡食廣鹽，鼎革後，鹽不行，而課存秉恒，內召疏免廣課，闔郡德之。」（卷六十一）

案：嘉慶《東昌府志》著錄。

《春秋五傳酌解》　朱用純撰，〔佚〕

朱用純，1617-1688，江蘇崑山，字致一，號柏廬，據趙爾巽《清史稿》云：「朱用純，字致一，江南崑山人。父集璜，明季以諸生死難。用純慕王裒攀柏之義，自號曰柏廬。棄諸生，奉母。其學確守程、朱，知行

並進，而程於至敬。來學者授以小學、《近思錄》。仿白鹿洞規，設講約，從者皆興起。居喪哀毀，嘗曰：『幸我欲短喪，吾黨皆以為怪，然可見古人喪禮之盡，必蔬水饘粥，哭泣哀毀無苟弛。若今人飲酒食肉，不改其常，雖更三年，豈謂久哉？』晚作〈輟講語〉，又為〈治家格言〉，語平易而切至。病將革，設先人位，拜於堂，告無罪，顧弟子曰：『學問在性命，事業在忠孝。』乃卒。用純與徐枋、楊无咎稱『吳中三高士』，皆明季死事之孤也。」（列傳二百八十四）

案：同治《蘇州府志》著錄。

《春秋說》　盛九鼎撰，〔佚〕

盛九鼎，1651前後，浙江嘉興，字子約，據光緒《海鹽縣志》云：「盛九鼎，字子約，與兄旦齊名，號『二盛』。少有神童之目，十一入泮宮，逾年食餼。順治辛卯舉於鄉，為《春秋》名家。庚子，計偕遇盜於山陽，墜淮卒。九鼎為《春秋說》，貫串百家，旁引曲暢，郡中言《春秋》者皆宗之。」（卷十七）

案：光緒《嘉興府志》著錄。

《春秋集論》　王挺撰，〔佚〕

王挺，1619-1677，江蘇太倉，字周臣，號減庵，據嘉慶《直隸太倉州志》云：「王挺，字周臣，時敏長子，明季州庠生，與陸世儀、陳瑚諸人相師友，以門蔭補中書科舍人，在官七月，上疏請破格用人，奉使兩浙，卻餽遺，不宿官舍，不赴公宴，復命即請歸養。入國朝，閉門卻軌，專事著述。順治十一年，詔舉賢才，辭不就。晚年廢目，日使家童誦書以聽，為文口占使書之，名其稿為『不盲集』，卒年五十九，祀鄉賢祠。」（卷四十）

金之俊〈王周臣減菴文稿序〉云：「昔歐陽永叔讀謝景山近著詩文，

不勝欣喜，謂行年四十，獨能異具少時雋逸之氣，就于法度，根帶前古作為文章，一下筆遂高于人，可見古人論文章，所貴者法度也。法度之文如大將用兵，眾寡奇正，變化莫測，而必以律則勝，又如士師用刑，出入輕重，比擬多方，而必以律則當。然非尊經學道，與古為處，則能為法度之文者，鮮矣。婁東王子周臣出《減菴文稿》示余，序記併雜文凡四十一首，余受而卒業焉，始恍然于歐陽子之說也。周臣年甫三十餘，宜年少才人，豪邁雄放之氣，勃溢楮墨間，有如駔駿之馬，奔星覆駕，非復羈口所能控制而顧，能節之鑾和，雍雍肅肅，駕五軸而馳康莊，歛才抑氣，以就于法度，其殆尊經學道，與古為處者乎？他文不具論，讀其〈春秋集論自序〉與〈減菴說〉，即皓首窮經，深山學道之人，未易彷彿其所至，而後知周臣之文能如大將用兵，士師用刑，悉軌于法度，而為流俗時尚之所不可及者，蓋有其本也。若徒以家學淵源，代著文名，為周臣多則猶淺之乎？窺周臣乎？」（《金文通公集》卷一）

案：《經義考》、嘉慶《直隸太倉州志》著錄。

《春秋稗疏》二卷　王夫之撰，〔存〕

王夫之，1619-1692，湖南衡陽，字而農，號薑齋、夕堂，署一瓠道人、雙髻外史、檮杌外史、船山病叟，學者稱船山先生，據趙爾巽《清史稿》云：「王夫之，字而農，衡陽人。與兄介之同舉明崇禎壬午鄉試。張獻忠陷衡州，夫之匿南岳，賊執其父以為質。夫之自引刀遍刺肢體，舁往易父。賊見其重創，免之，與父俱歸。明王駐桂林，大學士瞿式耜薦之，授行人。時國勢阽危，諸臣仍日相水火。夫之說嚴起恆救金堡等，又三劾王化澄，化澄欲殺之。聞母病，間道歸。明亡，益自韜晦。歸衡陽之石船山，築土室曰『觀生居』，晨夕杜門，學者稱『船山先生』。所著書三百二十卷，其著錄於四庫者：曰《周易稗疏》、《考異》，《尚書稗疏》，《詩稗疏》、《考異》，《春秋稗疏》。存目者：曰《尚書引義》、《春

秋家說》。夫之論學，以漢儒為門戶，以宋五子為堂奧。其所作《大學
衍》、《中庸衍》，皆力闢『致良知』之說，以羽翼朱子。於《張子正
蒙》一書，尤有神契，謂張子之學，上承孔、孟，而以布衣貞隱，無鉅公
資其羽翼；其道之行，曾不逮邵康節，是以不百年而異說興。夫之乃究觀
天人之故，推本陰陽法象之原，就《正蒙》精繹而暢衍之，與自著〈思問
錄〉二篇，皆本隱之顯，原始要終，炳然如揭日月。至其扶樹道教，辨上
蔡、象山、姚江之誤，或疑其言稍過，然議論精嚴，粹然皆軌於正也。康
熙十八年，吳三桂僭號於衡州，有以勸進表相屬者，夫之曰：『亡國遺
臣，所欠一死耳，今安用此不祥之人哉！』遂逃入深山，作〈祓禊賦〉以
示意。三桂平，大吏聞而嘉之，囑郡守餽粟帛，請見，夫之以疾辭。未
幾，卒，葬大樂山之高節里，自題墓碣曰『明遺臣王某之墓』。」（列傳
二百六十七）

　　《四庫全書總目》云：「《春秋稗疏》二卷，湖南巡撫採進本。國朝
王夫之撰。夫之有《周易稗疏》，已著錄。是編論《春秋》書法及儀象、
典制之類，僅十之一，而考證地理者居十之九。其論書法，謂閔公元年書
季子、仲孫、高子皆不名，乃閔公幼弱，聽國人之所為，故從國人之尊
稱。然考襄公之立，實止四歲。昭公之出，亦非一年。均未聞以君不與
政，書事或有變文，何獨閔公見存，反從國人立義。其論《春秋》書戎，
皆指徐戎，斥杜預、陳留『濟陽東有戎城』之非，且謂曹、衛之間，不應
有戎，證以《費誓》，似乎近理。然周之戎，如今土司參錯於郡縣，觀
『追戎濟西』，則去曹近而去徐遠。至於『凡伯聘魯歸周』而『戎伐之於
楚丘』，則凡伯不涉徐方，徐戎亦斷難越國，安得謂曹、衛之間戎不雜
居？如此之類，固未免失之臆斷。至以『鶪鴣』為寒號蟲，反斥《埤雅》
之譌。以『延廄』為『延袤其廄』，亦為穿鑿。杜《注》陘亭在召陵南，
不云即在召陵。乃刪除『南』字而駁之，尤為文致其失。然如『莒人入
向』之『向』，謂當從杜預在龍亢，而駁《水經注》所引闞駰之說，誤以
邑名為國名，足以申杜《注》之義。辨『杞之東遷』在春秋以前；辨『殺

州吁于濮』非陳地;辨『洮』為曹地非魯地,音推小反,不音他刀;辨『貫』字非『貰』字之誤;辨『厲』即賴國,非隨縣之厲鄉;辨『踐土』非鄭地;辨『翟泉』周時不在王城之內;辨莒、魯之間有二鄆;辨仲遂所卒之『垂』非齊地;辨『次鄆』之『鄆』;非鄆國,亦非鄆地;辨《春秋》之『祝其』,非漢之『祝其』,皆足以糾杜《注》之失。據《後漢郡國志》,謂郎在高平;據《括地志》,謂胡在郾城;據《漢書·地理志》,謂重邱在平原;據應劭《漢書注》,謂陽在都陽,皆足以補杜《注》之闕。至於謂子『糾為齊襄公之子』(案劉瑾《詩集傳通釋》解『何彼襛矣』篇,亦以桓公為襄公子,然瑾由誤記,與夫之有所考辨者不同)謂『魯襄公時頻月日食,由於誤視暈珥』,亦足以備一解。在近代說經之家,尚頗有根柢。其書尚未刊行,故『子糾』之說,近時梁錫璵據為新義;『翬不書族,定姒非諡』之說,近時葉酉亦據為新義,殆皆未見其書也。」(經部二九·春秋類四)

案:收錄《船山全書》,長沙嶽麓書社據清王孝魚點校金陵本影印排版。

《春秋家說》三卷　王夫之撰,〔存〕

《四庫全書總目》云:「《春秋家說》三卷,湖南巡撫採進本。國朝王夫之撰。夫之有《周易稗疏》,已著錄。是書前有自序,稱大義受於其父,故以『家說』為名。其攻駁胡《傳》之失,往往中理。而亦好為高論,不顧其安,其弊乃與胡《傳》等。如『文姜之與於弒』,夫之謂『不討則不免於忘父,討之則不免於殺母。為莊公者,惟有一死而別立桓公之庶子。庶子可以申文姜之誅。』不知子固無殺母之理,即桓之庶子,亦豈有殺嫡母之理,視生母為母,而視嫡母為非母,此末欲至薄之見,可引以斷經義乎?『閔公之弒』,夫之謂『當歸獄於慶父,不當歸獄於哀姜。哀姜以母戕子,與文姜不同,不得以人爵壓天倫』,此亦牽於俗情,以常人

立論。不知作亂於國家，即為得罪於宗廟。唐武后以母廢中宗，天下譁然而思討，君子不以為非，彼獨非母子乎？『首止之會』，定王世子所以削亂端於未萌。世子非不當立，則不得謂之謀位；諸侯非奉所不當奉，則不得謂之要狹。夫之必責以伯夷、叔齊之事，則張良之羽翼惠帝，保以君子不罪之乎？如此之類，皆以私情害大義，其他亦多詞勝於意，全如論體，非說經之正軌。至於桓公元年，無端而論及人君改元、宜建年號之類，連篇累牘，橫生枝節，於《春秋》更無關矣。」（經部三一・春秋類存目二）

案：收錄《船山全書》，長沙嶽麓書社據清王嘉愷鈔本影印排版。王夫之〈春秋家說序〉。

《春秋世論》五卷　王夫之撰，〔存〕

案：收錄《船山全書》，長沙嶽麓書社據清王嘉愷鈔本影印排版。王夫之〈春秋世論序〉。

《續春秋左氏傳博議》二卷　王夫之撰，〔存〕

案：收錄《船山全書》，長沙嶽麓書社據清金陵本影印排版。

《左國史漢分國合鈔》　賀寬撰，〔佚〕

賀寬，1652前後，江蘇丹陽，字瞻度，號拓菴，據光緒《重修丹陽縣志》云：「賀寬，字瞻度，號拓菴，順治壬辰進士，授潮州推官。潮俗健訟，當寇亂甫定，告訐連坐者不絕寬，懲刁頑，辨誣罔，一時消繳四十餘案。標員楊姓誣陷邱孝廉，力為昭雪，全活者二百餘人。平藩靖，藩駐軍於粵，兵有譁於市者，寬輒械繫懲治之，兩藩為色動，戒其屬藩，下皆懾服。薦擢大理右評事，以母老告歸。蘇撫湯斌重其品學，迎主業陽書院

講席，並欲特薦於朝，力辭弗就。寬和而能介，閉戶著書，至老不倦。」
（卷十九）

案：光緒《重修丹陽縣志》著錄。

《春秋集解》十二卷　應撝謙撰，〔存〕

應撝謙，1619-1687，浙江仁和，字嗣寅，號無悶，學者稱潛齋先
生，據江藩云：「應撝謙，字嗣寅，仁和人。早歲能文章，尚氣節，與虞
畯民、張伏生、蔣與恆諸子，結社講學，因東林之後，幾、復二社，以詩
文制藝，號招南北知名之士，非顧、高二君之志也，於是絕聲氣之交，獨
究性命之旨，故名其社為獬社。康熙十八年，以博學鴻儒徵，稱疾不行，
大吏促之輿床，詣有司驗疾，乃得免。海寧知縣許某請主書院，兩造其廬
不見，既而曰：『是非君子之道也。』乃棹小舟往謁，令大喜曰：『先生
其許我耶？』逡巡對曰：『令君學道，但從事于愛人，足矣。彼滕口說
者，客氣耳。』令默然，既出即行，弟子曰：『令君必來，去何急也？』
笑曰：『令君好事，必有所贈。拒之則益其慍，受之則非心所安也。』遂
解維疾去。同里姜圖南為巡鹺御史，歸贈撝謙金，弗受。一日，遇諸涂，
方盛暑，撝謙衣木棉衫，圖南歸遺以葛二，端且曰：『此非盜蹠物也。』
撝謙卻之曰：『吾昨偶中寒，絺衣故在篋也。』其治經以實踐為主，坐臥
小樓中，一几一榻，書籍之外別無長物，終日端坐無疾言，邊色遠近，從
學者甚眾。里中一惡少年使酒好鬬，忽求聽講，許之，聽講三日，甚拘
苦，遂去，使酒如故，一日持刀欲殺人，勢洶洶莫能沮，忽見撝謙來，邊
失色，刀墮於地，撝謙以好語撫之曰：『一朝之忿，何至於此？』少年俯
首謝過去，自後與人爭，傍觀者不能勸解，給之曰：『應先生來矣。』即
遁走。所著書甚多，以朱子為宗，陽明之說亦不致辯也。」（《國朝宋學
淵源記》卷下）；秦瀛《己未詞科錄》云：「應撝謙，字嗣寅，號潛齋，
浙江錢塘人，諸生，著有《周易應氏集解》十三卷、《詩傳翼》十二卷、

《禮學彙編》七十卷、《春秋集解》十二卷、附《校補春秋集解緒餘》一
卷、《春秋提要補遺》一卷、《古樂書》二卷、《禮樂彙編》四十卷、
《論孟拾遺》十二卷、《學庸本義》四卷、《孝經辨定》四卷、《幼學養
蒙編》二十卷、《朱子集要》三卷、《性理大中》二十八卷、《教養全
書》四十一卷、《潛齋文集》二十卷。」（卷五）

　　《四庫全書總目》云：「《春秋集解》十二卷，附《校補春秋集解緒
餘》一卷，《春秋提要補遺》一卷，浙江汪啟淑家藏本。國朝應撝謙撰。
撝謙有《周易集》，已著錄。是書節錄三《傳》及胡安國《傳》，參證諸
家之說，而以己意折衷之。前有自序，末附《校補春秋集解緒餘》一卷，
則其門人錢塘凌嘉邵所補輯也。凡撝謙之說，稱曰『應氏』，而嘉邵之
說，則退一格以別之。皆摘論經中疑義。又附《春秋提要補遺》一卷，如
軍賦、祭祀等事，分門類紀，不書撝謙姓氏，當亦嘉邵所著歟。」（經部
三一・春秋類存目二）

　　案：收錄《四庫全書存目叢書》經部，第135冊，據北京圖書館藏清
鈔本影印。應撝謙〈春秋集解序〉。

《春秋巺書》　毛先舒撰，〔佚〕

　　毛先舒，1620-1688，浙江仁和，字稚黃，後改名騹，字馳黃，師陳
子龍、劉宗周，據徐鼒云：「毛先舒，字稚黃，仁和人。父歿棄諸生，不
求聞達，年十八，著《白榆堂詩》，陳子龍見而咨賞，因師之。又嘗從劉
宗周講性命之學，其詩音節瀏亮，有七子餘風。家貧甚，嘗欲賣田刻所著
書，意未決，友人諸匡鼎曰：『產去則免役，紙貴可操贏。有兩得，無兩
失也。』先舒然之，卒年六十九，有《聲韻叢說》、《韻學通指》、《韻
白匡林》、《譔書》、《聖學真語》、《小匡文鈔》、《螺蜂說錄》、
《東苑文鈔》、《蕊雲》、《晚唱》諸集。」（《小腆紀傳》補遺卷六十
九）

案：民國《杭州府志》著錄。

《左傳事緯》十二卷　馬驌撰，〔存〕

馬驌，1621-1673，山東鄒平，字驄御、宛斯，據江藩云：「馬驌，字宛斯，一字驄御，鄒平人，順治己亥進士，謁選在京師用才望，與順天鄉試同考官，後為淮安府推官，尋奉裁改知靈壁縣。有善政，卒於官，士民皆哭且號，於上曰：『願世世奉祀。』於是得部檄祠名宦。驌少孤，事母以孝聞，穎敏強記，於書無不精研，而尤癖《左氏春秋》，以敘事易編年，引端竟緒，條貫如一傳，謂之『左傳事緯』，凡數萬言。又取太古以來，及亡秦之事，合經史諸子，鉤括裁纂，佐以圖考，參以外錄，謂之『繹史』，分五部：一曰太古三皇五帝，計十篇。二曰三代夏商西周，計二十篇。三曰春秋十二公時事，計七十篇。四曰戰國春秋至亡秦，計五十篇。五曰外錄，紀天官、地志、名物、制度等，計十篇，合一百六十篇，篇為一卷，其書最精，時人稱為『馬三代』，顧炎武讀是書，歎曰『必傳之作也。』」（《國朝漢學師承記》卷一）

《四庫全書總目》云：「《左傳事緯》十二卷，《附錄》八卷，山東巡撫採進本。國朝馬驌撰。驌字驄御，又字宛斯，鄒平人。順治己亥進士，官淮安府推官，終於靈壁縣知縣。是書取《左傳》事類分為百有八篇，篇加論斷。首載晉杜預、唐孔穎達《序論》及自作《丘明小傳》一卷，《辨例》三卷，《圖表》一卷，《覽左隨筆》一卷，《名氏譜》一卷，《左傳字奇》一卷，合《事緯》為二十卷。內地輿有說無圖，蓋未成也。王士禎《池北偶談》稱其博雅嗜古。尤精《春秋左氏》學，載所著諸書與此本同，惟無《字奇》及《事緯》，豈士禎偶未見歟？三《傳》之中，《左氏》親觀國史，事蹟為真，而褒貶則多參俗議。《公羊》、《穀梁》二家得自傳聞，記載頗謬，而義例則多有師承。《朱子語錄》謂：『《左氏》史學，事詳而理差。《公》、《穀》經學，理精而事謬。』蓋

篤論也。驌作是書，必謂《左氏》義例在《公》、《穀》之上，是亦偏好之言。然驌於《左氏》，實能融會貫通，故所論具有條理，其《圖表》亦皆考證精詳，可以知專門之學與涉獵者相去遠矣。」（經部二九‧春秋類四）

　　案：收錄《景印文淵閣四庫全書》經部，第175冊。《經義考》作「春秋事緯」。

《覽左隨筆》一卷　　馬驌撰，〔存〕

　　案：湖南師範學院圖書館藏清抄本。

《春秋名氏譜》一卷　　馬驌撰，〔存〕

　　案：湖南師範學院圖書館藏清抄本。

《春秋列國表》不分卷　　馬驌撰，〔存〕

　　案：光緒二十八年兩湖書院重刊本，《續修四庫全書總目提要》著錄。

《春秋類義折衷》十六卷　　王芝藻撰，〔佚〕

　　王芝藻，1654前後，江蘇溧水，字淇瞻，據光緒《溧水縣志》云：「王芝藻，字荇友，順治甲午舉人，任婺源教諭，陞泗州教授，後授湖廣邵陽令。居官有賢聲，所謂學道愛人者也，讀書鄙章句，以闡明經義為己任。坐小樓，寒暑不下，五經皆有注疏。乾隆三十八年，朝廷博採遺書，以所著《周禮》、《周易》、《春秋類義折衷》、《史學提要》、《六曹政典》進。子國偉、國佐、國俊、國偷、國儀、國俏，分治一經，各有著述，諸孫十二人，皆讀書，敦行不墜家聲。立字于宣，芝藻所著書，皆命

立手錄，故立亦深於經學，其曾祖拙庵有《四寶家訓》，立為訓釋，深切著明，士人樂為傳誦。」（卷十三）

《四庫全書總目》云：「《春秋類義折衷》十六卷，浙江巡撫採進本。國朝王芝藻撰。……是書以《左氏》、《公羊》、《穀梁》、胡《傳》為主，亦閒採程子及臨川吳氏、盧陵李氏諸家以為之注。其自出己見，則加『臆解』二字以別之。後附總論二十條。書成於康熙三十五年。自序稱『《公羊》襲取《穀梁》之書而續為之』，其說不知所據。大旨謂《左傳》可信者十之四，不可信者十之六。《公羊》亦多繆戾，惟《穀梁》猶不失聖門之舊。前有自題口號云：『自讀《春秋》四十年，只如群動對青天。邇來深考流傳義，始覺先儒多誤傳。』其命意所在，可概見矣。」（經部三一・春秋類存目二）

《春秋拾遺》十二卷　宋實穎撰，〔佚〕

宋實穎，1621-1705，江蘇蘇州，字既庭，號湘尹，據同治《蘇州府志》云：「宋實穎，字既庭，少為諸生，受知於徐汧。順治辛卯舉順天鄉試，與吳下諸名人倡『慎交社』，聲譽藉甚，後以江南奏銷案詿誤，康熙戊午復還舉人，己未以博學宏詞召，試罷歸。久之，授揚州興化教諭，課士尚經術，斥浮夸，歷十六年告歸，諸生祀之學宮旁。實穎淹貫經史，詩文典雅，為詞壇名宿。侍講繆彤，少從受經，其學得於實穎者為多，而宅心淳厚，喜獎拔後進，以故人益重之，年八十五卒。」（卷八十八）

案：光緒《蘇州府志》、民國《吳縣志》著錄。

《三傳訂疑》　李魁春撰，〔佚〕

李魁春，1622-1701，江蘇長洲，字元英，據同治《蘇州府志》云：「李魁春，字元英，諸生，與許琰為甥舅。甲申聞變，北向號哭，琰死收其骨，葬白公隄南，撫恤其家。國初，直指李某按吳勸駕，魁春曰：『聞

之堯稱則，天不屈潁陽之高武，稱盡美能全孤竹之潔。揚子雲曰：「鴻飛
冥冥，弋人何篡。」願公全薛方、逄萌之節，拜賜實多，否則死耳」。直
指慚謝去。愛佳山水，一瓢一杖，逍遙林壑閒，喜種竹，方曲屏障，悉畫
竹，名其齋曰『竹隱』，生平纂述甚富，鼎革後，悉委諸爐。」（卷八十
二）

　　案：同治《蘇州府志》、民國《吳縣志》著錄。

《春秋傳注》四十二卷　周西撰，〔佚〕

　　周西，1622-1689，浙江鎮海，字方人，據乾隆《鄞縣志》云：「周
西，字方人，定海衛人，居蘆江。年二十餘，棄舉業奉母，寓鄞之寶林，
學者多從之遊。順治十六年，海師大掠郡東鄙，西奉母逃山中，猝遇盜，
盜見西母豐碩，以為富家，嫗用火薰之求金，西抱母大慟，撲滅其火，乞
身代，盜揮戈斫西右手，將指幾殊，旁一卒曰：『孝子也。』舍之乃得
免。既久，寓寶林，挈家來依，諸生間出遊，多耿耿不合，仍歸寶林西，
於《易》、《書》、《詩》、《禮》、《春秋》、《孟子》皆有『圖
解』，《史》、《漢》皆有『論說』，唐宋杜韓諸大家皆有『抄』，所稱
勁草諸編者也。晚年移寓入城卒。」（卷十八）；全祖望曰：「先生於諸
經，最得意者莫如《春秋》。」（光緒《鎮海縣志》卷三十一）

　　周西〈春秋傳注序〉云：「不佞垂老，忽若於《春秋》大有所得，學
唐、宋、明諸儒之說皆未合聖人之旨，尚在夢寐中，今日而曉然。顧其書
已成四十二卷，而定、哀二公未畢，臨沒尚以為恨。今胥歸亡，是公之
手，是則可為痛哭者也。」（光緒《鎮海縣志》卷三十一）

　　案：光緒《鎮海縣志》著錄。據乾隆《鄞縣志》所云，似乎尚有《春
秋圖解》一書。

《春秋大成講意》三十一卷　馮雲驤撰，〔存〕

馮雲驤，1655前後，山西代州，字訥生，兄馮如京，據秦瀛云：「馮雲驤，方伯如京子，順治乙未進士，授大同教授，遷國子監博士，再遷戶部主事員外郎，轉郎中，出為四川提學僉事。雲驤籍華貫，不習為紈綺態，奮跡詩書，以早年決科第，而勤修職業，不蘄躐進，所至以廉明著。尚書魏環極嘗言：『訥生見識高，議論正』，稱為畏友。先是任學博時，與雲中徐化溥遊，梓其集行於世，環極尤亟稱之。弟雲驤，丙辰進士，官至禮科給事中。」（《己未詞科錄》卷六）

馮雲驤〈春秋大成序〉云：「昔人謂聖述史三焉，其述《書》也，帝王之制備矣，故索焉而皆獲；其述《詩》也，興衰之由顯，故究焉而皆得；其述《春秋》也，邪正之跡明，故考焉而皆當，此三者同出于史而不可雜也，而決大疑、定大事，行權而不戾于經，處變而不違于正，則《春秋》為尤切，迺三家殊途，諸儒異議，雜亂紛紜，莫可統一。文定公起而折衷之，素王之，尊君父、討亂賊、闢邪說、正人心之大旨，朗朗乎星日為昭，浩浩乎江漢並廣，其為百世撥亂反正之書，文定之功豈淺解哉？王介甫不解《春秋》，宜其設施敝瞶，流毒海宇。余少受麟書於先叔愚谷先生，揣摩制舉，雕心比合，而已又從家大人榆塞河湟，課讀署中，開示大義，每取驤比偶之文而斥之曰：『女究其詞，曷勿究其理？女勸說于人，曷勿達意於己？女謂其為科名之羔雁，曷勿以為身心之儀軌？』時怵然驚，翼然勉也。庚寅之冬，壬辰之夏，大人里居閒暇，因取《指月》、《衡庫》及時賢發明諸書，彙為一帙，將以問世，會有江左之行，停軾婺壤，日進多士，賦詩論學，禮樂彬彬，民氣康樂，四明嚴子、睦州余子遨遊過婺，旨酒式燕，訂晰異同，嚴子、余子則詳五《傳》之隱頤，十指之渺微，二百四十年之幽遠，如燭炤，如河決下流也。大人因為之集成，益其闕、約其廣，俾公之世。嗟乎！《春秋》微而顯，婉而章，褒貶定于一字，興亡決于一詞，誅人不能知之心，改人不可宥之過，君以治國，臣以

立身，子以盡孝，弟以彌恭，斯世一日無《春秋》，人類其滅；人心一日無《春秋》，生聖其絕微矣。皇哉！贊天地而扶陰陽，孟子比之抑洪水、驅猛獸，有以也。迺今之制藝者，沿為比、合、傳題之法，或取之胡氏之字句，或取之左氏、公、穀之事詞，以經解傳，非以傳解經，聖學乖離，莫此為甚。世有志士所當請之天子，立改其謬者，然則《大成》一書，曷為錄之也？曰：『不列題是不制藝，不制藝是不科名，不科名則人之學《春秋》者寡矣。』嗟乎！史外傳心之要典，昔人以為性命之文，今人以為富貴之具，是則余之所大憂也。」（《約齋文集》卷二）

案：北京大學圖書館藏清順治介軒刻本。

《左傳正業》六卷　洪若皋撰，〔佚〕

洪若皋，1655前後，浙江臨海，字叔敘、虞隣，號南沙，據雍正《浙江通志》云：「洪若皋，《台州府志》字叔敘，臨海人。順治乙未進士，除戶部主事，歷郎中，出為福寧道僉事。連丁內外艱，遂不出。酷嗜學，至耄，手不停披，林居三十載，日以鉛槧為事，凡生平未見之經濟，一寓於著述，讀者咸知為有用之文。其板行者《南沙文集》、《文選越裁》、《臨海縣志》，論定未梓者有《明文瓊液》、《樂府源流》、《詩韻》、《四書彙譜》等書。」（卷一百八十一）；民國《台州府志》卷一百十云：「未梓者有《左傳正業》」。

案：民國《台州府志》云：「《左傳正業》六卷，國朝洪若皋撰。若皋，臨海人，事蹟具〈宦業傳〉。是書有康熙丙寅自序，略稱其書據經附傳，其有傳無經者注，經闕以別之，復采諸家論注，句析篇評，分為六卷，名曰『左傳正業』，以舉業家舍此無所取正，不幸丙申罹叛將之變，竟付灰燼，於今二十有餘年。今歲養病山中，重加蒐輯，鈔訂成集，爰付之梓云云，見其所著《南沙集》中是此書，本為舉業家著，當日有刻本，今未見。」（卷六十五）。

《春秋毛氏傳》三十六卷　毛奇齡撰，〔存〕

　　毛奇齡，1623-1716，浙江蕭山，一名甡，字大可，號秋晴、初晴、西河，據趙爾巽《清史稿》云：「毛奇齡，字大可，又名甡，蕭山人。四歲，母口授大學即成誦。總角，陳子龍為推官，奇愛之，遂補諸生。明亡，哭於學宮三日。山賊起，竄身城南山，築土室，讀書其中。……康熙十八年，薦舉博學鴻儒科，試列二等，授翰林院檢討，充明史纂修官。二十四年，充會試同考官，尋假歸，得痺疾，遂不復出。……奇齡分校會闈時，閱《春秋》房卷，心非胡《傳》之偏，有意撰述，至是乃就經文起義，著《春秋毛氏傳》三十六卷，《春秋簡書刊誤》二卷，《春秋屬辭比事記》四卷，條例明晰，考據精核。又欲全著禮經，以衰病不能，乃次第著昏、喪、祭禮、宗法、廟制及郊、社、禘、祫、明堂、學校諸問答，多發先儒所未及。至於《論語》、《大學》、《中庸》、《孟子》，各有考證，而《大學證文》及《孝經問》，援據古今，辨後儒改經之非，持論甚正。奇齡淹貫群書，所自負者在經學，然好為駁辨，他人所已言者，必力反其詞。《古文尚書》自宋吳棫後多疑其偽，及閻若璩作疏證，奇齡力辨為真，遂作《古文尚書冤詞》。又刪舊所作《尚書廣聽錄》為五卷，以求勝於若璩，而《周禮》、《儀禮》，奇齡又以為戰國之書。所作經問，指名攻駁者，惟顧炎武、閻若璩、胡渭三人。以三人博學重望，足以攻擊，而餘子以下不足齒錄，其傲睨如此。」（列傳二百六十八）

　　《四庫全書總目》云：「《春秋毛氏傳》三十六卷，浙江巡撫採進本。國朝毛奇齡撰。奇齡有《仲氏易》，已著錄。自昔說《春秋》者，但明義例，至宋張大亨始分五禮。而元吳澄因之，然麤具梗概而已。奇齡是書分『改元』、『即位』、『生子』、『立君』、『朝聘』、『盟會』、『侵伐』、『遷滅』、『昏覿』、『享唁』、『喪期』、『祭祀』、『蒐狩』、『興作』、『甲兵』、『田賦』、『豐凶』、『災祥』、『出國』、『入國』、『盜殺』、『刑戮』，凡二十二門。又總該以四例：曰

禮例，曰事例，曰文例，曰義例。然門例雖分，而卷之先後，依經為次。無割裂分隸之嫌，較他家體例為善。其說以《左傳》為主，間及他家，而最攻擊者，莫若胡安國《傳》。其論安國開卷說『春王正月』，已辭窮理屈，可謂確論。然《左傳》『元年春，王周正月』之文，本以《周禮》正歲、正月兼用夏正，夏正亦屬王制，故變文稱『王周正月』，以為『建子』之明文。而奇齡乃讀『春王』為一句，『周正月』為一句，謂『王』字乃『木王於春』之『王』，而非『天王』之『王』，其為乖謬，殆更甚於安國，又如鄭康成《中庸注》：『策，簡也。』蔡邕《獨斷》亦曰：『策者，簡也。其制長二尺，短者半之。』《春秋正義》曰：『大事書於策者，經之所書也，小事書於簡者，傳之所載也』，又曰：『大事後雖在策，其初亦記於簡。』據此則經、傳『簡』、『策』並無定名，故『崔杼』之事，稱『南史氏執簡』，而『華督』之事，稱『名在諸侯之策』，其文互見，奇齡乃以簡書、策書為經、傳之分，亦為武斷。然其書一反胡《傳》之深文，而衡以事理，多不失平允之意。其義例皆有徵據，而典禮尤所該洽。自吳澄《纂言》以後，說《春秋》者罕有倫比，非其說《詩》、說《書》，好逞臆見者比。至於喧呼叫呶，則其結習所成，千篇一律，置之不議不論可矣。」（經部二九・春秋類四）

　　李塨〈春秋毛氏傳序〉云：「六經有二亡，其顯亡者曰《樂經》，其未嘗亡而實亡者曰《春秋》。夫抽二百四十二年，一千八百餘條之書，而按之無事，繹之無緒，疏觀之漫無條理，逐節而分析之，則又無所於穿貫，於是求其說而不得，妄曰：經為綱，傳為目。而經非綱也，文有篇題，非事有領要也。又曰：傳為案，經為斷。而經非斷也，策有褒譏之實，簡無剖判之名也。乃博求之事，而三《傳》同異，參錯不決，即轉而求之諸儒之釋文與釋義，而意旨雜出，率謬誤而不可為法，則直舉而棄置之曰：非聖經也。不立學，不令取士，而《春秋》亡矣。顧無學之徒強起補救，自出其臆說，而反使聖人之旨詘而就我，以為可以立學，可以取士，而世之取士者即用其所為說，標以為題，而聖人之旨渺無聞焉。譬之

入齊者，但知有田文，而不知有王；入秦關者，第聞有太后、穰侯、高陽、涇陽，而並不知有西秦之主，而《春秋》更亡。夫前此之亡有窮，拒君明明可驗，而今此之亡，則陰移其鼎，大之如典午之浸易，次之如陽翟之暗奸，潛窺盜據，一去而不可挽矣。經解曰：『《春秋》之失亂。』亂者，亡之端也。又曰：『屬辭比事而不亂，則深於《春秋》者也。』夫屬辭比事，治亂之法也。先生知其然，專為治經。夫治經非棄傳也，經賴傳以見，而可棄乎？然而吾治經云耳，因為立一例曰：『以傳釋經，不以經釋傳。』蓋惟恐如取士之以經從傳也，乃取史官記事法以設門部，經若干條，條若干事，事若干門，門若干部，如一朝聘門，而有朝部、有聘部、有來朝部、有往朝部、有來朝嗣君往朝嗣君部、有嗣君來朝嗣君往朝部，而於是連其書法之通靈，謂之屬辭，較其記事之參變，謂之比事，而予奪見焉。推之二十二門之辭事，皆如是矣。是以侵伐有門，盟會有門，前後大小皆得聯絡於其間，條理穿貫，一往明析，於是始為之治傳。就三《傳》之中，取其事之與經合者曰傳，且別其傳之與史合者曰策書，不特杜預、何休、賈逵、范寧受其區別，即《公羊》、《穀梁》指斥如蒯隸，必不使得與《左氏》策書互相溷亂。而至於唐後諸儒，則雖備觀其說，而百無一合，大率棄置不屑道，而胡氏一書反三致意焉，以為是書者固亂經之階，而亡經之本也。間考先生立說，不好詭異，不以武斷勝，每所考校，必與門部相依而分，乃一祛雜例，若所稱三體、五情、七缺、九旨者，而以四例該之。昔者韓宣子觀魯春秋曰：『周禮在魯。』則禮者固《春秋》要領也。孟子曰：『其事則齊桓、晉文，其文則史，其義則丘竊取之矣。』則事與文與義，又《春秋》之所自備也。以春秋大夫如韓起，以善讀《春秋》如孟氏子，其為說必有當於《春秋》，而先生取以為例，未嘗拘曲揉直，強求其合，而以四例而比之三《傳》與諸家，則三《傳》、諸家不異焉。以四例而比之二百四十二年之文與事，而二百四十二年之文、事不能外焉，此非夫子之《春秋》乎？於是又立一例曰：『以經釋經，不以傳釋經。』任取經文一條，而初觀其禮，繼審其事，繼核其

文，又繼定其義，而經之予奪進退，無出此者。始以《春秋》為經，不傳
事，而傳事固如此，以為無緒，無條理，并無穿貫，而其緒與條理、穿貫
又如此，如此而猶謂《春秋》之亡，非藉是書以存之不得矣。塏世受經
學，長而徧遊諸經師之門，其於《春秋》亦既浸淫乎其間，而茫無畔岸，
讀先生之書而豁然，而擴然，而浩浩然，夫塏豈不深觀乎漢後諸儒，與
宋、元、明迄今之為《春秋》者，而敢漫然贊一詞也乎？」

　　朱彝尊云：「毛氏說《春秋》，分二十二門：一曰改元、二曰即位、
三曰生子、四曰立君、五曰朝聘、六曰盟會、七曰侵伐、八曰遷滅、九曰
昏覯、十曰享唁、十一曰喪葬、十二曰祭祀、十三曰蒐狩、十四曰興作、
十五曰甲兵、十六曰田賦、十七曰豐凶、十八曰災祥、十九曰出國、二十
曰入國、二十一曰盜弒、二十二曰刑戮。而總括以四例：一曰禮例，謂前
二十二門皆典禮也。二曰事例，則以二十二門，一千八百餘條，無非事
也。三曰文例，則史文之法也。四曰義例，則貫乎禮與文與事之間。」
（《經義考》卷二百八）

　　案：收錄《景印文淵閣四庫全書》經部，第176冊。另有《皇清經
解》本。

《春秋屬辭比事記》六卷　毛奇齡撰，〔存〕

　　《四庫全書總目》云：「《春秋屬辭比事記》四卷，浙江巡撫採進
本。國朝毛奇齡撰。奇齡作《春秋傳》，分義例為二十二門，而其書則仍
從經文十二公之序，此乃分門隸事，如沈棐、趙汸之體，條理頗為明晰，
考據亦多精核。蓋奇齡長於辨禮，《春秋》據禮立制，而是書據禮以斷
《春秋》，宜其秩然有紀也。至《周禮》一書與《左傳》多不相合，蓋
《周禮》為王制，而《左傳》則皆諸侯之事，《周禮》為初制，而《左
傳》則皆數百年變革之餘，強相牽附，徒滋糾結。奇齡獨就經說經，不相
繳繞，尤為特識矣。是書為奇齡門人所編，云本十卷，朱彝尊《經義考》

惟載六卷，且云『未見』。此本於二十二門之中，僅得七門，而『侵伐』一門，尚未及半。蓋編次未竟之本。雖非完書，核其體要，轉勝所作《春秋傳》也。」（經部二九·春秋類四）

案：收錄《景印文淵閣四庫全書》經部，第176冊。另有《皇清經解》本。

《春秋簡書刊誤》二卷　毛奇齡撰，〔存〕

《四庫全書總目》云：「《春秋簡書刊誤》二卷，浙江巡撫採進本。國朝毛奇齡撰。是書刊正三《傳》經文之誤，其以『簡書』為名者，蓋仍執其『傳據策書，經據簡書』之說也。大旨以《左傳》為主，而附載《公》、《穀》之異文，辨證其謬，因胡安國《傳》多從《穀梁》，併安國亦排斥之。其舍《左氏》而從《公羊》者，惟襄公十四年『衛侯衎出奔齊』一條耳。考《左傳》雖晚出，而其文實竹帛相傳，《公》、《穀》雖先立於學官，而其初皆經師口授，或記憶之失真，或方音之遞轉，勢所必然，不足為怪。奇齡所考正者，如『會豕，不當有齊侯』，『單伯送王姬不應作逆』，『齊人來歸衛俘，據書序知俘即是寶，非經傳有異』，『公伐齊納子糾，不應無子字』，『齊人殲于遂，不應作瀸』，『曹羈出奔陳，赤歸于曹，與鄭忽出奔衛，突歸于鄭同例』，『會洮，不應有鄭世子華』，『欒書救鄭，不應作侵鄭』，『召公來錫公命，不應作賜命』，『襄公五年救陳不應有莒子、邾子、滕子、薛伯會虢之衛』，『齊惡不應作石惡』，『齊欒施，不應作晉欒施』，『叔孫婼，不應名舍』，『公會齊侯盟于黃，不應作晉侯』，『衛趙陽，不應作晉趙陽』，皆極精核。至於經書『冬，宋人取長葛』，傳乃作『秋』，但知經傳不符，而不知宋以先王之後用商正，取以建酉之月，則此冬而彼猶秋，實與晉用夏正，經傳皆差兩月一例。又『衛師入郕』，《公羊》『郕』作『盛』，遂詆其『宋將作送，衛將作彗』，不知《穆天子傳》所載『盛姬』，即郕國之女。

《考古圖》許或作鄅，魯或作鹵，俱勒諸鐘鼎，斷非譌寫。古字異文，如斯者眾，未可盡以今文繩之。又謂：『昔恆星不見，夜中星隕如雨。昔字訓夜，雖見《列子》，然不應一作昔，又一作夜。』不知《列子》稱『夜則朦憊而熟寐，昔昔夢為國君。』又稱『夜亦朦憊而寐，昔昔夢為人僕』，正昔、夜二字並用。又謂：『皋陶可作咎由，由於音同。西乞術不可作西乞遂，由於音異。是以後世之平仄，律古人之傳音。』不知《檀弓》以木為彌牟。《戰國策》以包胥為勃蘇者，不一而足也。如斯之類，特以偏主一家，曲加排斥，均為未得其平。甚至于作於，饗作享，經傳處處通用，於《公》、《穀》亦縷摘之，益瑣屑矣。然其可取者多，瑕究不掩其瑜也。」（經部二九·春秋類四）

　　案：收錄《景印文淵閣四庫全書》經部，第176冊。另有《皇清經解》本。

《春秋占筮書》三卷　毛奇齡撰，〔存〕

　　《四庫全書總目》云：「《春秋占筮書》三卷，浙江巡撫採進本。國朝毛奇齡撰。其曰『春秋』者，摭《春秋傳》所載占筮，以明古人之《易》學，實為《易》作，不為《春秋》作也。自漢以來，言占筮者不一家，而取象玩占，存於世而可驗者，莫先於《春秋傳》。奇齡既於所著《仲氏易》、《推易始末》諸書發明其義，因復舉《春秋內、外傳》中，凡有得於筮占者，彙記成書。而漢晉以下占筮有合於古法者，亦隨類附見焉。《易》本卜筮之書，聖人推究天下之理，而即數以立象，後人推究《周易》之象，而即數以明理。羲、文、周、孔之本旨如是而已。厥後象、數、理，岐為三家，而數又岐為數派。孟喜、焦贛、京房以下，其法不可殫舉，而《易》於是乎愈雜。《春秋內外傳》所紀，雖未必無所附會，而要其占法，則固古人之遺軌，譬之史書所載，是非褒貶，或未盡可憑，至其一代之制度，則固無偽撰者也。奇齡因《春秋》諸占，以推三代

之筮法，可謂能探其本，而足關諸家之喙者矣。」（經部六・易類六）

案：收錄《景印文淵閣四庫全書》經部，第41冊。另有《皇清經解續編》本。

《春秋條貫篇》十一卷　毛奇齡撰，〔存〕

《四庫全書總目》云：「《春秋條貫篇》十一卷，浙江巡撫採進本。國朝毛奇齡撰。奇齡有《仲氏易》，已著錄。初，康熙乙丑，奇齡充會試同考官，分閱《春秋》房。舊制，《春秋》一單題，二雙題，一說經題。是時初罷脫經題，其雙題猶未罷（案合題罷於乾隆初。）奇齡與監試御史論雙題不合，因舉及經之條貫，必出於傳語（案此杜預之說。）奇齡以為經文自有條貫，不待於傳。乃排比經文，標識端委，使自相聯絡，以成此書。大至用章沖《類事本末》之意。惟沖類傳，而奇齡則類經。沖於傳有去取，奇齡於經則十二公事仍其舊第，但以事之相因者移附首條之下。又每條各附論說，以闡發比事屬詞之義耳。其以『隱公三年四月尹氏卒』、『六年春鄭人來輸平』、『十一年冬十有一月壬辰公薨』三條為一貫。蓋據金履祥《通鑑前編》之說，以尹氏為鄭尹氏。然尹氏非卿，其卒例不見經，與叔肸之以公弟書者不同。似巧合而實附會，是為不當合而合。至於『隱公元年三月公及邾儀父盟于蔑』、『七年秋公伐邾』、『桓公十有七年二月丙午公會邾儀父盟于趡』、『秋八月及宋人、衛人伐邾』，其閒邦交離合，事亦相因，而歸單簡，是為不當分而分。以其體例而論，既於經文之首，各題與某事相因，則何不仍經文舊第，而逐條標識其故，脈絡亦自可尋，又何必移後綴前，使相陵亂。奇齡說《春秋》諸書，頗有可觀。惟此一編，則欲理之而反棼之，殆無取焉。」（經部三一・春秋類存目二）

案：收錄《四庫全書存目叢書》經部，第136冊，據清華大學圖書館藏清康熙刻西河合集本影印。

《春秋題鈴》　王兆陞撰，〔佚〕

王兆陞，1657前後，江蘇通州，字仙珮，據鄒祗謨云：「王兆陞，仙珮，通州人，順治丁酉舉人。」（《倚聲初集》卷四）；《臺灣文獻叢刊》云：「王兆陞，江蘇通州人，舉人，康熙二十七年任臺灣知縣，後遷兵部主事。郊行即事云：『奉命籌軍國，非關玩物華。新涼猶未至，餘暑正方賒。鳴騎依殘照，行旌帶晚霞。無勞呵殿急，恐擾野人家』。」（《臺灣詩乘》卷三）

案：光緒《通州直隸州志》著錄。

《左傳詳解》　艾元徵撰，〔佚〕

艾元徵，1624-1676，山東濟陽，字允洽，號長人，據道光《濟南府志》云：「艾元徵，字允洽，號長人，馥長子。順治丙戌進士，歷仕至刑部尚書，遇事侃侃，不避權貴，如疏請修祖訓，建儲貳，皆宗社大計。籌屯田、核鹽法、嚴左道、懲蠹棍、去浮議、戒出位，非井條議，功被朝野。性孝友，雖顯貴，定省視膳，和氣婉容，依依如孺子，待弟親睦，四十餘年如一日。平生著述甚多，有《易經會通》、《書經會通》，《左傳》、《離騷解》，年五十三，卒於官，賜祭葬。」（卷五十六）

案：民國《濟陽縣志》著錄。

《左傳經世鈔》二十三卷　魏禧撰，〔存〕

魏禧，1624-1681，江西寧都，字叔子、冰叔，號裕齋、勺庭，據趙爾巽《清史稿》云：「魏禧，字冰叔，寧都人。父兆鳳，諸生。明亡，號哭不食，剪髮為頭陀，隱居翠微峯。是冬，筮離之乾，遂名其堂為易堂。旋卒。禧兒時嗜古，論史斬斬見識議。年十一，補縣學生。與兄際瑞、弟禮，及南昌彭士望、林時益，同邑李騰蛟、邱維屏、彭任、曾燦等九人為

易堂學。皆躬耕自食，切劘讀書，『三魏』之名遍海內。禧束身砥行，才學尤高。門前有池，顏其居曰勺庭，學者稱勺庭先生。為人形幹修頎，目光射人。少善病，參朮不去口。性仁厚，寬以接物，不記人過。與人以誠，雖見欺，怡如也。然多奇氣，論事每縱橫排奡，倒注不窮。事會盤錯，指畫灼有經緯。思患豫防，見幾於蚤，懸策而後驗者，十嘗八九。流賊起，承平久，人不知兵，且謂寇遠猝難及。禧獨憂之，移家山中。山距城四十里，四面削起百餘丈。中逕坼，自山根至頂，若斧劈然。緣坼鑿礘，道梯而登，因置闉為守望。士友稍稍依之。後數年，寧都被寇，翠微峯獨完。喜讀史，尤好《左氏傳》及蘇洵文。其為文淩厲雄傑。遇忠孝節烈事，則益感激，摹畫淋漓。年四十，乃出遊。於蘇州交徐枋、金俊明，杭州交汪渢，乍浦交李天植，常熟交顧祖禹，常州交惲日初、楊瑀，方外交藥地、檟木，皆遺民也。當是時，南豐謝文洊講學程山，星子宋之盛講學髻山，弟子著錄者皆數十百人，與易堂相應和。易堂獨以古人實學為歸，而風氣之振，由禧為之領袖。僧無可嘗至山中，歎曰：『易堂真氣，天下無兩矣！』無可，明檢討方以智也。友人亡，其孤不能自存，禧撫教安業之。凡戚友有難進之言，或處人骨肉間，禧批郤導窾，一言輒解其紛。或訝之，禧曰：『吾每遇難言事，必積誠累時，待其精神與相貫注，夫然後言。』康熙十八年，詔舉博學鴻儒，禧以疾辭。有司催就道，不得已，舁疾至南昌就醫。巡撫舁驗之，禧蒙被臥稱疾篤，乃放歸。後二年卒，年五十七。妻謝氏，絕食殉。著有文集二十二卷、日錄三卷、詩八卷、左傳經世十卷。」（列傳二百七十一）

魏禧〈左傳經世敘〉云：「讀書所以明理也，明理所以適用也。故讀書不足經世，則雖外極博綜，內析秋毫，與未嘗讀書同。經世之務，莫備於史。禧嘗以為：《尚書》，史之大祖；《左傳》，史之大宗。古今治天下之理，盡於《書》，而古今御天下之變，備於《左傳》。明其理，達其變，讀秦漢以下之史，猶入宗廟之中，循其昭穆而別其子姓，瞭如指掌矣。嘗觀後世賢者，當國家之任，執大事，決大疑，定大變，學術勳業，

爛然天壤。然尋其端緒，求其要領，則《左傳》已先具之。蓋世之變也，弑、奪、烝、報、傾、危、侵、伐之事，至春秋已極，身當其變者，莫不有精苦之思，深沈之略，應猝之才，發而不可禦之勇，久而不回之力，以謹操其事之始，終而成確然之效。至於兵法奇正之節，自司馬穰苴、孫、吳以下，不能易也。禧少好《左氏》，及遭變亂，放廢山中者二十年，時時取而讀之，若於古人經世大用，《左氏》隱而未發之旨，薄有所會，隨筆評注以示門人。竊惟《左傳》自漢晉至今，歷二千餘年，發微闡幽，成一家言者，不可勝數。然多好其文辭篇格之工，相與議論而已。唐崔日用工《左氏》學，頗用自矜，及與武平一論三桓、七穆，不能對，乃自慚，曰：吾請北面。徐文遠從沈重質問《左氏》，久之辭去，曰：先生所說，紙上語耳。禧嘗指謂門人：學《左氏》者，就令三桓、七穆，口誦如流，原非所貴，其不能對，亦無足慚，此蓋博士弟子所務，非古人讀書之意。善讀書者，在發古人所不言，而補其未備，持循而變通之，坐可言，起可行，而有效，故足貴也。禧評注之餘，間作〈雜論〉二十篇，〈書後〉一篇，課諸生，作〈雜問〉八篇，用附卷末，就正於有道。《左氏》好紀怪誕，溺功利禍福之見，論時駁而不純，然如石碏誅吁、厚，范宣子禦欒盈、陰飴甥爰田州兵之謀，晏嬰不死崔杼，子產焚載書，及子皮授子產政諸篇，皆古今定變大略。而陰飴甥會秦伯王城，燭之武夜縋見秦伯，蔡聲子復伍舉，則詞命之極致，後之學者，尤當深思而力體之也。」

《清文獻通考》云：「是書不主解經、論文，惟以推識成敗，考鑒得失為事，故以『經世』名編，其間略取杜、林之注，又復雜採諸說，綴以評語。」（卷二百二十二）

案：收錄《續修四庫全書》經部，第120冊，據清乾隆刻本影印。《經義考》作「左傳經世」。

《兵謀》一卷　魏禧撰，〔存〕

　　魏禧〈大鐵椎傳〉序文云：「庚戌十一月，予自廣陵歸，與陳子燦同舟。子燦年二十八，好武事，予授以《左氏兵謀》、《兵法》。因問數游南北，逢異人乎？子燦為述大鐵椎，作〈大鐵椎傳〉。」（《魏叔子文集外篇》文集卷十七）

　　《兵謀》云：「凡兵有可見，有不可見。可見曰法，不可見曰謀。法而弗謀，猶搏虎以挺刃而不設阱也。謀而弗法，猶察脈觀色而亡方劑也。《左氏》之兵為謀三十有二：曰和、曰息、曰量、曰忍、曰弱、曰彊、曰致、曰畏、曰防、曰需、曰疾、曰久、曰激、曰斷、曰聽、曰詭、曰信、曰諜、曰閒、曰內、曰釁、曰偪、曰與、曰脅、曰假、曰名、曰辭、曰備、曰法、曰同、曰本、曰保。」

　　案：收錄《叢書集成續編》，第59冊，據昭代叢書世楷堂藏版本影印。一名「左氏兵謀」。

《兵法》一卷　魏禧撰，〔存〕

　　《兵法》云：「兵不法不立。魏子曰：《左氏》之兵為法二十有二：曰先、曰潛、曰覆、曰誘、曰乘、曰衷、曰誤、曰瑕、曰援、曰分、曰嘗、曰險、曰整、曰暇、曰眾、曰簡、曰一、曰勸、曰死、曰物、曰變、曰將。」

　　案：收錄《叢書集成續編》，第59冊，據昭代叢書世楷堂藏版本影印。一名「左氏兵法」。

《春秋列國論》不分卷　魏禧撰，〔存〕

　　案：收錄《續修四庫全書》集部，第1408冊，據復旦大學圖書館藏清康熙易堂刻本影印。

《春秋戰論》不分卷　魏禧撰，〔存〕

魏禧〈答曾君有書〉云：「禧生平好讀《左氏》，于其兵事，稍有窺得失，曾著《春秋戰論》十篇，為天下士所賞識。然嘗自忖度，授禧以百夫之長，使攻崔苻之盜，則此百人者終不能部署，而小盜亦終不得盡。天下事，口言之與手習，相去有若逕庭，有若南北萬里之背而馳者，而況于兵乎。」（《魏叔子文集外編》卷二）

魏禧〈春秋戰論序〉云：「《春秋左傳》載兵戰幾數百事，余取其大且著者，摭其成敗之跡而論次之。夫古人之兵，務以奇勝。然非必有感忽悠闇，不可令後人之知，而後之人往往辭其所以成而就其敗。然則非知兵之難，知而不用之過也。語曰：『不見未然，當觀已往。』此事後成敗之論。後之人可以觀覽而慎其故焉。」（《魏叔子文集外編》卷二）

魏禧〈書左傳後〉云：「禮者，人之情，天理之節，天子逮匹夫弗能渝焉，故棄禮必敗，謙受益，知憂、知懼，免于難，故驕且肆必敗。敏則有功，勤則不匱，故隋必敗。決者，事之斷也，故需必敗。君子不以呴呴為仁，不以仡仡為勇，故植婦人之仁、衡匹夫之勇必敗。重則慎，輕則脫，慎固脫離，故輕必敗。人之有信，車之有輪輻也，故食其言必敗。止戈為武，故好戰必敗。弛武備者張戎心，故忘戰必敗。獸困則鬬，民困則畔，故亟作土木、急苛役必敗。厚味腊毒，多藏厚亡，故掊斂黷貨必敗。治國如治病，然而用小人，是飲酖酒以攻疾也，故退賢進不肖必敗。人有諫臣拂士，猶瞽者有相，故愎諫怙過必敗。萬物本天，人本祖，故蔑祖慢神必敗。人，神之主也，有德則祥降之，無德則妖興，故棄人道賢鬼者必敗。剛不可惡，柔不可弱也，是謂一張一弛，故過剛必敗，過柔必敗。民者邦本，天地之心，故虐用其民必敗。《傳》曰：『女德無極，婦怨無終』，故謀及婦人，以男事女者必敗。立國家必正紀綱，綱紀不立，則其敗也，刓刓如崩土而不可維，故妻妾、嫡庶、長幼無紀必敗。始進善，善緣善，始進不善，不善緣不善，故不豫教必敗。四時之序，成功者退，故

恫而不止必敗。蠆蠆有毒，《詩》曰：『民之失德，乾餱以愆』，故不勤小物惕近必敗。厝足之地不出扶，集於獨梁則顛矣，故不謀遠必敗。《書》曰：『惟事事乃其有備』，故有恃而無備必敗。機事不密則害成，故疏必敗。順天者存，逆天者亡，故翳賢德、蔑強大必敗。一人欲爭，則羣起，讓則伏，是以相讓則有餘，爭則不足，故爭必敗。君子瘠已以腴人，故削人自封殖者必敗。親親，天之合。披其枝者傷其心，故疏外骨肉、夷同姓必敗。天道福善禍淫，淫則亂，亂則禍生，故姦必敗。語曰：『一手獨拍，雖疾無聲』，自盤古以下無獨君，故自用不用人必敗。魚不脫於淵，利器不可授人，故委柄不治者必敗。松柏之生，薄雲霄，立霜雪，震風凌雨不仆，蔦蘿施其末，則秋風下之，故因人成事，不自立者必敗。出赤心，入人腹，則人樂死，故多疑必敗。人心之不同如面焉，立于劇驂，豪其過續之迹而識其面，不亦難哉！故輕信人必敗。凡此之敗，未有能一易此者，是故反其道則必興。」（《魏叔子文集外編》卷十三）

案：收錄《續修四庫全書》集部，第1408冊，據復旦大學圖書館藏清康熙易堂刻本影印。

《春秋志》十五卷　湯秀琦撰，〔佚〕

湯秀琦，1625-1699，江西臨川，字小岑，號弓庵，據曾燠云：「湯秀琦，秀琦字小岑，號弓菴，臨川人。顯祖從子，明諸生，順治中歲貢，官番陽教諭。為李石臺、宋牧仲所賞。己卯春，夢過仙霞嶺，有神人召之，遂作《易簀詞》，端坐而逝，著有《春秋志》、《易解》，及《碧澗草》、《經餘吟》、《種松篇》、《集賢卮言》等集。」（《江西詩徵》卷六十七）

《四庫全書總目》云：「《春秋志》十五卷，河南巡撫採進本。國朝湯秀琦撰。秀琦有《讀易近解》，已著錄。是書為表者八：曰春秋事蹟年表，曰春秋大綱年表，曰天王年表，曰十二伯主年表，曰魯十二公年表，

曰列國年表，曰經傳小國年表，曰列國卿大夫世表。為書法者四：曰書法
精義，曰書法條例，曰書法比事，曰書法遺旨，表以考事，書法以考義
也。考《南史》稱司馬遷作表，旁行斜上，體仿周譜。蓋以端緒參差，恐
其瞀亂，故或國經而年緯，或國緯而年經，使一縱一橫，絲牽繩貫，雖篇
章隔越，而脈絡可尋。秀琦所作八表，惟《列國年表》不失古法，其餘年
表，但以字之多少，每半頁分為數格。橫讀之成文，縱讀之即不相貫，半
頁以外，則格數寬狹多寡互異，併橫讀亦不可通。其《經傳小國年表》、
《列國卿大夫世表》，或半頁之中，一行之內，參差界畫，各自為文。更
縱讀橫讀皆不相屬，烏在其為年表也？《書法精義》皆依違胡安國之文，
《書法條例》亦剽竊崔子方之式。惟《書法比事》謂有順文上下為比者，
有分別事類以為比者。如方有天王之事，而遽會蟲牢，著其無王。楚滅
江，而晉伐秦，譏其不救。既伐邾而公如齊，則侵小附強可知。介再朝而
後侵蕭，則求援舉兵可知。如斯之類，皆順文上下，以見褒貶。其說為沈
棐諸家所未及，又《書法遺旨》，自抒己論，雖不免閒有騎牆，而駁正處
時有特見，其長亦不可沒耳。蓋秀琦之說，本可分繫經文之下，共為一
書。而必欲變例見奇，多分門目，轉致重複糾結，治絲而棼，亦可謂不善
用長矣。」（經部三一・春秋類存目二）

　　宋犖〈春秋志序〉云：「文中子有言曰：述作紛紛，制理者參而不
一，陳事者亂而無緒，考之《春秋》為尤甚。《春秋》文成數萬，其旨數
千，後儒各持所見，以推測聖人之意，事不得其緒，理不衷於一，何能義
蘊瞭然乎？故三《傳》作而《春秋》散，昔人已致歎矣。加以杜、鄭、
何、范之箋注，其用心可不謂勤乎？至胡康侯作《傳》，大旨本於伊川，
而又兼綜眾論之長，《春秋》藉是而有定，亦未免時有牴牾。李愿中云：
『《春秋》難看。』學者未到聖人灑然處，安能無失？如近代治《春
秋》，不惟棄經而從傳，又且畔傳而作支離煩碎之辭，乃治經之蠹也。臨
川湯子弓菴作《春秋志》，其為書也，分事與理為二體，事則統以年表，
而為表者八；理則統以書法，而為法者四。八表各主一事為綱，二百四十

二年之首尾，數簡足以瞭之；其書法四種，以精義為經，比事為緯，而條例遺旨且足為交參考互之資，其為道也備矣。以此陳事，寧復亂而無緒乎？以此制理，寧復參而不一乎？元趙仁甫作《春秋通旨》，時未有知者，姚文正公督師襄漢，見而異之，始大顯於世。今予旬宣於此，而得一弓菴，在弓菴不僅以仁甫自處，然其所著《春秋志》既為予所知，寧能無一言而讓姚公專美於前耶？弓菴為湯義仍先生從孫，先生以文詞擅名當代，弓菴能世其業，而更以經術是好，魏公之後，繼以南軒，樹立不同，皆足以垂於不朽，豈非獨行君子哉。」（《經義考》卷二百八）

案：同治《臨川縣志》、光緒《江西通志》著錄。

《春秋增註》八卷　湯斌撰，〔存〕

湯斌，1627-1687，河南睢州，字孔伯，號荊峴、潛菴，據乾隆《江南通志》云：「湯斌，字孔伯，睢州人。康熙二十三年由內閣學士擢江蘇巡撫。斌蒞任，初悉屏供帳諸物，僚屬皆洗心供職，吳俗奢靡裁之以禮，立嫁娶喪葬定式，申賽會、演劇、博戲、拳勇、掠販之禁，重農事以興本業，復社學以訓子弟，講《孝經》以敦人倫，表揚名宦以風厲來者，悉推誠感動，不徒條教虛文，又累疏陳吳民疾苦，會淮揚水災，斌倡屬捐濟，每口百日給米五斗，令無流播。吳地楞伽山五通神祠，賽禱無虛日，斌取神像投之石湖，奏聞永禁，奉旨各省淫祠通行嚴禁。斌撫吳三載，食惟蔬菜，供應日費百餘錢。二十五年，聖祖諭江寧巡撫湯斌潔已率屬，實心辦事，宜拔擢大用，特授禮部尚書，詹事府掌詹事，還朝之日，吳人攀送者數千人，生為立祠，既沒，追思不忘。雍正十二年，奉旨崇祀賢良祠。」（卷一百十二）；秦瀛《己未詞科錄》云：「斌在國初與陸隴其號『醇儒。』隴其之學，篤守朱、程，其攻擊陸、王，不遺餘力。斌之學源出容城孫奇逢，其根柢在姚江，而能持金谿新安之平，大旨主于刻勵實行，以講求實用，無王學杳冥放蕩之弊。故二人異趣而同歸，今集中所載語錄，

可以見其所得力。又斌雖平生講學，而康熙己未召試，以詞科入翰林，故集中詩賦雜文，亦皆彬彬典雅，無村塾鄙俚之氣，至其奏議諸篇，規畫周密，條析詳明，尤昭昭在人百目者矣，蓋其著述之富，雖不及陸隴其，而有體有用，則斌尤通達於治體云。」（卷二）

案：《續修四庫全書總目提要》著錄，民國十二年刊本。

《春秋屬辭》　趙吉士撰，〔佚〕

趙吉士，1628-1706，浙江仁和，字天羽、恆夫，號漸岸、寄園，據阮元《兩浙輶軒錄》云：「趙吉士，字天羽，一字恆夫，錢塘人。順治辛卯順天舉人，官戶科給事，有《萬青閣詩》。朱彭曰：恆夫先生，祖籍歙縣，居杭入錢塘籍，中順天舉人，初令交城，以奇兵破交山巨寇，有功行，取主事，陞給事。性豪爽好義，曾憫鄉里遊京師者，無所棲止，出三萬金創造全浙會館，至今寒士遊京師者，猶得庇其宇下焉，著《春秋屬辭》、《續表忠記》，詩多刊本，不無蕪雜，惟晚年自訂《萬青閣詩》，清雅可觀。」（卷三）

案：民國《杭州府志》著錄。

《春秋題要辯疑》三卷　林雲銘撰，〔存〕

林雲銘，1628-1697，福建侯官，字道昭、西仲，號損齋、漚浮隱者，據民國《閩侯縣志》云：「林雲銘，字道昭，號西仲，父兆熊，邑諸生，少時為人搆訟陷獄，幾不免。雲銘與伯兄雲鑲，發憤讀書，順治戊戌成進士，授徽州推官，聽斷如神。他郡有疑獄，皆賴以剖。雲銘在徽九載，後遇裁缺，拂袖歸里，而向之搆陷者故在，乃密疏罪狀，走告當事，置其人於法，以伸父雲銘之理徽也，每夜視獄，聞廨舍中讀書聲琅琅，詢知為吏人子某，召之來見，才器不凡，置署中，飲食教誨，視如子弟。後十數年來提學福建，丕振文風，稱使者第一，則汪薇其人也。雲銘於諸子

百家，率流覽成誦，旁及二氏，莫不搜抉奧蘊，而能言其所以然，其為文周規折矩，動合古人，所著有《損齊焚餘》、《西仲文集》、《莊子因》、《楚辭燈》、《韓文起》、《吳山籟音》等書，及評選《古文析義》前後二集，皆行于世。初居省會，筮仕後始遷建寧，遭耿藩之變，被籍僑寓武林，與仇鼇、毛際可輩友善，其卒也遂葬于杭。雲鑲以選拔入成均，後出為碭山令，博學能文，人稱競爽云。」（卷七十一）；徐世昌《晚晴簃詩匯》云：「林雲銘，字西仲，侯官人，順治戊戌進士。官徽州通判，有《挹奎樓集》、《吳山籟音》。《詩話》：西仲《古文析義》、《楚辭燈》、《莊子因》、《韓文起》流傳鄉塾，頗為通儒所譏，詩所作不多，未足名家，其在新安九年不調，旋以汰冗裁缺歸。耿逆之變入獄，籍產事平始出獄。晚居杭州，所為一拂祠記，以呂惠卿與鄭俠相提並論，足為閩客解嘲矣。」（卷二十八）

案：北京清華大學圖書館藏清康熙二十九年刻本。

《全本春秋體注》三十卷　林雲銘撰，〔存〕

《續修四庫全書總目提要》云：「春秋體註三十卷，乾隆五十八年刊本，清林雲銘撰、湯慶蓀補訂……慶蓀據林氏原本，增訂而成，其書都凡三十卷……是編專為科舉而設，故其立論，悉宗《彙纂》，分註解與經傳為上下二闌，如高頭講章之式，下闌首錄經文，次錄《左氏》，以明事之本末，更參以《公》、《穀》，以發明其經義。又以胡《傳》雖多可議，然士子習之既久，難於驟更，因亦綴於三《傳》，而稍稍削除其有乖經義者。至於上闌註解，則大抵據經題以為之解，如某題某句要發，某字要翫之類，皆參酌諸家之說，以貫串之，而以書法列之各題之下。總之其書，蓋全為鄉塾揣摩科舉之本，限於科律，鮮有發明，寔非詁經之正軌也。」（張壽林提要）

案：山西隰縣圖書館藏清乾隆五十八年志德堂刻本。

《晉執政譜》　姜宸英撰，〔佚〕

姜宸英，1628-1699，浙江慈谿，字西溟，號湛園，據趙爾巽《清史稿》云：「姜宸英，字西溟，慈谿人，明太常卿應麟曾孫。父晉珪，諸生，以孝聞。宸英續學工文辭，閎博雅健。屢躓於有司，而名達禁中。聖祖目宸英及朱彝尊、嚴繩孫為海內三布衣。侍讀學士葉方藹薦應鴻博，後期而罷。方藹總裁《明史》，又薦充纂修，食七品俸，分撰《刑法志》。極言明詔獄，廷杖，立枷，東、西廠之害，辭甚愷至。尚書徐乾學領《一統志》事，設局洞庭東山，疏請宸英偕行。久之，舉順天鄉試。三十六年，成進士。廷對李蟠第一，嚴虞惇第二，帝識宸英手書，親拔置第三人及第，授編修，年七十矣。明年，副蟠典試順天，蟠被劾遣戍，宸英亦連坐。事未白，卒獄中。宸英性孝友。與人交，坦夷而不阿。祭酒翁叔元劾湯斌偽學，遽移書責之。著《湛園集》、《葦間集》。書法得鍾、王遺意，世頗重之。」（列傳二百七十一）

姜宸英〈晉執政譜序〉云：「古之賢執政相繼於時，傳累世而不絕者，未有若晉之盛者也。蓋晉以上卿將中軍，執國政必博謀於眾而後用之，故其舉不失，而自文、襄以後，世為諸侯盟主者無他，以執政之得其人故也。按《春秋傳》，晉執政終春秋之世十有九人，文公四年，蒐於被廬，謀元帥，趙衰舉郤縠，曰：『說禮樂而敦詩書。』城濮之役，先軫以下軍佐超將中軍，上德也。箕之役，先且居代父將之蒐於夷，用狐射姑，而陽處父復蒐於董而廢之立趙盾焉，其重且難如此。趙盾之後次郤缺、次荀林父、次士會、次郤克、次欒書、次韓厥、次荀罃、次荀偃、次范匄、次趙武、次韓起、次魏舒、次士鞅、次趙鞅，以終春秋，而晉亦分矣。凡此十九卿者，大半皆晉之選也。當是時，與晉匹者，莫齊為彊，而高、鮑之族無聞焉。楚置令尹，其世數姓氏皆可考，然賢奸互用，治亂相半，不得與晉比。晉自趙文子後，政在侈家，韓宣子為政，不能圖諸侯，則執政之權始移於大夫矣，大夫多侈，求欲無厭，其弊皆始於執政，韓宣子受州

田於鄭，而易之欒氏，范獻子取賂於季孫，晉是以失諸侯。楚囊瓦私裘、馬之利，囚唐、蔡二君，二國叛之，幾至亡國，則皆貪利階之禍也。甚哉！利之為害於人、國也，蓋執政好利，則百官尤而效之，將惟利之是圖，下以浚民之膏，而上以奉君之欲，則其國必貧。執政好利，羣臣皆貪冒無恥，則風俗壞而尊君親上之誼衰，攘竊盜賊之禍作，士大夫廉恥不立，小民迫饑寒、輕犯亂，則國幾何而不亡？趙文子遊於九京曰：『吾所歸者，其隨武子乎？利其君，不忘其身，謀其身，不遺其友。』而文子亦生不交利，死不屬其子焉，是以能光輔晉國，夫范宣子賢執政也，子產猶戒之，以非無賄之患，而無令名之難，況下此者哉！余故比次郤縠以下，綜其行事而譜之，觀其所以盛，跡其所以衰，《詩》曰：『秉心宣猶，考慎其相。』晉之盛衰，亦有國者之明鑒也，可不慎夫。」（《湛園集》卷一）

　　案：光緒《慈谿縣志》著錄。

《讀春秋》不分卷　徐與喬撰，〔存〕

　　徐與喬，1661前後，江蘇崑山，字揚貢，號退山，據同治《蘇州府志》云：「徐與喬，字揚貢，應時曾孫。父開禪，字休倩，嘗捐資濬大石浦，舉同善會。與喬從朱集璜遊，肆力經學及古文辭。順治辛丑成進士，將授官，以奏銷里誤，已而同遣者獲湔雪登用，與喬獨不自辨，杜門著述，取經、史、子、集可為文章根柢者，採擇評釋，以類相從，歷數年成《初學辨體》一書，為藝林所推重。」（卷九十五）

　　案：收錄《五經讀法》，《叢書集成續編》，第15冊，據清道光十三年昭代叢書刊本影印。一名「初學辨體」。

《左傳選》十二卷　儲欣評撰，〔存〕

　　儲欣，1630-1690後，江蘇宜興，字同人，據乾隆《江南通志》云：

「儲欣，字同人，宜興人。早失怙，率兩弟讀書，常至夜分。博通經史，文譽赫然，東南之士奉為宗工。至康熙庚午始領鄉薦，年已六十矣。一試南宮不利，遂絕意仕進，杜門著書以老，其門人多達者，有《在陸草堂文集》。」（卷一百六十六）

案：北京清華大學圖書館藏清雍正三年受祉堂刻本。

《春秋指掌》三十卷　　儲欣、蔣景祁撰，〔存〕

蔣景祁，1679前後，江蘇宜興，字京少，康熙十八年舉博學鴻詞，據《四庫全書總目》云：「《春秋指掌》三十卷、《前事》一卷、《後事》一卷，內府藏本。國朝儲欣、蔣景祁同撰。欣字同人，康熙庚午舉人；景祁字京少，皆宜興人。是書於三《傳》及胡氏《傳》外，多取馮夢龍《春秋指月》、《春秋衡庫》二書。蓋科舉之學也。末附《春秋前事》一卷，皆《國語》之文；《後事》一卷，德錄《左傳》『小邾射來奔』以下諸事，亦用馮氏之例。」（經部三一・春秋類存目二）

沈德潛《國朝詞綜》云：「蔣景祁，字京少，江南武進人。官府同知，著有《東舍集》。」（《清詩別裁集》卷二十一）；王昶云：「蔣景祁，字京少，宜興人。官府同知，有《梧月詞》二卷。朱竹垞云：《梧月詞》機而不靡，直而不俚，婉曲而不晦，庶幾可嗣古人之遺響。」（卷十四）

案：收錄《四庫全書存目叢書》經部，第136—137冊，據北京大學圖書館藏清康熙天藜閣刻本影印。卷前二卷，前事一卷，後事一卷。

《春秋疏略》五十卷　　張沐撰，〔存〕

張沐，1630-1712，河南上蔡，字仲誠、沖酉，號起庵，據錢林《文獻徵存錄》云：「張沐，字仲城，順治十五年進士，知內黃縣罷去，以尚書魏象樞薦起，知四川資縣，後移病歸。沐潛心理學，行為儀表雖無高爵

重位，隱然為中州儒宗，新城王士正為斌作〈繪川書院詩〉云：『轅轅有耿介，上蔡有張沐，著書各滿家，眾流匯川瀆。』耿公實廉吏……沐有《溯流史學鈔》二十卷、《詩經疏略》八卷、《周易疏略》四卷、《春秋疏略》五十卷，以《左傳》為孔子所作。《禮記疏略》四十七卷、《圖書祕典一隅解》一卷，一隅解者，其子熽注《圖書祕典》也，皆宗姚江說。」（卷一）

《四庫全書總目》云：「《春秋疏略》五十卷，河南巡撫採進本。國朝張沐撰。沐有《周易疏略》，已著錄。是書以經文為魯史，以《左傳》為孔子所作。謂孔子取魯史尊之為經，而以不可為經者，挨年順月，附錄經左，命之曰『左傳』。異哉斯言！自有經籍以來，未之聞也。」（經部三一．春秋類存目二）

案：收錄《四庫全書存目叢書》經部，第132冊，據中國科學院圖書館藏清康熙刻本影印。

《春秋地名考》十四卷　徐善撰，〔佚〕

徐善，1631-1691，浙江秀水，字敬可，號冷然子，父徐世淳，據光緒《嘉興縣志》云：「徐善，字敬可，世淳季子。痛父死難，棄科舉業不治，從施博講求格物致知之學，博通諸經，於《易》、《春秋》尤融貫，旁及諸子百家，既乃挾書策，徧歷名山水，往往與隱君子遇。晚作《冷然子傳》以見志，卒年六十，門人私諡孝靖先生。」（卷二十二）

朱彝尊〈春秋地名考序〉云：「九丘之書逸矣，伯禹、伯益之所名。夷堅之所志，周公之所錄，其著在六經者，莫若《禹貢》、《詩》、《春秋》，言《禹貢》者則有若摯虞之畿服經，孟先之圖，程大昌之論，易祓之廣紀，言《詩》者則有若范處義、王應麟之地理考。言《春秋》者則有若京相璠之土地名，楊湜鄭樵之譜，張洽之表，外如嚴彭祖之圖，專紀盟會，則圍、伐、滅，取土地之見遺者多矣。羅泌專紀國名，則郡縣之失載

者又多矣。然則說《春秋》者，必兼包乎郡國土地之目，而後可無憾焉。試迹其地名，有見於經者，有見於傳者，有並見於經傳者，顧其文蒐以為眛、紀以為杞、滑以為郎、檉以為杅、偃以為纓、崇以為柳、鐵以為粟，以陸渾為賁渾、以厥憖為屈銀、以皋鼬為浩油、以祲祥為侵羊，若是者不可悉數也。邾也謂之邾婁、貫也謂之貫澤、訾婁也謂之叢、安甫也謂之鞍、沙也謂之沙澤。一郕也，或以為成，或以謂盛；一酈也，或以為犁，或以謂麗；一盂也，或以為霍，或以為雩；一虢也，或以為郭，或以為漷；一艾也，或以為鄑，或以為蒿。狸脤謂之狸軫，或又曰蜃也；蚡泉謂之濆泉，或又曰賁也；郪丘謂之犀丘，或又曰齰丘，又曰師丘也。其在當時傳者，已滋異同，繁省之不一，而況乎百世之下，壤地之離合，名號之廢置升降，乃欲通習而考證之，刊落叢謬，不其難哉？《地名考》一十四卷，吾鄉徐處士善所輯，予受而讀之，愛其考迹疆理，多所釐正，簡矣而能周，博矣而有要，無異聚米畫地，振衣而挈其領也。原《春秋》之作，孔子既取百二十國寶書筆削之，而又述職方以輔《春秋》之不及，則學乎《春秋》，非惟義疏序例，大夫之辭，公子之譜，皆宜究圖，而土地之名，補方志之疏舛，尤其要焉者，若經之有緯，書之有正，必有攝也。予老矣，恒媿經義，無所發明，序其書，竊比北宮司馬諸子，獲附見於《春秋》之傳焉。」（《曝書亭集》卷第三十四）

　　案：雍正《浙江通志》著錄。光緒《嘉興縣志》作「春秋地名考略」。一名「左傳地名考」。

《春秋管見》八卷　瞿世壽撰，〔存〕

　　瞿世壽，約1631-1711，江蘇常熟，字玉瑱、贊皇，號修齡，據同治《蘇州府志》云：「瞿世壽，字贊皇，其論詩謂未論工拙，先辨首尾。平生尤盡心於《春秋》經傳，折衷宋元諸儒之旨，著《春秋管見》。孫昌熾，諸生，忠宣公墓隙地有謀葬者，昌熾同族人訟於官，墓獲全，創建宗

祠，捐祭田，刊行《春秋管見》，友愛兄弟，撫姪、推產、分贍皆獨力為
之，年八十餘卒。」（卷一百）

　　瞿世壽〈春秋管見序〉云：「予幼失學，寡昧無聞，弱冠後棄舉子
業，思究經義，遭家多難，又乏師承，年四十二薄遊閩南，喜得《春秋》
三《傳》善本，厥後自閩而燕，自燕而豫而魯，搜羅請乞，又得漢、唐、
宋諸儒經解數十種，早夜尋繹，謬因一得，著為《春秋管見》四卷，七年
之間，稿凡三易，竊謂宮牆數仞，幸得其門。五十遊秦旅，寓藍田官舍，
藍田為嘉禾阮不嚴先生舊治，先生歿後，甲子十月，先生卒於官，遺編散
失，忽檢廢簏，得書數冊，係先生批校《春秋五傳》，丹黃塗乙，手澤猶
新，次其卷帙，止闕昭公二十一年至三十二年，亟取而補綴之，詳其意
義，迥別塵詮，始悟聖經本極廣大，諸儒以狹小窺之；本極通達，諸儒以
固必泥之；本極平常，諸儒以穿鑿釋之，故詮解愈多，經義愈晦。因取舊
本之合於經者，疏通證明之，局於例者，芟夷蘊崇之，四閱春冬，稿又二
易，雖爝火螢光，稍堪流照，然非先生導其前路，萬難遵彼周行，後海先
河，淵源有自，聊為敘述，以志不諼。時康熙歲次壬申，仲春二月生魄後
四日也。」

　　案：臺北國家圖書館藏清陳鍾英手鈔本。北京清華大學圖書館藏清康
熙三十一年香綠居刻四卷本（一名「春秋年譜」），而《經義考》載瞿世
壽序中所言，四卷本為初輯，後七年間稿凡三易（即八卷本），最後朱彝
尊所見為十三卷本。

《春秋題旨》　孫之庹撰，〔佚〕

　　孫之庹，1632-1663後，山東滕縣，字介福，號勆源，據道光《滕縣
志》云：「孫之庹，字介福，世居奎子村。壬午城陷，父念祖與母高氏同
日殉，時年十一，因父母槁葬，故號勆源。刻勵就學，十六歲入黌宮，食
廩每念先人，且讀且泣。癸卯魁麟經，鍵戶課藝於琅城圃，重築遙集閣，

講貫其中。性狷潔，喜賙恤，族叔從乾乏塋地，擇而與之，為同譜虎文置副室，生子以地百餘畝。贍賀力田，代輸國稅。滕邑僉派河夫，民多傾產。乙丑歲，增夫二百名，力請於令，得七邑分役。歲丙寅，滕大饑，有司委賑捐粟，以佐邑人，頌之為文，蒼潔沈鬱，迴絕時蹊，著有《春秋題旨》、《自怡選詩集》、《麟趾堂文稿》，邑令仉千吳公贈詩有云：『聲從蘭谷叢中聽，人在冰壺影裏看。』可想見其手格矣。」（卷八）

　　案：道光《滕縣志》著錄。

《校補春秋集解緒餘》一卷　凌嘉印撰，〔存〕

　　凌嘉印，1632-1698，浙江錢塘，字文衡，據李元度〈應潛齋先生事略〉云：「……門人：凌嘉印，字文衡。沈士則，字志可。姚宏任，字敬恆，能傳其學。」（《國朝先正事略》卷二十八）

　　案：收錄應撝謙《春秋集解》書末，《四庫全書存目叢書》經部，第135冊，據北京圖書館藏清鈔本影印。

《春秋提要補遺》一卷　凌嘉印撰，〔佚〕

　　《四庫全書總目》云：「《春秋集解》十二卷，附《校補春秋集解緒餘》一卷、《春秋提要補遺》一卷，浙江汪啟淑家藏本。國朝應撝謙撰。……是書節錄三《傳》及胡安國《傳》，參證諸家之說，而以己意折衷之。前有自序，末附《校補春秋集解緒餘》一卷，則其門人錢塘凌嘉邵所補輯也。凡撝謙之說，稱曰『應氏』，而嘉邵之說，則退一格以別之。皆摘論經中疑義。又附《春秋提要補遺》一卷，如軍賦、祭祀等事，分門類紀，不書撝謙姓氏，當亦嘉邵所著歟。」（經部三一‧春秋類存目二）

《左傳分國紀事本末正》十六卷　張問達撰，〔存〕

　　張問達，1666前後，江蘇江都，字天民，據王豫云：「張問達，字天民，江都人。康熙丙午舉人，官趙城知縣，曾刻《王文成全集》，以志私淑。王柳村云：『天民為諸生時，值史道隣守揚州，高傑以鎮將欲屯兵城內，天民詣軍門力陳不可，且曰：封疆至重公，不可以畀賊。道隣怒其阻撓，逮至瓜洲，將按以軍法，有龔克初者從旁大呼曰：此壯士不可殺，遂召入論時事，改容謝之。』天民著《易辨疑》、《左傳分國記事》、《諸名臣言行錄節要》、《河道末議》諸書。」（《淮海英靈續集》己集卷二）

　　案：臺北傅斯年圖書館藏烏絲欄舊鈔本。乾隆《江都縣志》著錄。

《學春秋隨筆》十卷　萬斯大撰，〔存〕

　　萬斯大，1633-1683，浙江鄞縣，字充宗、號跛翁、晚號褐夫，師黃宗羲，據黃宗羲〈萬充宗墓誌銘〉云：「五經之學，以余之固陋，所見傳註，《詩》、《書》、《春秋》皆數十家，三《禮》頗少，《儀禮》、《周禮》十餘家，《禮記》自衛湜以外亦十餘家，《周易》百餘家，可謂多矣！其聞而未見者尚千家有餘。如是則後儒於經學可無容復議矣，然《詩》之《小序》，《書》之今、古文，三《傳》之義例，至今尚無定說。《易》以象數、讖緯晦之於後漢；至王弼而稍霽，又以老氏之浮誕，魏伯陽、陳摶之封氣晦之；至伊川而欲明，又復以康節之圖書、先後天晦之。《禮經》之大者，為郊社、禘祫、喪服、宗法、官制，言人人殊，莫知適從。士生千載之下，不能會眾以合一，由谷而之川，川以達於海，猶可謂之窮經乎？自科舉之學興，以一先生之言為標準，毫秒摘抉，於其所不必疑者而疑之；而大經大法，反置之而不道。童習自守，等於面墻。聖經興廢，上關天運，然由今之道，不可不謂之廢也。此吾於萬充宗之死，

能不慟乎！充宗諱斯大，吾友履安先生之第六子也，其家世詳余先生誌中。充宗生逢喪亂，不為科舉之學，湛思諸經。以為非通諸經，不能通一經；非悟傳註之失，則不能通經；非以經釋經，則亦無由悟傳註之失。何謂通諸經以通一經？經文錯互，有此略而彼詳者，有此同而彼異者，因詳以求其略，因異以求其同，學者所當致思者也。何謂悟傳註之失？學者入傳註之重圍，其於經也無庸致思，經既不思，則傳註無失矣，若之何而悟之？何謂以經解經？世之信傳註者過於信經，試拈二節為例：八卦之方位載於經矣，以康節離南坎北之臆說，反有致疑於經者。『平王之孫，齊侯之子』，證諸《春秋》，一在魯莊公元年，一在十一年，皆書『王姬歸於齊。』周莊王為平王之孫，則王姬當是其姊妹，非襄公則威公也。毛公以為武王女、文王孫，所謂平王為平正之王，齊侯為齊一之侯，非附會乎？如此者層見疊出。充宗會通各經，證墜緝缺，聚訟之議，渙然冰泮，奉正朔以批閏位，百注遂無堅城，而老生猶欲以一卷之見，申其後息之難，宜乎如腐朽之受利刃也。所為書，曰《學禮質疑》二卷、《周官辨非》二卷、《儀禮商》二卷、《禮記偶箋》三卷，初輯《春秋》二百四十卷，燼於大火，復輯絕筆於昭公，《丁災》、《甲陽艸》各一卷，其間說經者居多，《萬氏家譜》十卷。噫！多矣哉！學不患不博，患不能精。充宗之經學，由博以致精，信矣其可傳也。然每觀古人著書，必有大儒為之流別而後傳遠。如蔡元定諸書，朱子言：『造化微妙，唯深於理者能識之。』吾與季通言而不厭也。故元定之書人皆敬信。陳澔之《禮記集說》、陳櫟之《禮記解》，吳艸盧曰：『二陳君之說《禮》，無可疵矣。』故後皆列之學宮。自蕺山先師夢奠之後，大儒不作，世莫之宗。墻屋放言，小智大點，相煽以自高，但有講章而無經術。充宗之學，誰為流別？余雖嘆賞，而人亦莫之信也。充宗為人剛毅，見有不可者，義形於色，其嗜義若饑渴。張蒼水死國難，棄骨荒郊，充宗葬之南屏，使余誌之，春、秋野祭，蓋不異西臺之哭焉。父友陸文虎，甬中所稱『陸、萬』是也，文虎無後，兩世之喪皆在淺土，充宗葬其六棺。凡所為皆類此，不以力絀隻輪而自阻

也。崇禎癸酉六月六日，其生也，康熙癸亥七月二十六日，其卒也。娶陸氏，子一人，諸生經，能世其學。充宗之卒，余許銘其墓，以鄭禹梅之〈跛翁傳〉盡其大指，故閣筆者久之。而經累請不已，又二年，始克為之。銘曰：『三代之治，懸隔千祀。制度文為，三《傳》三《禮》；牛毛繭絲，精微在此。釋者以意，或得或否；躝訛踵陋，割裂經旨；侃侃充宗，尋源極委。會盟征伐，冠昏喪紀；如捧珠盤，如承明水；如服玄端，不謂故紙。三尺短碑，西溪之址；書帶環之，不生葛藟。』」（《南雷文定》卷八）

《四庫全書總目》云：「《學春秋隨筆》十卷，浙江巡撫採進本。國朝萬斯大撰。斯大有《儀禮商》，已著錄。斯大曾編纂《春秋》為二百四十二卷，燬於火。其後更自蒐輯，以成此書。其學根柢於三《禮》，故其釋《春秋》也，亦多以《禮經》為根據，較宋元以後諸家空談書法者有殊。然斯大之說經，以新見長，亦以鑿見短。如解閔二年『吉禘於莊公』，謂『四時之祭，惟禘特大，故又曰大事』。《王制》『天子犆礿、祫禘、祫嘗、祫烝』，三祫中惟禘特大，故又曰大祫。先儒因僖八年、宣八年、定八年皆有禘，推合於三年一禘。惡知僖、宣、定八年之禘，皆以有故而書，非謂惟八年乃禘，六年、七年與九年皆不禘也。今考《禮緯》『三年一祫，五年一禘』。《公羊》曰：『五年而再殷祭』，是五年而一祫一禘也。《公羊》必非無據。斯大謂每年皆祫，即以時祭為祫祭，蓋襲皇氏『虞夏每年皆祫』之說。而不知皇氏固未嘗以時祭為祫祭。《王制》曰：『天子犆礿、祫禘、祫嘗、祫烝。諸侯礿，犆禘一犆一祫，嘗祫、烝祫』。注謂『天子先祫而後時祭，諸侯先時祭而祫。』如謂禘、烝、嘗即是祫，則與祫無分先後，何以經文於天子先言祫而後言禘、烝、嘗，於諸侯先言禘、烝、嘗，而後言祫耶？又『禘一犆一祫』疏，謂『諸侯夏禘時，不為禘祭，惟一犆一祫而已』。皇氏謂諸侯夏時若祫則不禘，若禘則不祫，俱謂時禘不與祫儳行也。若時禘即是禘，則經文又何以云『禘一犆一祫』耶？至於謂『四時之祭，夏禘為大，故曰大事，又曰大祫』，尤為

牽合穿鑿。《周禮·司勳》曰：『凡有功者銘書于王之大常，享于大
烝。』《禮記·祭統》曰：『內祭則大嘗禘。』是嘗、烝亦得稱大矣。烏
得執一大字，獨斷為夏禘也。又『祔而作主，特祀于主，烝、嘗禘于
廟』，斯大謂祔于祖廟，主不復反于寢。引黃宗羲之說，謂：『祥禫則于
祖廟，特祭新死者，不及皇祖，故云祭于主。烝、嘗、禘則惟及皇祖，不
及新死者，故云于廟。』今考鄭元《士虞禮》注，『凡祔已，主復于
寢』，說最精確。《大戴禮·諸侯遷廟》曰：『徙之日，君元服，從者皆
元服，從至于廟。』盧辯注：『廟謂殯宮也。』其下又曰：『奉衣服者至
碑，君從，有司皆以次。從出廟門至于新廟。』據此謂遷廟以前，主在殯
宮明矣。鄭注謂練而遷廟，杜注謂三年遷廟。若卒哭而祔之後，主常在
廟，則于練及三年，又何得列自殯宮遷主乎？又引王廷相之說，謂『遷廟
禮出廟門至于新廟，是自所祔之廟而至新廟』。今考《喪服小記》『無事
不辟廟門』注曰：『廟，殯宮。』《雜記》曰：『至於廟門，不毀牆，遂
入適所殯。』凡以殯宮為廟，見於經傳者甚多。其以《大戴禮》出廟門之
廟為祔廟，由不知殯宮之亦名廟也。又考《禮志》云：『更釁其廟，則必
先遷高祖于太廟，而後納祖考之主。』又侯遷祖考于新廟，然後可以改釁
故廟，而納新祔之主。是新主祔于祖廟，即遷于祖廟甚明。謂自所祔之廟
遷于新廟，則是祔者一廟，遷者又一廟矣，與《禮志》全悖。斯大乃襲其
說，而反攻鄭元及朱子，尤誤。又成元年三月『作丘甲』，斯大謂：『車
戰之法，甲士三人。一居左以主射，一居右以主擊刺，一居中以御車。閒
有四人共乘者，則謂之駟乘。魯畏齊強，車增一甲，皆為駟乘。因使一丘
出一甲。』今考《春秋傳》：『叔孫得臣敗狄于鹹，富父終甥駟乘』，在
文十一年，則是成元年以前，魯人已有駟乘矣。其不因此年三月令丘出一
甲始為駟乘可知。又考襄二十三年傳，『齊侯伐衛，燭庸之越駟乘』，然
則駟乘者，豈特魯乎？謂魯畏齊，始為駟乘，尤屬臆測。又成十年『齊人
來媵』，《左氏》曰：『同姓媵之，異姓則否。』故杜注謂『書以示
譏。』斯大襲劉敞之說，謂諸侯得以異姓媵。今考《公羊》曰：『諸侯娶

一國，則二國往勝之。以姪娣從之。』《白虎通》曰：『備姪娣從者，為其必不相嫉也。不娶兩娣何？博異氣也。娶三國何？廣異類也。』又《周語》曰：『王御不參一族。』韋昭注：『參，三也。一族，一父子也。取姪娣以備三，不參一族之女。』據此，則是同姓異族者得勝也。若異姓得勝，則周語當云不參一姓，不得云不參一族矣。至以仲子為惠公嫡配，孟任為莊公元妃以叔姬歸于紀為歸于紀季，則尤不根之論，全憑意揣者矣。」（經部三一·春秋類存目二）

周中孚云：「《學春秋隨筆》十卷，經學五書本，國朝萬斯大撰。斯大，字充宗，鄞縣人。《四庫全書存目》、朱氏《經義考》不載，蓋尚未見其書也。前有康熙丁酉其子九沙經跋，謂先君子辛亥錢塘集《春秋》說，凡得二百四十二卷，癸丑秋燬于火。辛酉，海昌陳令君先生延致于家，以《春秋》相質，先子力能著書，較前更倍。癸亥七月，至昭公而疾作，此《隨筆》十卷，乃編纂時，間有獨得者，另為箚記，故亦止于昭公云。今按其書，自隱公迄昭公，各為一卷，凡一百四十六則，多以《禮》釋《春秋》，乃用其所長，猶之鄭君多以《禮》注《易》箋《詩》也，視宋人之憑理妄言，真有霄壤之別矣！惜其所釋尚未能根據漢人古義，故不免有牽合穿鑿之失，然其精確獨到處，幾與惠半農《春秋說》方軌並駕。近凌次仲《校經堂文集》十五，亦以充宗及半農並推為經術之醇，直接漢儒云。」（《鄭堂讀書記》卷十一）

萬經〈學春秋隨筆序〉云：「先君子篤志經學，尤精於三《禮》、《春秋》。辛亥，舘錢塘，集《春秋》說，自五《傳》及三家註疏外，有陸淳《辨疑纂例》，劉原父《意林》、《權衡》，程正叔《說》，蘇子由《集解》，張洽《集注》，孫莘老《經解》，程時叔《本義》、《辨疑》、《或問》，黃東發《日抄》，趙子常《集傳》、《屬辭》、《師說》，呂涇野《說志》，張常甫《經說》，季彭山《私考》，豐人叔《世學》，高景逸《孔義》，郝仲輿《直解》，卓去病《辨義》，賀仲軾《歸義》，暨文集中所載，如永叔、子瞻、晦菴，與夫《大全》、《本義》。

所採先儒諸說，日為編纂，每一事別一紙書之，以備後來抄撮，凡得二百四十二卷。癸丑秋，燬于火，不留隻字，重自痛惜，幾不欲生。因搜覓諸家書，猝不及備，於是專讀三《禮》，有《學禮質疑》、《禮記偶箋》、《儀禮商》、《周官辨非》諸書，皆甲寅後作也。辛酉，海昌陳令升先生延至于家，以《春秋》相質，先生力能致書，較前更倍，益得廣所未見，并取數年來所蒐羅者，條舉件繫，手不停書，所輯亦較前更倍，而心力由此耗竭矣。癸亥七月，至昭公而疾作，臨歿諭經曰，吾恍惚中時時如見劉原父，時時有一篇《左傳》在吾目前。嗚呼痛哉，此《隨筆》十卷，乃編纂時，間有獨得者，另為箚記，故亦止於昭公云。康熙五十六年，歲次丁酉上元日，男經百拜識於黔南試院之學圃。」

　　案：收錄《四庫全書存目叢書》經部，第132冊，據中國科學院圖書館藏清乾隆二十六年萬福刻本影印。另一版本為廣文書局景印康熙五十六年萬充宗先生經學五書本。

《春秋三傳明義》三十一卷　萬斯大撰，〔佚〕

　　案：此書乃萬斯大從康熙二十年至二十二年，應陳之問所請而纂輯的《春秋》說，是第二次纂輯《春秋》。全祖望曾經說過向萬經借抄此書全本，並為此書作〈春秋輯傳序〉，故稱此書為《春秋輯傳》，但又在〈提督貴州學政翰林院編修九沙萬公神道碑銘〉稱此書為《春秋明辨》。而子萬經在《濠梁萬氏宗譜》則稱此書為《春秋三傳明義》，孫承式、福稱此書亦為《春秋三傳明義》，故而此書有三種名稱，有可能欠缺定、哀二公，乃屬未完成之作，導致各有不同說法，但我們還是以其子萬經的《春秋三傳明義》來稱呼此書或許比較恰當，且《濠梁萬氏宗譜》卷十四《家集錄》將萬斯大所著之書皆列出，《春秋三傳明義》即其中之一，斯大此書共二十七卷，子萬經補定、哀二公四卷，共計三十一卷，而《家集錄》記此書共二百四十二卷。此書在乾隆五年因萬經家失火被毀，至於全祖望

從鄉前輩萬經那裡所借抄錄之全本，至今不見流傳。但我們還是可以從一些資料得知此書的大旨，萬經曾言此《春秋三傳明義》乃先父「廣搜備採，折衷至當，其書視前更富，大意有四，詳鄭禹梅先生〈跛翁傳〉」（《濠梁萬氏宗譜·先考永六府君》），由此我們可以知道鄭梁是看過《春秋三傳明義》的，而且他在康熙二十二年替萬斯大所寫的〈跛翁傳〉中，也明白總結出此書的四項旨要，即「專傳」、「論世」、「屬辭比事」、「原情定罪」。

全祖望〈春秋輯傳序〉云：「《春秋》筆削之旨，如高山深谷，不易窺探，故有為三《傳》之所不得而啖、趙見之者，有為啖、趙之所不得而宋、元諸家迭相詰難而見之者。甚矣！夫會通之難也。往者姚江黃徵君以經學大師倡教浙東、西之閒，嘗欲推廣房審權、曾穜、衛湜諸君之緒，大修羣經，而首從事於《春秋》，先令其徒薈萃大略，輯為叢目，只篇首『春王正月』一條，草卷至五大冊猶未定，徵君笑曰：『得無為秦延君之說《尚書》乎？』度難以成編而止。萬充宗先生者，徵君之高弟也，不以為然，退而獨任其事，取其重複者去之，繁蕪者刪之，分別門戶，芊區而爪疇，輯成二百四十卷，一夕為大火所燼，徵君為之悵然。時先生方纂《禮記解》既畢，復重輯之，而先生已病，猶矻矻不倦，至昭公而絕筆，方易簀時，顧左右而言曰：『吾魂魄中不了季武子立後一事，彷彿劉原父《權衡》在目前也。』嗚呼！士為科舉之學，遺經長束高閣，官羊市餅，總不識為何物？先生竭膏肓之力，繼之以死，可謂志士也已。故徵君為先生作哀詞，擬之於宗汝霖之呼渡河。先生之書，卷帙既繁，嘗令嗣子九沙編修輯其自得之言，為《學春秋隨筆》四卷，已行於世。歲在己酉，予從編修借鈔全本，歸安姚世鈺欲使予續成之，予曰：『昔林少穎解《尚書》，於〈洛誥〉而下未備，東萊補之，自〈秦誓〉以逆泝焉，至今兩家之書皆孤行而實合璧也，顧予何人敢援東萊之例。』無已請，以俟諸異日，因即書以為序。」（《鮚埼亭集外編》卷二十三）

案：《濠梁萬氏宗譜》著錄。

《春秋五傳考異》十二卷　　毛際可撰，〔佚〕

　　毛際可，1633-1708，浙江遂安，字會侯，號鶴舫、松皋，據秦瀛
《己未詞科錄》云：「毛際可，字會侯，號鶴舫，浙江遂安人。順治戊戌
進士，除河南彰德府推官，歷知固城祥符知縣，著有《春秋五傳考異》二
十卷……與毛先舒、毛奇齡有『三毛』之稱。其學不及奇齡之博，而亦不
至如奇齡之強悍堅僻，與先舒則雁行矣。（節錄四庫書目安序堂文鈔提
要）」（卷七）；又雍正《浙江通志》云：「毛際可，《遂安縣志》：字
會侯，號鶴舫，順治戊戌進士，授彰德府推官。廉明不阿，有連奇才者殺
人巧脫，感風折庭槐之異，讞實抵罪。寧陵盜犯房有才等十三人，已奏當
大辟，力奏白其冤，釋之。改商城令，修淯河五門堰，溉田五百頃，再補
祥符，如故操。尋以博學宏詞薦，既試罷歸，閉戶著書，文名馳四遠。晚
構問字亭，以汲引後進，所著有《安序堂文鈔》、《浣雪詞》。」（卷一
百八十二）

　　案：秦瀛作「二十卷」，毛奇齡〈封奉政大夫毛鶴舫傳〉作「十二
卷」，今卷數依毛奇齡之說。

《春秋經傳集解》　　陳自舜撰，〔佚〕

　　陳自舜，1634-1711，浙江杭州，字同亮、小同，號堯山，師黃宗
羲，據阮元云：「陳自舜，字小同，號堯山，鄞人。袁鈞曰：陳自舜為前
明御史朝輔子，為人強毅方嚴，於名教所在，持之甚篤，隱居終身。黃宗
羲講學甬上，自舜從之，終日輯香經學，繭絲牛毛，不遺餘力。喜購書，
所藏為天一閣范氏之亞。」（《兩浙輶軒錄》卷五）

　　案：陳自舜其家「雲在樓」藏書豐富，為黃宗羲甬上證人書院在寧波
的講學地點之一，本人亦是證人書院的早期學生，與萬斯大、萬斯同為同
窗好友。

《春秋不傳》十二卷　湯啟祚撰，〔存〕

湯啟祚，1635-1710，江蘇寶應，字迪宗，號滋人，據阮元云：「湯啟祚，字迪宗，號滋人，寶應人。王式丹撰傳云：『迪宗生穎悟，師周公西先生，弱冠補弟子員，經史百家，口吟手扳，終身無懈。卜居城南之槐樓，邑中問字者甚夥，然熟聞迪宗性孤峭不可見，但以簡牘列所疑，空其半幅叩門投刺，迪宗即於空處書所本原出處，牽率考證詳確，頃刻千言，命僕發付，人人快其意所欲得。』康熙庚寅卒，年七十有六，所著有《春秋不傳》十二卷、《杜詩箋》十二卷、《刪剩文稿》三十卷、《刪剩詩稿》二十四卷、《保閒堂賦稿》八卷、《刪剩詩文續》十六卷。」（《淮海英靈集》丁集卷二）

王巖〈春秋不傳序〉云：「天之行地也，高遠不可測也，星辰之次舍有度，可以測天也，星辰何者？非天，然天非星辰所能究也，河之出崑崙也，廣大不可測也，湖陂溝澮之流有自，可以測河也，湖陂溝澮何者？非河，然河非湖陂溝澮所能窮也。善觀天者，蒼蒼之上，一仰首而天體自如也；善察河者，至龍門積石，而河勢自可睹也。然則舍星辰而後可以知天，舍湖陂溝澮而後可以知河，而況星辰者，復有時而為彗孛，湖陂溝澮者，復有時而為填閼淳汙，執是以定天與河，豈不難哉！聖人之《春秋》，其高遠天也，其廣大河也，然學者終日戴天而不見天，終日臨河而不見河，非盲者何以至是？《左氏》博矣，不務求聖人之指，而求詳於瑣細，繁稱雜說豈有當乎？《公》、《穀》簡直矣，不務求聖人之指，而憑胸臆意見，其失也愈遠矣，其尤戾於經者，豈不亦星辰之彗孛，湖陂溝澮之填閼淳汙乎哉？善乎！歐陽永叔一言斷之也，曰：『經不待傳而通者十七八，因傳而惑者十五六。』以此言之，則傳為案，經為斷，雖程子之言，猶有所未盡，而況其他乎。吾常欲取三《傳》之合於經者，節裁為一書，而盡芟其繁雜臆見，大戾於經者，惜乎有志而未之逮也。湯子迪宗著《春秋不傳》，其言曰：『使《左氏傳》不出，則《春秋》將遂不行乎

哉！」何識之卓也。湯子手其書，視余且問序。余讀之，不斤斤乎株守三
《傳》，而善采其長，不硜硜乎立異三《傳》，而不襲其短，而其自得之
處，直欲求聖人之心于千載之下。湯子之用心於經，蓋可謂勞而有功矣
乎。夫魚未得而舍筌，醪未得而舍糟粕，不能也。執筌求魚而謂糟粕之，
即醪焉可乎？三《傳》者，經之筌與糟粕也，吾見世之學者類以筌為魚，
而餔糟粕以為醪也，湯子其殆有得于魚與醪者乎？而何筌與糟粕之足恃
乎？或曰：『《春秋》之作也，使子夏十四人求周史記，得百二十國寶
書，而既作即口授子夏，子夏傳之公羊高、穀梁赤者也，則皆有得於傳聞
矣，棄三《傳》而自信，豈遂有合乎？』余曰：『三子者固非親承指授者
也，左氏之非邱明，昔人言之矣。其言語浮誇，近於邱明所恥之巧言，而
公、穀未嘗見聖，夫游于聖門者，尚不盡識《春秋》也。經書不告朔猶朝
於廟，而子貢欲去告朔之羊。經書納衛世子蒯瞶于戚，而子路以正名為迂
臣輒而死之。況傳聞者乎？』吾與湯子亦相與仰觀于天，俯察于河而已
矣。」（道光《重修寶應縣志》卷之二十三）

　　案：收錄《四庫全書存目叢書》經部，第145冊，據中國科學院圖書
館藏清嘉慶二十四年刻本影印。

《春秋惜陰錄》八卷　徐世沐撰，〔佚〕

　　徐世沐，1635-1717，江蘇江陰，字爾瀚，號青麓，據光緒《江陰縣
志》云：「徐世沐，字爾瀚，邑諸生。沈潛好學，自成童迄耄耋，未嘗一
日釋卷，所著有《學》、《庸》、《論》、《孟》、《易》、《詩》、
《書》、《禮》、《春秋》、《孝經》、《小學》講義，統名曰『惜陰
錄』。別為《心性圖》二卷、《性學吟》四卷，分晰異同，多先儒所未
備，窮年鍵戶纂述，外人罕見其面。當道式閭，學使惺齋李公尤推重
之。」（卷之十六）；乾隆《江南通志》云：「徐世沐，字爾瀚，江陰諸
生，不赴科舉，積學力行，與當湖陸隴其相契。居家有禮法，不作佛事，

年八十五卒。」（卷一百六十三）

《四庫全書總目》云：「《春秋惜陰錄》八卷，兩江總督採進本。國朝徐世沐撰。世沐有《周易惜陰錄》，已著錄。是編於經義刻意推求，而往往失之迂曲。如『春王正月』，知斷斷不能稱夏正，而必回護其說，謂『冠之以春正，見周正之不善』，言外見行夏時之意。至經末『春，西狩獲麟』，亦謂『春為夏之冬』，蓋終以夏時之意。經必一時無事，乃空書首月以備天道，其二月三月有事，則正月可以不書，此通例也。而於定公元年『春王三月，晉人執宋仲幾于京師』，蓋因穀梁氏發傳於『春王』二字之下，故注疏家斷『春王』二字別為一條，其文實與三月相貫。世沐見其別為一條，遂謂『無君不可書正月，故但書春王』二字。聖人有是書法乎？『鄭伯克段』，則謂鄭莊謀逐其弟，魯當討之。聖人書此與討陳恆同義。是為臣討君，綱常倒置矣。『紀履緰來逆女』，則疑魯喪制未滿，不應嫁女，聖人用以示譏。考是時距隱公即位已二十二月，踰年改元之前，不知其已經幾月，安見惠公之卒不在前一年之春夏乎？其他節外生枝，率皆此類。又自襄公二十二年以後，每年必增書孔子事。夫《左傳》書孔子卒，二傳紀孔子生，先儒已以為非禮。以先師家牒年譜增入國史之中，殆於周有二王，魯有兩公。尊聖人者不宜尊所以不受也。」（經部三一·春秋類存目二）

《春秋詳說》五十六卷　冉覲祖撰，〔存〕

冉覲祖，1636-1718，河南中牟，字永光，號蟬庵，據趙爾巽《清史稿》云：「冉覲祖，字永光，先賢郰國公裔。元末有為中牟丞者，因家焉。康熙二年，鄉試第一。杜門潛居，爰取《四書集注》研精覃思二十年。章求其旨，句求其解，字求其訓，身體心驗，訂正群言，歸於一是，名曰玩注詳說。遞及群經，各有專書，兼采漢儒、宋儒之說。十八年，開博學鴻儒科，巡撫將薦之，欲一見覲祖。覲祖曰：『往見，是求薦也。』

堅不往。少詹事耿介延主嵩陽書院，與諸生講孟子一章，剖析天人，分別理欲，眾皆悚聽。三十年，成進士，選庶吉士。三十三年，授檢討。是歲，聖祖遍試翰林，御西暖閣，詢家世籍貫獨詳，有『氣度老成』之褒。越日，賜宴瀛臺，上獨識之，曰：『爾是河南解元耶？』蓋以示優異也。尋告歸。卒，年八十有二。」（列傳二百六十七）

　　《四庫全書總目》云：「《春秋詳說》無卷數，河南巡撫採進本。國朝冉覲祖撰。覲祖有《易經詳說》，已著錄。是書大旨，事蹟多取《左傳》，而論斷則多主胡《傳》，閒有與胡《傳》異同者。如胡《傳》以惠公欲立桓為邪心，隱公探其邪心而成之。覲祖則謂『父之令可行於子，子之孝不當拒乎父，依泰伯、伯夷之事觀之，不可以為逆探其邪心。使桓不弒而隱終讓，可不謂之賢君』，其論頗為平允。又如於孔父之死，則駁杜、孔『從君於非』之說。於滕子來朝，則從杜、孔『時王所黜』之說。亦時時自出己意。然徵引諸家，頗傷蕪漫。又略於考證，而詳於議論。如夏正、周正累牘連篇，卒不得一言之要領。而莊公元年王使榮叔來錫桓公命傳，則又謂聖人筆削，寧為深求，不可泛視。存此意以說《春秋》，宜失之穿鑿者多矣。」（經部三一・春秋類存目二）

　　案：收錄《四庫全書存目叢書》經部，第137—139冊，據復旦大學圖書館藏清光緒七年大梁書局刻五經詳說本影印。

《春秋紀疑》三卷　陳遷鶴撰，〔佚〕

　　陳遷鶴，1636-1711，福建晉江，字聲士，號介石，據嘉慶《大清一統志》云：「陳遷鶴，字聲士，晉江人。康熙乙丑進士，授編修，歷官左庶子，立品端粹，博通經學。李光地見其所為〈太極太盧論〉，曰：『經生中有是人耶？』晚年家居，綜述尤富，著有《易說》、《尚書私記》、《毛詩國風繹》、《春秋紀疑》、《春樹堂》、《上峰堂文集》諸書。嘉慶二十二年，祀鄉賢祠。」（卷四百二十八）

此書雖已亡佚，但錢林《文獻徵存錄》對其書的內容宗旨有非常詳盡的介紹，其卷一云：「遷鶴疑胡安國《春秋傳》深文臆說，未必盡合聖人之意，因讀韓愈《詩》、《春秋》、《書》，王法不誅其人身及言，《春秋》據事迹實錄，而善惡自見，怡然有得，乃上考三《傳》，下逮啖、趙、陸、張，窮討端緒而條辨之，其言曰：記曰：《春秋》之失亂。非聖經錯亂難讀，釋經者亂之也，多立義例，前後矛盾，甚且自立意見，鑿空議論，屈聖人之意以就己，又至深文《春秋》，為鑄鼎之刑書，是《經》之不明，《傳》害之也。《傳》能害《經》，而紛紛然曰：『求之諸說』，戈戟橫生，與《經》為牴，是重其害也，程子云：『因《傳》以考《經》之事蹟，因《經》以辨《傳》之真偽。』愚謂學者且潛心聖經，如隱公不正即位之禮，知桓必行篡弒之逆。公薨不地，公即位，隱公不葬，即知桓之為弒逆。莊元年，王使榮叔來錫桓之命，不書天，即知《春秋》正桓之罪，此不待《傳》而明者也。齊侯逆姜氏于讙，公會齊侯于讙，夫人姜氏至自齊，即知桓公必有夫人之難。公薨于齊，夫人孫于齊，即知夫人與聞乎弒。築王姬之館于外，公及齊人狩于禚，即知莊公之忘父仇。夫人如齊師，會享齊侯，即知莊公不能制其母。夫人不與公偕至，即知其後必有司晨之禍，亦不待傳而知者也。閔、僖不書即位，夫人姜氏孫于邾，公子慶父如齊，即知慶父弒二君，而夫人與聞，亦不待《傳》而明者也。鄭抗王師，衛拒王命，荊伐鄭入蔡，以蔡侯獻舞歸，舉中土之大而侮於荊蠻，則知天下不可無霸主，故北杏之會，崇獎齊侯，無論衣裳會九，召陵伐楚，為聖人所褒，即城楚邱，伐山戎，亦聖人所予傳，或譏其專，或譏其勤兵於遠者，過也。齊侯沒而楚勢張，執宋公，敗宋師于泓，伐宋圍潘，公子遂如楚乞師，舉諸姬南向從楚，則知天下又不可無霸主，故侵曹伐衛即書，晉侯踐土之盟，功繼九合，城濮之勝，威逾召陵，《傳》以為詐敗而譏之者，過也。晉文沒而秦虐興，其滅滑也，凌諸姬之漸也。殽之戰，彭衙之師紹霸功，而嗣文之烈，《經》有褒辭，何以知之？以秦伐晉書人，晉伐秦書爵知之，而《傳》貶之，不少恕者，過也。晉襄歿而靈公

不君，景厲微弱，楚燄大熾，莊王挾其雄心猛氣，主盟辰陵，敗晉師于邲，圍宋圍鄭，迫王郊而問鼎，《春秋》惡焉，悉書於冊，以著其惡，《傳》乃以殺陳夏徵舒而進之，不知《春秋》書楚人，抑之也。何也僭王之人不得操討賊之柄？予之者過也，晉君州蒲弒，而楚日爭鄭，中土受其蹂躪，天下又思有霸。悼公三駕伐楚，而楚不能爭，桓文之勳，再振會于蕭魚，志其盛也。然衛侯出奔不能定，即知霸業漸衰，繼以平公懦，不拴諸侯大夫多求，莫匡其君，即知其不能攘楚將與楚，為和有宋之會，即知其有虢之會，有虢之會，即知其有申之會，有申之會，即知其必滅陳，即知其必滅蔡，晉人無辭於諸侯，即知其必有厥慭之盟，必有召陵之侵，然盟慭欲救蔡而不能，會召陵以求貨不得而歸，晉霸遂衰，不競於楚。然囊瓦貪而不仁，則知其必有起而害楚者，而吳師陳於柏舉，柏舉敗楚入郢，即知必加兵於山東之大國，而有艾陵之師，既有艾陵之師，則知必與晉爭霸，而有黃池之會，數勝莫救，不戢自焚，則知有於越乘其後，而《春秋》以獲麟終焉。孔子綜二百四十二年之事，而紀其終始，大義數十，炳如日星，中閒或抑或揚，或進或退，奧賾難知，揭其大要，莫過於正名分、明王法而已，是故荊、楚雖有小善，紀其事而非進之也，以其僭王之罪大也，君雖無道，非人臣所得弒也，以天澤之分，不可踰也。紛紛戰伐，總以王法為斷，能尊周而攘楚，斥秦敗狄者，皆予之也，以恩怨別曲直者，私情而非王法也，孟子曰：『《春秋》，天子之事。』蓋挈大權以歸天子，而非孔子自為王，視孔子太高，儼然奉天命、行天討，袞冕南面，而黜陟辟公，恐孔子不敢居也，曾子曰：『夫子之道，忠恕而已矣。』《春秋》立法甚嚴，而待人甚寬，刑人殺人，劓人刵人，動輒得罪，至於無所容，恐聖人意，不如是刻也。《春秋》之始，惡有盟誓，其終也患無盟誓。惡有盟誓者，忠信薄而人心疑，紛紛然曰尋詛祝，瓦屋石門，所以謹之也；患無盟誓者，約會寡而人心散，天下將尋於交質子于鹹斟陵，所以歎之也。且《春秋》之始，傷天下無王，其終也傷天下無霸，傷無王者，為天子威福下移，列侯敢抗衡王室，陳人、蔡人、衛人從王伐

鄭，王人子突救衛，聖人之所痛也。傷無霸者，方伯微弱不能翼戴天子，勢至列國，自相強大，天王將降號稱君，會于黃池，會于橐皋，會于郞，聖人所不忍言也。然而所謂五霸者，乃大彭、昆吾、豕韋、齊桓、晉文，而非宋襄、秦穆、楚莊也，宋襄不成乎霸，秦穆以伐天子之方伯而霸之，楚莊以勝天子之方伯而霸之，則是推跋扈者為雄長，而非《春秋》書王法之旨矣。又曰：讀《春秋》至中途輒廢，然而返未有能終卷者，以傳例參差，故傳例貶則書人，褒則書爵，隱、桓之初，尚有可憑，其後不應書人者亦書人，不應書爵者亦書爵，傅會穿鑿，曲為之說，學者思之不通，乃疑而掩卷矣。竊以人字之例，有微者而書人，有將卑師寡而稱人，有非天子之命大夫而書人，有進之而書人，有眾而書人，啖氏曰：『一字可徧施於諸例，惟人字不可一律拘也。』至於書爵，有中國無霸，而忽有霸不得不書爵，以正其號。北杏即書齊侯，侵曹伐衛，即書晉侯是也，霸主多書爵，示別也。有中國無霸，而荊蠻主盟，不得不書爵以紀其變，而志其橫。盂與辰陵之書楚子，紀變也。伐陸渾之戎入陳，伐宋圍之書楚子，志橫也。盟宋會虢而後南北二霸矣，欲貶之，不勝貶矣，不得不從其舊號以著其實。所云直書其事而善惡自見，會申書楚子，此後楚皆書爵，著實也。楚熸而吳興，聖人待之亦然。柏舉之戰，既書蔡侯，不得不書吳子。黃池之會，兩霸爭衡，不得不書吳子，此皆直書其事而美惡顯然，必欲穿鑿而為之說曰書爵以予之，然則伐陸渾之戎，犯天子之疆而問鼎書爵，亦予之乎？論《春秋》無誅意之法，曰：『立此說者，本孔子之論臧武仲。』然孔子雖責武仲以要君，至於作《春秋》，但書曰臧孫紇出奔邾，無自邾如防之文，與列國大夫出奔者同。蓋《魯論》者，論人之書也；《春秋》者，治人之書也。論人者可原心而抉其惡，治人者必罪狀昭彰，然後可加以刑，如舍罪狀而專論意，何人不可以意中傷之哉？漢昭烈治成都，天旱禁釀，吏搜人家得釀具，欲罪之，簡雍與昭烈行於郊，遇一男子曰：此人欲淫，昭烈曰：何以知之？雍曰：彼有淫具。以意誅人與有淫具而誅姦，正相等耳。自傳經者創為此說，後世暴君酷吏藉以行虐，於是有

觖望之律，有腹誹之條，有見知故縱之科，皆誅意之說啟之也。彼蓋假託於《春秋》，而不知《春秋》無是法也，論《春秋》無治黨與之法曰〈虞書〉曰：『罰勿及嗣。』文王治岐，罪人不孥，孔子作《春秋》，祖述堯舜，憲章文武，豈有立為窮治黨與之法，以貽禍後世。愚於宋公伐鄭，四國戰郎，及滕、穀、鄧來相朝，力辨其不然，蓋儒者立論，宜依忠厚，況經意所無，豈可以經意穿鑿而附益之哉！秦漢以下，一事而逮及千人百人，明太祖於胡、藍之逆，殺人數萬，皆黨與之說為之毒也，孔子成《春秋》，而亂臣賊子懼，傳經者不必過為張皇也。《春秋》作於魯哀十四年，已往之亂賊並不知後有此書，同時之亂賊未嘗見此書，何懼之有？聖人正三綱、植五常，使君父之分，懸之日月而昭然萬世，臣子皆有所畏，而不敢動於惡，則懼之也。至於助惡之黨，何國無之，誅之不可勝誅，亦止昭明其法，使後人觀焉，知黨同之人與亂賊並，勒扞丹書，孝子慈孫，百世不能改，將戰兢凜慄，而謹於所附，則懼之也。《春秋》撥亂世反之正，恃有此法而已，如《傳》之意，似孔子欲取二百四十二年之亂賊，起九原而親刃之，若晉明帝之追戮王敦也，又似孔子終日忿懥鄰國之君，有能討賊者，即進諸皋夔之列，不討賊即欲加以共驩之誅，亦非也。論《春秋》悉憑赴告曰：《左氏》詳於事蹟，《公》、《穀》精於義理，而左氏亦有高於二家者，不書不告也，折衷乎是，而後儒揣摩億度之論息矣。啖子曰：『列國至多，若盟會征伐等事，不告亦書，則一年之中可盈數卷，況列國之事乎？』歐陽子曰：『聖人著書足以法世而已，不窮遠之難明也。』故據其所得而修之，二公皆篤論，或有見於傳，而不見於經者，謂孔子削之，非也。又曰：『《春秋》之時，天王號令不行。』胡文定每於經中書戰，輒云：『上告天子，誣矣。』猶末也。莊十六年，齊桓同盟于幽，中國始有方伯，前此未有也，若論強大，齊為之首。桓十三年春二月，公會紀侯、鄭伯已，已及齊侯、宋公、衛侯、燕人戰。胡《傳》云：『下告方伯則誣矣。』文二年，春王二月甲子，晉侯及秦師戰于彭衙。當是時，晉襄公即方伯也，亦云『下告方伯亦誣矣。』」

案：乾隆《泉州府志》、道光《晉江縣志》著錄。

《春秋蓄疑》十一卷　劉蔭樞撰，〔佚〕

劉蔭樞，1637-1724，陝西韓城，字相斗，號喬南，晚號秉燭，據雍正《陝西通志》云：「劉蔭樞，字相斗，韓城人，康熙丙辰進士。性至孝，事親先意承志，視羣從如同懷。值歲饑盜起，里黨多不給，為貸粟賑荒，築堡以守。大河自縣東北，南出龍門山中，兩岸絕壁，鉤挽莫施，蔭樞冶鐵為柱，索舟緣以進，又築濾水石橋，修柿谷坡，及城中通衢，行者便焉。初任蘭陽，報最入諫垣章數十上，如論秦豫兩省事宜及楚省均糧事，皆關大計，悉報可。旋出分巡贛南，除私收門稅。又米市有牙帖銀，協濟定南，蔭樞計歲入置田以租充額，牙稅永除。癸未，駕幸西安，時蔭樞家居，因迎覲潼關，即擢雲南按察使，進布政使。滇海秋漲為害，請疏之，兼建六河岸閘，蓄洩有備，尋撫黔，甫至釋苗狆之淹繫者數百人。會烏蒙威寧土苗搆難，命滇蜀黔督撫提臣於畢節會勘，蔭樞至，傳檄召之，諸苗素服蔭樞恩信，率眾偕來，蔭樞諭以聖朝德威，諸苗帖服，遂釋去。五十四年，西鄙出師，蔭樞奉旨馳赴巴爾坤，周閱軍營，既復命，仍撫黔，未幾奉旨，屯田塞下，歷三年召還京師。六十一年與千叟宴。雍正初，皇上篤念老成，賜金歸里，年八十七卒，所著有《周易蓄疑》、《春秋蓄疑》、《梧垣奏議》、《宜夏軒雜著》行於世。」（卷五十七）

《四庫全書總目》云：「《春秋蓄疑》十一卷，陝西巡撫採進本。國朝劉蔭樞撰。蔭樞有《大易蓄疑》，已著錄。是編以治《春秋》者信傳而不信經，故於經文各條下列三《傳》及胡氏《傳》為案，而以己意斷其得失。於胡《傳》尤多駁正，頗能洗附會穿鑿之習。其或併《左傳》事實疑之，則師心太過矣。」（經部三一‧春秋類存目二）；雍正《陝西通志》云：「先生以為是經之作，筆削都有深意，不可穿鑿附會。先儒往往泥《傳》而不信《經》，故於事理多所不合，因著《蓄疑》一書，精心深

思，接先聖心源，迥非前此說《春秋》者所可及也，本書孫勷〈序〉。」
（卷七十四）

案：雍正《陝西通志》、乾隆《韓城縣志》著錄。

《麟經指掌》　李任撰，〔佚〕

李任，1642-1713，山東棲霞，字式九，據〈式九李公傳〉云：「余至棲，考人物，僉曰：『數十年來以文學沾溉後進，未有如式九先生者。』因索家傳。公姓李氏，名任，字式九，性穎異，書過目輒成誦，自經史百家，下及醫卜之書，無所不涉，涉則必精，然學先躬行，敦孝弟，與人坦率，而尤以『立誠主靜』為宗，嘗顏其齋曰『思盧』，意可知也。體屢瘠似不勝衣，乃危坐彌日，無惰容，久與處者，亦未嘗見其疾言遽色也。從遊之士甚眾，日與闡濂洛奧旨，及辨朱陸同異，最悉為詩及古文詞，率不起草，掇筆立就，門下弟子多以明經上第顯當世，而公六上棘闈，皆病，不終場。及一竣即被薦，仍摘兩字，不錄其功名，坎坷如此，以故抱負不獲見於世，以拔貢終。然公有以自樂，意泊如也，小試常冠軍，又一見知於撫軍桑大中丞，拔為通省第一，卒亦未薦于朝，而公亦無一字相干。晚年益肆力著述，以道德文章為多士楷模，康熙癸巳卒，壽七十有二，朱輝珏太史銘之曰：『文章宗匠，禮樂淵源。』蓋實錄也。所著《四書講義》、《麟經指掌》及《閑居詩集》，俱藏于家。孫鍾淑，清介士也，能讀公書，吾見家學之未艾云。」（光緒《棲霞縣續志》卷九）

案：光緒《增修登州府志》著錄。

《春秋書法辨》　宋龍撰，〔佚〕

宋龍，崇禎時期，江蘇崇明，字子猶，號菊齋，據乾隆《鄞縣志》云：「宋龍，字子猶，太倉崇明人，張采之高弟也。錢肅樂稱其與崑山歸莊，足相伯仲。明亡，泛海至翁州，為閣部張肯堂客，課肯堂之孫茂滋。

順治八年，肯堂一門就義，獨留茂滋出走，龍重跰至鄞求全茂滋，陸宇爍輩方謀捄茂滋，遂共成之，館於陸氏之湖樓。茂滋既出，龍返崇明，已無家可歸矣。」（卷十八）；全祖望〈宋菊齋傳〉云：「菊齋高士宋龍，字子猶，明南直隸崇明縣人也。沈靜博雅有深識，補諸生，師事婁東張南郭。其時南郭方主聲氣之席，四方贄幣，日走其門，溫卷如山，獨菊齋至，講名理、商經術，而尤留心於救世之學，南郭重焉。菊齋既不求聞於世，世亦竟無知菊齋者，獨錢忠介公一見奇之，置之門下上座，謂當與崑山歸莊相伯仲。未幾大亂，菊齋遂遘奇疾，狂走信足，奔迸塵霧，杳冥一往，不顧其所嬉遊，怪怪奇奇，人莫測也。老親在堂，二子幼皆不能治其疾，乃恣其所之，而菊齋泛海至浙中，張閣部客之，使為其孫茂滋授經，則菊齋之病愈矣。菊齋在舟山數年，海上諸公其唱酬風雅，雖在流離，猶有承平故態，皆重菊齋，而辛卯之禍作，凡平日所還往者皆死，菊齋奔跳絕島中，重跰達吾鄞，以茂滋在鄞囚中也，乃與汝都督應元、陸處士宇爍等百計出之，祝髮以返里門，則無家可歸矣，方旁皇里社，閧而閩師入江，樵蘇四出，菊齋大為所窘，幾不免。張侍郎蒼水在軍中識之曰：『宋先生也。』乃得脫。侍郎為作詩慰之，因遷居太倉，以岐黃之術自給，其道大行於吳門、練川、鹿城之閒，或戲之曰：『先生遘疾久，今乃能治疾耶？』菊齋天性誠篤，踥步不敢違禮，對妻子如嚴賓，事親死生不懈，父死既葬，倉卒未祔影堂，列木主寢室中，昕夕必焚香叩首，遠行必告，超居出入警凜，稍不自安，形諸夢寐，蓋至性通於神明也。其子姓以訖僕隸，無不化之言語，呴煦令人不飲自醉，故人自遠方來者，雖食貧，必傾囊贈之，其寓鄞居陸氏湖樓中，先族祖木翁、葦翁、先贈公，皆與之厚，湖上人無大小，皆呼之曰：『宋先生。』而歸莊亦起兵，不遂，放浪湖海，終稱完節，時以為錢門二傑，先贈公曰：『菊齋與人居，未有訿議之者。』蓋其言行若蓍蔡，一本於誠，使世有大儒如溫公，必將收之高座，而其大節，則又人所不能盡知也。予觀南宋遺民不得列於《宋史》，而百年以後，潛溪諸公發其隱德。嗚呼！如菊齋者，詎可使其湮沒無傳哉。」

（《鮚埼亭集外編》卷十二）

　　王煒〈春秋書法辨序〉云：「古聖王之治不可得而見，見於〈康衢之謠〉曰：『不識不知，順帝之則。』當此時何取於言教。至命契為司徒，而教以人倫，別於禽獸，乃始有五常之訓，天下萬世之人遵之則治，背之則亂，治亂相尋，治常不勝亂，後聖憂之，揭訓以為經，繼起之賢，因刪定贊修之，後求其說以淑於身，即以其身所證而還以說經，於是乎有經學。天下萬世之人未必知聖賢所憂、所證也，君師教於上，則下罔不承，習久志定，至今家傳戶誦有若布帛菽粟，然以為之循持，宜眾志之定於一，迺才智之士往往多潰於倫常之外者，上以得士求下，以進取應上，以祿位旌其學，下以富貴快其私，不復知經學本以明倫相與，顯然悖之而無忌。嗟乎！有志之士欲起而救之，非置身倫訓之中，大揭聖人之經，辨明其學，以指其歸趨，豈更有他道哉？六經皆明倫之典，《春秋》因事著義，於日用為尤切，自王公以迄士庶，無一非《春秋》中人，即無一人不當知《春秋》之義，蓋《春秋》之義，不明於天下久矣，崇明宋先生子猶憫斯世之橫流，欲盡抒厥義，而有所不可，爰取弒君一例，即三《傳》之言，詳其始終，摘其誦誤，以還經旨於無蔽夫！聖經如日麗天，本無待於《傳》，《春秋》之教，屬辭比事，三《傳》以事得附經而行。後之學者，因經以徵事，因事而信傳，疑經胡不思《左氏》，班在孔門，公、穀受經子夏，三子之言期於翼經耳。當夫子筆削時，游、夏尚不能以一辭贊，乃敢致疑於經，妄生意見，務新一時之耳目，豈獨聖門不容，且並得罪於三子矣。《春秋》大義公，天下學者但篤信於經，則事之曲折，盡為大義之所在，有其事而不必可據者，吾斷之以義，無其事而可定其案者，吾斷之以經。或信或疑，或隱或顯，莫不有微旨存焉。蓋一語一事，一事一義，聖人微旨，不必盡在此一語，苟能合一時情事，比而求之，則微旨出矣，此讀《春秋》之法也。宋先生敦倫一行，患難弗渝，不愧《春秋》之賢者，其辨弒君書法，為條百十有九，以詳三十六君弒事，本末事詳，而當日之情，與書賊之外，書國人、書國、書卒、書盜之微旨，就常情而

推論之，無不曉然若出於人人意中，雖其間例變情殊，無不以復讎為義，就君臣一倫，以概夫四倫之際，先生說經如是而已。嗚呼！若先生者是真能以身為教者也，昔董仲舒作《春秋決獄》二百餘條，朝廷有大議，遣使就其家問之，今之治《春秋》者不乏人，試徵其行，誰為無忝倫常者，使其以《春秋》斷事，能免於慶封之對，而無發觀者之粲乎，唐虞之風不可企矣，吾意有願治之。君投戈講藝，息馬論道，起太學、建辟雍、以更老、尊先生，先生為之陳三代之治，析義利之源，成天下之人才，正千古之學術，使六經曷於中天，更無有不可盡之說，此固海內身於學者，願樂之所同，蓋不獨予與先生之志也矣。」（《鴻逸堂稿》卷四）

案：嘉慶《直隸太倉州志》、民國《崇明縣志》著錄。

《春秋鈔》　王在中撰，〔佚〕

王在中，崇禎時期，江蘇溧陽，字君垣，據同治《蘇州府志》云：「王在中，字君垣，太倉籍庠生。乙酉城破，在中抱所著詩文投井，人莫得而知也。丁亥四月，鄰人於陰雨夜見玄冠白衣徘徊井上，即之不見，發井得在中屍，面目不改，衣冠如故，遂告其妻弟，殮而葬之。」（卷九十四）

案：嘉慶《溧陽縣志》著錄。

《春秋約旨》　梁煌晢撰，〔佚〕

梁煌晢，崇禎時期，廣東東莞，字伯闇，號生洲，據道光《廣東通志》云：「梁煌晰，別號生洲，東莞人。其所為孝，率本中庸，無有奇詭絕人之行，惟母病刲股，稍為人所難，而晰以為親之遺體，固後于親者也，親疾苟瘳，夫亦何所愛焉！性之所至，身斯至之而已矣。晰嘗患背癰，痛楚垂死，謂其弟曰：『吾行矣，人死固如是乎？吾左足大趾，初一點寒如冰雪，漸漸延及五趾，由下而上，至脛膝，右足亦然，乃指其臍。

曰：寒至此，中氣當絕矣。』其弟曰：『古人言死生之際，正宜用力。』
晰閉目須臾，乃曰：『無可用力，但念老母在堂，情不能割，中心如
焚』，不覺火從臍起，臍中之熱直驅兩足之寒。其母趨至，晰遂力疾起
曰：『兒無恙，寒氣退盡，兩足仍溫矣。』已而，病如脫，癰亦旋愈。
噫！此乃晰性之所至也，不忍舍其親以死，斯不死矣。股可刲也，癰可生
也，其斯以為孝子之孝也。晰大母沒，水漿不入於口，杖乃能行，父歿亦
如之，母歿，哀慟過傷，里人為罷舂，未幾，卒。」（卷二百八十一）

　　案：宣統《南海縣志》著錄。

《春秋解義》　　鍾奇撰，〔佚〕

　　鍾奇，崇禎時期，廣東東莞，字元叔，生平失考，惟據宣統《南海縣
志》云：「奇，字元叔，橫坑人。順治間諸生。」（卷八十三）

　　案：宣統《南海縣志》著錄。

《左氏列編》　　張世持撰，〔佚〕

　　張世持，崇禎時期，浙江開化，字持下，號遠齋，據康熙《衢州府
志》云：「張世持，字持下，號遠齋，開化人。生而穎異，守正不阿，崇
宗祀，敦友愛，講學訓，士人奉模楷，尤精研性理，會稽葉文饒以西銘、
南軒目之，試輒冠軍，為李僧平督學所器重。歲薦授奉化訓，不就。年八
旬，益工詩賦，輯《左氏列編》，《葩經倫什》、《紀事論警》、《莊郭
參微》。」（卷三十二）

　　案：乾隆《開化縣志》、康熙《衢州府志》著錄。

《左傳提》一卷　　董説撰，〔佚〕

　　董說，崇禎時期，浙江烏程，字若雨，號西庵，據乾隆《烏程縣志》

云：「董說，字若雨，斯張子，少補弟子員。長工古文詞，江左名士，爭相傾倒。未幾罹闖禍，屏跡豐草菴，宗親莫睹其面，以塞自名，改氏曰『林』。精研五經，尤邃于《易》。丙申秋，削髮靈巖，時往來潯川。甲子，母亡遂不復至，寓吳之夕香菴，一當事屏輿從訪之，聞聲避匿，當事歎息而去。」（卷之六）

案：同治《湖州府志》著錄。

《春秋恨事》　　羅高俶撰，〔佚〕

羅高俶，崇禎時期，江西南昌，字仲魯，據陸世儀《復社紀略》卷一所載，羅高俶在明末曾加入復社。同治《南昌府志》云：「羅高俶，副榜（以上崇禎年間）（卷三十四）。」光緒《江西通志》云：「《羲經蠡測》羅高俶撰。《南昌縣志》，字仲魯，又著有《杯山雜咏》、《饒舌番言》、《春秋恨事》、《詩經別解》、《四書十則》。」（卷九十九）

案：光緒《江西通志》、同治《南昌府志》著錄。

《春秋錄》　　吳英光撰，〔佚〕

吳英光，崇禎時期，河北蠡縣，據光緒《保定府志》云：「吳英光，蠡縣人，順治己亥進士，任四川安縣知縣。地方荒殘，窮民百餘家，英光至縣，手鋤荊棘，結茅以處，勸農課學，諸廢俱興，秩滿應陞，忤當事意，罷官歸里，養親讀書，著有《春秋錄》。」（卷五十五）

案：光緒《保定府志》著錄。

《左傳考言》　　劉鴻聲撰，〔佚〕

劉鴻聲，崇禎時期，浙江奉化，生平失考，惟據光緒《奉化縣志》云：「（順治）十一年甲午，劉鴻聲，拔貢。」（卷二十一）

案：光緒《奉化縣志》著錄。

《春秋折衷》　閔象鼎撰，〔佚〕

閔象鼎，崇禎時期，浙江烏程，字用新，生平失考。

案：乾隆《烏程縣志》、同治《湖州府志》著錄。

《春秋字訓》　張超撰，〔佚〕

張超，崇禎時期，安徽無為，字居東，號萊山，據光緒《續修廬州府志》云：「張超，字居東，號萊山，無為人。歲貢生，欽賜舉人。天性孝友，博極群書，考求壹是。著有《萊山書說》、《春秋字訓》、《儀禮節釋》、《兩射車制》、《律呂圖》等編，又有《待定集》、《華國編》、《思位齋文稿》藏於家。」（卷四十四）

案：光緒《重修安徽通志》、光緒《續修廬州府志》著錄。

《春秋大義十論》　趙起元撰，〔佚〕

趙起元，崇禎時期，江蘇上元，號客菴，據道光《上元縣志》云：「趙起元，學者稱為隱居客菴先生。生而穎異，就外傅即希心聖賢之學，晝誦經籍，夜輒澄思達旦，研精之極，夢與神通，有黃衣人指授經籍疑義，遂造精詣。甲申後結椽鍾山之麓，著書講學，引掖後進，多所裁成，嘗一再見黃石齋先生，得《易》象，洞璣微旨，著《事易心》、《尚書大問》、《詩權箋義》、《禮權大問》、《春秋大義十論》諸書。」（卷二十）

案：嘉慶《重刊江寧府志》著錄。

《左氏始末》　王鍾毅撰，〔佚〕

王鍾毅，崇禎時期，江蘇華亭，字遠生，據嘉慶《松江府志》云：「王鍾毅，字遠生，婁縣人。幼為徐比部鴻洲所器重，妻以女孫。未冠為諸生，餼於庠，力求有用之學，讀書敦行，游其門者如：張安茂起麟，先後捷南宮，而鍾毅屢薦不售，晚以恩貢，需次為學官。」（卷五十六）

案：嘉慶《松江府志》著錄。

《左氏屬比》一卷　毛中益撰，〔佚〕

毛中益，崇禎時期，江蘇武進，生平失考。

案：光緒《武進陽湖縣志》著錄。

《左傳集注》　沈鼎鉉撰，〔佚〕

沈鼎鉉，崇禎時期，江蘇武進，抗清份子，生平失考，惟據查繼佐《魯春秋》云：「魯王歷吳江，悅其計畫，與為工正，母病乞歸，嘗主盟湖中，與沈天敍各分一旅。天敍字文宗，初起太湖，奉樂安王甲奔走諸義王，札授副總兵，戰不利，亡山中，已復與諸生姜熊飛、沈鼎鉉等，起擊殺北師，遊擊乙截，北向大戰東濫谿，頗捷。」

案：光緒《武進陽湖縣志》著錄。

《春秋彙覽》　丁來復撰，〔佚〕

丁來復，崇禎時期，江蘇武進，生平失考。

案：光緒《武進陽湖縣志》著錄。另撰有《周易探微》、《尚書校正》、《毛詩約箋》、《禮記提要》等書。

《左傳全集》　汪兆麟撰，〔佚〕

汪兆麟，崇禎時期，江蘇丹陽，字聖徵，據光緒《重修丹陽縣志》云：「汪兆麟，字聖徵，博學幽潢，不求聞譽，有《左傳全集》，分門類敘，為後學津梁。其易簀時有詩云：『心存腔子裏，性養自然天。內省能無疚，工夫豈偶然。』可知其素行矣。」（卷二十三）

案：光緒《重修丹陽縣志》著錄。

《春秋從聖》不分卷　姜之濤撰，〔存〕

姜之濤，崇禎時期，江蘇丹徒，字山公，據光緒《丹徒縣志》云：「錢志驌，字六謙，明崇禎庚辰進士，歷兵部主事，浙江僉事參議，謫運判，陞九江同知。治《春秋》，尤工制舉業，所為文學者，傳誦之。（按志驌弟志彤，亦工於文，有《連璧堂合稿》行世，見《吳蘭陔塾鈔》。）晚年罷官，貧約授徒數人，猶日夜孜孜不倦。弟志思，字若可，少孤承祖訓，居庠序中，言笑不苟，與姜之濤、錢瓚、張九徵共講藝，所居之栖碧亭。之濤，字山公，性孤介。若可著《春秋特解》十二卷、《茶庵史記評》十卷，己亥（按：己亥順治十六年也，是年鄭逆犯城。）燬於火不傳。」（卷三十二）

案：西安市文物管理委員會藏清抄本。

《春秋略》　錢瓚撰，〔佚〕

錢瓚，崇禎時期，江蘇丹徒，字瑟若，父錢密緯，據光緒《丹徒縣志》云：「錢志驌……崇禎庚辰進士……治《春秋》……與姜之濤、錢瓚、張九徵共講藝。」（卷三十二）；又云：「錢密緯……次子瓚，字瑟若，負奇氣介性，亦攻詩古文詞，後避地湖州，城破死。」（卷三十三）

案：光緒《丹徒縣志》著錄。

《春秋賸義》　丁翼元撰，〔佚〕

丁翼元，崇禎時期，浙江縉雲，號古黎，後改名逸，據乾隆《縉雲縣志》云：「丁翼元，號古黎，後改名逸。邑諸生，學純行端，甲戌後隱居不出，閉戶著書，以課子為事，著有《春秋剩義》、《成人箋說》、《鴻巖秘草》諸書。」（卷之六）

案：「剩、賸」通用。光緒《處州府志》著錄。雍正《浙江通志》所載丁逸《春秋剩義》，即為此書。

《春秋備要》　張浩撰，〔佚〕

張浩，崇禎時期，江蘇崇明，字天一，子張鏞，據嘉慶《直隸太倉州志》云：「張浩，字天一，拔貢生。性篤學明《春秋》經義，所著《四書增刪說約》、《春秋備要》諸刻。子鳴瑹，字佩聲，邑庠生，克承家學，有鬻妻償債者，以修脯所入代償之。」（卷三十八）

案：嘉慶《直隸太倉州志》、民國《崇明縣志》著錄。康熙《重修崇明縣志》誤作「張洁」。

《麟旨闡微》　張浩撰，〔佚〕

案：嘉慶《直隸太倉州志》、民國《崇明縣志》著錄。

《春秋宗旨發微》　胡名世撰，〔佚〕

胡名世，崇禎時期，江西樂安，生平失考。
案：同治《樂安縣志》、光緒《江西通志》著錄。

《春秋折衷講意》　　秦錫撰，〔佚〕

秦錫，崇禎時期，浙江慈谿，號陵石，生平失考。
案：光緒《慈谿縣志》著錄。

《左史彙釋》　　陳允奇撰，〔佚〕

陳允奇，崇禎時期，浙江慈谿，字觀父，號瀛海，據光緒《慈谿縣志》云：「陳允奇，字觀父，號瀛海。尚寶卿鯨之孫，諸生。」（卷四十七）
案：光緒《慈谿縣志》著錄。

《春秋集解》　　嚴天顏撰，〔佚〕

嚴天顏，崇禎時期，浙江慈谿，字喜侯，生平失考。

鄭溱〈春秋集解序〉云：「余幼治《毛詩》，長而泛濫諸經，於《春秋》尤所夙好，以為扶世道，翼人心，則莫過乎是書也。叔末澆訛，聖教湮淪，天下莫能行《春秋》之事，天下無可讀《春秋》之人，私心憤激，謂宜遂壁藏簡編，屏絕科目矣。雖然，《春秋》之義不傳，則後世將終淪而為禽獸。吾友嚴喜侯治是經最專，近又點勘諸傳，彙輯眾家，句而櫛之，字而比之，可謂良工苦心，抑尚不忘《春秋》之義者乎！夫作經者，意必有所重；述經者，指必有所宗。杜武庫注《左氏》，條貫精詳而議短，三年之喪，遂致名教變為清談，國祚促於江左，王荊公亦一時淵博之流，而以《春秋》為腐爛朝報，卒使熙寧敦亂，南渡凌夷，然則晉宋之世道人心所以敗壞而不可振者，未必非二公釀之。余嘗謂古人之知《春秋》者，惟孟夫子、韓昌黎二人，攘斥楊、墨，詆誹佛、老，其所以扶翼聖經者甚宏，胡文定感時著書，至今奉為學官模範，則亦猶此志也。今所為喜侯重者，讀是經則知是經所昌美而深懲者，係於何端？讀是傳則知是傳所

崇論而微諷者，歸於何節？庶幾觀詞訪義，有以障世道之瀾，砥人心之潰，足稱麟史淵藪爾，若乃研繹章句，剖析毫芒，分別經題、傳題之式，銓次易比、借比之條，則一殫精訓詁戔戔，作青紫階梯者，皆優為之，何足以重喜侯哉？司馬遷曰：『孔子著《春秋》，隱桓之閒則章，定哀之際則微。』余於茲書亦云。」（光緒《慈谿縣志》卷四十八）

案：光緒《慈谿縣志》著錄。

《春秋說約》六十卷　嚴天顏撰，〔佚〕

嚴天顏〈春秋說約序〉云：「五經之在天下萬世也，如斗杓司天，江河行地，自漢置五經博士，而虎觀聚諸儒，天祿耀太乙，由來尚矣。所以朝廷掄賢大典，必於五經命題，較士良以實學經濟，以經明行修者居最，獨是《春秋》與《易》、《書》、《詩》、《禮》不同，蓋比事屬詞，一字褒貶，韓刺史云：『《春秋》謹嚴。』君子以為深得其旨，今新制煥頒，疏凡三上，功令煌煌，專尊胡《傳》，誠有見於文定公之為宋侍讀也，殿前專講，謝良佐每稱之，與尹焞善，試玩其書，融冶三《傳》，引經斷例之閒，與謹嚴之意適相符合。故余於馬子訥生《春秋大成》之書，取其博而詳於說，約取其簡而要，聖經仍大書，故《傳》仍單行，三《傳》及《易》、《詩》、子、史諸書，與聖經關切者，悉參定於《衡庫》，但康侯氏之文，高朗正大，中有奧義微言，攸賴詮釋，特為旁訓，便記誦也。閒覽宋儒《大全》，立意或殊，敷詞遂異，然與胡氏合者，其名言碩畫，盈楮連篇，上可以獻廟謨，下足以資典學，所裨不淺。在昔記題浩繁，雖閱《大全》，不過吉光片羽，今奉口新繪，祇用單題，因是廣羅先哲，連篇上端蓋以輯《大全》者，繹胡氏而康侯之《傳》始晰正，以繹胡《傳》者解聖經，而聖人之經益明，學者優游涵泳，默識心通，則讀『雨雹』、『冰雪』、『郊禘』、『大雩』之文，而知《春秋》敬天法祖之義也；讀『春王正月』、『首止葵邱』之文，而知尊君父，正倫常之義

也；讀『仍叔聘獻六羽』、『城郎』、『初稅畝』、『作邱甲』、『肆
眚』□□之文，而知用賢愛民，禮樂刑政，兵農財賦之義也。程正叔曰：
『《春秋》通而人道立，天道成，地道平允矣。』其為謹嚴之旨、性命之
學者，所當優游涵泳，默識心通者矣。余家草堂先生，及文峰公與範吾
公，皆以經學名世，余得紹衣祖業，殫心研摩於《春秋大成》之後，復與
訥生馮子為《說約》之書，庶幾無負朝廷掄賢大典，期與天下士共讀《春
秋》，務為經濟實學，以佐『治、平、行、修』，德立以匡王國云爾。」
（光緒《慈谿縣志》卷四十八）

　　案：光緒《慈谿縣志》著錄。

《春秋三傳謹案》　馮宗儀撰，〔佚〕

　　馮宗儀，崇禎時期，浙江慈谿，字元恭，號湛園、魯菴，據光緒《慈
谿縣志》云：「馮宗儀，字元恭（○姜宸英撰墓志，別號魯菴），文偉
子，幼承家學，與同里姜宸英、劉純熙、姚紀輩肆力古文詞。純熙紀皆前
死，宸英亦客四方，宗儀讀書益力，日手一編，句解字詁，黎明據案，入
夜不休，寢食櫛沐皆廢。（○墓志：巷中兒爭笑以為癡）為文本之六經，
以為根底，旁通史漢八家，以佐其波瀾，含蓄蘊藉，得歐、王二家之神。
（○墓志：家居能日致甘膬，侍養太夫人以其暇，溫習經史，汎濫百家，
屢從方外人游，究其宗旨）居母喪，哀毀骨立，年四十即齒髮脫落如老
人。中歲慕慈湖之學，與里中耆宿朔望會課書院中，晚年獨處一室，垂簾
靜坐而已。性通悟，洞解樂律及青烏遁甲（○二字據墓志補）諸書，嘗為
人言之。尤覃精研思於經傳，貫穿融液，以己意折衷上下，嘗言：『詁經
必尋繹本文，參考箋疏，微顯闡幽，正名定物，約不晦，贍不亂，然後文
之能事始盡。』尚書徐乾學即家纂修《一統志》，宗儀嘗任校讎，其歿
也，乾學為之表其墓。（《雍正志》○墓志：癸卯，游京師，館於徐邸。
踰年病脾，歸後再往，復作，僅兩月而歿。徐資之至，腆許表其墓而助之

葬）卒前數日，自整比其詩文，命長子用潛從牀側，盡讀之，某篇宜存，某篇宜去，或口易數字，而後存遺誡，喪事一遵家禮，歛以深衣巾履，不得隨俗作佛事，故人所親厚者各口占書與訣，又請銘於宸英，往時聞人有暴死者，宸英曰：『是不知怖死，亦省諸苦。』宗儀曰：『不然！夫臨時須了，了彼神識昏憒，如何離得生死？』觀其沒而後，知其實有得力也。用潛，邑諸生，文行足世其家聲。（姜宸英撰墓志）」（卷三十一）

案：光緒《慈谿縣志》著錄。

《麟經講義》　林逸撰，〔佚〕

林逸，崇禎時期，福建閩侯，字德子，據乾隆《福州府志》云：「林逸，字德子，博學能文，順治庚子舉人，著《麟經講義》、《後樂堂詩文集》。子秉中，字與人，康熙庚午、己卯兩中副車，積學砥行，精行、楷、八分，著有《四書日講》、《貽桂軒詩文集》。」（卷六十）

案：乾隆《福州府志》、民國《閩侯縣志》著錄。

《胡左春秋解》　劉祖謙撰，〔佚〕

劉祖謙，崇禎時期，福建永春，字懋昂，據民國《永春縣志》云：「劉祖謙，字懋昂。鳴岐，字懋康，里人從兄弟也。祖謙，崇禎間拔貢，鳴岐舉人，皆以孝友著稱鄉邑間，值明末運，寄情山水，不求仕進，祖謙著《胡左春秋解》，鳴岐著《家學名篇》行世。」（卷二十三）

案：民國《永春縣志》著錄。

《麟旨》　江兆京撰，〔佚〕

江兆京，崇禎時期，福建泰寧，字道陵，據光緒《重纂邵武府志》云：「《麟旨》，江兆京撰。兆京，字道陵，崇禎間諸生。」（卷二十

九）

　　案：民國《泰寧縣志》著錄。

《胡傳講義》　胡依光撰，〔佚〕

　　胡依光，崇禎時期，江西金谿，字明仲，生平失考。

　　案：光緒《江西通志》、光緒《撫州府志》著錄。

《麟經集成》　張宏撰，〔佚〕

　　張宏，崇禎時期，江西南城，字津侯，據同治《南城縣志》云：「張宏，字津侯，文僖七世孫，邑諸生，深《春秋》學，著《麟經集成》。操履篤摯，事祖母、繼母並以孝聞。順治乙酉兵入境，宏父卿雲被執，三砍其項，宏引頸代，兵拽之去，乃膝行哀請，還抱父頸以灰拭創處，兵怒砍宏胸，宏知必死，乃拊父創處不置，吟絕命辭曰：『一息尚存摩父頸，九泉無路報親恩。』須臾氣絕，父得復生，其仲叔卿士伏他處悉見之，歲丙戌，兩學公舉死事，疊呈上聞，學使詳請立祠祀焉。」（卷八之一）

　　案：光緒《江西通志》著錄。

《春秋輯略》十二卷　邊大防撰，〔佚〕

　　邊大防，崇禎時期，江西峽江，字孝思，據同治《峽江縣志》云：「邊大防，字孝思，桂竹人，廩生，少勵學行，家故貧，以舌耕養親，執親喪，廬墓三年。平生持己甚嚴，義不苟合，晚年杜門不出，窮究經義，旁及諸子百家，所著有《四書集旨》六卷、《易經集旨》五卷、《春秋輯略》十二卷、《果園漫草》四卷、《事文類纂》二十四卷。」（卷之八）

　　案：同治《臨江府志》、同治《峽江縣志》、光緒《江西通志》著錄。

《春秋傳》　許琮撰，〔佚〕

許琮，崇禎時期，江西樂平，字宗玉，據同治《饒州府志》云：「許琮，字宗玉，樂平人，高陽侯裔。髫時即孝友誠慤，有師範聖賢之志。及長杜門積學，恬退不苟，凡仁義道德之旨，罔不究心，讀書漣漪堂，與鄱陽陳曾、邑人王綱，講學辯論無虛日，絕意仕進，暮年日拈《易》一章，旁通《曲禮》，以為常課，所著有《易省》、《春秋傳》、《漣漪堂集》。」（卷二十四）

案：光緒《江西通志》著錄。

《左傳經世測要》　何國材撰，〔佚〕

何國材，崇禎時期，江西新城，字維楚，據同治《建昌府志》云：「何國材，字維楚，新城人，諸生。父之潤，薄宦邊徼，國材留養祖母，父卒，弟國幹扶櫬歸，國材痛父疾，不得視醫藥，歿不得親含斂，舉所遺物，盡讓國幹，獨取一二書冊，奉繼母孝養如所生。為諸生數十年，科名得失，漠不介意。年五十病卒，其從遊數十人咸流涕，著有《心易圖測》、《聖學入門》、《研幾錄》、《左傳經世擇要》等書。」（人物志卷八）

案：光緒《江西通志》著錄。同治《建昌府志》作「左傳經世擇要」。

《春秋管見》　黃業撰，〔佚〕

黃業，崇禎時期，江西廬陵，字懋成，據民國《廬陵縣志》云：「黃業，字懋成，康熙壬子舉人，授德化教諭，陞南昌教授。家貧借書手錄，無間寒暑，學契濂、洛、關、閩之旨，力求實踐，與同邑張貞生、鄒一泉相切劘，及居學職日，以《近思錄》、《太極圖說》、《西銘》諸書開示

諸生。在南昌時，有宦家子干大府，求越次出貢，業持不可。吳逆之變，
業糾率鄉族，互相捍衛，里間獲安，箸有《易義蠡測》、《春秋管見》、
《驥洲古文》，卒年八十二，侍郎麻城鄒士璁為立傳。」（卷十九上）

　　案：光緒《江西通志》著錄。

《春秋女史》　　劉思彬撰，〔佚〕

　　劉思彬，崇禎時期，江西南昌，生平失考，惟據康熙《江西通志》
云：「順治十七年，庚子鄉試：劉思彬，南昌人。」（卷五十六）

　　案：光緒《江西通志》著錄。

《春秋左肋》　　李之溉撰，〔佚〕

　　李之溉，崇禎時期，江西新昌，生平失考，惟據陸世儀《復社紀略》
卷一所記載，約略知其人於明末參加過復社，又康熙《江西通志》云：
「順治八年，辛卯鄉試：李之溉，新昌人。」（卷五十六）

　　案：光緒《江西通志》著錄。

《公穀翼》　　李之溉撰，〔佚〕

　　案：光緒《江西通志》著錄。

《左匯》　　李永年撰，〔佚〕

　　李永年，崇禎時期，生平失考。

　　錢謙益〈左匯序〉云：「本朝以《春秋》取士，雖專以胡《傳》為
宗，然文定之書取于《左氏》者十八，取于《公》、《穀》者十二，蓋左
丘明親見聖人，高與赤則子夏之及門，其發凡取例，區以別矣，不獨昔人
所謂左氏大官，公羊賣餅家也。承學小生，傭耳剽目，刺取《左氏》之涯

略以充帖括，蓋有傳業為大師，射策為大官，而目不睹三《傳》之全文者矣，又況《外傳》、子、史之流乎。侍御永年李君家傳素業，閔學者之固陋，著《左滙》一書，以《左氏》為經，以二《傳》、《國語》、《周禮》、《史記》、《管子》、《檀弓》、《說苑》諸書為緯，本經析傳，首尾備具，燦若羣玉之府，而森如五兵之庫，使後之從事者，繇《胡》以溯《左》，繇經以溯傳，繇是以窮經術焉，斷國論焉，或源或委，先河而後海，斯侍御取以嘉惠學者之意而已矣。司馬遷不云乎：『孔子作《春秋》，隱、桓之閒則彰，定、哀則微。』今以定、哀之事言之，則孔子之詞雖微，而左氏未嘗不彰也，鄧析之竹刑，則商韓之前車也，陳轅頗之封賦，季孫之田賦，則桑孔之濫觴也。公孫疆之亂政，則江充之見犬臺，而仵文之幸待詔也。莨叔之違天，則子師之殉漢，而厓山之沉宋也。援古以證今，上觀千歲，下觀千歲，豈徒立乎定、哀，以指隱、桓乎？自荊舒之新學行，以《春秋》為腐爛朝報，橫肆其三不足之說，而神州陸沉之禍，有甚于典午流禍，浸淫迄于今未艾。居今之世，明《春秋》之大義，闡定、哀之微詞，上醫醫國，此亦對症之良劑也。侍御起家為刑官，今方執法柱下，《春秋》夫子之刑書也，其亦將以是書為律令乎？天子神明天縱，特為是經設講官，以《春秋》之大法治天下，則侍御此書恭進諸廣廈，細斾以備乙夜之覽，何不可哉？崇禎十一年七月序。」（《牧齋初學集》卷二十九）

《春秋經傳箋注》　董期生撰，〔佚〕

　　董期生，崇禎時期，浙江會稽，字伯音，據雍正《浙江通志》云：「董期生，《廣東通志》：山陰人，順治十四年由舉人任雷州府理刑。雷郡荒糧未豁，吏緣為奸，期生廉置之法，弊始絕。攝廉州篆，時橫山一路，白晝劫掠，道梗不通，乃諭地方，集鄉丁擒其巨魁，橫山始為坦途。十七年遷汾州同知，歸度梅嶺，資斧無措，同官共貸之，累官淮安太

守。」（卷一百六十九）

　　案：民國《紹興縣志》著錄。

《春秋述》十五卷　朱之任撰，〔佚〕

　　朱之任，崇禎時期，浙江天台，字君巽，號覺庵，據民國《台州府志》云：「朱之任，字君巽，號覺菴，天台人（《康熙志》）。父錫聘，字石貞，邃於《周易》、《尚書》，言動不苟（《康熙縣志》）。之任，明季諸生，幼稟奇質，工舉子業，試輒冠其儕，然非性所好也，以經濟自負，好言王霸大略，憤馬、阮二姦擅政，慷慨草疏，率同志走南郡劾之，中途聞變，間關而歸杭越，次第不守，遂棄儒服，隱居邑之歡奧，家徒壁立，惟用著述，以當歌哭，與徐光綬、張亨梧稱『天台三高士』，當時名士後先寓台者，如萊陽姜垓、姜垛，仁和陸圻、柴紹炳輩，莫不聞聲訂交，欽其品而重其學。之任博覽史書，論古今成敗得失，事事不遺，旁及諸子百家，晚年專務於經（〈齊召南覺菴集序〉）。論學一宗陽明，先之以『致知』，要之以『慎獨』（〈張廷琛天台三高士傳〉）。為詩古文，自出所見，縱橫排宕，絕去摹擬之跡，著有《易說》、《易通》、《河圖廣說》、《詩經偶筆》、《春秋述》、《四書尋微》、《史林》、《史娛》，手錄鉛槧，其詩文曰《自娛集》。」（卷一百二十二）

　　潘衍桐云：「朱之任，字君巽，號覺庵，天台人，著《自娛集》、《天台詩錄》。覺庵先生十餘歲即善作文，有逸氣奇思，經史諸子百家，靡不披覽，好論古今成敗得失，如指諸掌，嘗與同邑徐光綬及弟之儀疏劾馬、阮二奸，不報及歸。聞變，棄儒冠，遁入歡山，當時名士，後先避地，入台者若萊陽姜如農兄弟，武林陸麗京、柴虎臣、蔡九霞，毘陵韓公復、惲正叔輩，率一見契結。及難平返居，故里家政，悉付季弟，楢溪行止，如孤雲野鶴，或棲身禪林，名僧聯席，喜讀《莊》、《騷》，藜藿不充，而歌聲出金石，晚乃構數椽於宅後，扁其堂曰『遜敏』，箸有《四書

尋微》、《史林》、《易通》、《太極圖》、《河圖廣說》、《詩經偶筆》、《春秋述》、《元鉛槧》等書，又箸有《古唐詩箋》，嘗攜行李，道武林吳門至南都謁孝陵，循長江而還，遍訪遺民，淒然有今昔河山之感，言旋後遂閉戶不出，日坐遜敏堂中，唯懸一榻待徐先生，及與雪庵、補鍋、白頭往來，談前朝事，吞聲嗚咽，與栖溪至老，和靄無閒，至經史疑義，則高談雄辨，務暢厥旨，後進亦多所造就。齊侍郎召南嘗為序其遺集。」（《兩浙輶軒續錄》補遺卷一）

案：民國《台州府志》著錄。

《分國左傳》　沈龍震撰，〔佚〕

沈龍震，崇禎時期，廣東陸豐，字雷默，號鷗亭，據光緒《惠州府志》云：「沈龍震，字鷗亭，陸豐人，順治丁酉舉人，授山西夏邑令。性好學，公餘之暇，手不釋卷，喜接引後進，多所陶成，著有《南安治譜》、《讀書符》、《立身符》、《分國左傳》、《二十一史纂》諸書。」（卷三十五）

案：光緒《惠州府志》著錄。

《左傳句解補》　管閣撰，〔佚〕

管閣，崇禎時期，江西臨川，字弗若、鼓麓，據光緒《撫州府志》云：「管閣，字鼓麓，臨川人，順治辛卯舉於鄉，授直隸安平知縣。安近滹河，廬舍數被漂沒，悉心經理，築堤引流，自是安堵。巨猾向以私鹽強市，閣至力為捕緝，始遁去。每遇剖獄，凡請託欺誑者，悉畏止之。郊有崔鶯鶯廟，舉邑迎會，男女雜沓，閣諭禁革，民俗一小變。致仕歸里，從不履城，講學著書，以終餘年，著有《剩餘集》、《藝文萃》、《字彙正訛》、《左傳句解補》行世。」（卷五十四）

案：光緒《撫州府志》著錄。同治《臨川縣志》、光緒《江西通志》

作「左傳句解」。

《春秋獨斷》　楊遴撰，〔佚〕

　　楊遴，崇禎時期，江西金谿，字雲將，號屏山，據光緒《撫州府志》云：「楊遴，字雲將，號屏山，金谿人，煥曾孫，父酒武，入忠義傳。遴少孤，母饒守節撫之，母善病，遴榻母臥室，躬扶持者九年，母病良已。女兄三人：長，顏玉未嫁，殉父死於兵。次，適胡而寡。季，適生員聶廷恩，明亡，恩棄諸生為僧。兩姊皆貧苦無依，遴分產割宅以居之者踰二十年，俟兩甥成立，乃反之。遴好學通經，自籍學宮，名噪郡邑，未嘗一應鄉試。為文宏肆而篤於古，與南昌杜果、臨川黃石麟、同邑孔大德為忘年交，後師事吳仲升，益潛心濂、洛、關、閩之旨。康熙十七年口詔舉博學宏詞，大吏將以遴應，臨川李泰來亦寓書，石麟為之勸行，遴以父殉義且母老，堅辭不赴，識者尤重其行云。」（卷六十四）
　　案：光緒《撫州府志》著錄。

《春秋定旨》　王光啟撰，〔佚〕

　　王光啟，崇禎時期，江西安福，字達生，生平失考。
　　案：光緒《江西通志》著錄。

《春秋提要》二卷　虞宗瑤撰，〔存〕

　　虞宗瑤，崇禎時期，浙江錢塘，字仲皜，據康熙《錢塘縣志》云：「虞宗瑤，字仲皜，吏部淳熙次子。幼慧好學，與兄宗玫，閉戶下帷，自相師友。玫字大赤，豐軀偉貌，口生時面如紅玉，故名。為人樸訥，罕事文飾，而瑤則英敏爽朗，每發議輒解人頤，與友交初甚落落，久乃益篤，一友馮憬病將死，謂其家曰：『吾貧不能殯，將往死於虞氏。』瑤致聞

之，即共往迎悰，與疾入其室，三日卒，遂買地以葬。瑤先玫二年卒，卒之日，玫束其遺稿□之，明年火，樓燬，平生撰述俱盡。」（卷之二十二）

黃虞稷云：「胡《傳》之前舊有〈提要〉，分《春秋》所書事而類之，然僅有編目，未備全旨。書每條下各撮胡《傳》、《大全》大旨以釋之。」（《千頃堂書目》卷二）

案：收錄《春秋四家五傳平文》，《四庫全書存目叢書》經部，第128冊，據清華大學圖書館藏明崇禎十四年君山堂刻本影印。《千頃堂書目》、《明史》、雍正《浙江通志》著錄。

《春秋所見所聞所傳聞》三卷　陸曾暈撰，〔佚〕

陸曾暈，崇禎時期，浙江會稽，字章之，據康熙《會稽縣志》云：「陸曾暈，字章之，夢斗曾孫。少失父，及壯，有室，冬夜必侍母寢，不少離。遇兄弟甚友愛，喜讀書，肘着處，案為之穿，背誦《史記》，自首卷至終篇，不失一字，嘗示門人曰：『對人始檢身，必不能檢身；開卷始讀書，必不能讀書；握管始作文，必不能作文。』歲饑疫作，為集醫療視，沒則殮葬之，其為文句字，皆鑪冶而出，顧甚自惜，少不當意輒毀，非所欲必固拒，將歿之前十日，命子出所纂文，排雙炬爇，趺坐而自剔其句字，又摘去五文焚之，其所存者有《詩學內傳》三十二卷、《外傳》二十卷、編《春秋所見所聞所傳聞》三卷，集史自盤古氏迄明，曰『簡要錄』。彙諸史，考定綱目，曰：『綱目參同』，尤精於字學，博採諸家作《字原》。晚更留意象緯，作《闢天錄》，凡所手鈔書，計文有五尺，所譔古文詩賦成編，共十卷。」（卷第二十四）

案：《經義考》著錄。《明史》、雍正《浙江通志》作「編春秋所見所聞所傳聞」。

《春秋經傳彙觀》二十卷　　張巖英撰，〔佚〕

張巖英，崇禎時期，浙江歸安，據光緒《歸安縣志》云：「張巖英，歸安人，諸生，隨父宦游楚中，性孝友，割股療母疾，好施捨，父饒於貲，為之焚券市義，教育貧士，俾登鄉薦，善行不可殫述。」（卷第三十九）

案：雍正《浙江通志》著錄。

《春秋講義》　　卜無忌撰，〔佚〕

卜無忌，崇禎時期，浙江嘉興，生平失考。

案：光緒《嘉興府志》著錄。

《左傳考錄》　　劉帝則撰，〔佚〕

劉帝則，崇禎時期，江西永新，字叔豹，據乾隆《蓮花廳志》云：「劉帝則，字叔豹，耆西鄉第十一都東堂村人。積學工文，試諸生名藉甚，阨於一第，未竟其志，益肆力於經史百家，蘊釀深厚，輒有所得，著《太平廣略》、《左傳考錄》、《四書晰要》、《綱目統核》行世。」（卷之七）

案：乾隆《吉安府志》、乾隆《蓮花廳志》、同治《永新縣志》、光緒《江西通志》著錄。

《春秋指要》　　諸殿鯤撰，〔佚〕

諸殿鯤，崇禎時期，浙江杭州，字贊扉，據潘衍桐云：「諸殿鯤，字贊扉，仁和廩生。杭郡詩三輯。君著有《春秋指要》，康熙閒與修《浙江通志》。」（《兩浙輶軒續錄》補遺卷一）

案：康熙《仁和縣志》、乾隆《杭州府志》著錄。康熙《杭州府志》

作「諸殿傳」。

《春秋題疑》　劉邦仕撰，〔佚〕

劉邦仕，崇禎時期，江蘇通州，生平失考。

案：康熙《通州志》著錄。

《春秋錦》　胡思藻撰，〔佚〕

胡思藻，崇禎時期，江西餘干，字文秩，號毅菴，生平失考。

案：光緒《江西通志》著錄。

《麟經彙旨》　胡思孝撰，〔佚〕

胡思孝，崇禎時期，江西金谿，生平失考。

案：光緒《江西通志》、光緒《撫州府志》著錄。

《麟旨纂要》　溫健撰，〔佚〕

溫健，崇禎時期，江西石城，字天行，生平失考。

案：光緒《江西通志》著錄。

《四傳折衷》　魏邦泰撰，〔佚〕

魏邦泰，崇禎時期，江西廣昌，字子亨，號通吾，據同治《廣昌縣志》云：「魏邦泰，字子亨，號通吾。性端潔，樂易植，行始閨門，孝養友愛，雍睦弱年，絕迹下帷，博極群書，所受產兼百，悉讓諸弟，教授里中，恬如也。嘗春正詣館，從隣人貸數金，儲米約五月，俸償，會年饑，俸缺自館歸，遇一布囊，中裹銀四十餘兩，歸與內人笑曰：『此誠應乏士

君子，讀書矢志在臨財能斷耳。」且揭於門，盱客驗之付還，蓋盱客息樹
下所遺，後客贏累千金，欲於樹下搆還金亭，遽止之。自補弟子員，多首
選不一，至公廳謁謝，著《壁經直解》、《四傳折衷》、《讀史約》諸
書，祀鄉賢。」（卷之五）

　　案：光緒《江西通志》著錄。

《春秋四傳合鈔》　顏三秀撰，〔佚〕

　　顏三秀，崇禎時期，山東滕縣，字茂遠，號筠齋，據道光《滕縣志》
云：「顏三秀，字茂遠，號筠齋，邑增廣生。父方璘，幼孤，三秀亦早失
怙，二世延一脈。母黃氏義方為教，然珍愛加人一等矣。三秀就養無方，
而洞洞屬屬，有執玉捧盈之念。兒戲時，偶誤折瓠頸，跪而請罪，黃莞爾
笑曰：『休矣，是不足責也。』既入庠，帷燈自勵，以母命往從舅氏畹九
樹百兩先生，學遂大成，至筆札則逸少先生神氣也。博聞強識，手錄經傳
古文數千餘首，卷帙鱗次，咸歸部勒。又留心當世之務，善持論。貌頎岸
于思，每與客抵掌掀髯，細及風霜之占候，麻麥之價徵，識炳幾先，輒如
燭照，智且辨者，不能難也。而入奉母儀宛如嬰兒子，母黃嘗語人曰：
『爾視吾子，男也。吾直以女蓄之。』意謂優柔馴順，毫無巡遂耳。時時
啟覲，事得命始行，勤於農事，冬不裘，夏不葛，平素一介不取，與至戚
友緩急時，有則捐多金如遺，皆曲體母意也。竹圃內產瑞芝，紅白二莖，
見者以為孝感，卒年五十四，所著有《居求編》、《隨錄筠齋》、《漫與
詩草》。」（卷八）

　　案：道光《滕縣志》著錄。

《麟旨》　孫之緒撰，〔佚〕

　　孫之緒，崇禎時期，山東滕縣，字介臨，號紹醇，據道光《滕縣志》
云：「孫之緒，字介臨，父明經公，從祖號醇醇，公號紹醇，以明經世，

其業醇醇。三子，公處季孟間，穎悟絕人，父歿年甫毀齒，成童列諸生，讀等身書，自擬《麟旨》，與《傳》意相發明，受知邑侯任廣文江，有國士目。旋偕廩餼，師方與、馬利賓，與孟用汝、盛秀生為忘年友。弟仔蓬，少公三歲，居平分窗讀，榜其齋曰：怡衣、冠劍、佩茗、椀香，罏之屬畢具，每得一甘，則剖而嘗之。花晨月夕，兄未嘗不倡，弟未嘗不從也。既喪偶，有一子藻詒，遂不再娶，終日靜坐，披對簡編而已。好臥讀，置燈枕畔，夜嘗再挑。與人交，溫然有餘味，善飲善謔，人未嘗見其醉容，優游調攝，無疾而終，卒之夕，漏下數刻，猶與弟擁罏談藝，書冊尚有展而橫枕者，里人私諡曰文懿先生。」（卷九）

案：道光《滕縣志》著錄。據序文所言尚有《傳意》一書，應是《春秋》一類，然地方志書目皆無載，故不另列一書。

《春秋內外傳》　程中寶撰，〔佚〕

程中寶，崇禎時期，中寶蓋其字也，生平失考。

茅元儀〈春秋內外傳序〉云：「《春秋》、《左傳》各為書，合而一之者，杜元凱也。謂丘明既為《春秋內傳》，又稽其餘文，纂別說八國事為外傳《國語》者，劉子玄也。近世李本寧採《左》、《國》之異同八十篇，為《左氏內外傳同異》，而程中寶氏遂合三書而為《春秋內外傳》，自古文流轉，一變再變，至今日始成，蓋難乎其言之也，余于是而嘆作史者之難也。史闕文，聖人猶見之，丘明之謂也，今亡矣。夫丘明親受業於聖人，宜依經作傳，詳著發明，而時有經與傳異，非敢異于聖人也，異其所疑也，既編年而為《左傳》，兵戎、盟好、婚姻、喪死、辭命、神鬼，詳哉其言矣！而又次其別聞為《國語》，蓋非欲自異也，異其所疑也，故三書唯各行，則不見其刺謬，唯著其同異，而後可以見古人之用心，乃程氏顧合之耶？程氏之言曰：『不然！不異則無以傳古之疑，不合則無以破今之疑。』析懷者貴虛，貴虛故分著而使人自參；綜核者貴實，貴實故並

列而使人易考。《內傳》之事先經，《外傳》之事先內，內外之終，俱後于獲麟，故又以子長之編年而論序其萬焉，皆所以合異同而待綜核也，吾以是而知程氏之意矣，蓋不在經，而在史也。漢儒始以《春秋》為經，故《左氏》敘事不立學官，《公》、《穀》釋經則有專門，惟以其為經，則重在是非予奪，故略事而考意，而穿鑿附會之說生。夫《春秋》穿鑿附會而後明，則苟無三《傳》，《春秋》為隱語矣。于是有脫簡之疑，有斷爛朝報之誚，而聖人作《春秋》之意乃晦。夫六經半史也，而《春秋》為甚，昔夫子刪唐、虞以來之事，著之為《書》，又採其風殊俗異，書不盡載者，著之為《詩》，而遂核近世之事，因魯史之舊文，著之為《春秋》，《春秋》者乃夫子之所續史也，故於《書》不立衡斷，于《詩》不廢鄭、衛，于《春秋》不著發明，皆因其事而存之，因其事而勸懲見焉，諷戒因焉，是非寄焉，予奪著焉，豈必規規而言之，始所以垂範萬世哉！『天何言哉？四時行焉，百物生焉。』此之謂也。後世重聖人之教，推之為經，而以後人之紀載者，別之為史，自經史分而必欲求聖人之意于言語、文字之中，故于《書》則有今、古文之疑，於《詩》則有存淫風之疑，于《春秋》則有穿鑿附會之說，而聖人無言之意盡晦矣。今程氏以經領傳，猶昔人之故智，而以年領經，以特標史體，新世之目，於是後之學者，因史而思聖人著史之意，因著史而知後人尊經之故，其于夫子之意，思過半矣。」（《石民四十集》卷十）

《春秋丹觀》三卷　王仲恆撰，〔佚〕

王仲恆，崇禎時期，浙江錢塘，字道久，生平失考。
案：乾隆《杭州府志》、民國《杭州府志》著錄。

《春秋定論》　陳夢蓮撰，〔佚〕

陳夢蓮，崇禎時期，浙江鎮海，字仙佩，號省庵，據潘衍桐《兩浙輶

軒續錄》云：「陳夢蓮，字仙佩，號省庵，鎮海人，箸《芝鹿園草》、《留耕堂集》。《蛟川詩繫》：先生好古博學，於諸經皆有箋註，而《春秋》最詳核，陳介眉太史、謝瞻在侍御，皆推重之，邑侯唐鴻舉延修《鎮海志》，文獻有徵，與薛書巖、王魯闇、許孟祥諸君，稱『熙正十子』，先生尤十子中之矯矯者。」（卷五）

陳夢蓮〈春秋定論序〉云：「凡經皆經也，《春秋》經而史矣，然何經非史也？河圖畫卦非羲皇之史乎？〈典〉、〈謨〉、〈誓〉、〈誥〉，非帝王之史乎？王制月令，史昭五代，國風雅頌，史兼列國，固不專屬《春秋》也，曷以《春秋》作而謂之魯史？孫泰山曰：『《詩》至〈黍離〉而降，《書》至〈文侯之命〉而絕，《春秋》接《尚書》之年，起自平王，匹夫無賞罰之權，託始乎隱，於以正三綱而明九法也。』然猶未悉孔子之隱也，孔子志周公者也，周室卜年八百，制禮行政半平定於周公，其半天意留待治於孔子，故自武王己卯克商，迄魯隱元年己未，實閱四百有一年，中分有周，而以王者之權治之孔子，不然周公以相臣而兼行三王之事，孔子以匹夫而操行素王之政，何以必自四百一年為始哉？繼周公而託始乎隱，帝王之大綱明，故史繫魯，是即繫周，嗣後朱子《綱目》直接其統，是書也實開千萬世史學之宗，其較他經之正人心世道者，尤切實哉，後之傳《春秋》者，各宗其派，《公羊》有胡、董、顏、嚴之學，《穀梁》有章、方、申、尹之學，《左氏》有賈、鄭、劉、杜之學，分門立戶，尊傳而失經。康侯作《傳》，合三《傳》以定斷案，洵得素王之心傳。有明成祖尤尊胡《傳》，集諸解以彙《大全》，其旨在翼《傳》明《經》，目張綱舉，史外傳心之要典，亦猶日月經天，江河行地矣。迄今《春秋》凡三變：漢唐派分三《傳》而經背，宋朝斷爛朝報而經亡，明代青田設為脫母、傳、合，而怨益乖。夫脫母射覆，引傳捏經，卒至附經解傳，割裂捏合，離經旨而畔傳注，上以取士，下以專攻，致使等《大全》於高閣，並胡《傳》為藏闇。康侯而在，當目擊而痛絕之命。聖朝崇尚正學，削去脫母、傳、合，而大經昭如日星，夫說經者必參稽諸《傳》，而

後知本傳發明之意，亦必精研之《傳》，而後識聖經一字有一字之旨，故經之有《傳》，猶綱之有目也，而《傳》之有《大全》，亦《傳》中之綱有目也，當日明經解傳，自當以胡《傳》為綱，諸《傳》為目，庶乎康侯傳不傳之心法，始可洞悉。今雖有《衡庫》、《定旨》、《大成》諸書行世，皆多解題而不解《傳》，無怪乎文定之精意大失也。雖然《春秋》一書理豈微渺哉？王者治天下之大權、大法歸之，而且公好惡則合乎《詩》，酌古今則該乎《書》，著變通則盡乎《易》，興常典，本忠恕，則體乎《禮》與《樂》，豈惟繼周公治八百載之天下，直謂治千萬世，不易之天下，而可無一定之論，以闡發素王之權書，與康侯之傳注也乎？余少癖《左氏春秋》，既而得胡《傳》旨於中州任美君、武林姚期雨兩先生，甲午闈前，偕東甌少韓項子、武林子四汪子、山陰午良單子、蘭溪望子徐子，訂義西湖，質疑考異，大有裨益，歸而晰微究奧，於《大全》諸書而纂輯之，志益切於是，會古今注疏，略短去長，芟繁就簡，去異證同，其微義載諸凡例，而大旨一於傳內標出，末附以臆見，至壬寅歲而書成，題曰『省菴定論』，亦曰：變而得其正，而其說歸於大定云爾。」（光緒《鎮海縣志》卷三十一）

　　案：光緒《鎮海縣志》著錄。

《三傳箋注》　陳夢蓮撰，〔佚〕

　　案：光緒《鎮海縣志》著錄。

《春秋集說》　謝緒恆撰，〔佚〕

　　謝緒恆，崇禎時期，浙江鎮海，字子朔，號崧軒，據光緒《鎮海縣志》云：「謝緒恆，字子朔，得昌長子，從父受《春秋》，專於學問，無棋弈宴遊之好，年十七補諸生，博通經史，善詩古文詞。康熙三十八年，由副貢入成均，考授內庭教習，期滿以知縣用，尋中五十九年舉人，晚以

著述自娛，卒年七十五。」（卷二十二）；薛士學〈序略〉云：「子朔取諸家之說，採其用意之精者，彙而成編。」（光緒《鎮海縣志》卷三十一）

　　史夔〈春秋集說序〉云：「治經者，《易》、《書》、《詩》、《禮》皆可為帖括之體，惟《春秋》則用斷例成文，一字一句，不可添設，故治《春秋》者，視他經為較難，文中子曰：『《春秋》者，輕重之權衡，曲直之繩墨也。』伊川曰：『五經之有《春秋》，猶法律之有斷例也。』其為法度至嚴，而不可稍為移易矣。故讀《春秋》者，不可以不熟《傳》，讀《傳》者不可以不辨旨，苟失其旨，則雖恣其浮詞夸說，於聖人當日深衷，不啻有毫釐千里之謬。然則《傳》固不可不盡讀乎？曰：『非也！治《經》者其用功，有博有約，參酌乎先儒之說，泛濫乎三《傳》之義，書必求其備，文必覽其全，所謂博取之而廣其義也，探眾說之菁華，摘經文之要旨，義舉而不病於支離，詞削而不傷於罣漏，所謂約求之以得其當也。雖然，徒約者不可以為《傳》，而惟博者然後能約，豈易言哉。』謝子子朔所輯《春秋集說》，則真所謂能約者也，其辨理也精，其體《傳》也密，其選題也博而不繁，約而能當，使讀之者一覽瞭如，如入大官廚，海錯山珍，靡不畢具，於以羽翼《傳》，嘉惠來學，所裨豈淺鮮哉？或曰是編成，天下之習《春秋》經者，視他經為易矣，而不知所以成此者非易也，謝子為其難，天下為其易，不亦可乎？故喜而為之序。」（光緒《鎮海縣志》卷三十一）

　　案：光緒《鎮海縣志》著錄。

《麟經要旨》　張其繁撰，〔佚〕

　　張其繁，崇禎時期，廣東順德，據咸豐《順德縣志》云：「張其繁，龍江人，少治《春秋》。以澹泊寧靜教人，談笑解紛拯難。子汝齡，康熙舉人，教諭。」（卷之十五）

案：民國《順德縣志》著錄。

《春秋精義》　成克大撰，〔佚〕

成克大，崇禎時期，河北大名，字子來，據陶樑云：「克大，字子來，大名人，克鞏弟，順治十七年舉人，歷官貴州鎮遠府知府，有《歷游詩》十卷。《大名縣志》：克大因母老不仕，終養後始授內閣中書，轉戶部廣西司主事，再遷貴州司員外。……兵燹後，民憊兵驕，苗人雜處，克大招集流亡，興學校，禁奸宄，抑兵化苗，政績詳載〈屏山遺愛碑〉。克大性激烈，齟齬不合於時，以兄克鞏卒，請歸，著有《歷遊詩》、《春秋精義》，兼善顏真卿書法，卒年六十二。」（《國朝畿輔詩傳》卷十三）
案：民國《大名縣志》著錄。

《春秋綱》三卷　秦沅撰，〔佚〕

秦沅，崇禎時期，浙江無錫，字湘侯，與寧都魏禧交。萬斯大居杭州時，以所著《春秋綱》相商榷，是書今不見，朱彝尊尚見之，《經義考》收錄其序言。

秦沅〈春秋綱序〉云：「孟子以《春秋》之作，始於《詩》亡，觀其大矣！夫子刪《詩》，〈王風〉始於〈黍離〉，考之於史，〈黍離〉之作，在平王二十四年，而《春秋》之始隱公，則平王四十九年也，夫子何取乎隱公，而始修之耶？蓋善乎舊史之『不書即位』也，夫子為政必也正名，隱公不正其名，故不即位，而國史不書，隱以攝位自居，故王職不共，王葬不會，嗣王不朝，居然自以為得計矣，而下之應之者，無駭入極矣，翬帥師矣，身弒矣，迄於襄、昭、定、哀，卒成尾大不掉之禍，不可復振。夫子傷宗國之陵夷上下，於二百餘年之間，而知其所以致此者，實隱公啟之也，非名不正之明驗歟？夫子曰：『吾猶及史之闕文也。』蓋善乎其不書即位也，此正名之先得我心者也，此修《春秋》所為託始也，

《詩》亡而《春秋》作，《春秋》之作，始於隱公，殆謂是乎？殆謂是乎？於是參之以列國之聘問、會盟、征伐、興衰、治亂之效，行其褒貶，著之為一國之書，垂之為萬世之訓，而夫子治國平天下之道賢於堯舜，而其大要歸於正名。余揣摹其旨，竊窺其道，摘其綱而為之目，約其事而比次之，以見一字之同，一言之異，一文之詳略，而是非遂可以尋情，事盡能劃見，信非聖人莫能修之。余豈敢謂遂能明聖人之微哉，蓋以經解經，或當無舛，尋其旨趣，與後之君子商之耳。」（《經義考》卷二百八）

案：光緒《無錫金匱縣志》著錄。

《春秋傳略》　張睿卿撰，〔佚〕

張睿卿，崇禎時期，浙江歸安，字稚通，號心嶽，據同治《湖州府志》云：「張睿卿，字稚通，號心嶽，歸安人，諸生。性剛直，忤同邑范應期，以事被褫。會歲祲，出粟助賑，捐學田，設義學、義冢，雖傾囊不惜，例給冠帶，卻之。交游徧海內，游泰、岱，謁孔林，歸自長安，著述益富，惜兵燹後散亡。」（卷七十五）；雍正《浙江通志》云：「張睿卿，《歸安縣志》：字心嶽，歸安人，博雅豪邁，游歷山川，以著書為樂，所撰述有《經鑑正宗》、《唐五家詩》，《峴山》、《長超山志》、《易說》、《五大游記》、《吳興風雅苕記》等書。」（卷一百七十九）

案：《經義考》、光緒《歸安縣志》著錄。

《左傳》一卷　張睿卿撰，〔佚〕

案：光緒《歸安縣志》著錄。

《春秋約旨》十二卷　李遇培撰，〔佚〕

李遇培，崇禎時期，浙江縉雲，字因我，據光緒《處州府志》云：

「李遇培，字因我，縉雲人。少時父病，俗有迎婦充喜之說，培不允，父
故哀慟，盡禮。兄禮部初杲公以文足起衰，毅可振懦目之，命二子屬門
下，中年患腳，不窺園者十稔，著《春秋約旨》、《易註增删》各十二
卷。生平不事神佛，曰：『吾奉孔氏教，足矣』。」（卷之二十）

　　案：雍正浙江通志、乾隆《縉雲縣志》、光緒《處州府志》著錄。

《春秋大指》　張一楠撰，〔佚〕

　　張一楠，崇禎時期，浙江浦江，字尚舟，據光緒《浦江縣志》云：
「張一楠，字尚舟，自幼即思以理學為己任，訪求就正，足跡遍三吳、百
粵閒，一時名碩如潘公人龍、方公應祥，咸折節下之。所至問字，戶屨常
滿。一楠設教，務先器識，重行誼。性尤篤孝，親死廬墓，適忌日必三復
〈蓼莪〉，悲鳴涕泗，門人皆為感泣廢詩，稱曰『匪莪先生』，所著有
《四子口義》，《易》、《詩》《書》、《春秋》、《三禮》、《孝經大
指》，《師友學錄》若干卷。」（卷九）

　　案：光緒《浦江縣志》、《浦陽藝文考》著錄。

《左史摘粹》　汪一松撰，〔佚〕

　　汪一松，崇禎時期，江西婺源，生平失考。

　　案：民國《重修婺源縣志》著錄。

《左凡印可正續編》　詹紹慶撰，〔佚〕

　　詹紹慶，崇禎時期，江西婺源，字本修，號大麓，據民國《重修婺源
縣志》云：「詹紹慶，字本修，慶源文學，天性孝友，靜默不逐世紛，少
從族賢軗光學，研究紫陽心性之旨，兼肆力古學，非應試不入城市，非道
義必嚴取與。生平纂述盈箱簏，悉參天人微渺，入聖賢閫奧，時人莫測

也。課子養沉顯貴，讀中祕書，猶縕衣糲食，授徒自給，視祿養泊如也。恒遺子書，舉三事為訓：一曰急忠諫，一曰求試吏，一曰力辭職，長安競傳誦之，著有《三經整》、《三疑編》、《左凡印可正續編》、《大麓野抄》百餘卷，藏於家。學者稱大麓先生。」（卷二十三）

案：觀書名或且分正、續二編，光緒《重修安徽通志》列於春秋類。民國《重修婺源縣志》著錄。

《麟經辨疑》　戴元侃撰，〔佚〕

戴元侃，崇禎時期，江西婺源，字二如，據民國《重修婺源縣志》云：「戴元侃，字二如，陽穀令，應晹孫。幼孤奉母，余氏訓經書，皆母口授。年十四遂廁饗宮，二兄相繼沒，孤姪作梅鼎亨撫育，婚教恩勤如子，俱克成立，從其舅余紹祉讀書大鄣山，攻苦力學，盡得其舅氏之傳。時值鼎革，遂致諸生隱於狲峰精舍，專意經學，尤邃於《易》、《春秋》，所著有《大易奧義》、《麟經辨疑》二書，貧不克梓。生平不欺暗室，動必循禮，有古儒者風。《府志》載儒林。」（卷二十三）

案：民國《重修婺源縣志》著錄。

《春秋辨疑》　李之實撰，〔佚〕

李之實，崇禎時期，山東泰安，字蕡其，據乾隆《泰安府志》云：「李之實，字蕡其，泰安人，父乾明，季時樹德於鄉，有孝義名。之實篤志嗜學，知州張錫懌、州同賀運清皆名進士，雅重之。中康熙癸卯鄉試，一上公車不第，退而教授生徒，所成就人材甚夥，著有《四書存是編》藏于家，及歿，學者私諡孝文先生。」（卷十七）

案：乾隆《泰安府志》著錄。

《左氏軼篇》　李友松撰，〔佚〕

李友松，崇禎時期，湖北公安，號薇園，據光緒《荊州府志》云：「李友松，號薇園，順治甲午舉人。生歲餘而孤，母侯氏，羅江令一定女也，畫荻教之。友松酷嗜《左傳》，有《左氏軼篇》之評，又著有《薇園集》。」（卷之五十七）

案：光緒《荊州府志》著錄。

《春秋經傳日鈔》　高愈撰，〔佚〕

高愈，崇禎時期，江蘇無錫，字紫超，據錢林云：「高愈，字紫超，無錫人，明左都御史攀龍從孫也。十歲讀從祖遺書，即厲志嚮學，補博士弟子員，益博涉先儒語錄，標其區界，總其歸塗，家世廉白，守靜不苟，晚歲清竇至極，啜粥七日矣，方挈其子臨城矚眺，不改其樂，嘗曰：『士求自立，當自不忘溝壑。』始儀封，張伯行巡撫江蘇，請主東林會講，以疾辭。愈和而不諍，自少至老無疾言，遽色人有釁忿，至愈前輒自愧曰：『是可令紫超見乎。』鄉人以道學相詆，謀至於愈，僉謂此淳備長者也。同縣顧棟高事愈，談說經業，誨誘不倦，棟高每歎曰：『便便之腹，真五經笥。』但不為孝先之假臥耳，卒年七十有八，有《朱子小學纂注》、《讀易偶存》、《春秋經傳日鈔》、《春秋類》、《春秋疑義》、《高注周禮》、《周禮疏義》、《儀禮喪服或問》，其《小學注》六卷，今黌舍弟子誦之，明末講學門戶甚盛，東林高、顧子弟入國朝後，頗傳其家學。」（《文獻徵存錄》卷四）

《春秋類》　高愈撰，〔佚〕

案：據前文錢林《文獻徵存錄》著錄。

《春秋疑義》 高愈撰，〔佚〕

案：據前文錢林《文獻徵存錄》著錄。

《春秋左傳測要》 韓范撰，〔佚〕

韓范，崇禎時期，江蘇華亭，字友一，據嘉慶《松江府志》云：「韓范，字友一，華亭人，明諸生。工制藝，尤長於詩，嘗與閔山紆選刻《東華集》，後與王玠右兄弟、金天石、吳日千、何次張、吳懋謙聯詩社，稱雲間七子，著《雲頌堂詩集》。玠石序之，稱其學問、性情、意氣，蓋學問以博聞強識言；性情以仁孝忠愛言；意氣則以朋友族黨死生患難之交言，謂此皆無與於詩，而詩之工以此，又著《左傳測要》，謂是談兵之書，而因推測其事迹，非徒在文義字句閒也，惜其書已不存。」（卷五十六）；乾隆《江南通志》云：「徐孚遠，字闇公，華亭人，崇禎壬午舉北闈。博學工文，倡『幾社』。著有《十七史獵俎》諸編，仕福州推官。時幾社中以文名者如：周立勳字勒卣、顧開雍字偉南、彭賓字燕又、宋存標字子建、郁汝持字子衡、朱灝字宗遠、朱積字早服、章曠字于野、張彥之字洮侯、張憲字漢度、韓范字友一、陸慶曾字子元、陸慶臻字集生、盛翼進字隣汝、徐桓鑒字朗公、蔣雯階字大鴻、袁國梓字丹叔。或終明世，或入國朝。或仕或隱，皆翹楚也。」（卷一百六十六）

案：光緒《松江府續志》、光緒《重修奉賢縣志》著錄。

《左傳集評》十二卷 韓范撰，〔佚〕

光緒《重修奉賢縣志》云：「韓范，字友一，韓村人，明諸生，與吳騏、金是瀛、吳懋謙、何安世、王光承兄弟相倡和，稱『雲間七子』，著《雲頌堂詩集》，光承序稱其性情、學問、意氣為制行立身之本，末而詩之工，以此又著《左傳測要》、《集評》，不沾沾於字義文法，而兼論事

理，頗能識其大。」（卷十一）

案：光緒《松江府續志》、光緒《重修奉賢縣志》著錄。韓范此二書雖已亡佚，但學源堂刊刻的《春秋左傳杜林合註》收錄大量韓范關於《左傳》的評點意見，可以說二書雖佚而不亡也。

《春秋正朔辨》一卷　吳任臣撰，〔佚〕

吳任臣，崇禎時期，浙江仁和，字征鴻、志伊、爾器，號託園，據民國《杭州府志》云：「吳任臣，字志伊，其先莆田人，從父至杭，遂補仁和學弟子員。志行端愨，學博而思精，旁涉天官奇壬之術。時比管郭應學使試嘗見黜，陸培手其卷，注釋殆徧以告，士大夫學使許豸再讀曰：『信誤矣。』亟易等第，由是名噪。同郡吳百朋試以奇字，任臣舉秦權文與小篆折之。康熙十八年，舉鴻博試，入翰林，與修《明史》，崑山顧炎武稱其『博聞強記，群書之府。』嘗取唐季諸覇國事為《十國春秋》百十六卷，又為《周禮大義》、《禮通字彙補》、《山海經廣注》，皆能以經學兼史學、詞章，又精樂律，閱市見編鐘，一叩之知為古大呂鐘，滌視款識果然。在翰林十年未遷，會聖祖以祕書命詞臣檢校，令分陰陽、句讀、地理、名氏，諸臣校上多誤，上怒，皆惶恐，拜闕下，乞以書付任臣，奉命覆校，竭四十晝夜終卷，遇疾驟發，僵仆車中，卒。」（卷一百四十五）

案：《經義考》著錄。雍正《浙江通志》作「春秋正朔考辨二卷」。

《春秋繹志》　沈繼震撰，〔佚〕

沈繼震，崇禎時期，浙江錢塘，字子起，據民國《杭州府志》云：「沈繼震，字子起，錢塘人。少質直，父置書膝上教之，繼震跪而受教。及長，周規折矩，不踰尺寸。為諸生四十年，非試於有司不公謁，修脯外不妄受一錢。病妻弱女，四壁蕭然，力學著書，尤長於《春秋》，與朱白樓樛相頡頏，窮老無子，寢疾猶吟詠不輟。」（卷一百四十八）

案：雍正《浙江通志》、乾隆《杭州府志》著錄。

《左傳評注》　陳于王撰，〔佚〕

陳于王，崇禎時期，浙江海寧，字少廣，生平失考。

案：民國《杭州府志》著錄。

《左傳繹》　余聯翹撰，〔佚〕

余聯翹，崇禎時期，浙江遂安，生平失考。

案：雍正《浙江通志》著錄。

《春秋四傳緯》　尹衡撰，〔佚〕

尹衡，崇禎時期，浙江歸安，字平之，據康熙《江西通志》云：「尹衡，字平之，歸安人。順治進士，授樂平令。時江右伏莽未靖，乘夜窺城，衡死之。」（卷六十三）

案：雍正《浙江通志》著錄。

《春秋辨義》　姚斌撰，〔佚〕

姚斌，崇禎時期，浙江石門，字仲符，據雍正《浙江通志》云：「姚斌，《石門縣志》：字仲符，庠生。六歲而孤，事母梁以孝聞，前母兄繼周相朂甚嚴，斌事之如父，父遺厚貲悉讓之兄，及兄暴卒，適姪游學，斌封識所有，以俟姪歸，毫無所染。好讀書，築即山居，購書其中，寒暑弗輟，著有《易衍》、《春秋辨義》諸書。以子琅貴，贈奉政大夫。」（卷一百八十三）

案：光緒《嘉興府志》著錄。

《春秋經解》　張琯撰，〔佚〕

張琯，崇禎時期，山東新城，字官玉，號協菴，據道光《濟南府志》
云：「張琯，字官玉，號協菴，新城人。祖已志，父夢雷，皆諸生。琯與
兄珽，從弟瑛，文名著海岱閒，號『三鳳』，琯尤淹博，邃經學……著述
甚富，有《春秋經解》、《三傳解》。」（卷五十五）

案：道光《濟南府志》著錄。

《三傳解》　張琯撰，〔佚〕

案：道光《濟南府志》著錄。

《春秋集說》四卷　朱時顯撰，〔佚〕

朱時顯，崇禎時期，山東德平，字宗晦，號文泉，據道光《濟南府
志》云：「朱時顯，字宗晦，號文泉，德平人。順治戊子歲貢，任棲霞訓
導，掖縣教諭，安東衛教授。所至以講學課士為務，學者宗之……年登大
耋，恭儉不踰其素，友人題其堂曰『恭壽』，著有《春秋集說》四卷。」
（卷五十六）

案：道光《濟南府志》著錄。

《纖批左傳》　袁之升撰，〔佚〕

袁之升，崇禎時期，山東章丘，生平失考。

案：道光《濟南府志》著錄。

《春秋傳解》十卷　趙繼忠撰，〔佚〕

趙繼忠，崇禎時期，山東安東衛，字葵陽，據光緒《日照縣志》云：

「趙繼忠，字葵陽，衛人。甫離經即志理學，周、程、張、朱之言皆能淹貫。後補鄒平博士，教諭不倦。年近九十，攻苦仍如少壯，著有《春秋傳解》、《性理豁目》、《山居詩草》。」（卷八）

案：雍正《山東通志》著錄。

《春秋正脈》三卷　魏鎮撰，〔佚〕

魏鎮，崇禎時期，山東邱縣，生平失考。

案：雍正《山東通志》著錄。

《麟經義》　謝毓英撰，〔佚〕

謝毓英，崇禎時期，河南鄾城，生平失考。

案：民國《鄾城縣志》著錄。

《春秋諸傳會鈔》　宋來復撰，〔佚〕

宋來復，崇禎時期，江蘇常熟，生平失考。

案：乾隆《江南通志》著錄。

《春秋分國左傳》十六卷　盧元昌撰，〔佚〕

盧元昌，崇禎時期，江蘇華亭，字文子，據乾隆《江南通志》云：「盧元昌，字文子，華亭人，諸生。著述有盛名，詩學杜陵，有《杜詩闡》、《唐宋八家文選》，操選政數十年以壽終。」（卷一百六十六）

案：乾隆《江南通志》著錄。嘉慶《松江府志》作「十六卷」。

《春秋說夢》　　吳非撰，〔佚〕

吳非，崇禎時期，安徽貴池，生平失考。

案：乾隆《江南通志》著錄。

《春秋日歷》　　劉廷鑾撰，〔佚〕

劉廷鑾，崇禎時期，安徽貴池，字得輿，號梅根、嶧桐、徵君、長公，父劉城，據乾隆《江南通志》云：「劉廷鑾，字得輿，貴池人。父城，明季以文雄江左。廷鑾少承家學，又師事父友吳應箕，盡得其傳，日益淵博，詩文皆偉麗，聲名籍甚。康熙元年，以貢考授州同知，未仕，卒。所著《梅根集》及他纂述，凡數百卷。」（卷一百六十七）

案：乾隆《江南通志》著錄。

《麟經指掌》　　王振基撰，〔佚〕

王振基，崇禎時期，安徽潛山，字爾玉，據光緒《重修安徽通志》云：「王振基，字爾玉，潛山貢生。弟揚基，並以才名著。崇禎中，寇踞邑里，眾避萬澗山。振基設計捍衛衣食之，全活無算，所著《伊洛薪傳》、《麟經指掌》等書，遠邇傳誦，卒年八十一，赴弔者數千人。」（卷二百二十二）

案：乾隆《江南通志》著錄。

《春秋胡氏解》　　張田撰，〔佚〕

張田，崇禎時期，江蘇蘇州，字雯子、芸己，據錢謙益《列朝詩集》云：「張田，字芸己，吳郡人。工歌詩，不矜苟作，有擬九體詩。」

案：同治《蘇州府志》著錄。

《春秋曆補》 湯濩撰，〔佚〕

湯濩，崇禎時期，江蘇六合，字聖宏、昭爕、易庵，據民國《六合縣續志稿》云：「湯濩……《金陵詩徵·湯濩小傳》：濩字聖宏，一字昭爕，又字易庵，六合人……少師事朱嗣宗先生，與丁雄畢、黃虞稷結『古歡社』於長干，尤精天文、六書。桐城方以智、山陽張弨往復刪訂，有《春秋曆補》、《測天雜說》、《說文部敘》、《六書詣》、《音聲定位圖》、《讀易考略》諸書，天性孝友，不以學辯勝人，粹然有德、有言之儒者也。」（卷十五）

案：同治《蘇州府志》著錄。

《春秋贊》三十卷 韓洽撰，〔佚〕

韓洽，崇禎時期，江蘇蘇州，字君望，號寄庵，據乾隆《江南通志》云：「韓洽，字君望，長洲人，隱居羊山，以高節著，深於字學，所著有《篆學測解》、《釋訓考源》，識者言足證《說文長箋》之誤。」（卷一百六十三）

案：同治《蘇州府志》著錄。

《魯春秋》 戴笠撰，〔佚〕

戴笠，崇禎時期，江蘇吳江，字耘野、曼公，初名鼎立，字則之，據潘檉章云：「戴笠，字耘野，初名鼎立，字則之。祖天敘，見孝義傳。笠孤貧力學，為諸生，文行炳著，渾厚篤誠。與人居，溫溫終日，而志節凜然，非其義，一芥不苟。乙酉後，入秀峰山為僧，得禪學宗旨。久乃返初服，教授自資，勤於著述，謂明亡於流寇，綜其始末，以月日為次，作《寇事編年》。采輯明末死義諸臣事蹟，作《殉國彙編》，自將相至布衣，無不詳載。別紀烈女為《骨香集》，後死者為《舊集》，為《發潛

錄》，又有《聖安書法》、《文思紀略》、《魯春秋》、《行在陽秋》等書，共數十卷。居同里之朱家港，土屋三間，旁穿上漏，炊煙時絕，略不關懷。惟孜孜編纂，雜采朝報野史，參之見聞，口訊手鈔，老而不倦，海內著述，家服其精博，惜多散佚不傳。」（《松陵文獻》卷十人物志十）

案：同治《蘇州府志》著錄。

《春秋表微》三十卷　鄭郟撰，〔佚〕

鄭郟，崇禎時期，福建莆田，字奚仲，號皆山，師黃道周，據乾隆《福建通志》云：「郟字奚仲，為諸生，博聞強識，著有《皆山集》、《易測》、《詩史》、《和陶廣騷》、《春秋表微》諸書。」（卷五十一）；張北山云：「褒貶處，大得《麟經》筆意。」（《操齋集》卷七）；鄭皆山云：「辱承華袞之褒，雖亦善善，宜長之意。然實幸先生不罪我矣，寶而藏之，以為拙集光。」（《操齋集》卷七）

蔡衍鎤〈鄭奚仲春秋表微序〉云：「鎔《詩》、《書》、《易》、《禮》、《樂》而為《春秋》，褒貶取裁于聖心，凡單辭隻字，無非大義微言，是以書成游、夏莫之能贊也。夫以游、夏之所不能者，欲令千載以下之儒管窺蠡測，逆得聖人之意于千載以上，其將能之乎？《左》之失誣，《公》之失俗，《穀》之失短，至《胡》庶幾近之然，亦未免有深文鍛鍊，幾于酷吏苛辭者。莆田鄭子曰：『此豈聖人善善惡惡之意邪？』異時禽獸逼人，邪淫害正，自斯人激之矣！因翻文定舊案，自作《春秋表微》，據經史以正其訛，參百家以窮其奧，微顯闡幽，裁成義類，自隱元始至于麟止，為卷三十，凡以存天理，遏人欲，使天下後世曉然于聖人之意之所在，夫子有言：『吾志在《春秋》』，先生亦云：『吾志在《表微》』，出而問世，必有知先生，罪先生者。鎤不敏，未能深知其妙，敢自附于不能贊一辭者之後云爾。」（《操齋集》卷七）

案：乾隆《福建通志》、乾隆《莆田縣志》著錄，兩者皆不言卷數，

今以序文所說補之。

《春秋明辨》　唐洞惓撰，〔佚〕

唐洞惓，崇禎時期，福建莆田，字子膺，父唐大章，據乾隆《僊遊縣志》云：「唐恫惓，字子膺，大章子。邑諸生，少從陳濂遊，能闡大章之學。唐王時，以翰林博士徵，終隱香潭。為人坦易宕達，嗜酒自放，喜著述，於經書皆有論辨，有《香潭諸稿》。」（卷之三十九）

案：乾隆《福建通志》、乾隆《僊遊縣志》著錄。

《春秋琴譜》　衛朝陽撰，〔佚〕

衛朝陽，崇禎時期，陝西韓城，生平失考。

案：雍正《陝西通志》著錄。

《春秋義例通考》　孫和鼎撰，〔佚〕

孫和鼎，崇禎時期，江蘇嘉定，父孫元化，弟孫和斗，據嘉慶《直隸太倉州志》云：「孫元化，字初陽，舉萬曆四十年順天鄉試。……子和鼎、和斗、和京。元化在詔獄，和京侍，及死時，頭血濺地，和京伏而舐之盡，觀者莫不流涕。乙酉，嘉定城下，與妻高氏同死之。和鼎、和斗皆謝諸生服，埋名著書以終。」（卷二十八）

案：康熙《嘉定縣志》著錄。乾隆《江南通志》作「義理通考」。

《春秋名系彙譜》四卷　孫和鼎撰，〔佚〕

孫和鼎〈春秋名系彙譜序〉云：「讀《春秋》者以深求義理為務，名系非所急也，然二百四十餘年之間，事關禮、樂、刑、政者，屈指可數，而誅賞之變，難以言窮，要不越國爵、名氏以為之差而已，特聖經有案無

斷，不得不藉諸傳以折衷乃經，文先自異，三《傳》又互異，《左氏》更
爭奇炫博，變換文辭，以成其異，每當尋繹義理，亹亹忘倦之時，忽以稱
謂異同滋疑，殆而沮其說，以小害大，何可勝道而能不為之所乎。先君少
時嘗為之譜，為友人借鈔失去，後復增新例而輯之，惜脫稿者，十不逮
三，未便行世，而國門所懸《異名考》、《姓氏表》、《名號歸一圖》等
書，雖根株略具，而散漫無統，仍費推求，不類先君所輯，能兼總條貫，
洞人心目。和鼎乃遵原式，踵而成之，題曰『春秋名系彙譜』，上溯三
皇，原其始以察則也；下訖呂秦者，究其終以觀變也。生名終諱，胙土命
氏之典，皆廢於秦，後世雖或舉行，而空文徒具，實意已非，難云復古，
故以秦為終也，仍繫之《春秋》者，原其所自作也，徵異求同，不嫌煩
聒，豈曰僅成先君之志，亦欲觀者捐疑，殆而專尋繹，其於聖經未必無涓
滴之助云爾。劉芳喆曰：『和鼎，嘉定縣人，巡撫都御史元化之子，今翰
林致彌之父也。』嘗撰《石鼓文》，考據《左氏傳》，定為成王之鼓，辨
甚確。《春秋名系彙譜》一書，惜未之見。」（《經義考》卷二百八）

　　案：《經義考》、康熙《嘉定縣志》著錄。嘉慶《直隸太倉州志》作
「春秋名義彙補」。

《三傳分國紀事》　　孫和斗撰，〔佚〕

　　孫和斗，崇禎時期，江蘇嘉定，字九野，父孫元化，兄孫和鼎，據嘉
慶《直隸太倉州志》云：「孫和斗，字九野，元化仲子，篤於孝友。順治
二年，嘉定城陷，弟諸生和京夫婦死難，和斗與兄和鼎，謝去諸生，不關
世務。元化部將皆顯貴，延致之，或諷以仕，輒不應，辭歸，食貧偕隱，
泊如也。至經理侯峒曾之家事，脫陳子龍之遺孤，尤當于古人中求之。」
（卷四十）

　　案：康熙《嘉定縣志》著錄。

《春秋要略》　葉耿撰，〔佚〕

葉耿，崇禎時期，浙江平陽，字純仁，據雍正《浙江通志》云：「葉耿，《平陽縣志》字純仁，少為諸生領袖，通《尚書》、《春秋》、詩賦、文翰，搦管便就，從游者多知名士，所著有《尚書翼訓》、《春秋要略》、《越東樵語》。」（卷一百八十二）

案：康熙《平陽縣志》、雍正《浙江通志》、乾隆《溫州府志》著錄。

《春秋集義》十二卷　金鏡撰，〔佚〕

金鏡，崇禎時期，浙江長興，字金心，號次公、水一方人，據同治《長興縣志》云：「金鏡，字金心，號次公，自號水一方人，遠仲子。幼穎異沈靜，博學有特識，凡所評騭，悉中肯要。垂髫，補諸生，試屢冠軍，纂訂載籍，羽翼六經，載酒問奇者無虛日，晚應明經，泊然高尚。康熙十二年，邑有修誌之役，知縣韓應恆，請預其事，鏡扃戶搜討，甫二月已得成書四卷，忽無疾而卒，年七十有三。」（卷二十三上）

案：《經義考》、同治《湖州府志》著錄。

《左傳偶評》　金鏡撰，〔佚〕

案：雍正《浙江通志》、同治《湖州府志》著錄。

《春秋備意》二卷　唐世典撰，〔佚〕

唐世典，崇禎時期，安徽歙縣，字崇堯，據光緒《重修安徽通志》云：「唐世典，字崇堯，歙縣庠生。有鄉貴欲於郡學宮牆，穿一私門自便，世典力爭之，鄉貴不能奪也，著有《春秋講意》。」（卷二百二十四）

案：光緒《重修安徽通志》著錄。民國《歙縣志》作「春秋講意二卷」。

《春秋論》　金應宿撰，〔佚〕

金應宿，崇禎時期，安徽休寧，字少孺，據道光《休寧縣志》云：「金應宿，字少孺，璫溪人。苦志耽書，屢舉不第，遂築舍岑山，日事著作吟咏，與季父瑤、吳子玉特相友善，所著有《少孺集》九卷、《詩集》十卷、《讀史百二咏》、《春秋論》。」（卷之十四）

案：光緒《重修安徽通志》著錄。

《春秋鍵鑰》　周士遑撰，〔佚〕

周士遑，崇禎時期，安徽績溪，字鏡玉，據光緒《重修安徽通志》云：「周士遑，字鏡玉，績溪人，明末拔貢，甲申後隱於岐黃，有勸之出者，作〈貞女答問詞〉以見志，著有《春秋鍵鑰》、《墨莊集》。」（卷二百六十）

案：光緒《重修安徽通志》著錄。

《春秋三傳節義》　張一卿撰，〔佚〕

張一卿，崇禎時期，安徽涇縣，字次公，號求如居士，據光緒《重修安徽通志》云：「張一卿，字次公，涇縣人。七歲能文，淹貫經史，連中副車，入南監，祭酒李維禎目為汪元美、汪伯玉之流。居南郊，杜門著書，有《五經講義》、《春秋三傳節義》、《續史疑》、《四六綺合》、《古今表箋》諸書。」（卷二百二十六）

案：光緒《重修安徽通志》著錄。

《春秋三傳纂注》　曹天寵撰，〔佚〕

曹天寵，崇禎時期，安徽懷寧，字蓼淯，據光緒《重修安徽通志》云：「曹天寵，字蓼淯，懷寧諸生，潛心象緯之學。崇禎癸未，徙家於鄉，謂親友曰：『城內不可居也。』乙酉夏，左兵東下，桐果受其害，著有《春秋三傳纂注》。」（卷二百二十二）

案：光緒《重修安徽通志》著錄。

《春秋臆說》　邵含章撰，〔佚〕

邵含章，崇禎時期，師李維楨，含章蓋其字矣，生平失考。

文翔鳳〈五經臆說序〉云：「邵子以《易》、《書》、《詩》、《春秋》為聖人之四府，比於昊天之春、夏、秋、冬，非四時惡得有物類，非四經惡得有人倫，二千年來之生民，非吾與若宗祖耶？吾宗祖所以得相安於人倫，而衣且食於名教之中者，誰氏賜？非四府力耶？繼自今千萬世後之生民，非吾與若子孫耶？吾子孫所以得相安於人倫，而衣且食於名教之中者，誰氏賜？非四府力耶？吾與若既世食德孔氏矣，而逃之異教，以無聖、無天為大宗，造物得不以為不祥之人，余服膺孔氏，必不敢為方外之談，以獲罪於造物。孔氏，天之適子，其說則天之律令，何至以不祥之說叛之，孔氏雖稱六經，然非天子不議禮，雖有其德，苟無其位，亦不敢作禮樂，是以僅論討先王之餘，無成書樂，寓於《詩》、《禮》，寓於《春秋》，故四經即具六，非《禮》、《樂》經亡而尚待補立，戴收舊說而稱五，亦不失為孔之素臣，即揚子雲亦稱五經以逮今，茲著為令。西夏邵含章氏曾抗節于壬辰之變，與聞獻城之謀，弗言賞。奔母病廣陵，愆試期，為學使君所汰，弗恤也。其忠孝大節可稱，摧又卓毅不為異說所侮，而紬思於五經，有《臆說》若干卷，章稽句探，髣髴在門廡之間矣。遊金陵，質於其師李本寧先生，既可之，并質於余，余取其能經學雅賢於世之，甫掖而持貝函者，布衣而代長人者之憂，其擔荷良武囚為道所尊信於孔氏之

指，蓋實以事天，為貫串六經之樞紐也。」（《南極篇》）

《春秋義》　　沈異仲撰，〔佚〕

沈異仲，崇禎時期，浙江嘉興，異仲蓋其字矣，生平失考。

董斯張〈沈異仲春秋義引〉云：「春，陽中。秋，陰中。聖人有聖人之《春秋》，文定有文定之《春秋》，學人有學人之《春秋》，我曹腳跟下一卷《春秋》，塵封霧圍，杳不知其何狀？強摸崇安，面眼捏兮作蛇，偷光漏壁，愈迎而愈不傳，況素王玄指，何翅須彌極望耶？余染指此術，墨守俗諦，未闚一線，比焚研來逾十年，似稍見端緒萬一，往參憨老人雙徑間，夜語偶及此經，多豎新義，退而讀康侯《書》，殊覺換眼，深知《經》不可臆鑿，《傳》不可淺探，制義不可輕下語，竊自悔其少，作無所逮，則深有意乎異仲之言也。異仲，長水名家子，掃除裘馬結習，幼而孤，能痛自刻勵，名園擷影，作蠹魚主人，茗活香翻，別無旁嗜，時拈一題，討一傳，精參苦扣，兀兀如黃楊禪，每云：《傳》之誤認，坐浮心未盡耳。《傳》有來脉，有接響，有本隱而旁現，有貌主而位賓，有勢直而鋒婉，有跡收而神縱，靡不潰彼中堅，折其歸宿，以故發而為文，猶函合蓋，猶燈取影，風去雨還，奔機赴節，不摹繪青黃成，不追琢鐘球鳴，寫照入微，清機沁骨，異仲纔弱冠乎，所詣故如此矣，年運而往，百尺竿頭，武端和牧，菴而三之，又安能為君量哉？此無他，異仲不埋自己之《春秋》，文定纔有通身之手眼，視沾沾焉，拾先秦唾，薰百家煤，自謂刑書翼戴，真不足滿沈郎一笑耳！異仲為余友壻，外舅庚胐屠先生稱詩豪，吳中有水鏡名，每對，余奇異仲不置，余往時未見其文，今乃知屠先生非綺語者。憶余客長安，適與尊公仲貞氏同試席，略披數語，便識其磊砢多奇，得《餐勝齋詩》，輒不忍竟讀，〈捐鼎〉、〈寶瓠〉、〈異操〉、〈齊歡〉，天故異異仲，以昌之石聯，先生之緒業，雲紛星陳，大雅未央，其在君哉？而清源，而琴川，請他日問諸麟水。」（《靜歡齋遺

文》卷一）

《春秋鄭氏傳》　鄭答伯撰，〔佚〕

鄭答伯，崇禎時期，福建莆田，答伯蓋其字也，號牧仲，生平失考。

黃道周〈春秋鄭氏傳序〉（思曰：為莆中鄭答伯作也，時走數百里來問業，先以是經義例為請。）云：「鄭答伯以《詩》、《書》之餘，為《春秋》別傳，于《公》、《穀》、董、胡之外，別有討論，乃略廣源瀾，引其條貫，雖于四家之說，未能曠然，越其遺軌，而于世儒滅裂破碎之說，已蘘厥繁文，歸于弘領矣。凡有《春秋》，雖有逄稽博引之言，不如本經先後，各自連類，輸墨攻守，互相詆譏，不過字義之間，牽株及葉，于君臣、父子、夫婦、昆弟、華大之間，智者無所施其鈎繩，闇者無所費其燈燭也。近世達人詆訶胡氏，然而康侯出于四家之後，錯綜眾論，裁于伊川，卓然自異，不可磨滅，惟復仇之議，為中原張目，過于激昂，朋黨之論，為權奸溷聲，未能自脫，至于用兵正變之說，猶有縱橫血戰之餘，若其引禮批繩，抉根解節，采《公》、《穀》之緒，聞尊左、董之正識，疏而能通，質而不陋，何可少也。學者去康侯之三瑕，起元凱之眾例，雖不親承麟絨，領其微言于游、夏，悶默迸傳，受經之意，亦駸駸乎未遠矣！吾莆來彥有鄭牧仲、許不毀，皆邃于經史，有遺世獨立，著論不朽之思，答伯歸謀于二兄，有所以堙埴康侯，章闡《左氏》者，僕將從而問業焉。若夫時俗所沿三家之說，使僕執筆辟呥，僕病未能也。」（《黃石齋先生文集》卷七）

《春秋宗旨》　江九臯撰，〔佚〕

江九臯，崇禎時期，江蘇江都，字鶴誠，據民國《歙縣志》云：「江九臯，字鶴誠，居儀徵，博學善屬文，為太學生，屢試不遇，退而著書，尤邃於經學，與麻城李樹聲著《春秋宗旨》，浦陽劉上玉纂《四書說

約》，皆行於世。」（卷十）；陳鼎〈江氏雙節婦傳〉云：「九皋，先世居歙州。祖應全，有孝行，以鹽筴起家揚州，遂徙居焉……九皋博學，通文章，數困棘闈，遂閉戶著《春秋宗旨》、《四書說約》，以刻苦故得疾，早卒。」（《留溪外傳》卷十）

　　案：嘉慶《揚州府志》、道光《重修儀徵縣志》、光緒《續修甘泉縣志》著錄。

《春秋五傳》　倪元瓚撰，〔佚〕

　　倪元瓚，崇禎時期，浙江上虞，字獻汝，師劉宗周，據乾隆《紹興府志》云：「倪元瓚，字獻汝，文貞同母弟也。文貞年十七，領鄉薦。元瓚年十三，試輒冠軍，其學以守身事親為本，名在復社，而不掛黨人籍。辛巳歲，越中奇荒，元瓚亟條議上當事，令在城者坊管一坊，在鄉者鄉管一鄉，坊鄉殷戶分上、中、下，捐助饑民，分老幼極次，給米有差，散領有時，其外來流丐，仰給於官，民賴以安，當事欲以賢良方正薦，辭。與劉蕺山講學者七年，又館謝孔淵于家，講《易》三載。文貞殉國難，先作書由急遞寄元瓚，曰：『時事至此，惟有七尺。吾心泰然，當以好言慰太夫人。』元瓚哀國痛兄，目腫聲暗，故作好容，告母曰：『兄扈駕從海道南幸，且夕可至。』母奮身擲曰：『國家至此耶，爾兄必死矣。』元瓚預作邸抄，出袖中曰：『此據也。』不數日，有姻黨遽白之，母曰：『吾固言兒必死，但汝勿再效兄耳。』福王立，授兵部員外郎，辭不赴。蕺山絕粒，招至榻前，言地方大計，元瓚以母老多病，不能稍離，大聲慟哭，蕺山曰：『爾可稱終身慕父母者。』嗣王師援剿，經越抵甌閩，每借住宅為屯營，元瓚奉母徙居無常所，每遷移必先請命，伺顏色怡悅然後行。至丙戌，天下歸順，越中又安，而母年已八十六矣，或日一食，元瓚亦一食，或不食，元瓚亦不食，病日亟刺臂血作疏，籲天求代，及卒，元瓚已六十有三，猶作嬰兒號，日夜不息，形貌燋黑，至不可識，盧墓三載，又踰年

而卒，年六十有七，所纂輯有《理學儒傳》、《春秋五傳》、《群史目》，自《史》、《漢》至劉宋止。及《杜詩》、《紹興府志》等書，皆有論斷，文集數十卷。」（卷之五十九）

案：光緒《上虞縣志》、民國《紹興縣志》著錄。

《春秋說》　丁宏度撰，〔佚〕

丁宏度，崇禎時期，江蘇蘇州，字臨甫、子臨，號輿舍，師馮夢龍，徒惠周惕。

案：光緒《蘇州府志》、民國《吳縣志》著錄。

《春秋繁露廣義》　孫林撰，〔佚〕

孫林，崇禎時期，浙江永嘉，字子幹，據光緒《永嘉縣志》云：「崇禎年：孫林，字子幹，負文望，三中副車，由寧都教諭陞隆安知縣。通商惠民，修學葺志，士民德之。擢雲州知州，未任，卒。著有《繁露廣義》、《安攘三策》、《越吟草》。」（卷十一）

孫林〈春秋繁露廣義序〉云：「余半生日營八股，丘索流略，茫未有涉也，然私竊嚮往，亦好窺一斑，至晚始讀董子《繁露》諸篇，大約發明《春秋》而作也。夫《左氏》傳《春秋》，實為《麟經》紀事，非詮疏也，《公》、《穀》擬議稍近，解釋而多鑿，康侯氏似暢厥旨，終落訓詁，治《麟經》家，率南指北面之，然揚波助瀾，亦未能取宣尼筆削微言，神會之意表也。仲舒氏比伍參例，援事指義，互為發明，創所未備，可謂繼《左》功臣，且取《詩》、《易》、《禮》作《契參同》，非獨以《春秋》解《春秋》者，故其文閎深奧渺，自成一家言，洵漢代大儒，唐宋諸人，莫之能武也。余讀其書，頓覺有豁，閒抽其義而推廣之，亦以沿流遡源，強作解事，漫向津頭一問爾，作《繁露廣義》，以質慧心之有志當世者，雖然不以《春秋》解《春秋》，故《繁露》貴而傳，以《繁露》

解《繁露》，獨為廣《繁露》也乎？予持狹而尚曰：『廣也。』人將嗤我也夫。」（《溫州經籍志》卷五）

　　案：光緒《永嘉縣志》、《溫州經籍志》著錄。

《春秋摘要》　李乘雲撰，〔佚〕

　　李乘雲，崇禎時期，江西蓮花，字步天，號嘯菴，據乾隆《蓮花廳志》云：「李乘雲，字步天，號嘯菴，上西鄉，二十五都，平溪村人。性嗜學，博極羣書，為文雄深雅健，友教四方，從遊皆知名士。領歲薦，未仕而卒，著《只消草》、《春秋摘要》、《古文讀本》等書。」（卷之七）

　　案：光緒《江西通志》、紹興市地方志編纂委員會編《紹興市志》著錄。

《春秋定衡》　劉武孫撰，〔佚〕

　　劉武孫，崇禎時期，江西高安，號清貽，據同治《高安縣志》云：「劉武孫，號清貽，郡廩生，將貢，以母八旬在病，自安引退，問寢侍膳，十年足不出戶。母死，哀毀骨立，祭葬一如家禮。晚閉戶力學，著有《文史提綱》、《經史提綱》、《春秋定衡》、《周易象解》、《四書質言》、《水緯》及《佐時旁議》、《山林讜議》諸書。明季部敕，郡邑舉廢藪實行有德之士，署郡司理張大烈□其文品，將上薦，武孫以髮辭，學使陸錫明賜額表之，張公序其《文史提綱》二十卷，未梓，藏于家。」（卷之十六）

　　案：同治《高安縣志》、同治《瑞州府志》著錄。

《春秋登微》　鄒映斗撰，〔佚〕

鄒映斗，崇禎時期，江西金谿，字星垣，生平失考。

案：光緒《江西通志》著錄。光緒《撫州通志》作「春秋發微」。

《春秋補注》　鄧璿撰，〔佚〕

鄧璿，崇禎時期，江西瀘溪，字溫如，據同治《瀘溪縣志》云：「鄧璿，字溫如，邑學生，舜日子。璿少有志操，動以先正自期，與弟璸俱受知於督學蔡懋德。侯峒曾拔以冠軍。為學潛心經史，務在窮理，久之悠然有得，謂：『堯舜人皆可為』，雖顛沛流離，弗懈也。著有《春秋補注》一書，於五《傳》多所駁正。其承順父母，友愛弟兄，家庭之間尤見至性。璸，字文孺，母死，水漿不入口者數日，鄉人稱為二難。」（卷九）

案：光緒《江西通志》著錄。同治《建昌府志》作「鄒璿」。

《左傳補注》一卷　惠有聲撰，〔存〕

惠有聲，崇禎時期，江蘇吳縣，字律和，號樸庵，據民國《吳縣志》云：「惠有聲，字律和，東渚人，明末歲貢生，隱居不仕，與徐枋友善。以九經教授鄉里，尤明《左氏春秋》，年七十卒。惠氏四世傳經，有聲為之首。」（卷第六十六上）

案：惠有聲子惠周惕、孫惠士奇、曾孫惠棟。惠棟撰著《春秋左傳補注》六卷，此書存四代治《春秋》之學的大成，惠有聲可謂開明末漢學先聲。惠棟〈春秋左傳補注序〉云：「棟曾王父樸菴先生幼通《左氏春秋》，至耄不衰，常因杜氏之未備者，作《補註》一卷，傳序相授，於今四世矣。竊謂《春秋》三《傳》，《左氏》先著竹帛，名為古學，故所載古文為多。晉宋以來，鄭、賈之學漸微，而服、杜盛行，及孔穎達奉勒為《春秋正義》，又專為杜氏一家之學。值五代之亂，服氏遂亡。嘗見鄭康

成之《周禮》，韋宏嗣之《國語》，純采先儒之說，末乃下以己意，令讀者可以考得失而審異同。自杜元凱為《春秋集解》，雖根本前修，而不著其說，又其持論間與諸儒相違，於是樂遜《序義》，劉炫《規過》之書出焉。棟少習是書，長聞庭訓，每謂杜氏解經，頗多違誤，因剌取經傳，附以先世遺聞，廣為《補註》六卷，用以博異說，祛俗議，宗韋、鄭之遺，前修不掝，效樂、劉之意，有失必規，其中於古今文之同異者尤悉焉，傳之子孫，俾知四世之業勿替引之云爾。戊戌冬日東吳惠棟定宇序。」

　　《四庫全書總目》云：「《左傳補注》六卷，桂林府同知李文藻刊本。國朝惠棟撰。棟有《周易述》，已著錄。是書皆授引舊訓，以補杜預《左傳集解》之遺，本所作《九經古義》之一，以先出別行，故《九經古義》刊本虛列其目而無書。目作四卷，此本實六卷，則後又有所增益也。其中最典確者，如隱五年『則公不射』，引《周禮》『射人祭祀則贊射牲，司弓矢供射牲之弓矢』及《國語》倚相之言，證旁引射蛟之誤。（案此朱子之說，非杜《注》也，蓋因補杜而類及之。）莊公十四年『繩息媯』，引《呂覽》『周公作詩以繩文王之德』及《表記》鄭注『譽，繩也』，證杜注訓『譽』之由。二十八年『臧孫辰告糴于齊，禮也』，引《周書·糴匡》解『年儉，穀不足，君親巡方，卿告糴』，證為古禮。僖五年『虞不臘矣』，引《太平御覽》舊注及《風俗通·月令》章句，證臘不始秦。十年『七輿大夫』，引王肅《詩傳》，證七當作五。二十二年『在司馬固諫曰』，引《晉語》：『公子過宋，與司馬公孫固相善』，證固為人名。二十七年『《夏書》曰』，引《墨子·明鬼》篇，證《尚書》但有《夏書》、《商書》、《周書》，本無虞書。文十八年『在「九刑」不忘』，引《周書·嘗麥解》，證為刑書九篇。宣二年『以視于朝』，引《毛詩·鹿鳴箋》、《儀禮·士昏禮注》，證『禮』為『正』字，郭忠恕作『示』為誤。三年『不逢不若』，引郭璞《爾雅注》，作『禁禦不若』，證以杜注『逢』字在下文，知今本漓寫。六年『以盈其貫』，引《韓非子》『以我滿貫』，證貫字成。十六年『徹七札焉』，引《呂覽·

愛士篇》，證鄭康成『一甲七札』之說。襄二十三年『娶于鑄』，引《樂記鄭注》，證『鑄』即『祝國』。又『踞轉而鼓琴』，引許慎《淮南子注》，證『轉』即『軫』。二十五年『慎始而敬，終終以不困』，引《周書・常訓解》，證不出古文蔡仲之命。二十七年『崔杼生成，及彊而寡』，引《墨子・辭過》篇證『無妻曰寡』。昭元年『具五獻之籩豆于幕下』，引《禮記正義》，證杜《注》『五獻』之誤。十五年『一歲而有三年之喪二』，引《墨子・分孟》、《非儒》二篇，證『妻喪三年為春秋末造之禮。』二十六年『鑒而乘於他車』，引《說文》證『偉誤作鑒』。哀二十五年『轙而登席』，引《少儀》證『燕必解轙』。皆根據昭然，不同臆揣。至文二年『廢六關』，引《公羊傳注》證『廢訓置』則是，又引韋昭《國語注》證『置訓廢』則非。蓋『置』有二義，一為建置之置，《公羊注》所言是也，一為棄置之置，《國語注》所言是也。此猶亂可訓治，而亂離瘼矣，不可訓治。臭可訓香。而逐臭之夫，不可訓香，古之設關在譏，而不在征。臧文仲廢六關，以博寬大之譽，而使姦宄莫詰，陰以厲民，故誅其心，而謂之不仁。棟但執反覆旁通之義，殊為偏駁。又文十三年『其處者為劉氏』，孔穎達《疏》明言漢儒加此一句，則為劉字無疑，而必為原作『留』字，漢儒改為『卯金刀』。宣二年『文馬百駟』，當以邱光庭《兼明書》所辨為是，而必引《說文》『畫馬』之訓。襄十七年『澤門之晳』，謂古皋、澤字通，又謂諸侯有皋門，其說固是，然邑中澤門，各指所居，皋門非所居之地也。二十一年『公姑姊』，既謂《注》、《疏》皆非，斷為同宗之女，然於姑可解，於姊終無解也。二十五年『執簡以往』，引服虔說『一簡八字』，證『太史書崔杼事亦八字』，殊嫌牽合。三十年『亥有二首六身』，即指為孟子之亥唐，尤為附會。昭七年『余敢忘高圉、亞圉』，引《竹書紀年》補杜預之闕，不知汲郡古文，預所目睹，預既不引，知原書必無此文，未可以後來偽本證其疏漏。（案書中屢引《竹書紀年》，蓋未及詳考今本之偽。）至於二十一年『鄭翩願為鸛』，引陸佃《埤雅》之雜說（案鸛并出《酉陽雜俎》非始於佃，）哀六

年『無疾而死』，引《汲塚瑣語》之野談，十二年『效齊言』，謂春秋時已重吳音，不始於晉，更非注經之體矣。他如『公即位』之『位』，必欲從古經作『立』，『屢豐年』之『屢』，必欲從《說文》作「婁」，亦皆徒駭耳目，不可施行。蓋其長在博，其短亦在於嗜博，其長在古，其短亦在於泥古也。」（經部二九·春秋類四）

　　案：收錄惠棟《春秋左傳補注》，《景印文淵閣四庫全書》經部，第181冊。

《春秋正業經傳刪本》十二卷　金甌撰，〔存〕

　　金甌，崇禎—1696，浙江上虞，字完城，一字寧武，據光緒《上虞縣志》云：「案：金甌本姓徐，又號枚臣，係上虞人，故其自序書古虞徐金甌，參校姓氏，亦多列虞人。《四庫書目》題秀水人，乃其寄籍也。」（卷三十六）；又「徐允章，字雲官……同時有徐金甌，字枚臣、錢登俊，字舍南……金甌著有《秋春正業》。」（卷十一）案：《秋春正業》，蓋刻印排版差誤矣。

　　《四庫全書總目》云：「《春秋正業經傳刪本》十二卷，江蘇周厚堉家藏本。國朝金甌撰。甌字完城，一字寧武，秀水人。是書專為舉業而設，以胡《傳》為主，凡經文之不可命題者，皆刪去之。極為誕妄。又上格標單題、合題等目，每題綴一破題，而詳論作文之法，與經義如風馬牛之不相及。其目本不足存，然自有制藝以來，坊本五經講章如此者，不一而足。時文家利於剿竊，較先儒傳注轉易於風行。苟置不之論不議，勢且蔓延不止，貽患於學術者彌深。故存而闢之，俾知凡類於此者，皆在所當斥焉。」（經部三一·春秋類存目二）

　　戴名世〈春秋正業序〉云：「昔者經之有訓詁也，所以解經也；今者經之有講章也，所以便為舉業者也。經自遭嬴氏之禍，經幾亡矣，至宋氏諸儒出而經之義始大明，所謂如日月之經天，如江河之行地，後有起者，

無以復加矣。功令，士各治一經，而兼通四書，皆奉宋儒之書為宗，學者兢兢守之而勿失，則亦何容其贊一辭而參一見，乃舉業家有所謂講章者，曰：『吾非有背於宋儒也，吾以闡明宋儒之緒言云爾。』是猶以日月為借光於爝火，而挹潢汙之水注之於江河，而曰：『吾以壯其瀾也。』亦惑之甚矣。然其說則曰：『經之旨浩博，士不能徧觀而盡識焉，為之汰其繁而標舉其大略，期利於場屋而已。』於是場屋命題之所不及者，士或終身而未嘗舉其辭，而苟且之見，謬悠之說，穿鑿破碎之論，深入於肺腑而不可救藥，名為便舉業，而於是乎舉業亦亡，不但亡經而已也。嗚呼！亡舉業可也，亡經不可也，此有志君子所為悼經學之榛蕪，欲一舉而掃除廓清之而無遺者也。上虞徐生某著有《春秋正業》一書，刊行之久矣，今年冬余行部至紹興，而生請為之序，至於再三，余觀其書大抵亦為便於舉業，而利於場屋者，然而採摭咸當，詳略得宜，無有牽強支離，附贅懸疣之弊，雖非通經學古者之所尚，而與世之講章，能亡舉業以亡經者，吾知其必不同矣。生要為有志者默守先儒之說，穿鑿鑽研，兼總條貫，而於舉業亦未始不便焉，則其所見必更有進於是書者，生其勉之。」（《南山集》卷四）

　　案：收錄《四庫全書存目叢書》經部，第132冊，據華東師範大學圖書館藏清康熙三十七年受中堂刻本影印。光緒《上虞縣志》著錄。

《春秋題辂》十卷　陳申父撰，〔存〕

　　陳申父，崇禎時期，生平失考。

　　案：《北京大學圖書館藏古籍善本書目》著錄。

《春秋四傳合抄》四十卷　林繼燻撰，〔存〕

　　林繼燻，崇禎時期，生平失考。

　　案：日本國立公文書館藏明崇禎十三年序刊本。

《春秋論》二卷　嚴毅撰，〔佚〕

嚴毅，崇禎─順治，江蘇無錫，字佩之，號生軒，據龔廷歷〈嚴佩之先生傳〉云：「嚴毅，字佩之，無錫人，別號生軒。宏治壬子鄉薦，仕至安吉州知州，月軒公桂五世孫。公負至性，孝友絕倫，弱冠補弟子員，旋食餼，受業於鄒經畬、馬素修兩先生門。家貧屏息偃庭，邑長以其貧或分清俸，亦未嘗走謝，訓授生徒以資養親，婚弟嫁妹，高弟多出其門，一生篤學好古，手不釋卷，凡經史百家，靡不精究，尤潛心於《易》，復攻《春秋》，嘗課其弟毅曰：『讀書以理學為主，吾自得《高子遺書》方知有歸宿處。』既而與鄉先生講道東林，高學憲彙旃推為主席，作〈重修道南祠記〉，又相與輯《高忠憲公年譜》、《高子節要》、《東林志》諸書。公於『功名』兩字，絕不寘念，自甲申後，遂永謝試檄，惟於理學是究。江南學憲張能鱗慕其名，貽以額曰：『力扶正學。』毅素杜門，終不一謁，其孤介高邈類如此。」（鄒鍾泉《道南淵源錄》卷六）；徐鼒《小腆紀傳》云：「嚴毅，字佩之，無錫諸生……著有《生軒易說》、《易同》、《春秋論》、《春秋集說》……」（補遺卷六十八）

《四庫全書總目》云：「《春秋論》二卷，江蘇巡撫採進本。國朝嚴毅撰。毅字佩之，無錫人，前明諸生。是書凡九十九篇。每篇略如袁樞《紀事本末》之例，標舉事目，類聚經文於前，而附論於下。其體在經義、史評之閒，而持論嚴酷，又頗傷輕薄。其《莊公忘父讎》一篇云：『王姬之卒，文姜之幸也。不然，何以奪新婚之宴，而復敘淫奔之好也。文姜數數與齊侯亨會，是又莊公之幸也。不然安得結權於齊侯，而有狩獵之馳騁，衛俘之弋獲也。』是豈儒者說經之體耶？」（經部三一‧春秋類存目二）

案：龔廷歷〈嚴佩之先生傳〉作「宏治壬子鄉薦」，如此甲申（1644）之後，近兩百歲耳，故應是萬曆壬子（1612）年為確。

《春秋集說》　嚴轂撰，〔佚〕

案：《小腆紀傳》著錄。

《春秋屬比直書》　嚴轂、儲泳撰，〔佚〕

嚴轂，崇禎—順治，江蘇無錫，字佩之。

儲泳，崇禎—順治，江蘇宜興，字剛甫、改字康夫，據張夏云：「儲泳，字剛甫，南直宜興人，少為諸生，有聲，受學于錢啟新先生，遂棄舉子業，專心理學，人以為迂獨。浙江章宸一見執弟子禮，無錫鷺湖華氏延之家，敬問業焉。崇禎初，巡按御史祁彪佳聞其名，請見，必欲得所著書，將薦於朝，剛甫以疾辭，乃表其門曰：『理學真儒。』所著有《易疑》諸書。」（《雒閩源流錄》卷十九）；乾隆《江南通志》云：「儲泳，受學於錢一本，著有《易疑》、《春秋屬比直書》。」（卷一百六十三）。又云：「《春秋屬比直書》，一無錫嚴轂，一宜興儲泳。」（卷一百九十藝文志）

《春秋單合析義》三十卷　林挺秀、林挺俊撰，〔存〕

林挺秀，崇禎—順治，廣東海康，字栢筠，據民國《海康縣續志》云：「林挺秀，字栢筠，坑尾村人。林挺俊，字栢箸，坑尾村人。（以上順治朝）」（卷十六）

林挺俊，崇禎—順治，廣東海康，字栢箸。

案：東北師範大學圖書館藏清康熙三十四年挹奎樓刻本。另外美國哈佛大學燕京圖書館亦藏有此本，其「善本特藏資源庫」全文掃描可供利用。此書為針對科舉撰寫之講章類書，其他貢獻者尚有林方華、林方葳增刪，林雲銘鑒定，李賡明等參訂。

《春秋稿》　陳孝逸撰，〔佚〕

　　陳孝逸，崇禎—順治，江西臨川，字少游，號癡山，父陳際泰，據同治《臨川縣志》云：「陳孝逸，字少游，別號癡山，孝威弟。自幼博極羣書，才敏如其兄，應縣試一日完十四藝，父際泰課督極嚴，然觀其為文，輒喜不寐時，有曹氏父子之目。甲申後，棄諸生，隱居著述，年五十卒。孝逸天性篤摯，事親色養，動必以禮，雖盛暑，獨居不解冠帶。鼎革後，凡仕宦者雖素交，拒不相通。所友皆恬退節義之士，與傅占衡交尤密，占衡貧不能具饘粥，孝逸招之，徙居西溪，去家里許，凡家室百務所需，皆自家轉致，給以錢穀，歲歲如常。嘗自盱買一婢，詢其里居，寧都蕭某女也，孝逸憶鄉試曾與蕭共號舍，歸即撫為女擇同里能文吳生配之，其敦厚好義，皆此類也。所著《癡山集》、《蚊語》數卷，久刻行世，此外有《史評》、《野田雜事》俱未刻，《外子》一部，經兵火，散逸無復存者。」（卷四十三）

　　陳孝威〈家弟少游春秋稿序〉云：「漢詔博士嘗傳《春秋》以議獄，是其書匪獨羅絡二百餘年人物，治之以聖門三尺法，其在後世苟有經術深崇為天子大臣，皆得引故事而斷，如孔季達之稱姜氏，亦其一矣。然則千萬歲人物，仲尼莫不治也，故《春秋》者，甚便於後世之有天下者也。予謂為文之道，可即斯意而通之康侯，滿腹精神盡託於《傳》，而微言大義正見側出，務有以獲仲尼之心為文者，非窮究本傳，石過不釋，安能極談曲直繩墨之際，閭會輕重權衡之閒乎？故遇慷慨俠烈之事，若夷夏盛衰之感，以至忠臣蒙冤，孝子被僇，女淫婦怨，柄寵亂闈，寺兒奄客殘良害蹇，儼然如身立其時，而決疑定罪若燭炤，數計焉試當此日，而值此等，其處置須若何？易所以處置在茲者，處置彼往須若何？乃是者亡不周適，而上遂猶牴牾先喆乎？不也，夫引古以斷今，與緣今以論古，其理一而已矣。家祖父故以易起，弟少游徙業《春秋》，念大江以西專攻者盛於安成，然自泗山喜聞數先生而後，英絕不少，概見吾弟素落落有大志，讀書

講藝，每岸然群輩中，多不可一世意，而天畀其材，似欲曲就其性，使得自偉於海內領袖之寄其繫斯乎？識者謂其材性適於之經，宜其要委折晰，傳研其興咯若躬質面對，求不謬於康侯以為功，於孔氏而馳騁縱逸，往往不制其奇，尤恥襲前賢舊瀋，妨我靈異本趣，於予前論殆有當焉，友人曰：『此史才也。』又曰：『此老斷獄吏。』曰：『此以應博學宏詞科。』眾說云爾，公之天下以為何如？」（《壼山集》卷二）

《春秋左傳事類年表》不分卷　顧宗瑋撰，〔存〕

顧宗瑋，崇禎—順治，江蘇吳江，字廷敬，號連叔，父顧文亨，據潘檉章云：「顧文亨……尤深於《易》象、《春秋》之旨，旁及律歷、星官，無不綜究。……著書有《經世參》、《經世聲音臆解》、《經世總圖》、《春秋類記》……戊戌春，疾急猶強起，刪訂屬草，未半而沒，年七十有四……子宗瑋，字連叔，少穎異，覃精著述，凡圖緯、聲音之學，文亨所未悟者，宗瑋輒眘然先奏刀焉，所著有《左氏事類年表》、《春秋通例》、《稽疑》、《參同》、《提要發明》諸書，先文亨卒。」（《松陵文獻》卷八人物志）

《四庫全書總目》云：「《春秋左傳事類年表》一卷，浙江鮑士恭家藏本。國朝顧宗瑋撰。宗瑋字廷敬，吳江人。其書每一年為半頁，橫分十格。一曰周，二曰魯，三曰列國，四曰災異，五曰郊祀，六曰朝聘，七曰會盟，八曰征伐，九曰城築，十曰土田。各以經文散書其內，而傳文為經所不載者亦附見焉。據其凡例，尚有《三傳異同》一卷，《春秋通例》一卷，《春秋稽疑》一卷，《春秋參同》一卷，《春秋提要發明》一卷，《春秋圖譜》一卷，《春秋箋釋》一卷，《春秋餘論》一卷，今皆未見，蓋非完書也。」（經部三一・春秋類存目二）

案：收錄《四庫全書存目叢書》經部，第141冊，據上海圖書館藏稿本影印。嘉慶《松江府志》著錄。乾隆《婁縣志》作「左傳事類年表」，

同治《蘇州府志》作「左氏事類年表一卷」。

《春秋提要發明》一卷　顧宗瑋撰，〔佚〕

案：據《四庫全書總目》著錄。

《春秋三傳異同》一卷　顧宗瑋撰，〔佚〕

案：據《四庫全書總目》著錄。

《春秋通例》一卷　顧宗瑋撰，〔佚〕

案：據《四庫全書總目》著錄。

《春秋稽疑》一卷　顧宗瑋撰，〔佚〕

案：據《四庫全書總目》著錄。

《春秋參同》一卷　顧宗瑋撰，〔佚〕

案：據《四庫全書總目》著錄。

《春秋圖譜》一卷　顧宗瑋撰，〔佚〕

案：據《四庫全書總目》著錄。

《春秋箋釋》一卷　顧宗瑋撰，〔佚〕

案：據《四庫全書總目》著錄。

《春秋餘論》一卷　顧宗瑋撰，〔佚〕

案：據《四庫全書總目》著錄。

《左國類雋》　侯泓撰，〔佚〕

侯泓，崇禎—康熙，江蘇嘉定，字研德，後更名涵，字中德，私諡貞憲，據朱彝尊云：「侯泓，字研德，後更名涵，字中德，蘇州嘉定縣學生，鄉黨私諡貞憲先生，有《掌亭集》。貞憲論文以孟子為宗，其略曰：『讀《孟子》而悅然悟其所以為文者，然後知事理象數變易，吾前莫非是物引而出之，汩汩乎其來，浩浩乎其不可窮，奇正隱顯，起伏開闔，隨吾意之卷舒而未有壅遏，是故吾無常師，能驅使古人而不受古人驅使，斯得矣。』論《詩》期本之自得，苟自得之，師心可也，法古可也。錢塘陸麗京稱其述作：『勃然若鞭雷霆，沛然若決江河。』為同調所賞。若是〈長歌行〉云：『玉衡無停晷，青春正良期。東風吹城郭，草木從華滋。園中有嘉樹，蕭疏揚古枝。枯菀豈不異，令德貴知時。庶幾及秋節，望君凋落遲。爛彼西隤日，晨興復東馳。努力在歲晚，撫物無傷悲。揚州云五月，江城江水深。蕪城斜日獨披襟，關河輪轓交南北。樓閣烟花自古今，佳節未穆鄉國興。薄遊還媿故人心，十年蔓草梅花嶺，手把蒲葵淚不禁。』」（《靜志居詩話》卷二十一）

案：康熙《嘉定縣志》、嘉慶《直隸太倉州志》著錄。

《左氏兵法》　章夢易撰，〔佚〕

章夢易，崇禎—康熙，江蘇吳江，字宗立、兩生，號頤齋，據潘檉章《松陵文獻》云：「戴笠，字耘野……乙酉後入秀峰山為僧……同里又有章夢易，字兩生，幼工舉子業，有盛名。中年棄去，潛心經術，著《易筌》、《詩源》、《左氏兵法》、《楚辭補注》凡若干卷。」（卷十人物

志十）

　　案：乾隆《吳江縣志》、光緒《蘇州府志》著錄。

《春秋文稿》　　鄭良撰，〔佚〕

　　鄭良，崇禎─康熙，浙江遂安，字錫公，據光緒《嚴州府志》云：「鄭良，字錫公，遂安人。性穎悟，過目成誦，應童子試，自郡縣督學，皆第一。庚子舉於鄉，策論奧博，尤為主司擊賞，著有《省堂詩古文集》及《四書》、《春秋文稿》。」（卷十九）

　　案：光緒《嚴州府志》著錄。

《春秋輯要》　　鄭士瑜撰，〔佚〕

　　鄭士瑜，崇禎─康熙，浙江遂安，字爰美，據光緒《嚴州府志》云：「鄭士瑜，字爰美，遂安人，廩庠生。天資穎悟，講學伊山，辨於經義，而《麟經》尤得傳心之要，屢試冠軍，與范文白、毛會侯諸人會文語石，咸器重之，兩薦鄉闈不售，所著有《春秋輯要》、《伊山近藝》藏家。」（卷十九）

　　案：光緒《嚴州府志》著錄。

《麟經要旨》　　余國常撰，〔佚〕

　　余國常，崇禎─康熙，浙江遂安，字君彝，據光緒《嚴州府志》云：「余國常，字君彝，遂安人。少穎悟，尤苦志力學，由恩貢入成均，年七十尚鍵戶窮經，辨析微芒不少輟，所著有《麟經要旨》藏於家。」（卷十九）；又「順治：余國常，恩貢。」（卷十七）

　　案：光緒《嚴州府志》著錄。

《春秋疑義》二卷　華學泉撰，〔存〕

華學泉，崇禎—康熙，江蘇無錫，字天沐，據光緒《無錫金匱縣志》云：「華學泉，字天沐，世居邑之鵝湖，與兄學瀚、弟學潛並敦孝友。年四十餘，鍵戶一室，讀書窮日夜不倦，足未嘗躡廳事，與黃瑚、陸楷共為古文，而學泉尤以經學著，所著《儀禮喪服或問》，高愈極稱之。儀封張伯行撫吳，屬教官某延主東林講會，謝不赴，後數年卒，年七十六。平生尤邃於《易》，顏其室曰『讀易廬』。」（卷二十一）；乾隆《江南通志》云：「華學泉，字天沐，無錫人。性聰穎，嗜讀書，於六經各能會通，古人義疏而折衷以己意，著述甚多，尤深於《易》，起居坐臥，惟《易》是偕，為人豈弟樂易，篤於同氣，鍵戶四十餘年，以布衣終。」（卷一百六十三）

《四庫全書總目》云：「《春秋類考》十二卷、《春秋疑義》一卷，兩淮鹽政採進本。國朝華學泉撰。學泉字天沐，無錫人，順治中布衣。其書取《春秋》大事分八十門，以類排比，每事之下附以諸家之注，閒綴己說。大旨崇尚宋儒，尤多主胡《傳》。其《疑義》一卷，則專抒《類考》中未盡之蘊。然有無庸疑而疑者。如謂『司馬法一甸五百一十二家，而出兵車一乘、甲士步卒七十五人。若萬二千五百人為軍，當八萬五千三百家而後足一軍之數。天子六鄉止七萬五千家，不能供一軍。』不知一甸五百一十二家出七十五人，此采地出軍之法也；每一家即出一人者，鄉遂出軍之法也。天子六軍出自六鄉，不出自采地，六鄉以七萬五千家而出七萬五千人，何患不足六軍之數！學泉混二法而為一，宜其疑也。如此之類，頗為失考。近時顧棟高著《春秋大事表》，體例亦略仿此書。而大致皆不出宋程公說之《春秋分紀》，疑二人皆未見公說書也。」（經部三一·春秋類存目二）

案：收錄《四庫全書存目叢書》經部，第133冊，據四川省圖書館藏清嘉慶十九年璜川吳氏真意堂刻本影印。光緒《無錫金匱縣志》著錄。

《四庫全書總目》作「一卷」。

《春秋類考》十二卷　　華學泉撰，〔佚〕

案：光緒《無錫金匱縣志》作「春秋類十二卷」。

《春秋經傳日鈔》二十八卷　　華學泉撰，〔佚〕

案：光緒《無錫金匱縣志》著錄。乾隆《江南通志》作「春秋經傳日抄十二卷」。

《春秋輯傳辨疑》七十二卷　　李集鳳撰，〔存〕

李集鳳，崇禎一康熙，河北臨榆，字翽升，據雍正《畿輔通志》云：「李集鳳，山海衛人，幼即端嚴，以聖賢自期。及長，淹通群籍，凡濂、洛、關、閩之書，無不究悉，尤善《春秋》，彙先儒註解，討辨詳核，歷三十年，凡四易稿，然後成書六十五卷，名曰『春秋辨疑』，海內稱之。後官河南洛陽丞，卒，邑人請從祀周公廟，直隸於康熙五十三年祀鄉賢。」（卷七十八）

《四庫全書總目》云：「《春秋輯傳辨疑》無卷數，進隸總督採進本。國朝李集鳳撰。集鳳字翽升，山海衛人，今其地為臨榆縣。集鳳嘗官洛陽縣丞。《畿輔通志》稱其『淹貫群籍，尤善《春秋》，彙先儒注解，計辨詳核，歷三十年，凡四《易臺》，然後成書六十五卷，名曰「春秋辨疑」』。此本細字密行，凡五十二巨冊，不分卷帙，蓋猶其未編之稿，以紙數計之，當得一百餘卷，《通志》所言似未確也。其書所載經文，皆從胡《傳》，而三《傳》之異同則附錄之。未免信新本而輕古經。說經則事多主《左》，義多主《胡》，故尊之曰『左子』、『胡子』，比擬亦為不類。其諸家所解，則臚列而參考之。徵引浩博，辨論繁複，殆有『堯典』

二字說十四萬言之勢焉。」（經部三一・春秋類存目二）

　　史夢蘭〈與王文泉孝廉〉云：「……其精詳處，實為古今說《春秋》者空前絕後之作。鄙意於此，竊體作者苦心，並感先生刻書盛意，故不辭譾陋，取其全書反覆校閱，酌為刪節，約去五分之二，改分七十二卷，重付鈔胥，及鈔成再校，又刪去十分之一，改分卷數，以符《通志》所稱之數。然不過去其繁複，絕不敢使有漏義，亦不敢妄有增改，至書中所引《左傳》、《公》、《穀》及胡《傳》之說，於四人皆稱某子，《四庫提要》譏其不類，誠是。今並改作某《傳》，殊為直截，渝關之渝，本當從水旁作渝，書中皆從木旁作榆，係沿《遼史》之陋，彭山季氏乃明人季本也，書中季皆作李，當是鈔胥筆誤，今並改正，此雖小節，無關輕重，然既欲為之傳遠，自不得仍其謬誤，先生復起，或不罪其僭妄也。茲將兩部並為寄上，祈照收外擬提要一條，並各書評騭之語，附錄呈閱。」（《爾爾書屋文鈔》卷下）

　　案：收錄《四庫全書存目叢書》經部，第133—134冊，據北京大學圖書館藏清鈔本影印。

第四章　明代未知時期著作

《刻周先生口授一變契旨》三十卷　周召臣撰，〔存〕

案：日本名古屋市蓬左文庫藏明萬曆二十六年建邑書林鄭世魁刊本。

《讀左隨筆》不分卷　顧鑒撰，〔存〕

案：上海復旦大學圖書館藏清初紅杏書屋抄本。

《春秋宗旨》十二卷　周震撰，〔存〕

案：安徽省博物館藏明崇禎五年徐廣梅刻本。

《春秋序題》不分卷　陳其猷撰，〔存〕

陳其猷，河南杞縣，字勇石，生平失考。

《續修四庫全書總目提要》云：「其書頁頁題『春秋序題』，而各冊卷首題簽，皆署『春秋題彙』，是其書亦名『題彙』，詳其命名取義，則其書指趣，已不難想見。蓋其書之作，本為場屋而設，非有意於詁經，故其體例，誕妄已極，止鈔撮經文之可以命題者，而以足資引用之語，附之於下，然後每題綴一破題，條分大義，各為之說。大旨以胡《傳》為主，間或參合諸家之說，以發揮之。牽合搭配，勉強湊泊，名為發揮經義，寔則割裂經傳，於聖人筆削之旨，如風馬牛之不相及。又往往詮注作文之要，以備士子揣摹之用，即在坊本講章之中，亦落下乘」（張壽林提要）

案：北京圖書館藏傳鈔本，一名「春秋題彙」。

《春秋左傳》三十卷　　沈經德撰，〔存〕

沈經德，浙江嘉興，生平失考。

案：北京大學圖書館藏明刻本。

《左傳彙事》　　沈經德撰，〔佚〕

案：康熙《嘉興府志》著錄。

《春秋圖說》不分卷　　無名氏撰，〔存〕

《四庫全書總目》云：「《春秋圖說》無卷數，浙江吳玉墀家藏本。不著撰人名氏。前列目百二十有二。始十二公年譜，終諸儒傳授，中間列國世次、輿地、山川、名號，以及經傳所載名物、典故悉有二公年譜，終諸儒傳授，中間列國世次、輿地、山川、名號，以及經傳所載名物、典故悉圖有說。其年表皆鈔《史記》，其《名號歸一圖》即馮繼先所撰，而分為十九圖。至歲星、八音、四凶、十六相諸圖，則又掇之《五經圖》中。《春秋列國圖說》則摭自東坡《指掌圖》。又列鄭樵考定諸國地名，及敘國邑地同異說、敘山水異說。大抵雜駁不倫，未見精核。卷首題曰「春秋筆削發微考」，楊甲《六經圖》中有《春秋筆削發微圖》，以此本互勘，一一相合，蓋掇取甲書春秋一卷，而攙以雜說，偽立此名。卷首有「竹垞」二字朱文印，蓋朱彝尊所藏，而《經義考》不著此名，是必後覺其贋託，棄之不錄，而所棄之本，又為吳氏所收耳。」（經部三十·春秋類存目一）

案：收錄《四庫全書存目叢書》經部，第117冊，據山東省圖書館藏清鈔本影印。

《女學士明講春秋》不分卷　無名氏撰，〔存〕

案：收錄《古本戲曲叢刊》4集，第9函，第6冊，據北京圖書館藏脈望館鈔校本古今雜劇本影印。

《春秋講章》不分卷　無名氏撰，〔存〕

案：臺北國家圖書館藏舊鈔本（僅存文、宣、定、哀四公）。

《鼟題備覽》十二卷　無名氏撰，〔存〕

案：北京國家圖書館藏明抄本（存六卷）。《中國古籍善本總目》、《天一閣書目》著錄。

《春秋衡庫纂》十四卷　無名氏撰，〔存〕

案：美國國會圖書館簡介云：「卷端有《兩周事考》，據《國語》以補《春秋》以前事。按明馮夢龍有《春秋庫衡》三十卷，《四庫存目》卷三十已著錄。此本僅十四卷，似即刪併馮書而成。所謂纂者，意當在此」，此本今美國國會圖書館藏有舊鈔本。

《左氏類會》二卷　無名氏撰，〔存〕

案：《韓國所藏中國漢籍總目》著錄。

《春秋大成題意》八卷　無名氏撰，〔存〕

案：收錄《四庫未收書輯刊》第5輯，第2冊，據明鈔本影印。

《春秋胡傳選鈔》十二卷　無名氏撰，〔存〕

案：臺北國家圖書館藏舊鈔本。

《春秋筆削發微圖》一卷　陳林撰，〔佚〕

案：《經義考》著錄。

《春秋翼傳》　湯令君撰，〔佚〕

湯令君，江西安福，據沈演曰：「言《春秋》率本安福鄒氏，今睹湯令君所著《翼傳》，大旨不殊鄒氏，而說加詳。學者於是復知有湯氏學矣。」（《經義考》卷二百九）

案：《經義考》著錄。

《三傳異同》三十卷　魏靖國撰，〔佚〕

魏靖國，江西東鄉，字伯饒，生平失考。

案：《明史》著錄。《千頃堂書目》作「左傳異同」，蓋誤矣。

《春秋左刪雜組》十二卷　李鵬程撰，〔佚〕

李鵬程，生平失考。

案：《傳是樓書目》著錄。

《春秋標題要旨》一卷　沈載錫、程吳龍撰，程斯彪校〔佚〕

沈載錫，湖北西陵，生平失考。

程吳龍，湖北西陵，生平失考。

程斯彪，湖北西陵，生平失考。

案：《天一閣書目》著錄。

《春秋義》　冶生撰，〔佚〕

冶生，江蘇常州，生平失考。

張師繹《月鹿堂文集・冶生春秋義序》云：「毘陵人士於詩，十可八九，自家冶生，治其章句，疏其疑，通其故，浣濯其性靈，轉相慕效，讙然尊之為張氏學，比於魯申齊轅矣，乃賈其餘勇，兼治《春秋》，治《春秋》而為諸弟子議大義，試有司而自占一經，稱《詩》自如也，異時重專門之業，治《春秋》或以地，或以世，帳中矜不傳之秘，而冶生創其無師之智，自如也。久之，乃上奏記學使者徙而真治《春秋》云。其明年予師新野，馬公清軍於檇李開邸，聘冶生與時良太史同研席，公廦曠，冶生得一意，明習其經獄，究其宗旨，弟子去《詩》而從之游者數十人，四方之執雉，願著籍者，非時而至。冶生益自發，舒其學，以《左》為體，薦以《胡》為殽，蒸以《公》、《穀》，為加籩，為雜俎，厭之飫之，務默體聖人之意而恥夫，因陋就簡，與文人爭黃池一日之長，即科舉之文，世所視為引繩切墨，一不得偃仰，自如也者，獨神其離合變化之妙，而曲盡其飛揚宕漾之奇，蓋不特筆削之嚴，其贊之為比屬之辭者，於聖門無愧色，且也權衡之審，其取之為袞鉞之義者，於後學為首功，於是不朽成，四方急得其副矣，會太史以使事至舟過檇李，展卷讀之，冷然稱善也，強出其一二，公之剞劂，而予述其緣起，如此使知夫人各有材，兄材大予，非其偶也，遇之遲速，奈何可曰論英雄哉！工不以示朴為良器，不以早成為貴，斯編具在，應有泣血相明者，即予汗惟惇史是恃，不至阿私所好矣。」

《春秋經義》　李禮端撰，〔佚〕

李禮端，字茂才，江蘇廣陵，生平失考。

程可中〈廣陵李茂才春秋經義序〉云:「李君獨以《春秋》傾其儕偶,其門人新城王履端為梓之,而問序於予……禮端之言曰:……夫經既五,其一而《春秋》,又世所謂孤經,得朋為難,治者益寡,不啻百一焉,簡百人而得攜,猶或幸之,則賢於四經者是已。」(《程仲權先生集》卷十七)

《春秋講意》　潘雙南撰,〔佚〕

潘雙南,湖北麻城,生平失考。

黃輝〈刻春秋講意序〉云:「海內治《春秋》,麻城最著,士業以此階通顯,則珍祕其說,雖善購不出也,以詡其獨有。雙南先生以奇才登上第……獨出所輯《講意》,屬諸博士,刻而傳之,以公諸人人,此其用心,視帳中論衡為何物哉!」(《黃太史怡春堂藏稿》卷一)

《春秋制義》　王習撰,〔佚〕

王習,字令公,生平失考。

沈演〈春秋制義序〉云:「王令公習所著經義,窮形必盡相,本隱以之顯,抱遺經究終始,參以《左氏》、《短長》,其案核宗《胡》,雖時制三《傳》得失,漢之董、賈,唐之啖、趙,異不異,然不然,旁搜曲證,操縱在手,要于聖人之志,不失針芒,其斷深切著明,二百四十年爰書具矣,安用以吏為師,舉而措之耳。」(《止止齋集》卷四十一)

《春秋義》　劉慶之撰,〔佚〕

劉慶之,號康谷,生平失考。

沈演〈劉慶之春秋義敘〉云:「余先子業《春秋》則師康谷劉先生。云往《春秋》家狃帖括,割裂傳註,彊就排偶比事之體,闇而不明,先生

盡紬其說，一以傳為師，然後大義炳然，如客得歸。今所傳《春秋要旨》
蓋多本先生說，然當時學士驟聞，顜咍不深解，先子獨信好之，迄於今鄒
氏之《春秋》孤行，學士一切尊為聖書，然其大旨不殊先生，至于開創義
例，闢除榛莽，先生之功為多」（《止止齋集》卷四十六）

《春秋旨歸》　吳武平撰，〔佚〕

吳武平，生平失考。

沈演〈敘吳甥武平春秋旨歸〉云：「傳以合經，援《左》以證
《胡》，字櫛句比，盡紬諸家，猥襍骩訛之說，而定一是，澤于本旨，大
義醇如也。先後位置，皆有次第，即《大全》小註之謬，悉為訂正，一出
一入，蓋幾經推敲而後定，詳于搜逸，嚴于樹裁，□所尊稱《匡解》、
《指月》諸書，菁華具是矣！」（《止止齋集》卷四十六）

《春秋躍淵會草》　趙士美等撰，〔佚〕

趙士美等，生平失考。

劉孔當〈刻春秋躍淵會草敘〉云：「今趙生士美、顏生欲章、□生二
儀數輩是也。諸君故才甚余，愧無能為役，抑其發明師指，以不相背負，
則余不敢讓。今所制義，則諸君與其同社聚首而哦者也，余得寓目焉。」
（《劉喜聞先生集》卷一）

《春秋十義》　林子簡撰，〔佚〕

林子簡，生平失考。

韓錫〈直庵春秋十義敘〉云：「《春秋十義》者，吾友林子簡其所就
經義，于千百篇中十刻之，以問世者也……以《胡》翼三《傳》，不以
《胡》掩三《傳》。」（《韓子》癸酉集）

《左傳粹》　任氏撰，〔佚〕

任氏，生平失考。

秦懋德〈左傳粹序〉云：「侍御任公，閎博覽物，君子也。……誕敷文教，嘉惠後學，謂文滋弊矣。慨然思以復古，乃爰淮海孫公所纘《左粹》謀梓之，頒布學宮。」（《淮海吏隱稿》卷一）

案：淮海孫公者，蓋孫應鼇，號淮海，撰有《左粹題評》一書。

《春秋會解》　沈氏撰，〔佚〕

沈氏，生平失考。

何三畏〈春秋會解後序〉云：「我父母青溪沈侯，曩以《麟經》魁於鄉，著有《會解編》……沈侯淵源于尼宣，沉酣于《左氏》，貫穿於《公羊》、《穀梁》，而馳驟汎瀾於近世諸名家之說，靡弗會而合，亦靡弗會而通也者，其有異同失得，就其中頗分而訂正之，會在解矣。」（《新刻漱六齋全集》卷十五）

《麟經纂註》二十卷　季芳撰，〔佚〕

季芳，江蘇通州，生平失考。

案：光緒《通州直隸州志》著錄。

《三傳合解》　葉瓚、葉琅撰，〔佚〕

葉琅，福建福州，生平失考。

葉瓚，福建福州，生平失考。

案：《福州市郊區志》著錄。

《春秋提抉》　賴衍撰，〔佚〕

賴衍，江西廣昌，字子介，號恕菴，生平失考。

案：光緒《江西通志》著錄。

《春秋細講註述》　彭汪撰，〔佚〕

彭汪，江西萬載，生平失考。

案：光緒《江西通志》著錄。

《春秋正解》　顏志道撰，〔佚〕

顏志道，江西永新，字海襟，生平失考。

案：光緒《江西通志》、同治《永新縣志》著錄。

國家圖書館出版品預行編目（CIP）資料

明代春秋著述考/林穎政著. -- 初版. -- 臺北市 : 元華
文創股份有限公司, 2025.01
    冊 ； 公分.

    ISBN 978-957-711-422-8 (下冊：平裝)

    1.CST: 春秋(經書) 2.CST: 研究考訂 3.CST: 明代

621.7   113018312

明代春秋著述考(下)

林穎政　著

發 行 人：賴洋助
出 版 者：元華文創股份有限公司
聯絡地址：100 臺北市中正區重慶南路二段 51 號 5 樓
公司地址：新竹縣竹北市台元一街 8 號 5 樓之 7
電　　話：(02) 2351-1607　　傳　　真：(02) 2351-1549
網　　址：www.eculture.com.tw
E-mail：service@eculture.com.tw
主　　編：李欣芳
責任編輯：立欣
行銷業務：林宜葶

排　　版：菩薩蠻電腦科技有限公司
出版年月：2025 年 01 月 初版
定　　價：新臺幣 570 元

ISBN：978-957-711-422-8 (平裝)

總經銷：聯合發行股份有限公司
地　　址：231 新北市新店區寶橋路 235 巷 6 弄 6 號 4F
電　　話：(02)2917-8022　　傳　　真：(02)2915-6275